国家社会科学基金项目成果(12BZW021)

湖州师范学院文学院“浙江省中国语言文学一流学科建设”
（项目编号：XK18053AGK）经费资助。

# 《水经注》与魏晋南北朝地理文学文献研究

鲍远航　著

中国社会科学出版社

**图书在版编目(CIP)数据**

《水经注》与魏晋南北朝地理文学文献研究/鲍远航著. —北京：中国社会科学出版社，2019.4

ISBN 978-7-5203-4306-0

Ⅰ.①水… Ⅱ.①鲍… Ⅲ.①古水道—历史地理—中国②《水经注》—研究③地理学—文献—研究—中国—晋南北朝时代④中国文学—古典文学研究—晋南北朝时代 Ⅳ.①K928.4②K90-092③I206.35

中国版本图书馆CIP数据核字(2019)第075161号

出 版 人 赵剑英
责任编辑 陈肖静
责任校对 李 莉
责任印制 戴 宽

出 版 中国社会科学出版社
社 址 北京鼓楼西大街甲158号
邮 编 100720
网 址 http://www.csspw.cn
发 行 部 010-84083685
门 市 部 010-84029450
经 销 新华书店及其他书店

印 刷 北京明恒达印务有限公司
装 订 廊坊市广阳区广增装订厂
版 次 2019年4月第1版
印 次 2019年4月第1次印刷

开 本 710×1000 1/16
印 张 31
插 页 2
字 数 406千字
定 价 108.00元

# 目　录

# 引　言

郦道元《水经注》是我国古代地理与文学名著，其研究渐成专学，号为“郦学”。清末乃至20世纪以来，学者较多在地理学、地名学、版本等方面做研究，而文学方面的研究则相对薄弱。篇目不多的文学研究又过于集中在《水经注》的写景语言和写景艺术上，甚至存在重复劳动的现象，而《水经注》文学渊源研究明显不足。20世纪80年代以来，谭家健、郭预衡、李知文、周建江等学者开始对《水经注》的文学渊源进行探讨。其中也有人注意到了魏晋南北朝地理文学文献对《水经注》的重要影响。可是，对于《水经注》引用地理文学文献的详细情况、借鉴方式等，却鲜有展开论述者。因此，探讨《水经注》对魏晋南北朝地理文学文献的征引、借鉴和发展的情况，庶几有益于郦学研究。

## 一　关于地理文学文献

### （一）地记和郡书

魏晋南北朝时期，地理著作蔚尔勃兴。这些地理著作有两种主要类型：地记和郡书。地记或名地理书、地志，主要用来记述某地疆域、山川、建置、沿革、关隘、津梁、古迹、风俗、物产等方面的情况。郡书或称杂传，则是主要用来记述某地先贤、名士、耆老事迹的人物传记，往往以褒扬德行为主，地域色彩非常浓厚。

初唐刘知几较早把这两类地理著作进行了区分。他在《史通·杂述》中指出："九州土宇，万国山川，物产殊宜，风化异俗，如各志其本国，足以明此一方，若盛弘之《荆州记》、常璩《华阳国志》、辛氏《三秦》、罗含《湘中》，此之谓地理书者也。"又说："汝颖奇士，江汉英灵，人物所生，载光郡国。故乡人学者，编而记之，若圈称《陈留耆旧》、周斐《汝南先贤》、陈寿《益部耆旧》、虞预《会稽典录》，此之谓郡书者也。"① 其实，二者都属于方域地理著作，只是在记述的侧重点上有所不同：地记侧重记载疆域、山川及物产等，其要在"土"；郡书则侧重记载地方人物事迹，其要在"风"。

### （二）地记和郡书的来源

《隋书·经籍志》对地记和郡书的来源进行了解说。关于地记的起源，《隋书·经籍志》史部地理类序云："昔者先王之化民也，以五方土地，风气所生，刚柔轻重，饮食衣服，各有其性，不可迁变。是故疆理天下，物其土宜，知其利害，达其志而通其欲，齐其政而修其教。故曰广谷大川异制，人居其间异俗。《书》录禹别九州，定其山川，分其圻界，条其物产，辨其贡赋，斯之谓也。"② 地记的产生虽以《尚书·禹贡》《山海经》《九丘》等为其远源，但地记的产生又与汉武帝时期的计书相关。战国时期秦、赵、魏等国都实行上计制度，即地方官吏每年年终时，都要求向朝廷报告赋税收入以及开支、损耗等实际情况，以之作为朝廷把握地方一般情况以及考核政绩的参考。计

① （唐）刘知几撰：《史通通释》，（清）浦起龙通释，上海古籍出版社 1978 年版，第 274 页。

② （唐）魏征等撰：《隋书》，中华书局 1973 年版，第 987 页。

书就是关于上计的报告书。《隋志》所载"计书既上太史，郡国地志，固亦在焉"[1]，则明确说明：计书就包括记载山川聚落、物产风俗、交通道里、户口民情等情况的早期地记。

关于郡书的起源，《隋书·经籍志》记载："后汉光武，始诏南阳撰作《风俗》，故沛、三辅有耆旧、节士之《序》，鲁、庐江有名德先贤之《赞》，郡国之书由是而作。"[2] 由此可知，郡书的产生从东汉光武帝刘秀诏撰《南阳风俗传》开始，大约其时这类郡书的文体也较多样，除了引文所说的序、赞等文体外，又颇有以传、记、志、录名篇者，如《益部耆旧传》《襄阳耆旧记》《陈留人物志》《会稽典录》等。《隋书·经籍志》把郡书列入杂传类。

### （三）地记和郡书的关系

尽管地记和郡书的起源有所不同，但是郡书后来的发展又受到地理书的影响，其中部分内容兼记地理，这就与地记更接近一些（有的地记也有人物记述），以致今人对地记和郡书在认识上存在混淆的情况。余嘉锡《四库提要辨正》云："自汉武诏天下上计书，凡四方人物风俗善恶之事，与地志同在太史。东汉以后，学者承风，各有撰述，于是传先贤耆旧者，谓之郡国书；叙风俗地域者，谓之地理书。"[3] 余嘉锡认为地记和郡书同源而异流，地记侧重于记述风土，郡书侧重于记述人物。但也有学者认为："地志与地记是同类异名。如陈术之《益州志》、谯周之《益州志》、何晏之《九江志》，记一郡（州）之事，故又称郡书。"[4] 之所以会出现这样的认识上的分歧，主要原因还是二者在内容上接近，甚至有所交叉。如常璩《华阳国志》，前四卷

---

① （唐）魏征等撰：《隋书》，中华书局1973年版，第988页。

② 同上书，第982页。

③ 余嘉锡：《四库提要辨正》卷七史部五地理类一"《太平寰宇记》"条，中华书局1980年版，第396页。

④ 林天蔚：《方志学与地方史研究》，南天书局有限公司1995年版，第40页。

（《巴志》《汉中志》《蜀志》《南中志》）记述的都是地理、物产、资源、生态状况，而后七卷（公孙述、刘二牧志，刘先主志，刘后主志，大同志等）则主要记述人物。又如，张僧鉴《寻阳记》、雷次宗《豫章记》、张资《凉州记》、盛弘之《荆州记》、郑缉之《永嘉记》和《东阳记》等是地记作品，但其记载人物事迹的条目也不少。所以余嘉锡认为："南北朝人著书记州郡风土，多喜叙先贤遗迹、耆旧逸闻，如盛弘之《荆州记》、雷次宗《豫章记》、陆翙《邺中记》之类，《隋志》皆著录于地理类……郦道元注《水经》，聚此群书，加之笔削，遂为不朽之盛业。盖郡国书可不记地理，而地理书则往往兼及人物。"[①] 不记地理、专志人物的郡国书，确实有一些，如《汝南先贤传》《陈留耆旧传》《益部耆旧传》《会稽典录》等。但郡国书记地理的却也不少，如习凿齿的《襄阳耆旧记》，既然以"耆旧记"名书，当属郡书一类，但其亦兼记地理风俗，"前载襄阳人物，中载其山川、城邑，后载其牧守"（《文献通考·经籍考二十五》）。所以，就《襄阳耆旧记》的内容来说，与地方志并无差别。其他如江敞的《陈留人物志》、熊默的《豫章旧志》等郡书也是如此。

地记和郡书的联系还体现在源流和功用方面。刘知几《史通》卷10《杂述》认为地记和郡书皆为史学发展的旁支："史氏流别，殊途并骛，榷而为论，其流有十焉……五曰郡书……九曰地理书，十曰都邑簿。"今人学者也将地记和郡书看作"后世方志之端绪"[②]。仓修良也认为"人物传记乃是方志著作中重要组成部分……脱离正史，专写人物传记的风气，逐渐盛行起来。特别是到了东汉、三国之后，更是非常发达。并出现了分类传记，如《高士传》《高僧传》《逸士传》等；分地域的传记，《益部耆旧传》《会稽先贤传》《汝南先贤传》等。

---

① 余嘉锡：《四库提要辨正》，第397页。

② 巴兆祥：《方志学新论》："我国方志发端于秦汉，郡书、地理书、都邑簿以各自所载，发后世方志之端绪。"学林出版社2004年版，第294页。

这就为方志的产生创造了条件。这些地方性的人物传记，与专记一方风土的地理著作相会合，便产生了最早的方志——地记”①。在仓氏看来，郡书对地记来说，具有重要的催生功用。这样的看法是颇有道理的。所以，今人黄苇主编的《中国地方志词典》干脆把郡书列为方志之一：“郡书，即郡国之书。我国早期的一种方志。……郡书专记郡国之人物，属一方之人物志。”② 近人张国淦《中国古方志考》把《京兆耆旧传》《陈留耆旧传》《鲁国先贤传》《兖州山阳先贤赞》等纳入其古方志目录，应该也是出于这样的考量。清姚振宗说：“案汉魏六朝地理之书，大体略如《华阳国志》之体，有建置，有人物，有传有赞，而注意于人物者为多。自来著录之家，务欲各充其类，以人物为重者入之传记，以土地为重者入之地理，抑或一书而两类互见，不避重复，或裁篇而分类录存，不嫌割裂。各随其意，各存其是，初无一定之例也。”③ 姚氏所言，自是实情。地记和郡书同是后来的方志发展的滥觞。明代牛若麟在（崇祯）《重修吴县志序》中云：“窃考刘子玄有十品，而郡书、地理书居其二，后世郡邑之志兼而有之。其叙土宇、山川，洎物产、风化，往往模拟《湘中》，斟酌《三秦》，是地理书体也。至于英灵所钟，人伦所尚，《会稽》《益部》而后弘奖不乏，又郡书体也。郡书详于人，地理书详于事，事与人以记载一方证响上古谓之志。”④

既然地记和郡书同属于区域性的“史氏流别”“方志之端绪”，且在内容上有接近、交叉，故本书有时不作特别的区分，把这两类地理文献中颇具文采者统称为“地理文学文献”。

① 仓修良：《再论方志的起源》，《杭州大学学报》1986 年第 3 期。

② 黄苇主编：《中国地方志词典》，黄山书社 1986 年版，第 469 页。

③ 文怀沙主编：《隋唐文明》第十七卷《隋书汇证三》，古吴轩出版社 2005 年版，第 466 页。

④ 引自张英聘《明代南直隶方志研究》，社会科学文献出版社 2005 年版，第 211 页。

## 二　魏晋南北朝地记和郡书的繁荣

魏晋南北朝之前，地记和郡书还都处于形成时期，内容粗疏，体制形式也还欠完备。故郦道元《水经注》原序云："昔《大禹记》著山海，周而不备；《地理志》其所录，简而不周；《尚书》《本纪》与《职方》俱略；都赋所述，裁不宣意；《水经》虽粗缀津绪，又阙旁通。所谓各言其志，而罕能备其宣导者矣。"① 东汉班固所撰的《汉书·地理志》开创了记述疆域地理的体例，但正如郦道元所说的那样，"简而不周"；最早的地记之一《巴郡图经》则产生在汉桓帝时，已经是东汉后期。此时的地记和郡书数目不多，且其记地理、述事迹、写人物、叙风俗，大多文字比较简略，内容比较粗疏，体例也不严谨。应当说魏晋南北朝之前还是地记和郡书发展的雏形时期。

魏晋南北朝时期，则出现了大量的地记和郡书，特别是还出现了几部集大成的地理著作，如南齐陆澄的《地理书》，南朝梁任昉的《地记》。《隋书·经籍志》记载："齐时，陆澄聚一百六十家之说，依其前后远近，编而为部，谓之《地理书》。任昉又增陆澄之书八十四家，谓之《地记》。"根据《隋书·经籍志》所引的南齐陆澄《地理书》，以及梁任昉《地记》二书所记载的情况来看，汉魏六朝的地记合计有二百四十四种。陆澄的《地理书》和任昉的《地记》即在当时诸多地记的基础上编辑而成。其后北魏郦道元的《水经注》和南朝陈顾野王的《舆地志》，也都是集大成的地记著作，其中《水经注》所引前代地理文献就有一百多种。王毓蔺《魏晋南北朝方志初探》做过统计："魏晋南北朝方志的数量很多。据初步统计，计有全国总志 51 种，分省志 219 种（其中通志 123 种，府县志 96 种），共计

① （北魏）郦道元撰：《水经注疏》，杨守敬、熊会贞疏，段熙仲、陈桥驿校，江苏古籍出版社 1989 年版，第 1 页。以下《水经注疏》版本同。

270种。”[①] 数量如此丰富，不但远超秦汉，即使与隋唐、北宋等时期相比也不逊色。同时，这个时期的地记，体例也渐趋完备，如《隋书·经籍志》谓晋代挚虞编纂《畿服经》“州郡及县分野、封略、事业、国邑、山陵、水泉、乡、亭、城、道里、上田、民物、风俗、先贤、旧好，靡不具悉”，可见自然地理之外，还增加了人文的内容。魏晋南北朝郡书的数量也空前增多了。钱穆说：“《隋志》杂传一类，尤为当时人所特感兴趣，故其撰述共有二百一十七部，一千二百八十六卷。主要为人物传记……凡此皆见此时代人重视人物，实为此一时代之特殊精神所在。”[②]

地记和郡书的大量涌现，与魏晋南北朝时期社会经济文化事业的发展相关，也与其时士人地域意识的增强、佛教道教的流行以及隐逸文化的推动、战乱所带来的人口迁徙流动的影响等因素相关。这些都为地记和郡书的产生和发展提供了社会条件。陈桥驿先生《郦道元评传》中说：“规模巨大的地理大交流[③]，为许多地理学家提供了直接或间接的实践机会。因此，这一时期的地理学家和地理著作，不仅在地理资料上左右逢源，而他们之中，多数都直接或间接地参加了这次地理大交流，他们的作品中反映了大量的实践结果。这是前代地理学家和地理著作所无法比拟的。”[④] 陈氏所论，切中肯綮。地理大交流时代，虽然从政治上看是中国大分裂、大动荡、大混乱的时代，但从地理学思想史来说，又是新型地学思潮萌发的有利契机。

殊为难得的是，魏晋南北朝郡书地记的价值，不仅体现在其地学

① 王毓蔺：《魏晋南北朝方志初探》，《中国历史地理论丛》2007年第10期。

② 钱穆：《略论魏晋南北朝学术文化与当时门第之关系》，见《中国学术思想史论丛》卷3，安徽教育出版社2004年版，第132—133页。

③ 陈桥驿在1988年首次提出了“地理大交流”的概念，意思是两晋南北朝时期“发生在中国境内的巨大人群所经历的地理变异”。

④ 陈桥驿：《郦道元评传》，南京大学出版社1994年版，第20页。

价值和史料价值方面，而且在自然审美意识方面逐渐提高，在形象感、故事性方面逐步加强，打开了地域审美观的新视野，大大强化了记述表达的文学性。魏晋到宋齐，地记郡书的文学色彩越发浓重，山水化文学化的特点越发显著，这对郦道元《水经注》的撰著产生了直接影响。对此，本书将作专章讨论。

## 三　《水经注》：魏晋南北朝地理文学的集成和总结

《水经注》的卓越成就，与这一时期富有文学意味的"六朝地志"的大量涌现，具有极为重要的关系。郦道元的《水经注》的撰著并非完全是"访渎搜渠，缉而缀之"，凡是郦所未经之地，他所依靠的主要是他人撰述的文献材料。正如清代陈运溶在《荆州记序》中所说："郦注精博，集六朝地志之大成。"魏晋南北朝时期的地理文学文献对于《水经注》的成书意义重大。清美的祖国山水催生了众多的文学性地理文献，而这些文学性地理文献又直接影响了《水经注》的成书和撰著风格。

《水经注》在引用这些地理文学文献时，大多标明文献名称或作者。但有时为了行文连贯、简洁抑或其他原因，《水经注》中也有很多不标示引用文献出处的情况，即其中有很多地方都是暗引这些文献的原文，或基本上是抄录文献的原文而略加变化。对于这些暗引之处，本书将予特别指出以为例证。从《水经注》暗引这些文献的内容和频率，也可以看出《水经注》在文学描写等方面对魏晋南北朝时期渐趋丰富的地理文学文献的借鉴和吸收。

《水经注》是在大量征引和借鉴"六朝地志"的基础上的"抄撰"之作，也是有着严谨的编纂体系和实践品格的创新发展之作。郦道元为什么要撰著这样一部作品？其撰著《水经注》的心理动机和撰著基础值得探讨。尤其是郦道元撰著《水经注》，运用了大量南朝文献。南北朝时期南北分立、时局板荡之际，郦道元又是从什么渠道获得这些文献？本书也力图对此进行尝试性探索。

由于年代久远，《水经注》所引地理文学文献，如今绝大部分已经亡佚。只有残篇散见于各种类书，有的文献虽有辑本但遗漏、舛误者甚多，有的至今还没有辑本。唯其吉光片羽，方才弥足珍贵。但综观郦学研究，学界还未有专著对《水经注》所引地理文学文献进行细致的梳理和考证，及对亡佚文献进行尽可能完整的辑补。本书尤其在这方面进行了爬罗剔抉、补苴罅漏的努力，期望尽可能做到更真实更准确地反映这些文献的原貌，并为学人今后的研究提供资料方面的便利。

魏晋到宋齐的地记、郡书，为《水经注》提供了丰富的地理文献资料，也在文学性的描写和叙事方面，给予《水经注》以直接的启发和影响。而《水经注》在此基础上更上一层楼，在山水景物描写手法、写景的语言与修辞艺术、人物故事叙写和神怪故事记述以及穿插诗赋歌谣等方面，又有新的进步和发展。《水经注》正是因为吸收了大量魏晋南北朝地理文学文献的优秀成果，博采众家之所长，所以描写叙事生动形象，语言准确传神，精巧隽永而多有摇曳之姿，成为中国古代地理文学的典范之作。

《水经注》与晋南北朝地理文学文献的关系，是一个大问题，也是一个亟待拓展研究的题目。本书立足于以地记和郡书为主要代表的魏晋南北朝地理文学文献，探讨其山水化文学化演进的情况以及对《水经注》的影响。虽然对这个问题的探讨才刚刚展开，但通过我们的研究也可以看出，以此为切入点，不但能够对《水经注》的文献来源与创作基础进行初步考察，还可以对中国山水散文的产生和演进线索进行梳理和探讨。当然，受能力所限，我们的研究中还存在许多不足，错误缺点在所难免，谬舛之处，尚祈方家指正。

# 第一章

# 魏晋南北朝地理著作的文学化渐进

## 第一节　魏晋南北朝地记中的山水景物描写

魏晋南北朝时期地记中，有很多已经呈现出浓厚的文学色彩。在这些地记作品中，山水景物往往成为作者描写的兴趣点，甚至出现了一批以山水命名的地记，如罗含《湘中山水记》、刘澄之《永初山川记》、袁山松《宜都山川记》等。

比较具有文学色彩的地记作品，即以郦道元《水经注》有所征引的篇目来看就很多，如汉末辛氏《三秦记》、魏晋佚名《上党记》、佚名《汉中记》、西晋潘岳《关中记》、东晋罗含《湘中记》、袁山松《宜都山川记》、庾仲雍《湘州记》、伏琛《三齐略记》、晏谟《齐地记》、环济《吴记》、裴渊《广州记》、刘欣期《交州记》、陆翙《邺中记》、江敞《陈留志》、习凿齿《襄阳记》、袁休明《巴蜀志》、伏滔《北征记》、戴延之《西征记》等，南朝宋盛弘之《荆州记》、谢灵运《永嘉记》、史筌《武昌记》、雷次宗《豫章记》、邓德明《南康记》、张僧监《寻阳记》、孔灵符《会稽记》、郑缉之《东阳记》、刘道真《钱唐记》、王韶之《始兴记》、沈怀远《南越志》、郭仲产《秦州记》、段国《沙州记》、任预《益州记》、郭缘生《述征记》、伍缉之《从征记》等，南朝齐刘澄之《永初山川记》等，共四十余部。除《水经注》所征引的文献之外，魏晋南北朝地记中文学性较强的地记尚有晋张玄之《吴兴山墟名》、顾微《广州记》等，南朝宋山谦之《丹阳记》《吴兴记》和《南徐州记》、刘损《京口记》、孙诜《临海记》、吴穆之《义兴记》、荀伯之《临川记》等，南朝齐刘澄之《豫州记》和《梁州记》、黄闵《沅陵记》和《武陵记》，南朝梁鲍至《南雍州记》、顾野王《舆地志》、萧子开《建安记》、佚名《新安记》，等等。

魏晋南北朝地记中的山水景物描写，大多篇幅短小而精练，但对山水景物的刻画已经能够显现出浓郁的文学气息。

## 一　山水形象，真切优美

魏晋南北朝时期，特别是晋宋之际，“情必极貌以写物”① 的文学趋势，也影响到了地记作家。他们运用多种文学手段描摹刻画山水景物，勾画出很多真切优美的山水形象。

### （一）大笔勾勒与细部刻画

魏晋南北朝地记作家已经注意通过不同的视角变化来状绘山形水态：有时着眼于整体性，大笔勾勒；有时则注意细笔刻画，把山水最本质的形态状貌鲜明而又逼真地呈现在读者面前，从而既凸显了山水的个性特点，又增强了描写的真实感。

大笔勾勒的，如罗含《湘中记》写衡山：“遥望衡山如阵云，沿湘千里，九向九背，乃不复见。”② 黄闵《武陵记》写丹陂湖：“有湖

① （南朝梁）刘勰：《文心雕龙·明诗》。

② （唐）徐坚等撰：《初学记》卷五，中华书局1962年版，第97页。以下版本同。

名为丹陂，周围数百顷，青波澄映，洲屿相望。”① 这些记述，把读者置于一个广阔的空间内，大多给人以苍茫辽远之感。大笔勾勒的手法，易于读者对山水进行整体性的把握。

细笔刻画者，则如袁山松《宜都记》：“佷山县方山上有灵祠，祠中有特生一竹，擅美高危。其杪下垂，忽有尘秽，起风动竹，拂荡如扫。”② 孔灵符《会稽记》：“余姚县南百里，有太平山，山形似伞。四角各生一种木，木不杂糅。三阳之辰，华卉代发。”③ 其例甚多。

（二）绘色摹声，塑造形象

地记作家也很注重通过不同色彩的描绘，以及声音的摹写等来塑造山水形象。描写山水色彩的，如盛弘之《荆州记》：“筑阳县有墨山，山石悉如墨。”④ 袁山松《宜都记》：“郡西北陆行四十里有丹山，山间时有赤气，笼盖林岭如丹色，因以名山。”⑤ 沈怀远《南越志》：“陵庐城中有井，半清半黄。黄者甜滑，宜作粥，色如金，似灰汁，甚芬馨。”⑥ 萧子开《建安记》：“武夷山，高五百仞，岩石悉红紫二色，望之若朝霞。”⑦

摹写山水声音的，如史筌《武昌记》：“武昌有龙山，欲阴雨，上有声如吹角。”⑧ 王韶之《始兴记》：“县下流有石室，内有悬石，扣之，声若磬，响十余里。”⑨ 张僧监《寻阳记》：“赤山下有石穴，有人取钟乳者，经宿不知所穷，水恒流出，深处浮乃得过，数里，

---

① （宋）李昉等撰：《太平御览》卷六十六湖，中华书局1960年版，第313页。以下版本同。

② 《太平御览》卷九六二竹上，第4271页。

③ （唐）欧阳询等撰：《艺文类聚》卷八山部下引，上海古籍出版社1982年版，第145页。以下版本同。

④ 《太平御览》卷六百五墨，第2723页。

⑤ 《艺文类聚》卷七山部上，第122页。

⑥ 《太平御览》卷八五九粥，第3816页。

⑦ 《艺文类聚》，第230页。

⑧ 《太平御览》卷三三八角，第1550页。

⑨ 《太平御览》卷五七六磬，第2599页。

辄见有光明，闻里有声若霹雳。此人遽出，竟无以测远近，有仙鼠扑火。”①

地记作家通过色彩的描绘和声音的摹写，把山水景物的形状与色彩、自然界的声响等具体地描写出来，引发读者通过自身的生活经验来把握描写对象，使人有身临其境的感受。

### （三）静态描写和动态描写

魏晋南北朝地记作家在描写山水形象时，有时是描写山水景物的静态之美，例如，罗含《湘中记》：“湘水至清，虽深五六丈，见底了了然，石子如摴蒲矣，五色鲜明。白沙如霜雪，赤岸如朝霞。”② 写山的则如郭缘生《述征记》：“华山有二岑，直上数千仞；自下小岑迭秀，迄于岭表，有如削成。”③ 孔晔《会稽记》：“四明山，高峰轶云，连岫蔽日。”④ 呈现的是静态美景。

有时则着力描写山水景物的动态美，在景色变幻中呈现出山水形象的个性特点，如罗含《湘中记》写衡山：“山有锦石，斐然成文。衡山有悬泉滴沥，声泠泠如弦；有鹤回翔其上，如舞。”⑤ 山谦之《南徐州记》写京江：“京江，《禹贡》九江也。阔漫三十里，通望大壑。常以春秋朔望，辄有大涛，声势骇壮，极为奇观。涛至江北赤岸，尤更迅猛。”⑥ 孔灵符《会稽记》：“赤城山土色皆赤。岩岫连沓，状似云霞，悬溜千仞，谓之瀑布，飞流洒散，冬夏不竭。”⑦

---

① 《太平御览》卷五十四穴，第 263 页。
② 《太平御览》卷六十五地部三十，第 311 页。
③ 《初学记》卷五华山，第 99 页。
④ 《初学记》卷五总载山，第 92 页。
⑤ 《初学记》卷五，第 97—98 页。
⑥ 《初学记》卷六江，第 125 页。
⑦ 《太平御览》卷四十一地部六，第 195 页。

## 二　山水意境，自然清新

山水之美是人在和大自然复杂的交往过程中逐渐形成的，山水审美反映出人类在精神文化方面的需求。山水本是人类赖以取资的生命家园，人类在与山水进行有利的物质和能量交换时，必然使人生发愉悦的精神感受，此即人们对山水产生“娱目悦形”之美的缘由。魏晋南北朝时期，随着欣赏山水的风气逐渐深入，地记作家便从关注山水外在的形象之美，逐渐转移到山水所蕴含的更深一层的审美境界中，即“逸情畅神”之美。

“山水”作为一个词语最早出现于《三国志·魏书·贾诩传》：“吴蜀虽蕞尔小国，依阻山水。刘备有雄才，诸葛能治国，孙权识虚实，陆逊见兵势。据险守要，泛舟江湖，皆难卒谋也。”此处所谓“山水”主要是指以山和水作为主要构成要素的自然环境。这是“山水”一词的基本含义。到晋宋之际，“山水”一词不但有环境意义，更增添了美学内涵，体现出山水审美意识的萌生和发展。因此，“自然山水作为独立的审美对象，在中国约始于魏晋南北朝时期”①。

在这样的文化背景下，魏晋南北朝地记作家自觉地走向山林，走向江河，把自己融入自然山水之中，感受生命的律动，并以优美的文笔塑造出富有诗情画意的山水意境。东晋地记作家袁山松在他的《宜都山川记》中有一段精彩的记述：

> 常闻峡中水疾，书记及口传悉以临惧相戒，曾无称有山水之美也。及余来践跻此境，既至欣然，始信耳闻之不如亲见矣。其叠崿秀峰，奇构异形，固难以辞叙。林木萧森，离离蔚蔚，乃在

① 谢凝高：《山水审美：人与自然的交响曲》，北京大学出版社 1991 年版，第 1 页。

霞气之表。仰瞩俯映，弥习弥佳，流连信宿，不觉忘返。目所履历，未尝有也。既自欣得此奇观，山水有灵，亦当惊知己于千古矣。①

这是袁山松对自己山水审美经验的真实记录，明确地提出了山水“知己观”。

这种山水“知己观”的鉴赏方式，类似于卡尔松所说的：“由于将环境看成诸多生物体、感官以及空间的一个没有隙缝的整体，那种参与模式召唤我们沉浸到自然环境中，试图消除诸多传统，譬如主体和客体试图在最终尽可能地缩短我们自身与自然的距离。简而言之，审美经验是鉴赏者在鉴赏对象中的一种全身心的投入。”② 这样的鉴赏方式，使得其中的山水描绘具有一种意境上的美感。正如宗白华所言：“晋人向外发现了自然，向内发现了自己的深情。山水虚灵化了，也情致化了。”③

以审美的视野沟通身体与外在的自然世界，这多少与玄学的兴盛有一定关联。诚如宗白华《美学散步》所说：“晋人以虚灵的胸襟、玄学的意味体会自然，乃能表里澄澈，一片空明，建立最高的晶莹的美的意境。”④ 如“《舆地志》云：山阴南湖萦带郊郭，白水翠岩，互相映发，若镜若图。故王逸少云：山阴路上行，如在镜中游。”再如，盛弘之《荆州记》写青溪水：“稠木傍生，凌空交合，危楼倾崖，恒有落势，风泉传响于青林之下，岩猿流声于白云之上，游者常若目不周玩，情不给赏。是以林徒栖托，云客宅心，泉侧多结道

① 《水经注疏》，第2844—2845页。

② ［加拿大］卡尔松：《环境美学：自然、艺术与建筑的鉴赏》，四川大学出版社2006年版，第19页。

③ 宗白华：《论〈世说新语〉和晋人的美》，《中国美学史论集》，安徽教育出版社2006年版，第129页。

④ 宗白华：《美学散步》，上海人民出版社1981年版，第211页。

士精庐焉。”[①] 这也是一段非常具有意境美的描绘，呈现的是一幅情景交融的、富有意境美感的艺术画面。山水的宁静幽美与隐者对峻洁人格和优美心灵的追求是和谐统一的，所以山水也就成为士人心灵理想的栖居地。

总之，有些优秀的晋宋地记作品，已经能够通过将自己的审美体验融于山水记述，从而构造出幽美的山水意境了。地记作家向山水而行的情感体验与山川美景相融合，营造出独特的艺术境界，引发读者的想象，并使读者在思想感情上受到感染，产生共鸣。

### 三　写景叙事，相得益彰

某些魏晋南北朝地记作家，在状写山水景物时，有时是把自己置身于所要描写的对象之中，通过游踪来介绍变化中的山水景物，即“移步换景”。这样，不但以散点透视方式表现了时空交接的空间形态，而且身在山水中的作者的行动轨迹，也得以在叙述中展现。例如，《水经注》引佚名《汉中记》的一段描写：

> 自西城涉黄金峭、寒泉岭、阳都坂，峻崿百重，绝壁万寻，既造其峰，谓已逾崧岱，复瞻前岭，又倍过之。言陟羊肠，超烟云之际，顾看向涂，杳然有不测之险。山丰野牛野羊腾岩越岭，驰走若飞，触突树木，十围皆倒。山殚艮阻，地穷坎势矣。[②]

这段记述中的景色，极具“雄壮”之美。在这里，作者是以一种身体的经验方式来书写的，从“既造其峰”“复瞻前岭”“顾看向涂”等明显展示身体位移的词语可以看出，作者要展示给读者的，不是固

---

① 《水经注疏》，第2698页。

② 同上书，第2327页。

定不变的空间，而是随着身体位置的变化而不断拓展延伸的空间。随着作者的脚步，景色也变得愈为奇险，前面“峻崿百重，绝壁万寻”的描写，则成为后文“又倍过之”的奇险之景的铺垫之笔了。写景叙事，相得益彰。

魏晋南北朝地记中，山水景物的描绘往往与历史文化名人的踪迹及其故事结合在一起写，使得这些山水风光散发出浓郁的人文气息。如鲍至《南雍州记》：“望楚山，凡三名，一名马鞍山，一名灾山。宋元嘉中，武陵王骏为刺史，屡登涉焉，以望见都城，改为望楚山。后遂龙飞为孝武帝。所望之处，时人号为凤岭。高处有三墩，是刘宏、山简等九日宴赏之所。”① 此介绍望楚山得名由来，辅以刘骏、刘宏、山简等事迹，使人读后大有“江山留胜迹”的感受。又如，罗含《湘中记》：“贾谊宅中有一井，谊所穿，极小而深，上敛下大，其状如壶。旁有一局脚石床，容一人坐，形流古制，相承云谊所坐。”② 普通一井，平常石床，因为汉代文学家贾谊的缘故而显得身价倍增。再如，袁山松《宜都山川记》：“父老传言，（屈）原既流放，忽然暂归，乡人喜悦，因名曰归乡。”③ 此记归乡得名之由来，虽未必可信，但既然传说与屈原有关联，便足以引发后人思古之幽情。

魏晋南北朝地记中，还有很多山水景物记述是和传说故事结合在一起的。如郭仲产《南壅州记》写武当山：“武当山广三四百里，山高隆峻，若博山香炉，苕亭峻极，干霄出雾。学道者常百数，相继不绝。若有于此山学者，心有隆替，辄为百兽所逐。”④ 先写武当山的广远高峻，再引征一则于此山学道者的传说，为武当山添加神秘色彩。又如，郑缉之《东阳记》：“（太末）县龙丘山有九石，特秀林表，色

① （宋）乐史撰：《太平寰宇记》卷一四五襄阳，王文楚等点校，中华书局 2007 年版，第 2814 页。

② 《水经注疏》，第 3145 页。

③ 同上书，第 2836 页。

④ 《太平御览》，第 206 页。

丹白，远望尽如莲花。龙丘苌隐居于此，因以为名。其峰际复有岩穴。外如窗牖，中有石林。岩前有一桃树，其实甚甘，非山中自有，莫知谁植。"① 也是先写丘山九石之美，再写龙丘苌隐居之事以增添人文气息，后面关于岩穴和岩前桃树的描写，则是典型的细部描写，结尾"非山中自有，莫知谁植"更是引人遐想，这显然是作者有意渲染此山之灵气与岩穴之神秘。再如，盛弘之《荆州记》："宜都佷山县有山，山有风穴，口大数尺，名为风井。夏则风出，冬则风入。樵人有冬过者，置笠穴口，风吸之，经月还，涉长阳溪而得其笠。则知溪穴潜通。"② 描写一山有风穴，为显其地理之神奇，特地穿插了一个樵人经穴失笠而复得于溪的传说故事，以说明溪穴潜通的奇特地理，以虚写实，相映成趣。复如，史筌《武昌记》："城北有冈，高数丈，名为凤阙，其处显敞胜阙，以望川泽，多所远瞻。吴黄龙元年，有凤集此冈，故谓之凤阙。凤阙南十里，有金牛冈。古老相传云，有金牛出此冈。冈今半崩，坑深数丈，牛践冈边，遗迹尚存。"③ 这里介绍凤阙和金牛冈，也是各以传说印证，增加描写对象的人文美。既有实景描写，又有故事传闻，趣味良多。

## 四 妙用修辞，比喻生动

魏晋南北朝一些优秀的地记作品，很注意修辞的使用。为了更形象地刻画山水的特点，山水地记摹山状水多用比喻。兹举数例。

罗含《湘中记》写湘水："湘水之出于阳朔，则觞为之舟；至洞庭，日月若出入于其中也。"④ 以夸张式的比喻写出了湘水由窄小而变

① （南朝宋）范晔撰:《后汉书》注引，（唐）李贤等注，中华书局1965年版，第3489页。
② 《太平御览》卷五十四穴，第263页。
③ 《艺文类聚》卷六冈，第105页。
④ 《水经注疏》，第3121页。

化到阔大的情况，对湘水的特征进行描绘和渲染，使其形象生动，具体可感。通过“觞为之舟”“日月若出入于其中”的奇妙比喻，引发读者联想和想象，给人留下了极为鲜明深刻的印象。

袁山松《宜都记》以俯瞰的视角描写西陵峡：“对西陵南岸有山，其峰孤秀，人自山南上至顶，俯临大江如萦带，视舟船如凫雁。”[①]“俯临大江如萦带，视舟船如凫雁”，用“江如萦带”写山之高峻，以江船之小来衬江山的辽阔，这是“以微小显阔大”的比衬手法。取喻之精妙，与明代张岱《湖心亭看雪》“湖上影子，惟长堤一痕，湖心亭一点，与余舟一芥，舟中人两三粒而已”的描写略相仿佛。同时，“大江如萦带”把江水之蜿蜒缥缈的特点描绘出来，“舟船如凫雁”把水天一色的浩淼之状现于目前。

盛弘之《荆州记》：“修竹亭西一峰迥然，西映落月，远而望之，全如画扇。”[②]“全如画扇”的比喻，即是把山水自然审美和山水艺术审美联系起来了。作者把山水看成了一幅留有空白的写意画，笔墨之外，别有意趣。“山水自然审美是身体以视听知觉构成的空间性审美活动，而山水艺术审美则是主体以视听知觉构成的对象性审美活动”[③]，二者存在差别。但“画扇”的比喻，似画留白，意境尽出，使得“峰映落月”的自然美景在空间层次上得到丰富和拓展，使审美对象得到当下超越，从而提升了读者的审美体验。虽云记山水，终是活丹青。

还有两则写瀑布的比喻也很好。盛弘之《荆州记》写衡山芙蓉峰：“衡山有三峰……一曰芙蓉，上有泉水飞流，如舒一幅白练。”[④]孙诜《临海记》写白鹤山：“山上有池，泉水悬溜，远望如倒挂白鹤，

---

① 《水经注疏》，第 2847 页。

② （宋）乐史撰：《太平寰宇记》，王文楚等点校，中华书局 2007 年版，第 2834 页。

③ 刘洁：《美境玄心：魏晋南北朝山水审美之空间性研究》，中国社会科学出版社 2016 年版，第 15 页。

④ 《初学记》，第 295 页。

因名挂鹤泉。"[1] 前一则把飞流清泉比作"白练"，就像展开一幅练用舒展的白色绸缎，贴切生动，极富形象美感。后一则"如倒挂白鹤"既写出了瀑布的形状特点，又巧妙地交代了"挂鹤泉"得名之由来，使瀑布飘动的姿态呼之欲出。

地记中比喻等修辞手法的运用，不但易于使读者迅速把握其所描绘的山水景物的特征，而且使地记作品的语言文采斐然，趣味横生，富有很强的感染力。

### 五　句式选用，骈散结合

一些优秀的晋宋地记作家，记述语言体现出骈散结合的语言风格，从而增强了文字可感性和可读性，使记述既有形象性，又有节奏感。地记一般是以散文为主，但有时亦兼取骈文之长。

盛弘之《荆州记》在这方面很有代表性。例如，盛弘之《荆州记》写柳云："缘城堤边，悉植细柳，绿条散风，清阴交陌。"[2] 全以四字句组合而成，"绿条散风，清阴交陌"是明显的骈句，三言两语，动静结合地写出了绿柳柔媚的风姿。盛弘之《荆州记》写九疑山："九疑山盘基数郡之界，连峰接岫，竞秀争高；含霞卷雾，分天隔日。"[3] 句式整齐，铿锵有力，把九疑山的壮美胜境展示给读者。盛弘之《荆州记》中还有较多的记述，是整体性的文句以散句为主，中间夹杂骈句写景状物。如盛弘之《荆州记》写雁塞的得名由来，云："雁塞北接梁州汶阳郡，其间东西岭，属天无际，云飞风翥，望崖回翼。惟一处为下，朔雁达塞，矫翼裁度，故名雁塞，同于雁门也。"[4]

---

① 《太平御览》卷四十七地部十二，第229页。
② （唐）欧阳询撰：《艺文类聚》，第1531页。
③ 《太平御览》卷四十一九疑山，第198页。
④ （唐）欧阳询撰：《艺文类聚》，第1579页。

“云飞风翥，望崖回翼”“朔雁达塞，矫翼裁度”都是很整齐的对仗句，音韵和谐，如诗如画。明代学者杨慎《升庵集·论文》“诸家地理”条评价《荆州记》说：“地志诸家，予独爱常璩《华阳国志》，次之则盛弘之《荆州记》。《荆州记》载鹿门事云：庞德公居汉之阴，司马德操宅州之阳，望衡对宇，欢情自接。泛舟褰裳，率尔休畅。记沮水幽胜云：稠木傍生，凌空交合，危楼倾崖，恒有落势，风泉传响于青林之下，岩猿流声于白云之上，游者常若目不周玩，情不给赏。若此二段读之，使人神游八极，信奇笔也。”[①] 杨升庵所喜爱的这两段文字，正是盛弘之《荆州记》中骈散结合，相得益彰的典范文字。作者寓骈句于散句之中，使文字读来错落有致，洒脱自然，从而收到了“使人神游八极”的奇妙效果，精彩传神。

王韶之《始兴记》中也颇多骈句。如：“郡东有玉山，草木滋茂，泉石澄彻。”[②]“草木”“泉石”对举辉映，暗示了玉山的得名由来，正所谓“山蕴玉而生辉，水怀珠而川媚”。再如，《始兴记》记述栖霞楼与罗公洲的一段文字：“始兴城西百余步，有栖霞楼，临川王营置，清暑游焉，罗君章居之，因名为罗公洲。楼下洲上，果竹交荫，长杨傍映，高梧前疏，虽即城隍，趣同丘壑。”[③] 四字相对，对仗工整，声律铿锵，富于美感。

黄闵《沅陵记》和《武陵记》在运用骈句方面，也颇擅胜场。如《沅陵记》云：“两岸素山，崖石如披雪，寒松如插翠。”[④] 句式两两相对，构成完整的骈句。再如《武陵记》：“有绿罗山，侧岩垂水悬萝。百里许，得明月池，碧潭镜澈，百尺见底。素岸若雪，松如

---

① （明）杨慎：《升庵集》卷五十二，《四库全书》第1270册，上海古籍出版社1987年版，第448—449页。

② （唐）欧阳询撰：《艺文类聚》，第123页。

③ 《太平御览》卷六十九洲，第327页。

④ （唐）李吉甫撰：《元和郡县图志》江南道六“沅陵县”，中华书局1983年版，第747页。

插翠。流风叩阿，有丝桐之韵。”[1] 也是完整的骈文片段，声调和谐，含蓄典雅。

此外，在行文中穿插骈句的地记还有很多。如习凿齿《襄阳记》：“襄阳，本楚之下邑。桓溪带其西，观山亘其南。”[2] 又如《荆州图副》曰：“桐柏山，《禹贡》所谓导淮自桐柏者也。其山则云峰秀峙，林惟椅柏，潜润吐溜，伏流数里。”[3] 中间都夹有整齐或对仗的骈句，音韵和谐，如诗如画。

地记之用骈语，明显受到当时流行的骈俪文风影响。胡适《白话文学史》讲到南朝文章骈化的情况时说：“六朝的文学可说是一切文体都受了辞赋的笼罩，都骈俪化了。论议文也成了辞赋体，纪叙文（除了少数史家）也用了骈俪文。抒情诗也用骈偶，记事与议论的诗也用骈偶，甚至描写风景也用骈偶。故这个时代，可说是一切韵文与散文的骈偶化的时代。”[4] 诚如斯言，在骈俪文风盛行的晋宋文风影响下，当时的地记作家也自觉或不自觉地把骈俪文字运用到自己的作品中来了。但是他们比较高明的是，在作品中并非如后来的骈文一味追求华丽辞藻，流于形式而疏离内容，而是把骈体结构巧妙自然地融入散体叙事之中，使文字读起来错落有致，语句铿锵，富有节奏感和韵律美。总之，此类文字在写景上显出了极高超的水平。

## 六　援引证说，穿插诗赋歌谣

有一些魏晋南北朝地记作品，除了正面描写山水景物突出其主要

① 《太平御览》卷五七二歌，第2586页。
② 《初学记》卷八山南道，第181页。
③ 《太平御览》卷四十三桐柏山，第206页。
④ 胡适：《白话文学史》，上海古籍出版社1999年版，第75页。

特征之外，还引入人物对于描写对象的评价，以为援引证说。例如，西凉段龟龙《凉州记》曰："契吴山，在县北七十里，赫连勃勃北游契吴而叹曰：美哉斯阜，临广泽而带清海。吾行地多矣，自岭已北，大河以南，未有若斯之壮丽矣！"[①] 赫连勃勃是十六国时期胡夏的建立者，一生南征北战，纵横驰骋，所见壮丽美景自然很多。连他都如此惊叹的契吴山，又该是何等壮观！又如顾野王《舆地志》："南湖在城南百许步，东西二十里，南北数里，萦带郊郭，连属峰岫，白水翠岩，互相映发，若鉴若图，故王逸少云：从山阴路上行，如在鉴中游。"[②] 这里写的南湖，即浙江绍兴的镜湖，除了对其"萦带郊郭，连属峰岫，白水翠岩，互相映发，若鉴若图"的美景进行正面的描摹之外，特意引入王羲之的评价以为证说补充。这也可能是鉴湖（镜湖）的得名由来吧。面对山水美景，游览之人发出的种种感叹，正是对自然审美"发现"的由衷赞赏，也使读者可以体味到其所呈现的精彩与真实。

地记作家在作品中穿插文人的诗赋，亦不乏其例。如盛弘之《荆州记》："江津东十馀里，有中夏洲，洲之首，江之汜也。故屈原云：经夏首而西浮。又二十余里有涌口，所谓阎遨游涌而逸。二水之间，谓之夏洲，首尾七百里。"[③] 在介绍中夏洲和涌口时，叙述中穿插了屈原《哀郢》中的诗句，无疑增添了文学色彩。又如盛弘之《荆州记》写襄阳城："襄阳城西南有徐元直宅，其西北八里方山，山北际河水，山下有王仲宣宅。故东阿王诔云：振冠南岳，濯缨清川。"[④] 引入曹植《王仲宣诔》，说明王粲故居的地理位置。再如佚名《荆州图副》写麦

① 《太平御览》卷五十地部十五，第 243 页。

② （宋）祝穆撰：《方舆胜览》卷六，祝洙增订，施金和点校，中华书局 2003 年版，第 108 页。

③ 《太平御览》卷六十九洲，第 327 页。

④ （南朝梁）萧统：《文选》，曹子建《王仲宣诔》注，（唐）李善注，上海古籍出版社 1986 年版，第 2435 页。

城："故老相传是楚昭王所筑。王仲宣常登其东隅，故其赋云：挟清漳之通津，倚曲沮之长洲。关公为吕蒙所败，还至当阳，保此城诈降而遁。"[①]"挟清漳之通浦兮，倚曲沮之长洲"是王粲（字仲宣）《登楼赋》中的文句，作者为了增加麦城的人文历史气息，特意加入了王粲登楼作赋以及关羽诈降的事迹。

有时，地记作家甚至可以完整地把一首诗文歌赋引入作品中来。如盛弘之《荆州记》："陆凯与范晔相善，自江南寄梅花一枝诣长安与晔，并赠晔诗曰：折花（梅）逢驿使，寄与陇头人。江南无所有，聊赠一枝春。"[②] 陆凯赠范晔这首诗，是一首情谊深厚，表情真挚而含蓄的小诗，赖《荆州记》的记载得以保存流传。又如，黄闵也完整地记录了土人所作的《绿罗山歌》[③]，为绿罗山增添了许多文学意趣。

地记作家除了征引诗文辞赋之外，也把很多民俗歌谣纳入自己的作品中来。如史筌《武昌记》："大帝筑城於江夏，以程普为太守，遂欲都鄂州，改为武昌郡。其民谣曰：宁饮建业水，不食武昌鱼；宁归建业死，不向武昌居。由是徙都建业。"[④] 这则记述不但记载了孙权迁都建业（南京）的情况，还留下了一则有趣的民谣。又如，袁山松《宜都山川记》曰："峡中猿鸣至清，诸山谷传其响，泠泠不绝。行者歌之曰：巴东三峡猿鸣悲，猿鸣三声泪沾衣。"[⑤] 再如，盛弘之《荆州记》："宜都西陵峡中，有黄牛山。江湍纡回，途经信宿，犹望见之。行者语曰：朝发黄牛，暮宿黄牛，三日三暮，黄牛如故。"[⑥] 以上两则都插入了关于三峡的民谣，因其贴近生活，所以显得更加生动活泼，

---

① （宋）乐史撰：《太平寰宇记》卷一四六当阳县，王文楚等点校，中华书局2007年版，第2848页。

② 《方舆胜览》卷二二南安军，中华书局2003年版，第404页。

③ 《太平御览》卷五七二歌，第2586页。

④ 《太平御览》卷一百七十州郡部鄂州，第829页。

⑤ 《艺文类聚》，第1652页。

⑥ 同上书，第295页。

更加本色自然。

魏晋南北朝地记中穿插的这些诗文辞赋歌谣，如同颗颗珍珠镶嵌于在平凡的叙事中，为地记增添了浓郁的文学色彩。

## 第二节　魏晋南北朝郡书地记的人物故事叙写



魏晋南北朝时期，地方人物传记的撰述开始走向繁荣。刘勰《文心雕龙·史传》所说“及魏代三雄，记传互出。……至于晋代之书，繁乎著作”①，即是当时传记著作繁荣的真实记述。当时的郡书和地记，记载了众多的地方人物故事。刘知几《史通·杂述篇》把郡书和地记（地理书）归为杂述（即杂传）一类，认为其亦能在正史以外“自成一家”且“能与正史参行”。确实，郡书和地记通过记述地方耆旧、先贤、名士等的故事言行，存录了当地在社会、经济、政治、文化、学术等各方面的实际情况，具有丰富而翔实的史料价值，也有较大的文学价值，值得加以认真研究。

### 一　魏晋南北朝郡书地记撰著繁荣的原因

魏晋南北朝时期郡书渐趋兴盛发达。《隋书·经籍志》著录“杂传”139部，其中属于地方人物传记的，就有《益部耆旧传》（陈长寿撰）、《汝南先贤传》（魏周斐撰）、《陈留耆旧传》（魏苏林撰）、《陈留志》（东晋江敞撰）、《襄阳耆旧记》（习凿齿撰）、《会稽典录》（虞豫撰）、《豫章烈士传》（徐整撰）、《豫章旧志》（晋熊默撰）、《零陵先贤传》《桂阳先贤画赞》（吴张胜撰）、《长沙耆旧传赞》（晋刘彧撰）等，共32部。侯康《补后汉书艺文志》杂传类著录有圈称《陈

① （南朝梁）刘勰：《增订文心雕龙校注》，《史传》第十六，黄叔林注，李详补注，杨明照校注拾遗，中华书局2000年版，第207页。

留风俗传》（不同于《陈留耆旧传》）[①]；章宗源《隋书经籍志考证》又补录《荆州先贤传》（晋高范撰）、《广陵烈士传》（晋华鬲撰）、《广州先贤传》（刘芳撰）等9部[②]；秦荣光《补晋书艺文志》又补录《山阳先贤传》（周斐撰）等4部[③]；文廷式《补晋书艺文志》又补录《广陵耆老传》《贺氏会稽先贤像赞》2部[④]；黄逢元《补晋书艺文志》又补录《续益部耆旧传》（常宽撰）1部[⑤]。从以上著录情况可知，魏晋南北朝时期的地方人物传记50部左右，还不算许多由于各种原因未能传于后世的著作。这足以说明当时地方人物传记撰著之繁盛。所以，有学者指出："不论在著作的数量，或对于杂传形成的概念方面，都显示出杂传是魏晋时代新兴而又非常流行的历史著作形式。"[⑥] 同时，记人系列的地记，也与当时地方人物传记繁盛的情况成正比。很多地记，如晏谟《齐地记》、环济《吴记》、佚名《江东旧事》、裴渊《广州记》、陆翙《邺中记》、江敞《陈留志》、习凿齿《襄阳记》、史筌《武昌记》、张僧监《寻阳记》、刘道真《钱唐记》、盛弘之《荆州记》、沈怀远《南越志》等，也都记有不少地方人物事迹。

地方人物传记何以在魏晋南北朝时期渐趋繁盛？这与当时的社会风气、政治制度、时代思想的影响，以及史学发展的内在需求都有一定关系。

### （一）地方宗族势力的壮大

自两汉开始，伴随着土地兼并的加剧，豪强地主崛起。东汉光武

① 二十五史刊行委员会编辑：《二十五史补编》，中华书局1955年版，第2105—2130页。以下版本同。

② 《二十五史补编》，第4943—5037页。

③ 同上书，第3797—3849页。

④ 同上书，第3703—3759页。

⑤ 同上书，第3895—3965页。

⑥ 逯耀东：《〈隋书·经籍志·史部〉及其〈杂传类〉的分析》，《魏晋史学的思想与社会基础》，中华书局2006年版，第70页。

帝刘秀开国立基，也曾借助于豪强地主集团的势力，于是东汉豪强地主得以参与政治。刘秀自称：“吾理天下，亦欲以柔道行之。”（《后汉书·光武帝纪下》）刘秀所说的“柔道”，就是对豪强地主宽怀纵容、扶植保护。

于是，豪强地主拥有了大量的土地以及依附于土地的劳动者，形成自给自足的庄园经济。有了经济方面的保障后，一些豪强地主致力经学，形成自家家学，为日后士族阶层的形成奠定了基础。豪强地主集团还假借察举制操纵选举，推举本族士人，以巩固自身的政治地位。而本族士人致仕返乡，即成为地方宗族大姓，在朝野均具有广泛的政治和文化影响。东汉后期，中央集权削弱，地方势力又得到发展抬头的机会，各州牧拥兵自重，各霸一方。这样群雄割据的局面，对士人的政治心态产生了很大的影响。于是，地域性的乡土情怀逐渐取代了大一统情怀。这是地方人物传记发展繁荣的一个重要原因。

两晋之际，五胡乱华，衣冠南渡，极大地促进了长江流域经济的发展。一方面，“侨土”地方界域使得南渡世族的宗族意识和乡园意识更加浓厚，常常思追故里。新亭对泣时周顗“风景不殊，正自有山河之异”的慨叹，即为例证。另一方面，南方的大族为了形成自己的政治和文化势力，也日益注重文化底蕴的发掘。于是，世家大族为了在地位争夺中取得一席之地，纷纷撰书，“矜其乡贤，美其邦族”①。地方人物传记在这样的社会背景下，得以持续繁荣。

### （二）地域文化与乡邦意识

袁宏《后汉纪》卷九云：“夫民之性也，各有所禀，生其山川，习其土风。山川不同则刚柔异气，土风乖则楚夏殊音。是以五方之民，

① （晋）常璩撰：《华阳国志校注》，刘琳校注，巴蜀书社1984年版，第285页。以下版本同。

厥性不均，阻险平易，其俗亦异。”[①] 在长期历史发展中，生长于某一特定区域的人们，在文化、风俗、亲情等方面，会自然形成一种心理认同，即通常意义上的“乡邦意识”。这种“乡邦意识”是人与地的一种自然情感，在一定的地域范围内与环境相融合，因而打上了地域的烙印。

有学者对魏晋南北朝州郡地记作了比较全面的考察后认为：“魏晋南北朝地记以州郡记为最多，而州郡记中近半者，是作者记载自己的家乡，且作者多为文化士族；这种状况既是当时门阀士族重郡望的表现之一，也是本土地域意识发展的结果。……各地都有其地域性，或起因于自然条件，或因历史传统、社会条件而产生，亦源于其在历史上的政治、经济地位者。魏晋南北朝各地地记发展的不平衡，既反映了诸州地位与传统的不同，也反映出各地士人地位和心态的差别。”[②] 这样讲是有道理的。常璩《华阳国志》卷11《后贤志》记载了蜀人常宽因为蜀中叛乱流离到交州时，撰著《蜀志》的情况：“虽流离交域，衣敝缊袍，冠皮冠，乘牛往来，独鸠合经籍，研精著述。依孟阳宗庐师矩著《典言》五篇，撰《蜀后志》及《后贤传》。”[③] 常宽是蜀郡江原人，在流离异域、生活贫苦的情况下，仍能致力于对本土人物传记的撰著，足见其乡邦意识浓厚。常宽是常璩族祖，据黄逢元《补晋书艺文志》，常宽还撰著有《续益部耆旧传》二卷，前文已列。

刘知几《史通·杂述篇》说：“地理书者，人自以为乐土，家自以为名都，竞美所居，谈过其实。”[④] 魏晋南北朝郡书和地记，确实存在这样的情况。郡书和地记的作者，很多都是本土作家，出于对乡邦

---

① （晋）袁宏撰：《后汉纪》孝明皇帝上卷永平元年，周天游校注，天津古籍出版社1987年版，第241页。

② 王卫婷：《魏晋南北朝州郡地记与地域意识略述》，《南京晓庄学院学报》2007年第5期。

③ 《华阳国志校注》，第881—882页。

④ （唐）刘知几撰：《史通通释》，（清）浦起龙通释，上海古籍出版社1978年版，第276页。

自然景观和人文景观的熟悉与自豪，所以在著述中表现出了浓郁的乡土意识，极力夸耀家乡地理之美、物产之丰、人物之盛。

### （三）选官制度和人物品评风气的影响

东汉选官制度采用荐举制，但实际上选举系于阀阅渐成为社会风气，大姓冠族往往操纵选举。汉末，选举制度以名士清议为基础，因而名士清议就显示出其重要作用，由此促成了人物品评之风气。正如汤用彤指出："溯自汉代取士大夫别为地方察举，公府征辟。人物品鉴遂极为重要。有名者入青云，无闻者委沟壑。朝廷以名治，士风亦竞以名相高。声名出于乡里之臧否，故民间清议乃隐操士人进退之权。于是月旦人物，流为俗尚；讲目成名，具有定格。乃成社会中不成文之法度。"① 为求仕途进取，地方大族纷纷相互交结，博取盛名。于是门阀势力的文化标榜，成为其时的社会思潮。郡书渐盛，与此相关。

魏晋以后，采用实行九品中正制选官："郡置中正，评次人才之高下，各为辈目，州置都而总其议。"② 但这实际上加强了士族权力，因为担任各级中正官的依然是世家大族："魏氏立九品，置中正，尊世胄，卑寒士，权归右姓已。其州大中正、主簿，郡中正、功曹，皆取著姓世族为之，以定门胄，品藻人物。"在这样的情况下，门第和家族背景依然是选举的重要参照。为显示自身在文化上的优势，各地方大族特别关注本乡本族人才，并由此促进了郡书等地方人物传记撰著的兴盛。逯耀东认为："由于东汉帝国崩溃后，形成群雄割据的局面，因而使原有地域性变得格外尖锐化。魏晋士人阶层中各言其地风土之美、人物之俊，彼此往复论难以此为据。因此，形成魏晋杂传中以地区为主体的先贤、耆旧等类传。"③ 实如其言。

① 汤用彤：《魏晋玄学论稿》，人民出版社1957年版，第13页。

② 《太平御览》卷二六五引《傅子》，第1243页。

③ 逯耀东：《魏晋史学的思想与社会基础》，中华书局2006年版，第88页。

（四）史学的发展的需要

有学者说："记人系列的地记，较多的具有历史学的性质，它们的崛起，和晋宋史学的兴盛息息相关。它们的大量涌现为地记之作的繁荣营造了一种良好的文化氛围。"[①] 地记与郡书等地方人物传记，与当时史学的兴盛确实存在这种互动关系。

汉末以来，经学的衰落，正好为史学的发展提供了有利契机，史学逐渐被人们重视。史学教化功能的凸显、史官的建置，都推动了人物传记撰写。清代学者章学诚说："且有天下之史，有一国之史，有一家之史，有一人之史。传状志述，一人之史也；家乘谱牒，一家之史也；部府县志，一国之史也；综纪一朝，天下之史也。比人而后有家，比家而后有国，比国而后有天下。惟分者极其详，然后合者能择善而无憾也。"[②] 按章学诚的说法，地方人物传记撰著的盛行，应有补充正史撰著不足的功用。实际情况也确实如此，郡书等地方人物传记经常出现于史书的注文，有些正史未为……立传的人物事迹也可得之于郡书，还有些史书内容直接取材于郡书，如《后汉书》中有些人物传记内容，与陈寿《益部耆旧传》所记内容基本一致，而众所周知，《益部耆旧传》成书于《后汉书》之前。

## 二　魏晋南北朝郡书地记的人物故事类型

章学诚《文史通义·史注》说："魏晋以来，著作纷纷，前无师承，后无从学。且其为文也，体既滥漫，绝无古人笔削谨严之义；旨

---

① 王立群：《中国古代山水游记研究》，中国社会科学出版社2008年版，第61页。

② （清）章学诚撰：《文史通义新编校注》州县请立志科议，仓修良编注，上海古籍出版社2005年版，第836页。

复浅近，亦无古人隐微难喻之故，自可随其诣力，孤行于世耳……”①章学诚从史学家的角度，按照修史原则的要求，对魏晋以来包括地记郡书等在内的杂传进行了批评。然而，正是由于杂传作家在作品里的这种自由表达思想的“滥漫”，文学色彩才逐渐转浓。魏晋南北朝记人系列的郡书地记，很多已经离史独立，成为独立的写人的文学，具有较强的故事性，表现出浓重的文学意味。就其情节内容来看，主要有以下几个方面。

（一）颂扬官员惠政

魏晋南北朝郡书地记中记载了一些官员的从政业绩。

写官员仁爱百姓的如吴张胜《桂阳先贤画赞》：“临武张熹，字季智，为平典令。时天下大旱，熹躬祷雩，未获嘉应，熹乃积柴自焚。主簿侯崇、小吏张化，从熹焚焉。俟火既燎，天灵感应即澍雨。”② 张熹是一位仁爱百姓的官员，其舍身为民祈雨的献身精神，未必能打动上天，却明显得到了百姓的褒奖和称赞。

写官员廉洁奉公的如《陈留耆旧传》载：“洛阳令董宣死，诏使视之，有简典一乘、白马一匹。帝曰：董宣之清，死乃知之。”③ 这位洛阳令董宣没世后家无余财，足见其清贫廉洁。

写官员教化民风的如《汝南先贤传》曰：“周举为并州刺史，太原一郡旧俗以介子推焚骨，有龙忌之禁，至其亡月，咸言神灵不乐举火。由是土人每至冬中辄一月寒食，莫敢烟爨，老少不堪，岁多死者。举既到，乃作吊书，以置子推之庙，言盛冬止火，残损人命，非贤者之意，以宣示愚民，使还温食。於是众惑稍解，风俗颇革。”④ 此节突

① （清）章学诚：《文史通义》，刘公纯标点，上海古籍出版社 1956 年版，第 150 页。

② 《水经注》汝水注引，《水经注疏》，第 1785—1786 页。

③ 《太平御览》卷四二六清廉下引，第 1963 页。

④ 《太平御览》卷二十六冬上引，第 125 页。

出了周举的劝民教化之功，后来南朝宋范晔将其全文录入《后汉书·周举传》，仅仅改动了几个字而已。《零陵先贤传》曰："郑产，字景载，泉陵人也，为白土啬夫。汉末多事，国用不足，产子一岁，辄出口钱，民多不举子。产乃敕民勿得杀子，口钱当自代出。产言其郡、县，为表上言，钱得除，更名白土为更生乡也。"[①] 郑产本非高官，仅是个乡长的角色，但他心存仁义，不但劝导百姓，还勇于为民请命，受到百姓的尊敬，改乡名为更生，以彰其再生之恩。

写官员严明执法的如《长沙耆旧传》记载虞芝严明执法，不畏权豪的事迹："虞芝，州命部南阳从事。太守张忠连姻王室，罪入重，芝依法执案，刺史畏势，召芝。芝曰：年往志尽，譬如八百钱马，死生同价。且欲立效于明时耳。遂投传去。"[②] 虞芝奉公守法，不畏权贵，敢于规矩上司，甚至顶着生命冒险惩办不法王亲，是一位执法如山的官吏。

（二）彰显乡贤德行

"乡贤"是本乡本土的才德之士，因德行、才能、声望而深被本地民众所尊重。其耆老望重者，有敦孝悌、笃宗族、维持风化之责。这些乡贤的嘉言善行，被郡书地记作家记载下来，其中不无感劝闾阎、教育后辈、揄扬本乡民风的用意。

《汝南先贤传》曰："阚敞，字子张，平舆人，仕郡为五官掾。时太守第五常被征，临发仓卒，有俸钱百三十万，留付敞。敞埋著堂上，遂遭世仓卒，道路断绝，敞年老饥羸。其妻曰：第五府君所寄钱，可取自给，然后偿之。敞曰：吾穷老，何当有用故君之财耶？道通当送，饥寒何损。常举门遭疫，妻子皆死。常病临困，唯有孤孙年九岁，常谓之曰：吾寄故五官掾平舆阚敞钱三十万。气遂绝。后，孙年长大，

① 《水经注》卷三十八湘水引，《水经注疏》，第3130页。

② 《太平御览》卷八九七兽部·马引，第3983页。

步担至汝南问敞。敞见之，悲喜与共临发阱钱，乃百三十万。孤孙曰：亡祖临终言有三十万耳，今乃百三十万，不敢当也。敞曰：府君病困，气索言谬，误耳。郎无疑也。”[①] 阚敞诚实守信，虽然贫困偃蹇，对故人所托之物也绝不染指，并断然拒绝妻子的建议，当故友后人来寻后，如数奉还，显示了其清廉自守的品德。

《益部耆旧传》载：“赵典为太常，虽身处上卿，而布被瓦器。”[②] 又载：“阎宪为绵竹令，有男子杜成，夜行于路，得遗装。开视，有锦二十疋，明早送诣吏曰：县有明府君，犯此则惭。”[③] 赵典贵为上卿，而“布被瓦器”，清廉之行，堪为表率。而第二则写平民杜成的拾金不昧而顺及县令，实写上行下效的政治效果。

又如晋张方《楚国先贤传》：“（韩）暨临终遗言曰：夫俗奢者，示之以俭。俭则节之以礼，历见前代送终过制，失之甚矣。若尔曹敬听吾言，敛以时服，葬以土藏，穿毕便葬，送以瓦器，慎勿有增益。”[④] 韩暨以俭朴为德，遗言薄葬，显示了他恭谨守礼的品格。

《寻阳记》还记有董奉济世救人的故事，说的是董奉居庐山，为人治病，得愈者令种杏五株：“杏在北岭上，有树百株，今犹称董先生杏株。”[⑤] 现在“杏林”已经成为中医学界的代称，人们往往用“杏林春暖”“誉满杏林”称誉医术高尚的医学家。

（三）表彰节义之士

郡书地记作家一般以儒家观念为基础，对地方贤德人物的品行进行记述。所以在作品中记载了一些当地的忠义之士。如《益部耆旧传》：“常播，字文平，蜀郡江源人，仕县主簿。县长广都朱淑以官谷

① 《太平御览》卷四二一人事部·义引，第 1944 页。
② 《艺文类聚》卷四十九太常引，第 879 页。
③ 《艺文类聚》卷五十令长引，第 910 页。
④ 《太平御览》卷五五六葬送四引，第 2515 页。
⑤ 《太平御览》卷九六八果部·杏引，第 4292 页。

割免，当论重罪。播争狱讼，身受杖数千，披肌割肤，更历三狱，幽闭二年。每将掠拷，吏先验问伏不，播答言：愿得罚，无所多问。辞终不挠，事遂见明也。”[①] 常播的上级朱淑因为割免官谷救济百姓而被论以重罪，常播勇敢地站出来解释，虽然“身受杖数千，披肌割肤，更历三狱”而不改口，是一位义字当先的硬汉。类似的事情，《桂阳先贤画赞》也有记述：“耒阳罗陵，字遂文，果而好义，郡长汲府君为州所诬，罗陵被掠考，参加五毒，陵乃截舌以着盘中献之。廷尉群公咸共义之，事得清理。”[②] 再如《广陵烈士传》记载刘儁“为郡主簿，郡将为贼所得，知言辞不能动贼，因叩头流血，取而代之。贼不听，前砍府君。儁因投身，投之正与刃会，砍儁左肩，疮尺余。贼又欲更下刃，儁号呼抱持不置，贼因相谓曰：此义士，杀之不祥。遂俱纵遣”[③]。常播、罗陵、刘儁诸人，忠义可嘉，事迹感人。《汝南先贤传》载：“胡定，字元安，颍川人，至行绝人。在丧，雉兔游其庭，雪覆其室。县令遣户曹椽排闼问定。定已绝谷，妻子皆卧在床。令遣以干粮就遗之，定乃受半。”[④] 故事中的胡定是一个耻于干谒、宁可饿死也不屈志的硬汉形象。

（四）宣传孝悌观念

为子当孝，为弟当悌。孝悌观念是封建社会的伦理常规。因此，魏晋南北朝郡书地记中记载了不少孝悌故事。如魏苏林《陈留耆旧传》：“后汉茅容，字季伟。郭林宗曾寓宿焉。及旦，容杀鸡为馔。林宗初以为己设，既而容独以供母。自以草蔬与客同饭。林宗因起拜之曰：卿贤乎哉！劝之就学，竟以成德。”[⑤] 又如《楚国先贤传》写孝子

① 《太平御览》卷六百五十杖引，第 2907 页。
② 《太平御览》卷三百六十七人事部·舌引，第 1694 页。
③ 《太平御览》卷二百六十五主簿引，第 1240 页。
④ 《太平御览》卷四二六清廉引，第 1963 页。
⑤ （宋）李昉：《太平广记》第二三四卷引，人民文学出版社 1959 年版，第 1797 页。

孟宗："宗母嗜笋，冬节将至。时笋尚未生，宗如竹林哀叹，而笋为之出，得以供母，皆以为至孝之所致感。累迁光禄勋，遂至公矣。"① 又如《汝南先贤传》："蔡顺母平生畏雷，自亡后，每有雷震，顺辄环冢泣曰：顺在此。"②

郡书地记还记载有一些孝女故事。虞豫《会稽典录》载："孝女曹娥者，上虞人。父盱，能抚节按歌，婆娑乐神。汉安二年五月五日于县江迎伍君神，溯涛而上，为水所淹，不得其尸。娥年十四，号慕思盱，乃投瓜于江，存其父尸。曰：父在此，瓜当沉。旬有七日，瓜偶沉，遂自投于江而死。三日后，与父尸俱出。县长度尚悲怜其义，为之改葬。命其弟子邯郸子礼为之作碑。"③《益部耆旧传》所载孝女叔光雄的故事，情节与此相类。

还有一些亲族兄弟友爱的事迹，也被记之于郡书地记。如《陈留志》："李铨，字玄机，平丘人也。少聪惠，有志行。铨兄，前母子，后母甚不爱也，而衣食皆使下铨。始年五岁，觉己衣胜兄，即脱不著，须兄得与己同，然后受服之，其母遂不得有偏。及长，铨内匡其母，外奉其兄，故闺门雍睦，为邦族所称。"④ 又如陈寿《益部耆旧传》："李孟元修《易》《论语》，大义略举，质性恭顺。与叔子就同居，就有痼疾，孟元推所有田园，悉以让就。夫妇纺绩，以自供给。"⑤ 李铨友敬同父异母之兄，李孟元资助有疾病的堂兄，悌道可嘉。

（五）赞赏学识才能

魏晋南北朝时期，经学衰微，人们逐渐摆脱儒家思想的束缚，

---

① 《三国志·孙皓传》裴松之注引，《三国志》，上海古籍出版社 2011 年版，第 1078 页。

② 《太平御览》卷四八八泣引，第 2234 页。

③ 余嘉锡撰：《世说新语笺疏》，周祖谟、余淑宜整理，中华书局 1983 年版，第 580—581 页。以下版本同。

④ 《太平御览》卷五一六兄弟引，第 2348 页。

⑤ 《太平御览》卷四百一十六友悌引，第 1920 页。

使人们个人意识开始觉醒，将注意力逐渐转移到自身，乐于自由表达自己的思想。此时的郡书地记记载了较多博学多才的乡邦人物，对他们的才智给予充分的肯定。例如，陈寿《益部耆旧传》：“董扶字茂安。少从师学，兼通数经，善欧阳《尚书》，又事聘士杨厚，究极图谶。遂至京师，游览太学，还家讲授，弟子自远而至。”[①] 写出了董扶的博学多识。又如，《武陵先贤传》曰：“潘京世长为郡主簿，太守赵伟甚器之，问京：贵郡何以名武陵？京答曰：鄙郡本名义陵，在辰阳县界，与夷相接，数为所破。光武时移抬东山之上，遂尔易号。《传》曰：止戈为武。《诗》云：高平曰陵，于是名焉。”[②] 据《晋书·潘京传》：“潘京，字世长，武陵汉寿人也。”太守询问，潘京对答如流，从回答可以看出他的博学以及对乡土历史、地理的熟悉程度。

李泽厚《美的历程》说：“六朝时期，不是人的外在的行为节操，而是人的内在精神性（潜在的无限可能性），成了最高的标准和准则。并不都是赫赫战功或烈烈节操……重点展示的是内在的智慧、高操的精神、脱俗的言行。”[③] 郡书地记还记载一些灵活机智的人物。例如，《长沙耆旧传》：“夏隆仕郡时，潘浚为南征太守，郡遣隆修书致礼。浚飞帆中流，力所不及。隆乃于岸边拔刀大呼，指浚为贼，因此被收。浚奇其以权变，自通解缚，赐以酒食。”[④] 夏隆随机应变，思超常人，以奇谋追上南征太守潘浚，完成了郡里的差事。再如，《会稽典录》载：“（孙）策功曹魏腾，以意见谴，将杀之，士大夫忧恐，计无所出。夫人乃倚大井而谓策曰：汝新造江南，其事未集，方当优贤礼士，舍过录功，魏功曹在公尽规，汝今日杀之，则明日人皆叛汝。吾不忍

① 《三国志·刘二牧传》裴松之注引，《三国志》，上海古籍出版社 2011 年版，第 801 页。

② 《水经注》卷三十六延江水引，《水经注疏》，第 2970—2971 页。

③ 李泽厚：《美的历程》，中国社会科学出版社 1989 年版，第 88 页。

④ 《太平御览》卷七七一舟部引，第 3419 页。

见祸之及，当先投此井中耳。策大惊，追释腾。夫人智略权谲，类皆如此。”[①] 孙策夫人凭借自己的智勇，力劝孙策，灵活机智地救下了将罹刀斧之刑的忠臣魏腾。

一些在某些方面有专长和能力的人物事迹，也被郡书地记记载下来。如《益部耆旧传》写一心算高手：“何祗补成都令，使人投算，只听其读而心计，不差升合，其精如此。”[②] 再如元陶宗仪《说郛》卷五十八所辑《零陵先贤传》叙叶谭事：“叶谭，字令思，零陵人。少负节操，未几，举孝廉。王济谓谭曰：君，吴楚人也，亡国之余有何秀异，而应斯举？谭曰：君不闻明珠大贝独生江海之滨乎？武子为之默然。”叶谭言辞应对，从容不迫，才思敏捷，不卑不亢。

（六）反映社会风尚

魏晋时期人物品评风气兴盛，受其影响，郡书地记中有些作品着重于书写人物容貌、神态、才情等，并且更加注重体现人物外形下所显示的内在精神。比较有代表性的是魏周斐的《汝南先贤传》。《汝南先贤传》对人物的品评与赏鉴，既体现了时人清议的风气，又对近两百年以后问世的《世说新语》的写法开启了法门。如：“谢甄，禀气聪爽，明识达理。见许子将兄弟弱冠之岁，曰：平舆之渊有二龙出焉：察其盼昧则赏其心，睹其顾步则知其道。”[③] 又如：“黄宪，字叔度，不矜名以诡时，不抗行以矫俗；窥其门者莫敢践其庭，睹其流者不能测其深。时人论曰：颜子复生乎？”[④] 比较《世说新语·品藻》，不难发现二书彼此间的渊源联系。

魏晋士人具有强烈的自尊和自信，他们肯定自我存在的价值，实

① 《三国志·吴书·妃嫔传》裴松之注引，《三国志》，上海古籍出版社 2011 年版，第 1103 页。

② 《太平御览》卷四三二聪敏引，第 1992 页。

③ 《太平御览》卷四四四知人引，第 2044 页。

④ 《太平御览》卷四百三道德引，第 1864 页。

现个人生命价值的意识相当强烈，表明了人的觉醒。魏晋南北朝郡书地记也记述了较多在言行举止、节操风度、思想学养等方面特立独行的名士。如《汝南先贤传》袁安困雪一节：“时大雪积地丈余，洛阳令身出案行，见人家皆除雪出，有乞食者。至袁安门，无有行路。谓安已死，令人除雪入户，见安僵卧。问何以不出。安曰：大雪人皆饿，不宜干人。令以为贤，举为孝廉。”[①] 袁安困雪，现在已经是人们熟知的典故了。高士生活虽然清贫，但有操守，每令后人钦慕。后来人们经常把宁可困寒而死也不愿乞求他人的有气节的文人比作袁安。又如《陈留风俗传》：“阮简为开封令，时外白有劫，贼甚急。简方围棋，长啸曰：局上劫亦急。”[②] 阮简遇急不慌，镇定从容，神态气量，跃然纸上。再如《襄阳记》记述庞德事：“诸葛孔明每至德公家，独拜床下，德公初不令止。司马德操尝诣德公，值其渡沔，上先人墓。德操径入其室，呼德公妻子，使速作黍。徐元直向云：有客当来，就我与德公谈。其妻子皆罗拜于堂下，奔走供设。须臾，德公还，直入相就，不知何者是客也。”[③] 这则小故事记述了隐居高士庞德与诸葛亮、司马徽、徐庶等汉末名人的交往情况，显现了他们彼此间的融洽而默契的关系，状写生动。这些名士异行故事，隐含着打破偶像崇拜、高扬个体人格的时代意义和价值。

《文心雕龙·史传》说：“俗皆爱奇，莫顾实理。传闻而欲伟其事，录远而欲详其迹。于是弃同即异，穿凿傍说，旧史所无，我书则传。此讹滥之本源，而述远之巨蠹也。”但如果换个角度看，正是有了这些“传闻而欲伟其事，录远而欲详其迹”的“穿凿傍说”，才使得杂传增加了文采和趣味。何况便纵是对正史而言，“史家追叙真人

① （南朝宋）范晔撰：《后汉书·袁安传》注引，（唐）李贤注，中华书局1965年版，第1518页。

② 《太平御览》卷一五八开封府引，第767页。

③ 《后汉书·庞公传》注引，中华书局1965年版，第2777页。

真事，每须遥体人情，思想事势，设身局中，潜心腔内，忖之度之，以揣以摩，庶几人情合理。”①

## 三　魏晋南北朝郡书地记人物故事的文学性表现

朱东润说：“中国的传叙文学唯有汉魏六朝写得最好，忽略了这个阶段，对于全部传叙文学，更加不易理解。”② 朱东润所说的传叙文学，便是包括郡书地记中的人物传记在内的各种杂传。魏晋南北朝郡书地记记载了许多人物故事，比较真实地反映了魏晋时期广阔的社会生活面貌，刻画了一批性格鲜明的人物形象，蕴藏着的小说情趣，体现了较强的文学性。

### （一）人物形象的刻画

魏晋南北朝郡书地记塑造了很多栩栩如生的人物形象。除了描写人物的行动、语言、心理、神情等外，有时还通过间接描写或对比衬托的方法来凸显人物的性格特点。

1. 行动描写。魏晋南北朝郡书地记，常常通过描写人物富有特征性的动作，来展现人物的性格。如《楚国先贤传》：“宗承，字世林，南阳安众人。……魏武弱冠，屡造其门，值宾客猥积，不能得言，乃伺承起，往要之，捉手请交，承拒而不纳。帝后为司空，辅汉朝，乃谓承曰：卿昔不顾吾，今可为交未？承曰：松柏之志犹存。帝不说，以其名贤，犹敬礼之。”③ 曹操主动交好宗承，但宗承并不妄与人交，搞得曹操很难堪。“捉手请交，承拒而不纳”的动作，刻画出了宗承的耿直性格。后来曹操显贵，以为可以势屈之，但宗承依然傲岸如故。

① 钱锺书：《管锥编》，中华书局 1984 年版，第 166 页。

② 朱东润：《八代传叙文学述论》，复旦大学出版社 2006 年版，第 2 页。

③ 《世说新语》方正篇注引，《世说新语笺疏》，第 280 页。

再如《汝南先贤传》："许嘉给县功曹。仪，小吏当持剑侍及功曹，月朔晨朝，并持炬火。嘉于是忿然叹曰：男儿为吏，不免贱役！投其炬于地，以剑带槐树，趋谒府门。"[①] "投其炬于地，以剑带槐树"的动作和愤激的话语，活画出许嘉的这个少年气盛、抱负远大的年轻人的形象。

2. 语言描写。郡书地记中的人物语言，已经具有个性化特点，有助于揭示人物的内心世界。如《汝南先贤传》曰："陈蕃字仲举，汝南平舆人。有室荒芜不扫除，曰：大丈夫当为国家扫天下！值汉桓之末，阉竖用事，外戚豪横，乃拜太傅，与大将军窦武谋诛宦官，反为所害。"[②] "大丈夫当为国家扫天下！"言之铮铮，掷地有声，一个有志拯世救国的少年英雄形象，呼之欲出。又如盛弘之《荆州记》："竹山县有白马塞，孟达为新城太守，登白马而叹曰：刘封、申耽据金城千里而不能守，岂丈夫哉！"[③] 孟达之叹，尽显其横刀立马的英雄本色。再如环济《吴记》："孙权诏曰：吕岱、诸葛恪《道步骘》说：北人欲以布囊盛土塞江。每读此表，令人连日失笑。此江自天地以来，宁有可塞者乎？"[④] 孙权听闻北人欲以布囊盛土塞江，不禁哑然失笑。言语情态，绘声绘色，在写法上具有情景化的特点，加强了记述的表现力。环济《吴记》还记载了吴主孙皓与张尚的对话："皓尝问：《诗》云泛彼柏舟，惟柏中舟乎？尚对曰：《诗》言桧楫松舟，则松亦中舟也。又问：鸟之大者惟鹤，小者惟雀乎？尚对曰：大者有秃鹙，小者有鷦鹩。皓性忌胜已，而尚谈论，每出其表，积以致恨。后问：孤饮酒以方谁？尚对曰：陛下有百觚之量。皓云：尚知孔丘之不王，而以孤方之！因此发怒收尚。尚书岑昬率公卿已下百余人，诣宫叩头请，尚罪得减死。"[⑤]

---

① 《初学记》卷二十二武部剑引，第 528 页。

② 《世说新语》德行篇注引，《世说新语笺疏》，第 1 页。

③ 《太平御览》卷一六八房州引，第 817 页。

④ 《初学记》卷六地部中江引，第 125 页。

⑤ 《三国志·张纮传》裴松之注引，《三国志》，上海古籍出版社 2011 年版，第 1151 页。

在这个片段中，有孙晧与张尚的三问三答。不但引诗据经，更在简短的记述中写出了两个人的性格。孙晧买弄浅学，生性猜忌；张尚则倔强梗直，不稍迂回。

3. 间接描写。郡书地记中在进行人物刻画时，有时恰当地借助一些侧面描写，就是通过引述其他人物对所写人物的感受和印象，来映衬、烘托出所写人物的主要特点。如《襄阳耆旧记》曰："庞德公子奂，字世文。晋太康中，为牂牁太守。去官归乡里，居荆南白沙乡。里人宗敬之，相语曰：我家池中龙种来里中化其德，少壮皆代老者担。"① 庞奂去官归乡，必然以善言嘉行影响宗族乡人，所以才会有"少壮皆代老者担"的民风转变。但庞奂如何感染教化乡民，文中没有直接写，而是通过乡民的评价显现出来，这样就显得更为真实可靠。

还可以《零陵先贤传》为例。《零陵先贤传》有几处写周不疑："周不疑，字元直，零陵人，始婴孩时，已有奇异。至年十三，曹公闻之，欲拜识。即以女妻之。不疑不受。时有白雀瑞，儒林并以作颂，不疑见操，授纸笔，立令复作，操异而奇之。"② "曹操攻柳城不下，图书形势问计策，周不疑进十策，攻城即下也。"③ "太祖爱子仓舒，夙有才智，谓可与不疑为俦。及仓舒卒，太祖心忌不疑，欲除之。文帝谏以为不可，太祖曰：此人非汝所能驾御也。乃遣刺客杀之。"④ 周不疑是与曹冲（字仓舒）相伯仲的神童，十七岁时被曹操暗杀。《零陵先贤传》写这个人物较少正面刻画，而是通过其与曹操的交往来写的。曹操欲"以女妻之，不疑不受"，显示其刚正；立作白雀之文，"操异而奇之"，写其文采；曹操攻城不下，不疑进策而下之，写其武略；最后曹操"心忌不疑，欲除之"的时候，又对曹丕说"此人非汝

① 《太平御览》卷四百三引，第 1864 页。

② 《太平御览》卷三百八十五幼智引，第 1781 页。

③ （唐）虞世南：《北堂书钞》（四库全书本第 889 册）卷一百一十八引，上海古籍出版社 1987 年版，第 577 页。以下版本同。

④ 《三国志·刘表传》裴松之注引，《三国志》，上海古籍出版社 2011 年版，第 189 页。

所能驾御也”，足以显见周不疑的才干非凡：周不疑的事迹完全是以曹操的视角来写的，同时也把曹操从爱才、用才到忌才的心理变化写了出来。这种手法，可以起到正面描写无法替代或者很难达到的书写效果。

4. 对比衬托。郡书地记中在进行人物刻画时，有时采用对比衬托的手法。这种手法，有时表现为两个人物之间的对比，如《襄阳耆旧记》：“黄穆，字伯开，博学，养门徒。为山阳太守，有德政，致甘露、白兔、神雀、白鸠之瑞。弟奂，字仲开，为武陵太守，贪秽无行。武陵人歌曰：天有冬夏，人有二黄，言不同也。”① 黄穆与其弟黄奂，一个博学有德，另一个却贪秽无行，对比之下，褒贬分明。

有时表现为同一人物在不同方面的特征的对比。如《汝南先贤传》：“周燮，字彦祖，好潜静养志，唯典籍是乐。有先人草庐，庐于东坑其下，有陵田，鱼蛤生焉，非身所耕渔则不食。”② 这个周燮洁身自好，潜静养志，俨然后世的诸葛亮、陶渊明一类的人物，颇见宁静致远之态。想必风度翩翩，气宇不凡了。可是，《汝南先贤传》却又这样描画了周燮的肖像：“周燮，字彦祖，敛颐折頞，貌甚丑。母欲不举，其父曰：吾闻诸圣贤人状，皆有异于人，兴我宗者，必此儿！遂育之。”③ 原来，周燮却是个长相奇丑，竟然连母亲都不想抚养的丑人。但这并没有妨碍读者对周燮的评价，反而给人留下了最为深刻的印象。又如《益部耆旧传》：“张肃有威仪，容貌甚伟。松为人短小，放荡不治节操，然识达精果，有才干。刘璋遣诣曹公，曹公不甚礼；公主簿杨修深器之，白公辟松，公不纳。修以公所撰兵书示松，松宴饮之间一看便暗诵。修以此益异之。”④ 给人特别突出的印象是张松的

① 《太平御览》卷四九二贪引，第 2251 页。
② 《太平御览》卷四二六清廉引，第 1963 页。
③ 《太平御览》卷三六八颐颔引，第 1698 页。
④ 《太平御览》卷三百八十九容止引，第 1801 页。

丑陋的形貌与干练强记的才华的反差。（此外，这里还有张松与其兄张肃在威仪容貌方面的对比，以及杨修和曹操的识见方面的对比）

有时表现为同一人物在不同时间、地点和场合的不同行为或语言的对比。例如，晋白褒《鲁国先贤传》载："二世时，山东贼起。二世问诸侯曰：于公何如？博士诸生三十人前曰：人臣无将则反，罪至死无赦，愿陛下急发兵击之。二世怒，叔孙通前曰：诸生言皆非，明主在上，四方辐揍，安有反者！此乃鼠窃狗盗，守卫今捕诛之，何足可忧！二世喜，乃赐通衣帛，拜为博士。诸生或讥通之议，通曰：我几不免虎口。乃亡去之薛，薛已降楚，随从项梁，梁死从项羽。"① 叔孙通猜透了秦二世的心理，知道他忌讳"反"字，所以在朝堂之上极尽谄媚之词，而一旦离开朝堂，则感叹"我几不免虎口"，马上逃亡。

有时表现为不同的人物对同一人物或事件的不同看法。例如，《零陵先贤传》曰："璋遣法正迎刘备，巴谏曰：备，雄人也，入必为害，不可内也。既入，巴复谏曰：若使备讨张鲁，是放虎于山林也。璋不听。巴闭门称疾。备攻成都，令军中曰：其有害巴者，诛及三族。及得巴，甚喜。"② 刘巴对刘璋苦言相劝，刘璋不听，终遭刘备算计。倒是作为对手的刘备对刘巴的才干倍加欣赏。其后，《零陵先贤传》又有这样的记述："辅吴将军张昭尝对孙权论巴褊阨，不当拒张飞太甚。权曰：若令子初随世沉浮，容悦玄德，交非其人，何足称为高士乎？"③ 刘巴，字子初，才智过人，而不肯随世沉浮，是一位个性鲜明的人物。孙权与张昭对刘巴的不同看法，显现出两人在识见上的巨大差距。

为了给读者留下深刻的印象，在写人时，郡书地记也有时采用衬托的手法。如《汝南先贤传》："薛勤，字恭祖，仕郡为功曹。陈仲举

① 《太平御览》卷二六九县尉引，第1260页。

② 《三国志·蜀志·刘巴传》裴松之注引，《三国志》，上海古籍出版社2011年版，第905页。

③ 同上书，第906页。

时年十五，为父赍书诣勤。勤顾而察之，明日造焉。仲举父出迎勤，勤曰：足下有不凡子！吾来候之。不从卿也。言议尽日。乃叹曰：陈仲举有命世才，王佐之具。”① 为了突出少年陈蕃（字仲举）的才华，《汝南先贤传》特意以薛勤对陈蕃和陈蕃父亲的不同态度来作比较，使陈蕃父亲仅陪衬，使陈蕃的形象更加鲜明。

（二）情节内容的安排

魏晋南北朝郡书地记，从题材的选择到情节内容的生活化、传奇化、神异化，都体现着其小说因素的加强。

1. 以小见大的题材选择。郡书地记中的人物故事，不像正史人物传记那样把关注点放在朝政要事上，而是更多的从日常琐事、生活细节记录描写人物，在题材选择上显示出以小见大的特点。如《汝南先贤传》：“蔡君仲孝养老母。时赤眉乱，君仲取桑椹，赤黑异器。贼问之，答曰：黑者与母，赤者自食。贼嘉之，与盐二升。”② 正是通过“君仲取桑椹，赤黑异器”这一细节显现的孝顺之心，赤眉军才放过了蔡顺（字君仲）。读者也能通过蔡顺顾及老母牙口不好而采熟桑椹给她这一细节，体会到蔡顺的孝顺和细心。又如《长沙耆旧传》：“徐伟奴善叛，知识欲为伟售之。伟曰：不可，奴往当复逃亡，岂可虚受其价？廉平义正若此。”③ 徐伟不把善逃之奴转售他人，显现了他的忠厚。再如《鲁国先贤志》曰：“孔翊为洛阳令，置器水于前庭，得私书，皆投其中，一无所发。弹治贵戚，无所回避。”④ 孔翊执法严明，不徇私情，是通过“置器水于前庭，得私书，皆投其中”来写的，显得真实而生动。

---

① 《太平御览》卷四百十父子交引，第 1892 页。

② 《太平御览》卷九七三椹引，第 4315 页。

③ 《太平御览》卷四百二十六人事部清廉引，第 1963 页。

④ 《艺文类聚》卷五八书引，第 1040 页。

2. 情节的生活化特点。再现生活化的场景，也是郡书地记中叙写人物故事的一个特点。如《广州先贤传》曰："罗威字德仁，南海番禺人。邻家牛数入食其禾。既不可逐，乃为断刍，多着牛家门中，不令人知，数数如此。牛主惊怪，不知为谁。阴广求，乃觉是威。自后更相约率检犊，不敢复侵威田。"[①] 罗威遇到了到他家田地吃禾苗的牛，不但不驱打，还把牛牵回家，亲自铡草喂养，以此感化了牛主。类似的还有《陈留志》："范乔，邑人腊，多盗斫其树，人有告，乔佯弗闻，邑人愧而归之。乔曰：乡腊日取此，欲与父母相欢娱耳。"[②] 范乔对盗斫其树的乡亲显示出宽容和理解。前面这两则故事都涉及平常生活中邻里关系。又如《陈留人物志》："范乔，字伯山。年二岁，祖父馨临终执其手曰：恨不见汝成人。因以所用砚与之。至五岁，祖母以告乔，乔便执砚流涕。"[③] 这则故事涉及平常家庭生活的亲情关系。

3. 情节的神异化端倪。受魏晋时盛行的神仙道术思想影响，郡书地记中也记载了一些神异化的内容。如《广州先贤传》："顿琦，字孝异，苍梧人，至孝。母丧，琦独身立坟，历年乃成。居丧逾制，感物通灵，白鸠栖息庐侧，见人辄去，见琦则留。"[④] 其中"感物通灵，白鸿栖息庐侧，见人辄去，见琦则留"的记述，就明显带有神异化色彩。再如《汝南先贤传》："蔡君仲有至孝之心。母终，棺在堂，西舍失火，火将至，君仲伏尸号哭，火越向东家。"[⑤] 蔡君仲伏尸号哭，竟能感动祝融之神，"火越向东家"。再如《益部耆旧传》曰："王忳诣师，于客舍见诸生病甚困，谓忳云：腰下有金十斤，愿以相与，收藏尸骸。未问姓名而绝。忳卖金一斤，以给棺殓，九斤置生腰下。后署太度亭长，到亭日，有大马一匹入亭中。其日大风，有一绣被随风而

① 《太平御览》卷九百牛引，第 3993 页。
② 《艺文类聚》卷五岁时下腊引，第 93 页。
③ 《太平御览》卷五一一引，第 2325 页。
④ 《太平御览》卷九二一鸠引，第 4088 页。
⑤ 《太平御览》卷八六八火引，第 3849 页。

来。后乘马突入金彦门，彦父见曰：真盗矣。忳说状，又取被示之。怅然曰：此我子也。以被马归彦父，彦父不受，遣迎彦丧，金具存。”①王忳出任大度亭长，遇到了神奇之事，骏马绣被飘然来前。他上了马后，马却把他驮到了金彦家里。金彦父亲认出了是自家的马，起初还以为王忳是盗马贼，待问明情由，才知道是误会。王忳慷慨助难、不贪钱财的行为，不但得到了骏马绣被的果报，还为自己赢得了美名。这个故事被收入《后汉书·独行传》。以上人物事迹的记述中，已经显露出情节的神异化端倪。

4. 情节的传奇化色彩。郡书地记叙写人物故事，受到的思想约束较少，因而作者可以在一定的历史事实的基础上，进行有意的加工修饰，而使其具有某些离奇色彩。例如，《益部耆旧传》记载了一个明察干练、智审疑案的官员：“严遵为扬州刺史，行部，闻道旁女子哭声不哀，问之，云夫遭烧死。遵敕吏舆尸到，令人守尸，曰：当有物自往。吏白有蝇聚头所。遵令披视，得铁锥贯顶，考问，以淫杀夫。”② 严遵看到一个“夫遭烧死”而“哭声不哀”的女子，心生疑窦，即命仵作探明实情而后审问，才真相大白。“当有物自往”的断言，说明严遵已经把案情料定了八九分。这样的记述，显然带有传奇性。

又如《广州先贤传》：“尹牙，字猛德，合浦人。太守南阳终宠忧见颜色，常用怪焉。牙造膝伏见：明府四节悲叹，有惨瘁之思者，何也？宠曰：父为周张所害，重仇未报，是以长愧也。牙乃佣仆自贬，吏役而至于宛陵，与张校圉交通，竭节於张，伺其间隙，出入三年。乃先醉张左右近侍，以夜解纵诸马，令之乱骇，张果出，问其故，牙因手刃张首而还。”③ 此写尹牙替主报仇的故事，俨然是豫让刺赵襄子故事的翻版。豫让为智伯报仇，“漆身为癞，吞炭为哑”，尹牙也是

① 《艺文类聚》卷八三金引，第 1423—1424 页。
② 《艺文类聚》卷九十七蝇引，第 1681 页。
③ 《太平御览》卷四二一引，第 1943 页。

“佣仆自贬，吏役而至于宛陵”，只是豫让没有成功，而尹牙最后“手刃张首而还”。而其“竭节於张，伺其间隙，出入三年”的复仇准备，比豫让刺赵襄子故事更具有传奇色彩。

郡书地记里还有很多情节传奇化的小故事。如盛弘之《荆州记》：“沔水隈潭极深，先有蛟为害。邓遐为襄阳太守，拔剑入水，蛟绕其足。遐自挥剑截蛟数段，流血丹水，勇冠当时，于后遂无蛟害。”① 写邓遐太守为民除害之壮勇，通过盛弘之《荆州记》生动的文笔展现出来。又如《零陵先贤传》写刘备智斩杨怀之事：“刘璋请玄德，璋将杨怀数谏。备亦设宴，请璋子祎及怀。酒酣，备见怀佩匕首。备出其匕首，谓曰：将军匕首好，孤亦有，可得观乎？怀与之。备得匕首，谓怀曰：汝小子，何敢闲我兄弟之好邪？怀骂言未讫，备斩之。”② 刘备先是用计解除了杨怀的武装，再杀之于座，精明果敢的形象，栩栩如生。而就故事的情节看传奇味道浓厚，可以看出，此故事一定经过地记作家加工处理。

### （三）叙述语言的文采

就叙述语言来看，魏晋南北朝郡书地记亦颇有文采。其中优不乏语言简洁传神的文笔。如《汝南先贤传》中的两条，其记袁宏：“袁宏，字奉高，慎阳人。友黄叔度于童齿，荐陈仲举于家巷。辟太尉掾，卒。”③ 用字审慎简洁，绝不拖沓，可谓言简而意丰。其记许慎：“许慎为功曹，奉上以笃义，率下以恭宽。”④ 语言凝练、含蓄，具有简练清俊的特点。

《长沙耆旧传》的记述语言也很生动。如《长沙耆旧传》直接表

---

① 《太平御览》卷六二汉沔引，第 298 页。

② 《太平御览》卷三百四十六兵部·匕首引，第 1594 页。

③ 《世说新语》德行篇注引引，《世说新语笺疏》，第 4 页。

④ 《太平御览》卷二六四功曹参军引，第 1237 页。

明对文学应该特别重视："太尉李公，时为荆州刺史，下辟书曰：欲采明珠，求之于蚌；欲得名士，求之文学。或割百蚌不得一珠，不可舍蚌求之于鱼；或百文学不出奇士，不可舍文学求之于斗筲也。由是言之，蚌乃珠之所藏，文学亦士之场矣。"[①] 其记述本身就有较强的文采。"太尉李公"指的是东汉李固。李固，字子坚，汉中南郑人，历太尉，为梁冀构死。他大力提倡援引文学之士，当然有矫正东汉外戚宦官交替弄权局面的用意，但他的这段说辞，还是颇有文学意味的。他以"明珠"与"奇士"、"蚌"与"文学"作类比，突出选贤任能的重要性，比喻新奇而易懂，语言生动而显豁。

为了增加故事的生动性或真实感，朝郡书地记写人记事，有时还在结尾插入一些评语、歌谣等内容以为点缀。例如《襄阳记》："岘山南习郁大鱼池，依范蠡养鱼法，种楸、芙蓉、菱芡。山季伦每临此池，辄大醉而归，恒曰：此我高阳池也！城中小儿歌之曰：山公何所往，来至高阳池。日夕倒载归，酩酊无所知。"[②] 此写山简（字季伦）逸闻，先交代习郁鱼池的优美环境，再叙山简言语行动以见其放诞情状，最后更以城中小儿歌之渲染强化叙述效果，记述相当精彩。

总之，魏晋南北朝时期的郡书地记，在叙写人物方面已经显现出相当浓郁的文学色彩了。从题材的选择，情节内容的安排设置，人物形象的刻画，到富有文学意味的语言，其文学性均有体现。程千帆说包括郡书地记的魏晋杂传"其体实上承史公列传之法，下启唐人小说之风，乃传记之重要发展也"[③]。程毅中也说："唐代小说主要是从史部的杂传演化而来的。"[④] 郡书地记等地方人物杂传，为后代小说写人叙事积累了丰富的经验，蓄积着肥沃的养料，同时也提供了

---

① 《太平御览》卷二四八职官部王文学引，第1170页。

② 《艺文类聚》卷九水部下池引，第171页。

③ 程千帆：《闲堂文薮》之第二辑《汉魏六朝文学散论》之二《史传文学与传记之发展》，齐鲁书社1984年版，第162页。

④ 程毅中：《唐代小说史话》第一章《序论》，文化艺术出版社1990年版，第13页。

大量的写作素材。

## 第三节　魏晋南北朝地记郡书的神怪故事记述

魏晋南北朝地记、郡书，都记述有很多的颇具神异色彩的传说故事。对于这些传说故事，有些史家出于维护地理文献的纪实性的目的，曾对其痛加鞭笞。如杜佑在《通典·州郡》中说："凡言地理者多矣，在辨区域，征因革，知要害，察风土。纤介毕书，树石无漏，动盈百轴，岂所谓摄机要者乎！如诞而不经，偏记杂说，何暇编举？"[①] 然而实际上，正是这些"纤介毕书，树石无漏""诞而不经，偏记杂说"，才大大强化了地记郡书的文学意味，在很大程度上激发了读者的阅读兴趣。

### 一　地记郡书记述神怪故事的动机与条件

顾炎武《日知录》说："尝考泰山之故，仙论起于周末，鬼论起于汉末。《左传》《国语》未有封禅之文，是三代以上无仙论也。《史记》《汉书》未有考之鬼说，是元（汉元帝）成（汉成帝）以上无鬼论也。"[②] 然而自汉末到魏晋南北朝，言神志怪之作，纷成于世，蔚为大观。这自有其产生的文化土壤和历史条件。

魏晋南北朝时期地记郡书记述神怪故事，首先与当时人们思想文化观念新变迁相关。佛道两教汲取各种民间信仰的有效成分并与之实现文化交融，从而扩大了自身影响，赢得下层民众虔诚的信奉。魏晋清谈之风的流行，也是神怪故事产生的隐含促进因素。清谈亦有谈怪

---

① （唐）杜佑：《通典》卷一百七十一，中华书局1988年版，第4451页。

② （清）顾炎武撰：《日知录集释》，黄汝成集释，上海古籍出版社1985年版，第2262—2263页。

谈奇之需，其时文人心理大抵是“一事不知，以为深耻”。[①]《文心雕龙·史传》云：“俗皆爱奇，莫顾实理。传闻而欲伟其事，录远而欲详其迹，于是弃同即异，穿凿傍说，旧史所无，我书则传，此讹滥之本。”[②] 同时，经学的衰落与玄学的兴起，激发起人们发现自我、认识自我、表现自我的热情，在创作上表现为打破约束，自由发挥思想，文学色彩也逐渐转浓。清水凯夫《六朝文学论文集》说：“在六朝，文学作品的性质和作用，文学创作的规律和特征，人们逐渐对此有了越来越清楚的认识。……影响之下，六朝文风从质朴趋于华丽，从简洁趋于繁密，描写细致绵丽，手段日工。”[③] “重文”的风气也自然地影响到地记郡书的编写，一些编撰者有意借言神志怪来矜逞才学、显示文才。

其次，与其时中外交流扩大的社会背景相关。两汉自武帝开通四夷边疆以来，又通过张骞和班超的出使西域，中外交流日益扩大。这使得人们的视野和心胸大为拓展：“惟其时之人有功于吾国最大者，实在外拓国家之范围，内辟僻壤之文化，使吾民所处炎黄以来之境域，日扩充而日平实焉。”[④] 到了魏晋南北朝时期，中原与域外的交流更趋日益频繁，四裔的珍稀物种纷纷流入中原。这吸引了人们无限的兴趣，大大激发了人们的尚奇猎异之心。人们的视野开阔了，人们对事物的认识也加深了，人们了解外部世界的兴趣增强了。

另外，魏晋之际地理博物类书籍的编撰盛行，也给地记郡书记述神怪故事提供了很多故事原型和素材来源，同时也丰富了地记郡书编撰者的想象力。当时的博物类书籍中，颇有志怪之作，如张华《博物志》、刘敬叔《异苑》、郭璞《玄中记》、任昉《述异记》等。再加上

① 陶弘景语，见（唐）李延寿《南史》，中华书局 1975 年版，第 1897 页。
② （梁）刘勰撰：《文心雕龙》，范文澜注，人民文学出版社 2011 年版，第 287 页。
③ ［日］清水凯夫：《六朝文学论文集》，韩基国译，重庆出版社 1989 年版，第 68 页。
④ 柳治微：《中国文化史》，上海科学技术文献出版社 2008 年版，第 370 页。

魏晋南北朝其他志怪小说如署名曹丕《列异传》、干宝《搜神记》、陶渊明《搜神后记》、孔约《志怪》、祖台之《灵鬼志》、戴祚《甄异传》、刘义庆《幽明录》等，都给地记郡书的撰著者收集整理此类故事带来了很大的便利，也在写作方法上提供了很多参考。

## 二　地记郡书神怪故事的主要类型

魏晋南北朝地记郡书记载的神怪故事，内容丰富，光怪陆离，多姿多彩。有的是真实事件的神秘化；有的本无其事，全系臆造；有的是变相的宗教宣传；有的是神话传说的改造。撮其要者，大致可以分为如下十类。

### （一）山水传说

《礼记·祭法》云："山林、川谷、丘陵，能出云、为风雨、见怪物，皆曰神。"[①] 自然山水也被古人当作神灵来膜拜。地记郡书记载了很多山水传说。

有些山水传说解释了山水的命名由来。如郑缉之《东阳记》："歌山在吴宁县，故老相传云，昔有人乘船从下过，见一女子谷汲，乃登此山，负水行歌，姿态甚妍，而莫知所由，故名歌山。"[②] 看来，此山是因善歌仙女而名。歌山位于今浙江省东阳市境内。

有些山水传说是因山水的外形状态而进行的联想。如王韶之《始兴记》曰："中宿县有贞女峡，峡西岸水际，有石，如人形，状似女子，是曰贞女，父老相传，秦世有女数人，取螺于此，遇风雨昼昏，而一女化为此石。"[③] 贞女峡的传说显然是人们从山石的形状引发联想

① 见《礼记·祭法》，《十三经注疏》，中华书局1982年影印本，第1588页。
② 《艺文类聚》卷四十三乐部三引，第772页。
③ 《艺文类聚》卷六峡三引，第106—107页。

而进行构思的。《鄱阳记》:“鄱阳西有望夫冈。昔县人陈明与梅氏为婚，未成，而妖魅诈迎妇去。明诣卜者，决云：行西北五十里求之。明如言，见一大穴，深邃无底。以绳悬人，遂得其妇。乃令妇先出，而明所将邻人秦文，遂不取明。其妇乃自誓执志，登此冈首而望其夫，因以名焉。”[①] 这实际是因山的形状而杜撰的一个传说，但传说却讲述了一个凄美的爱情故事。

(二) 祈雨故事

祈雨是中国一种古老的神秘文化。在中国古代农耕社会，人们希望风调雨顺、五谷丰登，但是古代生产力低下，人们的知识和经验却又极为有限，所以对雨水特别依重，具有浓烈的崇拜之情，由此衍生出了许多带有浓厚的神秘色彩的崇拜雨水的文化现象。

魏晋南北朝地记郡书记载了很多祈雨故事。例如《长沙耆旧传》云:“祝良，字召卿，为洛阳令。岁时亢旱，天子祈雨不得，良乃曝身阶庭，告诚引罪，自晨至中，紫云水起，甘雨登降。人为歌曰：天久不雨，烝人失所，天王自出，祝令特苦，精符感应，滂沱下雨。”[②] 汉代天人感应观念认为，水旱、地震等灾害是由于人“上干天和”造成的，是上天对政治失常的谴责。所以，这则故事中祝良暴身阶庭以祈雨。

古人认为龙与牛都是神兽，能够兴云布雨、祈得雨水。所以有祭龙祈雨的方式。《宜都山川记》曰：“乡下村有渊，渊有神龙，每旱，百姓辄以茵草投渊上流，鱼死龙怒，应时天雨。”[③] 盛弘之《荆州记》曰：“鱼复县有神渊，北有白盐崖，天旱火燃崖上，推其灰烬下降渊中，寻则降雨。西有龙渊，清深不测，传云汉祖伐秦经途于

---

① 《初学记》卷八江南道引，第 188 页。

② 《水经注》卷十五洛水引，《水经注疏》，第 1315—1316 页。

③ 《太平御览》卷七十渊引，第 330 页。

此，见渊中白壁赤柱，状若官府，因名龙渊。”① 还有以牛祈雨的方式。顾微《广州记》曰：“郁林郡山东南有一池，池边有一石牛，人祭祀之，若旱，百姓杀牛祈雨，以牛血和泥，泥石牛背，祀毕则天雨大注。”②

还有以石祈雨、以水獭祈雨等方式。如盛弘之《荆州记》曰：“佷山县有一山独立峻绝，西北有石穴，北行百步许，二大石其间相去一丈许，俗名其一为阳石，一为阴石。水旱为灾，鞭阳石则雨，鞭阴石则晴。”③ 又曰：“耒阳县有雨獭，此县时旱，百姓共壅塞之，则甘雨普降。若一乡独壅，雨亦偏应，随方所祈，信若符刻。”④

祈雨故事反映了古代人朴素的思想观念，蕴含了丰富的文化内容。

### （三）宗教故事

魏晋南北朝地记郡书记载了很多道教、佛教故事。宗教的影响，为地记郡书的神怪故事提供了极为丰富的素材来源和幻想基础。其中，源于中国本土的道教故事更多一些。

有的是鼓吹道教法术的。如《楚国先贤传》曰：“樊英隐于壶山，尝有暴风从西南起。英谓学者：成都市火甚盛。因含水西向嗽之。乃令记其时日。后有从蜀郡来者云：是日大火，有云从东起，须臾大雨。”⑤ 又如邓德明《南康记》曰：“阳道士葬岩石室。元嘉中，道士过世，临终语弟子等：可送吾置彼石室，巾褐香炉，此外无所须也。及其亡日，谨奉遗命。葬经数年，尸犹俨然。葛巾覆之如初，弗朽。后忽不复见。今舟行者过其山渚，尚闻香气，咸异焉。”⑥ 含水一嗽就

① 《太平御览》卷七十渊引，第 330 页。
② 《太平御览》卷十一祈雨引，第 56 页。
③ 同上。
④ 同上。
⑤ 《初学记》卷二雨引，第 24 页。
⑥ 《太平御览》卷五十四岩引，第 262 页。

能灭火、岩石葬身不朽，无非是道教吹嘘法术而已。

还有一些“洞天福地”故事，也和道教相关。例如孔晔《会稽记》曰：“始宁县有坛宴山，相传云仙灵所宴集处，山顶有十二方石，石悉如坐席许大，皆作行列。”① 又如顾野王《舆地志》：“赣县黄唐山有石室，如数千间屋，上通天窗，下有方榻者，二石人巾栉而坐。傍有小石室七所相通，悉有石人。室前常有车马迹，春夏草不生，无诸毒虫，林木繁茂，水石幽绝，盖灵仙窟宅也。山下居，每于丙日辄闻山室有笳鼓箫乐之声。”② 亦真亦幻的仙境的营造，反映出地记作家对清静安谧的理想生活的一种向往。

佛教故事则主要是关于因果报应的故事。如《会稽先贤传》：“孔愉尝至吴兴余不亭，见人笼龟于路。愉买而放之。至水，反顾视愉。及封此亭侯而铸印，龟首回屈，三铸不正，有似昔龟之顾。灵德感应如此，愉悟，乃取而佩焉。”③ 又如潘岳《关中记》曰：“汉武习水战，作昆明池。人钓鱼纶，绝而去，梦于帝求去其钩。明日帝戏于池，见鱼衔索，帝取其钩放之。间三日复游，池滨得珠一双。帝曰：岂非昔鱼之报也。”④ 魏晋南北朝佛教思想已经在社会上广有影响，因果报应之说在民间非常流行。放生龟鱼，遂得善报。但行恶事，也会得到报应。例如《陈留志》曰：“韩卓父尝为吏所辱，卓执兵伏道，欲候杀之，而长子暴病将死，卓乃叹曰：道家有言报雠不欲过。今长子病，岂为是乎？于是乃投刃援杖，复耻而止。”⑤ 韩卓本打算杀死让父亲受辱的人，偏偏这时候长子暴病，韩卓觉得这是自己恶念的果报，于是打消了杀人计划。韩卓所说的“道家”，系指佛教。

---

① 《太平御览》卷四十七坛宴山引，第 228 页。

② 《太平御览》卷四十八引，第 235 页。

③ 《太平广记》卷一一八报应引，中华书局 1961 年版，第 824 页。

④ 《初学记》卷七昆明池引《关中记》，第 148 页。

⑤ 《太平御览》卷四八二仇引，第 2208 页。

（四）神仙故事

魏晋南北朝地记郡书里关于神仙的故事，已经与上古神话不一样了。此时的神仙，不再高居天庭，而是变成活动于人间的神秘力量了。

地记郡书里，有一些是遇仙故事。如《上党记》：“太行山有青岩，有人射熊于岩间，见诸生岩中读书，更往，辄不知处，传以为仙人。”① “更往，辄不知处”，说明仙人行踪诡秘，故事叙述中充溢着神秘感。又如孔灵符《会稽记》记载：“射的山南有白鹤山，此鹤为仙人取箭。郑弘尝采薪，得一遗箭，顷有人觅，弘还之。问何所欲。弘识其神人也，曰：常患若耶溪载薪为难，愿朝南风，暮北风。后果然。故溪风至今犹然，呼为郑公风也。”② 这应该是人们根据山名及当地地理环境，构想出来的一个遇仙故事。又如孔灵符《会稽记》：“诸暨县西北有乌带山，其山上多紫石，世人莫知之。居士谢敷少时经始诸山，往往迁易，功费千计，生业将尽，后游此境，夜梦山神语之曰：当以五十万相助。觉甚怪之，旦见主人床下有异色甚明澈，试取莹拭，乃紫石，因问所从来，云出此山。遂往掘，果得，其利不訾。”③ 在这些遇仙故事中，神仙都是慷慨施惠于人的角色，已经具有世俗化的特征，而仙界与世俗的交流也是和谐融洽的。

还有一些是感遇故事，也很生动。例如，沈怀远《南越志》：“昔有温氏媪者，端溪人也。居常涧中捕鱼以资日给。忽于水侧遇一卵大如斗，乃将归，置器中，经十许日，有一物如守宫，长尺余，穿卵而出，因任其去留。稍长五尺，便能入水捕鱼，日得十余头。稍长二尺许，得鱼渐多。常游波中，潆洄媪侧。媪后治鱼，误断其尾，遂逡巡而去，数年乃还。媪见其辉光炳耀，谓曰：龙子复来耶？因蟠旋游戏，

① （唐）虞世南撰：《北堂书钞》卷八九，第46页。
② 《太平御览》卷九百十六鹤引，第4060页。
③ 《太平御览》卷四十七乌带山引，第228页。

亲驯如初。秦始皇闻之，曰：此龙子也，朕德之所致。诏使者以元珪之礼聘媪。媪恋土，不以为乐，至始安江，去端溪千余里，龙辄引船还，不逾夕至本所。如此数四，使者惧而止，卒不能召媪。媪殒，瘗于江阴，龙子常为大波至墓侧，萦浪转沙以成坟，人谓之掘尾龙。今南人为船为龙掘尾，即此也。”① 这是与龙母相关的故事。龙子报答龙母养育之恩，始终不弃，令人钦敬。龙母文化至今也是南方龙图腾文化的典型体现。

仙化故事，在地记郡书里经常出现。例如，《桂阳先贤画赞》曰：“成武丁以疾而终，殓毕。其友从临武县来至郡，道与武丁相逢。友曰：子欲何之？而不将人。答曰：今吾南游，为过报小儿，善护大刀。到其门，见其妻哭泣，问之，答曰：夫没。友大惊，曰：吾适与相逢。乃发棺视，了无所见。遂除缞绖，而心丧之。咸以武丁得神仙。”② 成武丁本来病死了，可朋友偏偏与他在路上相遇，到他家打开棺材一看又空无一物，可见成武丁是成仙了。又如，《丹阳记》：“蒋子文为秣陵尉，自言已将死，当为神。后为贼所杀，故吏忽见子文乘白马，如平生。孙权发使，封子文而为都中侯，立庙钟山，因改为蒋山。”③ 蒋神是江南地区信仰最为广泛的神灵。相沿成俗，直到现在，仍有人祭祀“蒋神”。

（五）鬼怪故事

有法国学者说：“在中国人那里巩固地确立了一种信仰、学说、公理，即死人的鬼魂与活人保持着最密切的接触，其密切程度差不多跟活人彼此的接触一样。当然在活人与死人之间是划着分界线的。但

① （宋）乐史：《太平寰宇记》四库全书本卷一六四端溪县引，上海古籍出版社 1987 年版，第 519—520 页。

② 《太平御览》卷三四五刀上引，第 1589—1590 页。

③ 《初学记》卷八江南道引，第 187 页。

这两个世界之间的交往都是十分活跃的。”① 魏晋南北朝地记郡书里就记载了很多鬼怪显灵和作祟的故事。例如，郑缉之《永嘉郡记》：“安国县有山鬼，形体如人，而一脚，裁长一尺许。好啖盐，伐木人盐，辄偷将去。不甚畏人，人亦不敢伐木犯之，犯之即不利也。喜于山涧中取石蟹，伺伐木人眠息，便十十五五出，就火边跂石炙啖之。常有伐木人见其如此，未眠之前，痛燃石使热，罗置火畔，便佯眠看之。须臾魑出，悉皆跂石，石热灼之，跳梁叫呼，骂詈而去。此伐木人家，后被火烧委顿。”② 故事对山鬼的形象进行了人性化描写。本来山鬼和人相安无事，偏有人搞了恶作剧，结果遭了殃。这个故事首尾圆合，已经接近志怪小说了。

地记郡书也写到一些妖怪作祟的故事。如刘欣期《交州记》：“刺史陶璜昼卧，觉，见一女子枕其臂，始欲捉之，以爪撴其手，痛不可忍。放之，遂飞去。”③ 这是个女妖，挣脱逃走了。还有男妖作祟的故事，如《三吴记》：“后汉时，姑苏有男子，衣白衣，冠帻，容貌甚伟，身长七尺，眉目疏朗。从者六七人，遍历人家，奸通妇女，昼夜不畏于人。人欲掩捕，即有风雨，虽守郡有兵，亦不敢制。苟犯之者，无不被害。月余，术人赵杲在赵，闻吴患，泛舟遽来。杲适下舟步至姑苏北堤上，遥望此妖，见路人左右奔避无所，杲曰：此吴人所患者也。时会稽守送台使，遇，亦避之于馆，杲因谒焉。守素知杲有术，甚喜。杲谓郡守曰：君不欲见乎？因请水烧香，长啸数声，天风歘至，闻空中数十人响应，杲掷手中符，符去如风。顷刻，见此妖如有人持至者，甚惶惧，杲谓曰：何敢幻惑不畏？乃按剑曰：诛之。便有旋风拥出。杲谓守曰：可视之矣。使未出门，已报去此百步，有大白蛟，长三丈，断首于路旁，余六七者，皆身首异处，亦鼋鼍之类也。左右

① ［法］列维·布留尔：《原始思维》，丁由译，商务印书馆1981年版，第296页。

② 《太平御览》卷九四二蟹引，第4185页。

③ 《太平御览》卷三百七十爪引，第1707页。

观者万余人，咸称自此无患矣。”[①] 此讲道士捉妖，讲了整个捉妖活动的过程，情节生动有趣，大概经过后人润色。地记郡书里鬼怪显灵和作祟的故事，与魏晋南北朝志怪风气有关，反映了那时人们浓重的宗教迷信思想。

（六）占卜故事

中国自先秦以来就存在祭祀、卜筮的传统，人们希望通过祭祀得到鬼神的保佑、通过卜筮预知祸福。《淮南子》说：“夫鬼神，视之无形，听之无声，然而郊天、望山川祷祠而求福，雩兑而求雨，卜筮而决事。”[②] 魏晋南北朝地记郡书里，也出现了一些卜筮、占梦、命相、应验一类的故事。

卜筮之法甚多。有观物占卜的，如《陈留耆旧传》曰：“魏尚被系诏狱，有雀集狱棘上。尚占曰：夫棘树者，中心赤，外有刺，像我，言有刺而赤心至诚。”[③] 魏尚在狱中，看到“有雀集狱棘上”，认为是吉兆，因为“棘”与“吉”谐音，又与魏尚外刚烈而内赤诚的性格一致。有占星卜筮的，如《豫章列士传》曰：“周腾，字叔达，为御史。桓帝欲南郊，平明出，叔达仰首曰：王者象星，今宫中宿策马星不出动，帝何出焉？四更，皇子卒，遂止。”[④] 周腾善识星象，劝阻了汉桓帝的郊祀活动，此夜果然宫中有事。还有望气卜筮的，例如，甄烈《湘州记》曰：“宋大明中，望气者云湘东有天子气，遣日者巡视，斩冈以厌之。郡湘东王为天子。即明帝也。”[⑤] 望气也是一种占卜法，即用云气的形状、色彩来附会人事，预言吉凶。望气者认定，凡皇帝所

① 《太平广记》卷四六八水族五引，中华书局 1961 年版，第 3855 页。

② 参见（汉）刘安《淮南子》卷二十《泰族训》，《淮南鸿烈集解》，刘文典撰，冯逸、乔华点校，中华书局 1989 年版，第 665 页。

③ 《太平御览》卷九五九棘引，第 4257 页。

④ 《太平御览》卷六星引，第 31 页。

⑤ 《太平御览》一七一衡州引，第 834 页。

在地均有一股非同一般的云气，是为天子气。大明是南朝宋孝武帝刘骏的年号。刘骏听说湘东有天子气，就派人去镇压。结果没起到作用，刘彧后来还是当了皇帝，即宋明帝。

占梦是一种特别的卜筮。如《会稽先贤传》曰："吴侍中阚泽，字德润，山阴人也。在母胎八月而叱声震外，年十三，夜梦名字炳然县在月后，遂昇进也。"① 阚泽少年的时候做梦，梦到名字悬在月后，果然后来当了大官。又如《长沙耆旧传》云："文虔，字仲儒，为郡功曹吏。时霖雨废人业，太守忧悒，召虔补户曹。虔奉教斋戒，在社三日，夜梦白头翁谓曰：尔来何迟？虔具白所梦。太守曰：昔禹梦青绣衣男子，称苍水使者，禹知水脉当通。若掾此梦，将可比也。明日果大霁。"② 这个太守是个占梦高手，他竟然从属下的梦里预知阴晴。

汉末魏晋时人已经认为人各有命了，所以也有了专门看人命相的相师。如《长沙耆旧传》载："刘寿少时遇相师曰：君脑有玉枕，必至公也。后至太尉。"③ 又载："太尉刘寿少遇相师，相师曰：耳为天柱，今君耳城廓，必典家邦。"④ 相师观刘寿头、耳而断定其日后富贵，当然虚妄，但这也反映了当时人们的迷信思想。这类故事一般没有太多的现实意义，正如《晋书·艺术传》所说："详观众术，抑惟小道，弃之如或可惜，存之又恐不经。载籍既务在博闻，笔削则理宜详备。"⑤

（七）动物异闻

葛洪《抱朴子·微旨》曰："山川草木，井灶污池，犹皆有精气；

① 《太平御览》卷三九八吉梦引，第1839页。
② 《初学记》卷二霁晴引，第40页。
③ 《太平御览》卷三六四头引，第1677页。
④ 《太平御览》卷三六六耳引，第1684页。
⑤ 《晋书》，第2467页。

人体中，亦有魂魄；况天地为物之至大者，于理当有精神，有精神则亦赏善而罚恶，但其体大而网疏，不必机发而响应耳。”[①] 在魏晋南北朝，一些动物和植物也往往被附上神秘色彩，为精为灵。例如，《南中志》曰：“猩猩在山谷中，行无常路，百数为髃。土人以酒若糟设于路；又喜屩子，土人织草为屩，数十量相连结。猩猩在山谷见酒及屩，知其设张者，即知张者先祖名字，乃呼其名而骂云奴欲张我，舍之而去。去而又还，相呼试共尝酒。初尝少许，又取屩子着之，若进两三升，便大醉，人出收之，屩子相连不得去，执还内牢中。人欲取者，到牢边语云：猩猩，汝可自相推肥者出之。既择肥竟，相对而泣。即左思赋云猩猩啼而就禽者也。昔有人以猩猩饷封溪令，令问饷何物，猩猩自于笼中曰：但有酒及仆耳，无它饮食。”[②] 在这则故事里，猩猩不但能通人情，懂人语，而且还能知人意：“知其设张者，即知张者先祖名字，乃呼其名而骂”，充溢着神秘化色彩。但也有为害人类的灵怪。如《寻阳记》曰：“城东门通大桥，常有蛟为百姓害，董奉疏一符与水中，少日，见一蛟死，浮出。”[③] 董奉是名医，其书符杀蛟的故事，隐含着人们对其医术的肯定。

（八）植物异闻

魏晋南北朝人认为不但动物可以变化，植物也能通灵。例如，《永嘉郡记》曰：“青田出枯杨，所经山路左侧，木则黄蘗为林，草便黄连复地。土人往伐黄蘗者，皆有酒食祷祠。祷祀若有违失山神意，二药辄化为异物，不可复得。”[④] 如果祷祀不诚，“二药辄化为异物”，反映了时人“万物有灵”的观念。又如，顾微《广州记》曰：“古度树，叶如

① 参见（晋）葛洪《抱朴子·微旨》，王明《抱朴子内篇校释》，中华书局 1985 年版，第 125 页。

② 《后汉书·西南夷列传》注引，中华书局 1965 年版，第 2850 页。

③ 《艺文类聚》卷九六蛟引，第 1664 页。

④ 《太平御览》卷九五九黄蘗引，第 4257 页。

栗而大于枇杷。天花，枝柯皮中生子。子似杏而味酢。取煮以为粽。取之数日，不煮，化为飞蚁。熙安县有孤古度树生，其号曰古度。俗人无子，于祠炙其乳，则生男。以金帛报之。”① “不煮，化为飞蚁”，可见古度树通灵，“俗人无子，于祠炙其乳，则生男”，更显神奇。

时人认为植物可以变化为动物或人。《玄中记》：“千岁树精为青羊，万岁树精为青牛。多出游人间。”② 南朝宋荀伯子《临川记》：“麻山，或有登之者，望庐岳、彭蠡皆在其下，有黄连、厚朴恒生焉。又有枫树及数千年者，如人形，眼鼻口全而无臂脚，入山往往见之，或研之者，皆出血，人以篮冠其头，明日看，辄失篮。俗名枫子鬼。”③千年枫树，“如人形，眼鼻口全”已变化为鬼魅。而“或研之者，皆出血”，则分明与人无异。再如《湘中记》：“衡山白槎庙。古老相传：昔有神槎，皎然白色，祷之灵无不应。晋孙盛临郡，不信鬼神，乃伐之。斧下流血。其夜，波流神槎向上，但闻鼓角之声，不知所止。”④槎，指树枝的分叉。白槎在被砍伐时流血，可见与动物无异。《豫章记》所记的一则故事更为生动：“新淦县北二十五里曰封溪，今有聂友所伐梓系着牂柯处。昔聂友于此左右，夜照射，遇一白鹿，友遂射之。鹿带箭走，友即蹑迹追寻不得见，向箭着一梓树，友即伐树。数斧，便有血出而落之梯，随复故创，不可得断。友更多将手力复伐之，辇其梯而焚之，树遂断。”⑤ 梓树幻化为白鹿，伐树时更是有“有血出而落之梯，随复故创，不可得断”的神力。

### （九）讽世故事

魏晋南北朝地记郡书里有一些故事，明显带有惩恶劝善的用意。

① 《太平御览》卷九百六十古度引，第 4262 页。
② 《太平御览》卷八八六精引，第 3937 页。
③ 《太平御览》卷四十八，中华书局 1960 年版，第 236 页。
④ 《太平广记》卷二九四神四引，中华书局 1961 年版，第 2342 页。
⑤ 《太平御览》卷七七一牂柯引，第 2420 页。

王韶之《始兴记》中记录一个神异故事："秋水源山盘石上，罗列十瓮，皆盖以青盆，其中悉是银饼，人有遇之者，但得开观之，不可取，取辄迷闷。晋太元初，林驱家仆窃三饼，有蛇伤而死。其夜，林驱梦神语曰：君奴不良，盗银三饼，已受显戮，愿以银相备。驱觉，奴死银在。其傍有徐道者，自谓能致，乃集祭酒，盛奏章书，击鼓吹入山。须臾，雷霆雨石，倒树折木，道遂惧走。"① 《始兴记》所记述的这个故事的主旨乃在于教导人们不可贪盗。后文徐道请神的记述，非常滑稽有趣，先写其自我吹嘘，煞有介事之状，后面写真神显灵，他"惧走"逃离，颇具讽刺戏剧的意味。可见神灵不助贪心之人。类似的故事还有刘欣期《交州记》："金有华，出珠崖，谓金华采者也。雪山在新昌，南人曾于山中得金块如升，迷失道。还直本处，乃得出。"② 贪金者迷路，把金块放回原处，才能出山。又如裴渊《广州记》："东莞县有庐山，其侧有杨梅、山桃。只得于山中饱食，不得取下。如下则辄迷路。"③ 构思与上则故事一致。

有一些故事，表现的则是对仁孝之人的赞许。如《楚国先贤传》曰："孟宗，字恭武，至孝。母好食竹笋，宗入林中哀号，方冬，笋为之出，因以供养。时人皆以为孝感所致。"④ "方冬，笋为之出"，确属神奇。又如郑缉之《东阳记》曰："孝子许孜，父墓去虎山十里，在山之麓。曲隧三里，鹿尝食其松栽，孜心念之。即日鹿自死于所犯栽之下，孜埋死鹿，有小坟，至今犹存。"⑤ "鹿自死于所犯栽之下"，实际是写许孜孝心感动天地。许孜埋鹿，也是对许孜仁慈的补证。两晋南北朝时期统治者标榜"以孝治天下"，尽管战乱不断，政权更迭频繁，孝文化在这一时期并没有受到冲击，就是因为孝是人源自血缘关

① 《太平御览》卷八百十二银引，第 3609 页。
② 《太平御览》卷八一一引，中华书局 1960 年版，第 3605 页。
③ 《太平御览》卷四九引，中华书局 1960 年版，第 242 页。
④ 《太平御览》卷九六三笋引，第 4276 页。
⑤ 《太平御览》卷五五九冢墓引，第 2529 页。

系的自然亲情，是人的一种内在真实情感。

（十）历史传说

魏晋南北朝地记郡书里还记载了一些历史传说。这些历史传说也被附着上了某种神异的色彩。其中关于秦始皇的故事不少。例如，《三齐略记》记载的两则："始皇于海中作石桥，非人功所建，海神为之竖柱。始皇感其惠，通敬其神，求与相见。海神答曰：我形丑，莫图我形。当与帝会，乃从石塘上入海三十余里相见。左右莫动手，巧人潜以脚画其状。神怒曰：负我约，速去！皇转马还。前脚犹立，后脚随崩，仅得登岸，画者溺于海。众山之石皆住，今犹岌岌，无不东趣。"① 故事写秦始皇的失信，触怒了神人。为了"示疆威，服海内"，秦始皇曾先后进行了五次巡视。但百姓厌恶其跋扈之态，所以关于他的传说，负面的比较多。《三齐略记》还记载了刘邦逃脱项羽追杀的故事："荥阳有免井，汉沛公避项羽追，逃于井中，有双鸠集其上，人云，沛公逃入井。羽曰：井中有人，鸠不集其上。遂下道，沛公遂免难。后汉世元日放鸠，盖为此也。"② 这个传说里，刘邦逃于井中时"有双鸠集其上"，暗示其有天助；项羽不理睬举报者，狂妄自信，结果错失良机。传说还解释了后汉世元日放鸠的由来，让人觉得真实可信。

《钱塘记》中关于伍子胥的故事，也很精彩："伍子胥累谏吴王，赐属镂剑而死。临终，戒其子曰：悬吾首于南门，以观越兵来。以鮧鱼皮裹吾尸，投于江中，吾当朝暮乘潮，以观吴之败。自是自海门山，潮头汹高数百尺，越钱塘渔浦，方渐低小。朝暮再来，其声震怒，雷奔电走百余里。时有见子胥乘素车白马在潮头之中，因立庙以祠焉。庐州城内淝河岸上，亦有子胥庙。每朝暮潮时，淝河之水，亦鼓怒而

① 《艺文类聚》卷七十九神引，第 1347 页。

② 《太平御览》卷二九元日引，第 136 页。

起，至其庙前。高一二尺，广十余丈，食顷乃定。俗云：与钱塘江水相应焉。”[1] 观赏钱塘秋潮，早在汉、魏、六朝时就已蔚成风气。但人们把钱塘潮与伍子胥联系起来，则体现了吴人对其忠烈的敬仰。伍子胥被吴人尊为潮神，还建了子胥庙、胥王祠，历代祭祀。

## 三　地记郡书神怪故事的艺术特色

### （一）以神怪论人世的笔法趋向

鲁迅在《中国小说史略》谈到魏晋南北朝志怪小说时说：“文人之作，虽非如释道二家，意在自神其教，然亦非有意为小说。盖当时以为幽明虽殊途，人鬼乃皆实有，故其叙述异事，与记载人间常事，自视固无诚妄之别矣。”[2] 实际上，魏晋南北朝地记郡书的神怪故事，也是“与记载人间常事，自视固无诚妄之别”，神怪故事的表象下面，隐含着真实的社会现实生活。

地记郡书神怪故事往往具有深刻的潜意识蕴含，是现实世界的反映。例如，雷次宗《豫章记》曰：“永嘉末，有大蛇长十余丈，断道。经过者蛇辄吸取吞噬，已百数。道士吴猛与弟子杀蛇。蛇死而蜀贼杜弢灭。”[3] 杜弢是西晋末年流民首领，曾一路攻城略地，杀死多名太守，并放纵士兵大肆抢掠施暴。“蛇死而蜀贼杜弢灭”，意思是杜弢即此大蛇所化。大蛇吃人害命，杜弢则有过而无不及。故事里透露出了对残害百姓的蜀贼杜弢的愤恨。又如，郑缉之《东阳记》云：“太山县有岑山，去簇岳千五百里。其山最有灵验。晋隆安中，孙恩遣偏师谢咸来攻东阳，山下之民闻岭上有鼓鼙声甚众，若数万人军。几十日

① 《太平广记》卷第二百九十一神一引，中华书局1961年版，第2315页。

② 鲁迅：《中国小说史略》，《鲁迅全集》第四卷，人民文学出版社1992年版，第45页。

③ 《太平御览》卷八八六精引，第3937页。

咸破，而鼓音亦绝。今每至云南冥晦时，闻鼓音如官寺焉。”① 孙恩卢循之乱，是东晋最严重的海上反乱。乱军所到之处，劫掠财物，烧毁房屋，甚至填埋水井，砍伐树木，百姓对这些海寇非常痛恨，所以岑山鼓音这个传说实际反映了人们厌恶战乱、爱好和平的心理。再如，孔灵符《会稽记》：“（镜湖）创湖之始，多淹冢宅。有千余人怨诉于台。（马）臻遂被刑于市。及台中遣使按钩，总不见人验籍，皆是先死亡人之名。”② 千余人告状惊动朝廷，朝廷刑杀了创湖的马臻，再核验告状者的身份时，发现这些告状的竟然都是鬼。马臻开创镜湖，造福于民，但因损害了一些地方豪强的利益，豪强诬告马臻，马臻遇害。这个“鬼告状”的故事，意思恐怕是揭露告状者本来子虚乌有，完全是豪强编造的。

马克思在《〈黑格尔法哲学批判〉导言》中说：“宗教里的苦难既是现实苦难的反映，也是对现实苦难的抗议。宗教是被压迫生灵的叹息，是无情世界的感情。”③ 这是说宗教其实就是现实世界的反映。魏晋南北朝地记郡书的神怪故事，也一样是现实苦难的反映，也是对现实苦难的抗议。地记郡书的神怪故事把当时大战乱、大动荡的背景下人民遭受的苦难，展现在作家所构建的鬼神世界中，以神怪故事为载体反映出来。一如鲁迅所说：“谈鬼物正像人间，用新典一如旧典……在死的鬼画符和鬼打墙中，展示了活的人间相，或者也可以说是将活的人间相，都看作了死的鬼画符和鬼打墙。”④ 郡书地记神怪故事，存在着以神怪论人世的笔法趋向。

魏晋南北朝郡书地记神怪故事，往往也是是当时人们社会心理的写照。例如，《荆州图记》曰：“澧阳县西百三十里，澧水之南岸，有

① 《太平御览》卷三三八鼙引，第 1552 页。

② 《太平御览》卷六六湖引，第 315 页。

③ 《马克思恩格斯选集》第一卷，人民文学出版社 1995 年版，第 2 页。

④ 鲁迅：《何典》题记，《鲁迅全集》第七卷，人民文学出版社 2005 年版，第 308 页。

白石双立，状类人形，高各三十丈，周回等四十丈。古之相传，昔有充县左尉与零陵尉共论疆，因相伤害，化为此石，即以为二县界首。东标零陵，西碣弃县。充县废省，今临澧县则其地也。”① 这是一个由山水形貌而生发的山水传说。“状类人形”相对而立的两块白石，怎么会让人产生两个县尉因为争界而引发争斗，继而“因相伤害”这样的联想呢？原来，魏晋南北朝时期，连年的战争以及政治动荡之下，社会秩序也相当混乱。即使统治者直接统治的地区，也常常发生边界纠纷或利益争斗。例如，《汝南先贤传》就记载了两官争水而引发仇杀的事情：“阳安令赵规与朗陵太守黄萌争水，规割指诅曰：‘随血所流入阳安界。’萌忿，杀规。小吏王朔复刺杀萌，朗陵官属又杀朔。民於京山上为朔作祠坛，每水旱辄往祈祷。”② 赵规因与黄萌争水被杀，“小吏王朔复刺杀萌，朗陵官属又杀朔”，为了争夺有限的生产资源而仇杀不止。神话故事中的情节，正是现实社会人们不安心理的折射和反映。

从文学心理学角度看，文学创作动机具有一种“缺乏性动机”的潜意识蕴含。“所谓缺乏性动机，就是基于人的生活中的某种缺乏或痛苦而产生的动机……是人体的某种失衡，它以一种要求重新取得平稳的内驱力而起作用，随着缺乏或痛苦被排除，内驱力也就降低以至消除。”③ 在郡书地记神怪故事中，于现实世界无法实现或难以实现的愿望、意愿或情感，比如对生死、安全、情爱的关注等，可以借助故事在虚拟的神怪世界里得到兑现。例如，纪义《宣城记》曰：“临城县南三十里有盖山。登百许步，有舒姑泉。俗传云有舒氏女，未适人，与其父析薪于此。女坐泉处，牵挽不动，父遽告家。比还，惟见清泉

① 《太平御览》卷二六九县尉引，第1260页。
② 《太平御览》卷三百七十五血引，第1733页。
③ 钱谷融：《文学心理学教程》，华东师范大学出版社1987年版，第128页。

湛然。母云：女好音乐，乃作弦歌，泉涌回流，双鲤赴节。”[1] 舒氏女和父亲一起砍柴，可女孩子力气小，用尽力气也拉不动一棵大柴，于是回家找帮手。可回来一看，令人惊喜的一幕发生了：刚才拉柴的地方竟然有清泉涌注。女孩妈妈对女孩说唱支歌吧，女孩一唱，泉水里跃出一双鲤鱼！实际上，这家人是底层百姓，生活贫困，劳动辛苦，精神苦闷。他们多么盼望能过上好日子啊。但是现实社会很难让他们的愿望实现——于是，在神怪故事里实现了。所以，这则传说显然饱含着劳动人民对于幸福、美好、自由的生活的憧憬和向往。

### （二）叙事空间的构建与拓展

魏晋南北朝地记郡书的神怪故事，在现实世界的叙事空间之外，还创造了一个虚拟化的殊域空间。这就打破了仅限于现实世界的思维习性，大大拓展了思维空间。例如，《始兴记》曰：“晋中朝，有质子将归，忽有人寄其书，告曰：吾家在观亭，亭庙石间有悬藤，君至叩藤，家人自出。归者如其言，果有二人出水取书，并曰：江伯令君前。入水，见屋舍甚丽，今俗咸言观亭有江伯神也。”[2] “入水，见屋舍甚丽”，是从现实空间走入了殊域空间，具有新人耳目的激趣效果。《始兴记》这个“江神寄书”的故事，情节神异离奇，显示了作者丰富的想象力。

在叙事方式上，则采用复合式的叙述方式，使“空间的多维性牵系时间的矢向性”[3]。唐代李朝威传奇《柳毅传》中，柳毅传书的情节，或系受《始兴记》此节故事的启发和影响。又如《豫章记》曰：“许子将墓在郡南四里。昔子将以中国大乱，远来渡江，随刘繇而卒，藏于昌门里。于时汉兴平二年也。吴天纪中，太守吴兴沈季白日于厅

① 《太平御览》卷五百七十二歌引，第 2586 页。

② 《太平御览》卷九九五藤引，第 4405 页。

③ 杨义：《中国古典小说史论》，中国社会科学出版社 1995 年版，第 91 页。

事上坐，忽然如梦，见一人，着黄单衣、黄巾，称：汝南平舆许子将求改葬。因忽不见。即求其丧，不知处所。遂招魂葬之，命文学施遐为招魂文。"[①] 许劭，字子将，汝南平舆人，是汉末著名的人物评论家。这是一个真实的历史人物。这则故事先介绍许劭生平和葬地，然后忽然一转，把场景变换到"吴天纪中"，记述人物换成了"太守吴兴沈季"，由太守似梦非梦之中的传奇遭遇，沟通了幽冥界。时间从汉到吴，跨越八十多年，而场景则由现实到幽冥再到现实，人界、鬼界之间转换自如。这或许与撰写者当时的道教文化的兴盛有关。有学者指出："道教徒坚持天地之间、无外之大，其中殊奇，岂追有限的信念，为证明神仙之实有，幻想出许多神异美妙的遇仙故事，使文人的叙事思维打破了现实人间的局限性，延伸到许多秘不可测的殊方异域，从而丰富了六朝叙事文学的表现力，对六朝叙事文学的创作与成熟起到了强有力的推动作用。"[②] 确实，多种空间的转化，使叙事的浪漫色彩越发浓厚，从而增强了故事的表现力和感染力。

多种空间转换叙写的同时，地记郡书的神怪故事，还常常通过时间的迂回转替，实现强化表达效果的作用。比较有代表性的是烂柯山的故事。《东阳记》云："信安县有悬室坂。晋中朝时，有民王质，伐木至石室中，见童子四人，弹琴而歌。质因留，倚柯听之。童子以一物如枣核与质。质含之，便不复饥。俄顷，童子令其归，质承声而去。斧柯漼然烂尽。既归，质去家已家数十年，亲情凋落，无复向时比矣。"[③] 烂柯山位于浙江衢州，南北朝时称悬室坂，唐元和时始称烂柯山。这是一则情节最生动的遇仙故事。故事的场景变化是：现实—仙界—现实。而其中颇有趣味的是故事中包含的"山中方一日，世上数十年"的时间差异和"亲情凋落"的感慨。故事的撰写者似乎要通过

① 《太平御览》卷五五六葬送引，第2516页。
② 刘湘兰：《中古叙事文学研究》，北京大学出版社2011年版，第176页。
③ 《太平御览》卷九六五枣引，第4282页。

这种两界时间流逝的差异，来表达人生倏忽而仙界永恒，人生常苦而仙界安乐的道教观念。

（三）叙事的视角选取

魏晋南北朝地记郡书的神怪故事，根据情节内容的不同而选择不同的叙事的视角。有时为了炫耀博学和突出神异化色彩，撰者采用全知视角作为叙述角度，以适应故事背景的广袤空间。例如，《永昌郡传》曰："朱提郡，在犍为南千八百里，治朱提县。川中纵广五、六十里。有大泉，池水千顷，名千顷池。又有龙池，以灌溉种稻。与僰道接，时多猿，郡取鸣啸于行人径次，声聒人耳。夷分布山谷间，食肉衣皮，虽有人形，禽兽其心，言语服饰，不与华同。有堂狼山，山多毒草，盛夏之月，飞鸟过之，不能得去。"①故事的叙述背景阔大："千八百里""川中纵广五六十里""池水千顷"，这样的叙述背景不可能以限知视角来写，只有采用全知视角，才能确保其空间上的广延性。再如，《永昌郡传》写獠民："獠民喜食人，以为至珍美，不自食其种类也。怨仇，乃相害食耳。能水中潜行，行数十里。能水底持刀刺捕取鱼。其人以口嚼食，并以鼻饮水。死人有棺，其葬，竖棺埋之。"②作者对那些殊方异域的民情好似了如指掌，将本来遥不可及的异域风俗，如数家珍，娓娓道来，是典型的全知视角叙事。

有时为了增加故事叙述的生动性和实境感，作者则采用限知视角作为叙述角度。例如，晋顾长生《三吴土地记》："吴大帝赤乌三年七月，有王述者采药于天台山。时热，息于石桥下，临溪饮。忽见溪中有一小青衣，长尺余。执一青衣，乘赤鲤鱼，径入云中，渐渐不见。述良久登峻岩四望，见海上风四起。顷刻雷电交鸣。俄然将至，述惧。伏于虚树中。见牵一物如布，而色如漆。不知所适。及天霁，又见所

① 《太平御览》卷七九一朱提引，第3509页。

② 《太平御览》卷七九六獠引，第3534页。

乘之赤鲤小童，还入溪中，乃黑蛟耳。”① 这个故事整个过程是在一个叫王述的见闻之下叙述的。故事把王述的动作行为、心理感受，从容不迫地逐渐展示开来，写成一个井然有序的认知过程：在这里黑蛟已经不再是动物形象，而是变成了一个不但能够幻化成人形，而且掌管布云施雨的神灵形象。正是在限知视角的记述下，故事才显得有悬念，有波折，有真实感，显现了张弛有度的叙事张力。

（四）奇幻怪诞的意境传达

胡应麟说：“变异之谈，盛于六朝。”② 受魏晋玄风和佛道教思想的影响，魏晋南北朝地记郡书的撰著者们，出于求奇、好奇的心态，敢于在作品中大胆地想象，追求幻想的境界，从而在艺术想象的运用上呈现出奇幻怪诞的色彩。如《西河记》曰：“凉州罪人于市将刑，忽有一白雄鸡飞于人边请命，引颈长鸣，伏地向吏，驱之去辄来。刺史张义免其坐。”③ 雄鸡“引颈长鸣，伏地向吏，驱之去辄来”的奇幻情节，颇涉虚夸荒诞。请命鸡这个故事，实际上反映了佛教戒杀生和生死轮回的思想。又如沈怀远《南越志》中记述的一个故事：“溳阳县北五里有茶山，山有热泉，源自沸涌，卉服窜处，不沾王化，百姓荒居。昔有俚竖牧牛于野，一牛缀随而舐之，举体白净如洗屑也。旬日而殒，其牛竟为人杀，而啖之者百许人，一日俱变而成兽，吼唤惊惧，各走入山。初尚有衣裳，形未甚异，时知还家，后性状稍改，遂不复归。由是群党相遂，连城为患。”④ 这个故事的情节可谓荒诞至极。一头来历不明的牛，跟着牧童回家，被人杀了吃肉，结果凡是吃过牛肉的人竟然人性消失，都变成了“吼唤惊惧，各走入山”的野

① 《太平广记》卷四二五引，人民文学出版社1959年版，第3460页。

② （明）胡应麟：《少室山房笔丛·二酉缀遗中》，上海书店出版社2001年版，第371页。

③ 《太平御览》卷九一八鸡引，第4073页。

④ （宋）乐史撰：《太平寰宇记》卷一百六十一，王文楚等点校，中华书局2007年版，第3089页。

兽。透过怪诞神异的叙述表层，其所传达的或许仍是因果报应的思想。情节与此类似的还有，如李膺《益州记》曰："邛都县下有一老姥，家贫孤独，每食，辄有小蛇，头上戴角，在床间，姥怜饴之。后稍长大，遂长丈余。令有骏马，蛇遂吸杀之。令因大忿恨，令姥责出蛇。姥云在床下，令即掘地，愈大而无所见。令迁怒，杀姥。蛇乃感人以灵，言嗔令：何杀我母？当为母报仇！此后每夜辄闻若风，四十许日。百姓相见，咸惊语：汝头那忽戴鱼？是夜，方四十里，与城一时俱陷为湖，土人谓之为陷河。惟姥宅无恙，讫今犹存。渔人采捕，必依止宿。每有浪，辄居宅侧，恬静无他，风静水清，犹见城郭楼橹叆然。今水浅时，土人没水，取得旧木，坚贞，光黑如漆，好事者以为枕，相赠焉。"[①] 老姥养了一条蛇，这蛇吃了县令的马，县令迁怒杀了老姥，蛇就开始了复仇行动。复仇的结果是城陷为湖，全城的百姓都变成了鱼。故事中的蛇由人养大，被赋予一定的人思想和感情。时人相信物类具有人一样的感情，相信物类转化。正如费尔巴哈《宗教的本质》中所说："人本来并不把自己与自然分开；所以他把一个自然对象在他身上所激起的那些感觉，直接看成了对象本身的状态。……因此人们不由自主地、不知不觉地……将自然的东西弄成了一个心情的东西，弄成了一个主观的、亦即人的东西。"[②] "善有善报，恶有恶报"的观念符合当时人们的精神需求，是佛教思想深入人心的反映。但故事中"百姓相见，咸惊语：'汝头那忽戴鱼?'"等情节，传达的意境则是奇幻怪诞的。怪诞也是一种审美感受，其所包含的那种恐怖、扭曲和反常的因素，总会让人倍感惊异，从而造成心理上巨大的震撼。

这样的故事大抵是撰著者根据民间传闻改写而成的。类似于此的

① 《太平御览》卷七九一邛引，第3506页。

② ［德］费尔巴哈：《费尔巴哈哲学著作选集》下卷，王太庆等译，上海三联书店1962年版，第438—439页。

民间传闻大多融合了变形、夸张等艺术手法，其所记述的奇闻逸事，大抵出于虚构。再如邓德明《南康记》：“平固水口下流数里，有螺亭临江。昔一少女，曾与伴俱乘小舡江汉采螺，既逼暮，因停沙边共宿。忽闻骚骚如军马行，须臾，乃见群螺张口无数，相与为灾，来破舍啖此女子。同侣诸妪当时惶怖不敢作声，悉走上岸。至晓方还，但见骨耳。收敛剩骨，薄埋林际，归报其家。经四五日，间近所埋处，翻见石冢，穹窿高十余丈，头可受二十人坐也。今四面有阶道，仿佛人冢，其顶上多螺壳，新故相仍，乡传谓之螺亭。”[①] 这大概是因为“仿佛人冢，其顶上多螺壳”的“石冢”形貌比较特别，于是就有人想象虚构出采螺女被螺吃掉的荒唐故事。但“忽闻骚骚如军马行，须臾，乃见群螺张口无数，相与为灾，来破舍啖此女子”的恐怖描述，再配以“同侣诸妪当时惶怖不敢作声”的侧面描写，加上“但见骨耳”的震撼结果，让人过目不忘。这种种情节，亦幻亦真，奇丽异常，“其人其事近在耳目间，实实在在，而又渺渺茫茫，实中见幻，平中见奇，给人一种虚幻性的现实感”。[②] 这类故事的民间传闻色彩比较浓重，它们往往是作者把现实中存在的某种事物与当地人民的某种传统文化心理相糅合，加以想象和联想，最终敷衍而成。情节虽然奇异怪诞，但富有趣味性、故事性。

地记郡书的撰著，毕竟不同于“通古今之变”的正史，作者的写作态度也就不必像史家那样严谨，在创作上可以有更为广阔自由的空间，可以张扬个性，可以驰骋文采，同时对材料的选择、处理和加工也很自由，可以想象虚构，可以润色美化，所以作者并不在意其中的荒诞情节，甚至为了猎奇搜异，而故设虚诞之说。他们打碎羁绊，凭借超乎寻常的想象和构思，在跨越现实和超现实之间自由地跨越穿梭，营造出一幅幅奇幻怪诞的艺术图画，提升了作品的

① 《太平御览》卷九四一螺引，第 4181 页。

② 李剑国：《唐前志怪小说史》，南开大学出版社 1984 年版，第 357—358 页。

文学审美价值。

## 第四节　魏晋南北朝地记的山水化文学化演进

应该明确的是，地记毕竟地理著作，以记载地理疆域、建置沿革、山川古迹、风俗物产等为主要内容。所以并非所有的地记都有很强的文学性。只是到了魏晋南北朝，特别是晋宋之际，很多地记作品中的山水描写显著地增多了，而且文笔越来越优美。这使得魏晋南北朝地记，既不同于东汉专记地理的地理书如班固《汉书·地理志》、应劭《十三州记》和《地理风俗记》等著作，又不同于唐宋以后的方志。唐宋以后的方志，关注的重心在于建置沿革，四至八到，资源物产、人口贡赋等，功用偏重于“资治”，而魏晋南北朝时期地记却有偏文学化的倾向。

魏晋南北朝地记文学色彩的加强，大概与当时王朝政治对私家撰修史志的控制的相对宽松，因而有较多的文学之士参与到地记编修的背景相关。由于魏晋南北朝时期战乱相仍，政权交替频繁，导致朝廷官修地理书的难度很大。《宋书》卷一一《志序》载：“地理参差，事难该辨，魏晋以来，迁徙百计，一郡分为四五，一县割成两三，或昨属荆、豫，今隶司、兖，朝为零、桂之士，夕为庐、九之民。去来纷扰，无暂止息，版籍为之浑淆，职方所不能记。”在这样的背景之下，政府放松了对私家撰书的控制，于是文人的创作涉足于地记领域，而地记的撰著也随之渐染了文风。其时的地记作者，很多都是以文学见称的才俊之士，如谢灵运、刘义庆、吴均等。特别是晋宋以来，士人撰写地志的热情明显高涨。一方面，往往出现不同作家撰写同一地域的地记的情况，如《荆州记》，就有范汪、盛弘之、郭仲产、庾仲雍、刘澄之等六家撰写；另一方面，还有许多作家不止撰著一部地记，如刘澄之、郭仲产、庾仲雍、山谦之、王韶之等，都撰著有多部地记。

一些优秀的地记作家，对山水表现出真心的喜爱，有时为保证记录的真实准确和精彩，还会登临山水，亲自考察观瞻。例如，《水经注》卷三十七《夷水》“东南过佷山县南”条注文记载：“（长杨）水源东北之风井山，回曲有异势，穴口大如盆。袁山松云：夏则风出，冬则风入，春秋分则静。余往观之，其时四月中，去穴数丈，须臾寒飘卒至，六月中，尤不可当。往人有冬过者，置笠穴中，风吸之。经月还步杨溪，得其笠，则知潜通矣。”① 袁山松对风井山的特殊地貌做过考察，才写出了“须臾寒飘卒至，六月中，尤不可当”的神奇感受。再如，《水经注》卷三十四《江水》“又东过夷陵县南”条注文曰：“袁山松言：江北多连山，登之望江南诸山，数十百重，莫识其名，高者千仞，多奇形异势，自非烟褰雨霁，不辨见此远山矣。余尝往返十许过，正可再见远峰耳。”② 袁山松“尝往返十许过”，就是为了找到望江南诸山的感觉，可见其对山水之爱早已入目入心了。清代学者钱大昕在其《廿二史考异》中曾说道：“予谓魏晋诸儒，地理之学极精。”③ 诚然如是。

## 一　山水审美观念在晋宋之际的形成

魏晋南北朝是山水审美文化开始崛起的时代。这首先体现在山水观念的重大转变。有学者概括说，魏晋南北朝从敬畏崇拜的宗教山水观和道德象征的哲学山水观“大飞跃”怡情畅神的审美山水观，“山水不再是神灵的寄托和道德伦理的表征，而是纯粹的娱目消忧、适性畅神的美感对象”。④ 这样的概括是简洁而准确的。

---

① 《水经注疏》，第3059页。

② 同上书，第2848页。

③ （清）钱大昕：《廿二史考异》，凤凰出版社2008年版，第102页。

④ 徐成志：《锦绣河山竟风流——中华山水文化解读》，安徽大学出版社2005年版，第178—185页。

自然山水并不是一开始就作为审美的对象的。山水审美观念是在人与自然相互作用的漫长历史中，逐渐形成的。早期先民生存能力有限，自然灾害的发生让他们感到惶恐，自然的神秘他们也无从解释，于是他们把自然看作有无限威力的力量而对之产生敬畏和崇拜："山林、川谷、丘陵，能出云，为风雨，见怪物，皆曰神。"① 但是随着人与自然物质和能量交流的加深，自然的馈赠也让他们逐渐产生了愉悦的情感。但这种情感还是非常朴素的。《诗经》等先秦文学作品中有很多关于山水地理的语句，虽然还都只作为叙事与描写的背景出现的，但可以证明山水已经引起人们朦胧的关注，也说明人与山水自然在情感上的拉近。一些哲人也开始把人的品德和社会伦理道德与山水自然联系起来进行思考，比如孔子的"比德说"即是代表。孔子说："智者乐水，仁者乐山。"② 当然孔子在这里是把山水看作道德的象征了，但其也表明自然山水与人是相亲的。自然山水给人类以生活的资源，人类没有理由不与之亲近。

魏晋以来，随着玄学的兴起和佛教的传入，思想文化渐趋活跃，人开始认真思考人与自然的关系。玄学家强调自然与人的相通性："万物以自然为性，故可因而不可为也，可通而不可执也。"③ 在玄学家眼里，山水是体玄的工具。如孙绰就说："方寸湛然，固以玄对山水。"④ 试图通过对山水的体悟来领略玄理，达到心与物游、万物同化的境界。南朝宋宗炳在《画山水序》也说："至于山水，质有而趣灵，是以轩辕、尧、孔、广成、大隗、许由、孤竹之流，必有崆峒、具茨、藐姑、箕、首、大蒙之游焉。又称仁智之乐焉。夫圣人以神法道，而贤者通；山水以形媚道，而仁者乐。不亦乐乎？"⑤ "山水以形媚道"，

① 《十三经注疏》，中华书局1982年影印本，第1588页。

② 见《论语·庸也》。

③ 见王弼《老子注》第四十一章。

④ 《世说新语笺疏》，第616页。

⑤ （唐）张彦远：《历代名画记》卷六，人民美术出版社1964年版，第130页。

意思就是山水是顺应自然造化的产物，因其形质的美好，所以是“道”的最佳表现形式。这还是借山水来证“道”，也不是纯粹的、以怡情畅神为目的的山水审美观。

纯粹的、以怡情畅神为目的的山水审美观，实始自东晋的地记作家袁山松。《水经注》卷三十四《江水注》还引述了袁山松《宜都记》中的一段话：

> 山松言：常闻峡中水疾，书记及口传悉以临惧相戒，曾无称有山水之美也。及余来践跻此境，既至欣然，始信耳闻之不如亲见矣。其迭崿秀峰，奇构异形，固难以辞叙。林木萧森，离离蔚蔚，乃在霞气之表。仰瞩俯映，弥习弥佳，流连信宿，不觉忘返，目所履历，未尝有也。既自欣得此奇观，山水有灵，亦当惊知己于千古矣。[①]

这段文字尤其最后三句极可注意，它是袁山松对自己山水审美自觉的直接表现。自觉，是自觉为“山水之美”的“千古知己”。袁山松表现出了山水自然审美自觉。这种“知己观”，不但与先秦两汉以来儒家的山水比德观畛域分明，而且与当时盛行于世的“玄对山水”的悟道观也大异其趣。

自孔子在《论语·雍也》中讲“智者乐山，仁者乐水”以后，《尚书大传》《韩诗外传》《荀子·宥坐》、董仲舒《春秋繁露·山川颂》、刘向《说苑·杂言》都极其力以润色之，皆以人类的道德观念附会于山水自然。如董仲舒《山川颂》：“赴千仞之壑，入而不疑，既似勇者；物皆困于火而水独胜之，既似武者；咸得之而生，失之而死，既似有德者。”[②] 这是把山水看作人的精神品质的表现或象征，这是自

---

① 《水经注疏》，第2845页。

② （汉）董仲舒：《董子文集》，中华书局1985年版，第19页。

然的拟人化。比德观属伦理学层面。

道家的山水观基于对自然之道的体认。老子讲“道法自然”[①]。魏晋玄学家们认为，天地万物是自然之道的体现者：“天地生于自然，万物生于天地。”[②] 浏览八荒，纵观万象，山山水水莫不体现着道：“山静而谷深者，自然之道也。”[③] 于是，山水就成了蕴道的万物的代表。人也是自然之一分子，“元气陶铄，众生禀焉”[④]。“二仪陶化，人伦肇兴。”[⑤] 因而，人可以通过与山水的心灵对话，来达成对道的体认和沟通：“方寸湛然，固以玄对山水。”[⑥] 这种审美方式突出的重点是对于道的理解和通融，这是把人拟自然化了，其特点是玄理意味浓重。悟道观属于哲学层面。

知己观则是审美层面。袁山松以“山水之美”的“知己”来自觉、自承。他自觉地走进山水，融入山水，用身体去体验山水。他是把山水作为无功利非实用的独立审美客体去认识的。“他观赏山水景物，不再是去寻找己心与道蕴的契合，而是把自己的感情直接向山水，以感性的形式来欣赏山水之美，以纯审美方式把握山水，这不能不说是山水观历史上的一次重大飞跃。山水审美的自觉意识，遂成为山水意境的核心。这对山水文学本身的形成也具有创造性的贡献。”[⑦] 山水文学的最大特质就是山水在视觉上成为作家的真正审美客体，在题材上成为一篇作品的主要描写对象。而这是“玄对山水”的“悟道观”所无论如何也难以做到的。因为要“悟道”，诗文中即使有对山水的描写，但重心却是对“道”的理解，玄言诗中微量的山水描写就是最

---

① 朱谦之：《老子校释》，中华书局1984年版，第103页。

② （清）严可均辑校：《全上古三代秦汉三国六朝文》，中华书局1958年版，第1311页。以下版本同。

③ 《全上古三代秦汉三国六朝文》，第1311页。

④ 同上书，第1335页。

⑤ 同上书，第1341页。

⑥ 同上书，第1784页。

⑦ 参见笔者博士学位论文《水经注文献学文学研究》。

好的证明。可是，袁山松等则突破了这种束缚。在山水审美自觉意识的深刻作用下，山水之美的描写开始成为文学作品的主要内容。

山水自然的审美认识，大致经历了一个理消情长的过程。老子所言之“自然”，还是个抽象的哲学概念；而庄子则把它努力地形象化，而且打通人与外界的隔阂，强调人与万物的会通交感：“天地与我并生，而万物与我为一。”正始年间，王弼注《老子》，士人们多以抱虚守静、游心太玄为旨归，理念化色彩还很强烈；至西晋，向秀注《庄子》，“发明奇趣，振起玄风”，郭象又“述而广之”，于是，玄风大炽，士人们又多以会通万物、陶铸天性为雅致，乐于把情感投射向万物，而入于凝神的境界。这样，山水就得到了人们进一步的关注。这说明，人们的山水意识已经在逐渐地从抽象化而向具体化、形象化的方向发展着。但直到袁山松叙写陶醉于山水美景的感受，才标志着由借山水以证道的传统山水观念的结束，标志着山水审美意识的新发展。他们这种全新的山水审美自觉意识和适性快意、赏心悦目的审美方式，给后来的谢灵运、郦道元以很大的启发和影响。谢灵运《山居赋·自注》中明确表示：“夫衣食，人生之所资；山水，性分之所适。”再看《水经注》卷三十七《夷水注》：“静夜听之，恒有清响，百鸟翔禽，哀鸣相和，巡颓浪者，不觉疲而忘归矣。”[①] 这里郦道元写的，也正是陶醉于山水美景的感受，与袁山松等晋宋地记作家的审美趣味非常契合。

## 二　魏晋南北朝地记山水审美的经验特质

王立群在《晋宋地记与山水散文》中曾经提及：“为什么中国的山水散文会首先由作为方志先声的晋宋地记推向成熟之巅？为什么晋

① 《水经注疏》，第3063页。

宋时期的山水文比山水诗要显得有些早熟？……笔者认为，既然这些优秀的山水散文产生于晋宋地记之中，那么从探讨晋宋地记入手，应当说不失为阐释这一文学现象的一条可行之路。”[①] 王立群的思路不错。我们就先从地记里的一些内容来了解一下时人对于山水自然的态度。

魏晋南北朝地记里记载时人游览自然山水以后的心情和感受的章节，委实不少。其中关于东晋著名书法家王羲之（字逸少）的记载较多。例如，南朝梁顾野王《舆地志·扬州部》：“山阴南湖，萦带郊郭，白水翠岩，互相映发，若镜若图。故王逸少云：山阴路上行，如在镜中游。”[②] 王羲之游览山阴南湖，深为美景陶醉，以诗句表达自己的感受说“如在镜中游”，绍兴的镜湖之名就由此而来。南朝梁吴均《入东记》写昇山：“王羲之为太守，常游践，尝昇此山，顾谓宾客曰：百年之后，谁知王逸少与诸卿游此乎！因有昇山之号，立乌亭于山上。”王羲之为官之暇，常常登临山水以为游赏。他登上昇山，感慨无限。王羲之在《兰亭序》也曾这样感慨：“每览昔人兴感之由，若合一契，未尝不临文嗟悼，不能喻之于怀。固知一死生为虚诞，齐彭殇为妄作。后之视今，亦犹今之视昔。悲夫！”王羲之感慨的是人如果不能在有生之年尽享山水之乐，岂不是永久的憾事！

东晋王氏家族，喜好山水的很多。南朝宋孔灵符《会稽记》写王子敬游会稽诸山：“会稽境特多名山，峰崿隆峻，吐纳云雾，松栝枫柏，擢干竦条，潭壑镜澈，清流写注。王子敬见之，曰：山川之美，使人应接不暇。”[③] 王子敬即王献之，王羲之第七子，也是著名书法家，与其父并称“二王”。“山川之美，使人应接不暇”有两方面的意思表达，一方面是说景色太美了，让人流连；另一方面是说王献之深

① 王立群：《晋宋地记与山水散文》，《文学遗产》1990 年第 1 期。

② 《太平御览》卷六十六引，第 315 页。

③ 《世说新语》言语篇注引，《世说新语笺疏》，第 145 页。

深地被映入眼帘的美景打动了，唯恐错过任何一个。可见喜爱的程度之深。山谦之《丹阳记》曰：“晋车骑将军王舒令其子曰：甚爱溧阳县，死则我欲葬焉。故王死之后，徙县治今处，而以昔廨为墓。”① 王舒是丞相王导、大将军王敦的堂弟，在平定东晋初年的两场大乱中皆有助力。他由衷喜爱风光优美的溧阳县，才会产生卒葬之愿。山谦之《吴兴记》：“从溪以上至县，悉石濑恶道，不行船，以下水道无险，故行旅集焉。晋王朗之为吴兴太守，至印渚中，叹曰：非唯使人心情开涤，亦绝日月清朗。传云渚次石文似印，因以为名。”② 王朗之，王廙次子，年少时就很有声誉，成人后更是才能卓著，颇有作为。他任职吴兴太守时经过印渚，也明确表达了自己深受山水陶冶而心情大好的感受。

非独王氏家族，东晋其他世族，也多有山水之好。山谦之《吴兴记》：“於潜县西二里，有峠崿山，有绝壁高三十许丈，谢安尝登之，临壁垂足曰：伯昏无人，何以过是？当时称以为难。一云本在太湖中，禹治水移于此。”③ 谢安是东晋著名政治家，本有东山之志，屡与名士游山玩水。谢安登上峠崿山，为此山之高峻大感惊异，说伯昏无人也难以超过我此时的感觉了！伯昏无人是道家虚构的一个人物。《庄子·外篇·田子方》记载，列御寇射箭给伯昏无人看。伯昏无人观赏完列御寇看似无人可及的高妙箭法后，说：“是射之射，非不射之射也。尝与汝登高山，履危石，临百仞之渊，若能射乎？”于是伯昏无人真的登上高山，表演给列御寇看，他“履危石，临百仞之渊，背逡巡，足二分垂在外”，让列御寇看傻了眼，“汗流至踵”。谢安在这里是以自己来比伯昏无人。观其处变不惊的神情气度，倒是颇有伯昏无人的风采。这座山太高了，“当时称以为难”，不知叫什么名字好了。于是

① 《太平御览》卷五五六卷葬送引，第2514页。

② 《太平寰宇记》四库全书本卷九十三於潜县引，第41页。

③ 《太平御览》卷四十六引，第224页。

后人给它起了一个名字：岝崿山。岝崿者，山之高峻貌也。又如南朝齐王僧虔《吴地记》载："桐庐县东有大溪，九里注庐溪口，南通新安，东出富阳，青山绿波，连霄亘壑。昔征士散骑常侍戴勃游此，自言山水之致极也。勃字长云，谯国铚人。父散骑常侍逵，字安道。弟子常侍国子祭酒颙，并高蹈俗外，三叶肥遁，为海内所称。"[①] 桐庐"青山绿波，连霄亘壑"的美景，被隐士戴勃呼为"山水之致极"。他与其父戴逵、弟戴颙，一并隐居于此。

非独南方的东晋爱山爱水，就连北方的悍将竟也为山水的壮美所折服！段龟龙《凉州记》曰："契吴山，在县北七十里，赫连勃勃北游契吴而叹曰：美哉斯阜，临广泽而带清海。吾行地多矣，自岭已北，大河以南，未有若斯之壮丽矣！"[②] 赫连勃勃是十六国时期胡夏建立者，南征北战，雄霸一方。他对契吴山也是通过自己亲历山川，才做出的比较和评判。

入宋以后，徜徉于山水之乐者也不少。《新安记》："锦沙村，傍山依壑，素波澄映，锦石舒文。冠军吴喜闻之而造焉，鼓枻游泛，弥旬忘返。叹曰：名山美石，故不虚赏，使人丧朱门之志。"[③] 吴喜在宋明帝刘彧即位时平叛有功，被封为竞陵县侯。吴喜作为武人，亦有山水雅趣，看到"傍山依壑，素波澄映，锦石舒文"的锦沙村景色如此美好，流连忘返，赞叹不已。

魏晋南北朝地记里记载了这么多真心喜爱山水、把山水当作审美对象的人物，记述了他们在面对山水时由衷陶醉的感受，也就可见把山水当作知己的未必只有袁山松一人。宗白华先生说得不错："晋人向外发现了自然，向内发现了自己的深情。"[④]

---

① 《太平御览》卷五百一十逸民引，第 2323 页。

② 《太平御览》卷五十契吴山引，第 243 页。

③ 《太平御览》卷七十四沙引，第 349 页。

④ 宗白华：《美学散步》，上海人民出版社 1981 年版，第 215 页。

不同的历史发展阶段，人们从自然山水获得的印象不同，因而对于自然山水的认识也不同。我们可以把魏晋南北朝时期人们对山水的态度和先秦时期对照一下。《列子·汤问》：“太行王屋二山，本在冀州之南，河阳之北。北山愚公者，年且九十，西山而居，惩出入之迂也。”愚公感觉不到二山的美，只是因为“惩出入之迂”，就决心要将它们夷平，可见何其厌恶此二山。《吕氏春秋》云：“昔上古龙门未开，吕梁未发，河出孟门，大溢逆流。无有丘陵沃衍平原高阜，尽皆灭亡。”写的也是洪水肆虐和人们余悸未消的恐惧。这些说明那时候人们对山水还是用功利的眼光去看待山水，当山水有碍于他们的生产生活的时候，他们就对山水产生了抵触甚至厌恶的情绪。

但是到了魏晋南北朝时期，随着人与自然交流的日益深化，当自然山水的良性馈赠越来越被人类接受的时候，人们对于自然山水的认识开始转变了。人们在与山水的关系，开始从被动、敬畏、恐惧，走向主动、融合、亲近，山水的美感色彩也就不断凸显，人们的山水审美意识就开始觉醒。正史中记载雅好山水的人物也不乏其例：

(嵇) 康尝采药游山泽，会其得意，忽焉忘反。……游山泽，观鱼鸟，心甚乐之。①

(阮籍) 或登临山水，经日忘归。……当其得意，忽忘形骸。②

(孙统) 性好山水，乃求为鄞令，转在吴宁。居职不留心碎务，纵意游肆，名山胜川，靡不穷究。③

(孔淳之) 性好山水，每有所游，必穷其幽峻，或旬日忘归。④

① (唐) 房玄龄等：《晋书》，中华书局1974年版，第1370页。以下版本同。

② 同上书，第1359页。

③ 同上书，第1543页。

④ (梁) 沈约：《宋书》，中华书局1974年版，第2283页。以下版本同。

(宗炳)好山水，爱远游，西陟荆巫，南登衡岳，亦尝结宇衡山。①

(刘凝之)性好山水，一旦携妻子，泛江湖，隐居衡山之阳，登高岭绝人迹，为小屋居之，采药服食，妻子皆从其志。②

(萧统)性爱山水，于玄圃穿筑，更立亭馆，与朝士名素者游其中。③

(陆瑜)每清风朗月，美景良辰，对群山之参差，望巨波之滉漾，或玩新花，时观落叶，即听春鸟，又聆秋雁……一俱怡耳目，并留情致。④

由此可见，以山水为知己，是晋宋时期士人的群体心理，袁山松是这个群体中杰出的代表。袁山松的优长在于他不但能够对山川美景悠然心会，而且还能够述之以文，写下“既自欣得此奇观，山水有灵，亦当惊知己于千古矣”的感悟，从而成为山水“知己观”的最早提出者。

这种山水“知己观”，是以走进山水，躬身体验为前提的。人们与山水触目而会，心生喜悦，正如刘勰《文心雕龙·物色篇》所说的那样——“物色之动，心亦摇焉”。人们是通过自己真切的体验感受到山水是令人愉悦的存在。前述地记的例证中人物的共同特点就是：诸人都亲自投身于山水，亲自参与到山水审美的过程之中了。王羲之说“山阴路上行，如在镜中游”，讲的是自己在行路途中的感受；王献之说“山川之美，使人应接不暇”，也是说当美景扑面而来的时候，自己的眼睛不够用了；谢安如果不登上高峻的岞峈山，恐怕也不会联

① （梁）沈约：《宋书》，中华书局 1974 年版，第 2278 页。
② 同上书，第 2285 页。
③ （唐）姚思廉：《梁书》，中华书局 1974 年版，第 168 页。
④ 同上书，第 463 页。

想到伯昏无人的典故；郗愔也是“遍游诸境”，才卜居罗璧山。至于赫连勃勃，就直说“吾行地多矣……未有若斯之壮丽矣”；褚渊也是直说“之所称，多过其实。今睹虎丘，逾于所闻”。这些人都特别强调了身体在场性的山水经验。身体在场的山水审美是调动全部感官的全身心的投入。刘勰《文心雕龙·物色篇》提到人是如何欣赏体验山水：“山沓水匝，树杂云合。目既往还，心亦吐纳。春日迟迟，秋风飒飒；情往似赠，兴来如答。”欣赏者与山水之间有着良性的互动：自然山水作用于欣赏者，欣赏者反复地观察自然山水，从中产生实际的审美体验，内心有所抒发，这就是“目既往还，心亦吐纳”。山水之美引起欣赏者写作的灵感和写作冲动，就是“情往似赠”欣赏者如果以情接物，将体验再现成文学作品，就是“兴来如答”。所以，当欣赏者把山水也作为和自己一样的生命体的时候，人与山水就建立了一种“知己”般的亲密关系，人与山水也就产生了“目既往还，心亦吐纳”的交往互动。当袁山松把它用文字表述出来的时候，也就构建了山水审美的“知己观”。



## 三　魏晋南北朝地记山水化文学化的演进线索

袁山松提出了山水审美的“知己观”，并且以其优美精彩的文笔撰著了可以作为中国山水文形成的标识的地记名作《宜都记》。但在《宜都记》之前，还有两部地记值得注意：一是汉末辛氏所撰的《三秦记》，二是东晋早期罗含所撰的《湘中记》。唐代刘知几在《史通·杂述》中列举地理书时说：“九州土宇，万国山川，物产殊宜，风化异俗，如各志其本国，足以明此一方，若盛弘之《荆州记》、常璩《华阳国志》、辛氏《三秦》、罗含《湘中》，此之谓地理书者也。”①

① （唐）刘知几撰：《史通》，辽宁教育出版社 1997 年版，第 82 页。

他专门提出的四部地记作品，除了《华阳国志》以外，皆有文学色彩。东晋常璩的《华阳国志》是一部专门记述古代中国西南地区地方历史、地理、人物等的历史地理著作，实用性较强，而文采不高。盛弘之《荆州记》产生于刘宋，文学色彩最浓。辛氏《三秦记》和罗含《湘中记》，则为在地记中写景状物导夫先路。所以明代牛若麟在（崇祯）《重修吴县志序》中说，后世地记与方志的创作，都以此二书为榜样："其叙土宇、山川，洎物产、风化，往往模拟《湘中》，斟酌《三秦》，是地理书体也。"[①] 兹从此二记开始，寻绎一下魏晋南北朝地记山水化文学化的演进线索。

### （一）辛氏《三秦记》的文学色彩

诸地记中，辛氏《三秦记》时代较早。《三辅黄图》、梁刘昭《后汉书·郡国志》注、梁宗懔《荆楚岁时记》、后魏郦道元《水经注》、贾思勰《齐民要术》等书，已相继采用，而且所记山川、都邑、宫室，都是秦汉时事，并不及魏晋，是知此书必汉代人所著。

《三秦记》中已经有一些对山水景物的初步描摹。如写华山：

> 华山在长安东三百里，不知几千仞，如半天之云。[②]

以"半天之云"喻山之高峻，显得十分新奇。晋罗含《湘中记》"遥望衡山如阵云"[③] 的写法，显然系受《三秦记》启发。

《三秦记》写仇池山的险要：

---

① 引自张英聘《明代南直隶方志研究》，社会科学文献出版社 2005 年版，第 211 页。

② 《太平御览》卷三十九地部四引，第 186 页。

③ 《艺文类聚》卷七，《初学记》卷五地理上及《太平御览》卷三十九地部四引罗含《湘中记》。

仇池山上有百顷池，平如砥。其南北有山路，东西绝壁百仞，上有数万家，一人守道，万夫莫向。山势自然有楼橹却敌之状，东西二门盘道可七百里，上有冈阜泉源。《史记》谓秦得百二之固也。①

寥寥数语，就把山险上平，易守难攻，“一人守道，万夫莫向”的特点刻画出来。

再如写河西沙角山：

峰岩危峻，逾於石山。其沙粒粗，有如乾糒。②

以乾糒喻沙，不但十分形象，而且浅显易晓。刘宋段国《沙州记》：“洮河西南一百七十里有黄沙，南北一百二十里，东西七十里，西极大杨川。望黄沙犹若人委干糒于地，都不生草木，荡然黄沙，周回数百里，沙州于是取号焉。”③ 是继承了《三秦记》的写法。

写龙门水，《三秦记》亦状物生动：

龙门水悬船而行，两旁有山，水陆不通，龟鱼集龙门下数千，不得上，上则为龙，故云暴鳃点额龙门下。④

《韩愈集》卷九律诗《义鱼招张功曹》：“濡沫情虽密，登门事已

① 《艺文类聚》卷七，《初学记》卷五地理上及《太平御览》卷三十九地部四引辛氏《三秦记》。

② 《太平御览》卷五十地部十五引，第245页。

③ 《水经·河水注》《太平御览》卷七十四、《资治通鉴》晋义熙元年注并引段国《沙州记》。

④ 《史记》卷二《夏本纪第二》张守节《正义》引《三秦记》。《艺文类聚》卷九十六、《初学记》《文选》卷三十、《通典》卷一百七十九州郡九、《后汉书》注、《括地志》《太平御览》卷九百三十、《太平寰宇记》《草堂诗笺》都曾引，略同。

辽。”登门，即谓此也。《柳宗元集》卷十四《设渔者对智伯》：“垂涎流沫，后者得食焉。然其饥也，亦返吞其后。愈肆其力，逆流而上，慕为螭龙。”也是化用《三秦记》此条之意。这已成为后世习用的典故。

在《三秦记》中还用一些录歌谣谚语刻画山水形象，如：

> 武功太白，去天三百。孤云两角，去天一握。山川险阻，黄金子午。蛇盘鸟栊，执与天通。[①]

这首歌谣谚语表情达意通俗生动，三言两语便绘形传神，便于打动读者，因而具有很强的艺术感染力，也使后世文人努力效法，如范成大诗“侧足二分垂坏磴，举头一握到孤云”就是由《三秦记》“孤云两角，去天一握”点化而来。

辛氏《三秦记》已透露出山水描写的端倪，是山水散文的萌芽阶段的代表性作品。

### （二）罗含《湘中记》的文学色彩

罗含字君章，《晋书》卷九十二有传。罗含与谢尚、庾亮、桓温同时，曾先后为庾亮、桓温的僚属[②]。考庾亮生于太康十年（289），卒于咸康六年（340）[③]；桓温生于永嘉六年（312），卒于宁康元年（373），可知罗含生活于东晋前期。

罗含《湘中记》继承了辛氏《三秦记》的创作笔法，继续增加山水描写内容，提高山水表现技巧，在晋宋山水文学的发展历史上功不

① 《太平御览》卷四十、《太平寰宇记》《长安志》引辛氏《三秦记》。

② 《晋书》卷九十二《罗含传》：“刺史庾亮以为部江夏从事。……后桓温临州，又补征西参军。”中华书局1974年版，第2403页。

③ 《晋书》卷七十三《庾亮传》：“咸康六年薨，时年五十二。”中华书局1974年版，第1923页。

可没。

《湘中记》有时通过释名来揭示山水的特点或位置，加强描写的情趣内容：

> 九疑山在营道县，与北山相似，行者疑惑，故名之。[①]

有时用生动的比喻，突出山水的主要特征，有引人入胜之致：

> 衡山近望如阵云，沿湘千里，九向九背。[②]

有时利用色彩和声响加强描绘的力度：

> 湘水至清，虽深五六丈，见底了然，石子如樗蒲矣，五色鲜明，白沙如雪，赤岸如朝霞，绿竹生焉，上叶甚密，下疏寥，常如有风气。[③]
>
> （衡山）山有锦石，斐然成文。衡山有悬泉滴沥，声泠泠如弦；有鹤回翔其上，如舞。[④]

还有下面一则：

> 湘水之出于阳朔，则觞为之舟；至洞庭，日月若出入于其中也。[⑤]

---

① 《艺文类聚》卷七引罗含《湘中记》。《太平御览》卷四十一《地部六》引《湘中记》同。

② 《初学记》卷五地理上引罗含《湘中记》，第97页。

③ 《太平御览》卷六十五引罗含《湘中记》，《艺文类聚》卷八引略同，《太平御览》卷七十四引稍略，又《太平御览》卷四十三："《南兖州记》曰：瓜步山东五里，江有赤岸山，南临江中。罗君章云，赤岸若朝霞，即此是也。"

④ 《初学记》卷五地理上引罗含《湘中记》，第98页。

⑤ 《水经注》卷三十八引罗含《湘中记》，《水经注疏》，第3121页。

用夸张性比喻构成悬殊的对比，显现湘水上下游狭阔变化极大的特点，可见作者对山水景物的描写已经有较高的造诣。

与辛氏《三秦记》比较，罗含《湘中记》有以下几个值得注意的特点：

第一，《湘中记》中的山水景物描写，是作者有意为之，不再像《三秦记》多为临时性的比喻。

第二，《湘中记》中的山水景物，以清丽空灵为特征，很能体现南方地理的幽美特点；而《三秦记》则往往表现西北地理的险壮特点。

第三，《湘中记》模山范水，注意从视觉、听觉等方面加强表现效果，艺术表现力较《三秦记》有所提高。

第四，《湘中记》出现了一些对偶和诗句化的描写语句。明杨慎《升庵诗话》指出，出自于罗含《湘中记》的“青崖若点黛，素湍如委练”“白沙如霜雪，赤岩若朝霞”“沿庭对岳阳，修眉鉴明镜”诸句与诗句非常类似[①]。从这也可以看出当时文字渐趋整饬化对于地记著作的影响。

罗含《湘中记》的文笔也明显优于同时代的其他地记作家。例如，《太平御览》卷四十九有甄烈《湘州记》和罗含《湘中记》两记对于石燕山的状写：

> 甄烈《湘州记》云：石形似燕，大小如一，山明云净，即翩翩飞翔。[②]
>
> 罗含《湘中记》云：石燕在零陵县，雷风，则群飞翩翩然。其土人未有见者，今合药或用。[③]

---

① 见《升庵诗话·子传记语似诗者》，丁福保《历代诗话续编》，中华书局1983年版，第645—646页。

② 《太平御览》卷四十九引，第241页。

③ 同上。

甄烈《湘州记》写“石形似燕”，只是比喻。而罗含《湘中记》故意隐去“似”字，把石燕山写得亦山亦燕，似幻似真，加上“雷风，则群飞翩翩然”一笔，化静为动，凸显景物的动感。又以“其土人未有见者”增加其神秘色彩，并回归现实，笔法高明。

总之，罗含《湘中记》的山水景物描写，已经为此后以山水描写见长的晋宋地记如袁山松《宜都记》、盛弘之《荆州记》等的创作，导夫先路。

（三）袁山松《宜都记》的文学色彩

袁山松，名崧，以字行①。按《晋书》卷八十三《袁瓌传附乔孙山松传》，“山松历显位，为吴郡太守。孙恩作乱，山松守沪渎，城陷被害”。复按宋司马光《资治通鉴》卷一百十二《晋纪》，山松被害事在晋安帝隆安五年（401）。又按《晋书·袁乔传》，山松祖袁乔尝为桓温司马，当与罗含为同时人。则袁山松当为东晋后期人，其所作《宜都记》必晚于罗含《湘中记》。

真正标志着中国山水散文创立的作品，应该是东晋袁山松《宜都记》。

这首先表现为山水审美观念的更新上。正如钱钟书所说：“诗文之及山水者，始则陈其形势产品，如京都之赋，或喻诸心性德行，如山川之颂，未尝玩物审美。继乃山川依傍田园，若茑萝之施松柏，其趣明而未融，谢灵运《山居赋》所谓仲长愿言，应璩作书，铜陵卓氏，金谷石子，皆徒形域之荟蔚，惜事异于栖盘，即指此也。终则附庸而蔚成大国，殆在东晋乎？袁崧《宜都记》一节足供标识：其迭峨秀峰，奇构异形，固难以词叙。林木萧萧，离离蔚蔚，乃在霞气之表，仰瞩俯映，弥习弥佳。游目赏心之致，前人抒写未曾。六法中山水一

① 王谟：《汉唐地理书钞·宜都山川记叙录》：“考《晋书》目录于袁瓌下列瓌子乔，孙崧；而于瓌本传则云乔子方平，方平子山松，明崧与山松只一人，山松则离而为字也。”

门于晋宋间应运突起，正亦斯情之流露，操术异而发兴同者。”① 钱先生说“诗文之及山水者”“蔚成大国，殆在东晋乎”，即是指出山水散文形成于东晋。钱先生说“袁崧《宜都记》一节足供标识”则实际指出山水散文之于东晋形成，以袁山松《宜都记》为标志。

钱先生的看法是不错的。钱先生所引《宜都记》一节见于《水经注》卷三十四《江水注》，其后尚有数句：“流连信宿，不觉忘返，目所履历，未尝有也。既自欣得此奇观，山水有灵，亦当惊知己于千古矣。”② 这几句也极可注意，它是袁山松对自己山水审美自觉的直接表现。自觉，是自觉为“山水之美”的“千古”第一“知己”。这表示，袁山松肯定自己是山水自然审美自觉的第一人。袁的“知己观”则突破了此前以山水比德、证道的束缚，在山水审美自觉意识的深刻作用下，山水之美的描写第一次成为文学作品的主要内容。以山水之美为知己，是山水散文的灵魂。仅此一点即可见，袁山松及其《宜都记》，厥功甚伟。

其次，袁山松《宜都记》，对山水自然作出了生动精彩的描写和记述。如：

> 对西陵南岸有山，其峰孤秀，人自山南上至顶，俯临大江如萦带，视舟船如凫雁。③

“俯临大江如萦带，视舟船如凫雁”，以江船之小来衬江山的辽阔，取喻之精妙，与明代张岱《湖心亭看雪》“湖上影子，惟长堤一痕，湖心亭一点，与余舟一芥，舟中人两三粒而已”的描写略相

---

① 《管锥编》全汉文卷八九第三册，中华书局 1986 年版，第 1037 页。

② 《水经注疏》，第 2845 页。

③ 《初学记》卷六地部中·江引袁山松《宜都记》，《水经注》卷三十四江水注、《太平御览》卷六十江引同，《太平御览》卷四十九、《太平御览》卷七百七十并尝引之。

仿佛。

有时，袁大处落墨，取景壮大辽阔：

江北多连山，登之望江南诸山，数十百重，莫识其名。高者千仞，多奇形异势，自非烟褰雨霁，不辨见此远山。①

江山一色，绵亘不绝，百重千仞，大有气魄。

有时则精雕细刻，状物入微：

佷山县方山上有灵祠，祠中有特生一竹，擅美高危。其杪下垂，忽有尘秽，起风动竹，拂荡如扫。②

写轻风拂竹，竹动扫尘，如有灵性，竹的枝叶茂盛、风的轻逸已不待言而自出。画面层次分明，动静结合，把景物刻画得惟妙惟肖，栩栩如生。

最后，袁山松《宜都记》对其后的山水作品产生了许多有益的启发和影响。《宜都记》首先在写法上影响了其后的地记作品。如下面一则：

宜阳山有风井，穴大如瓮，夏出冬入。有樵人置笠穴口，风吸之，后于长杨溪口得笠，则知潜通也。③

比较同时代的《齐地记》，优劣自见：

---

① 《水经注》卷三十四江水引袁山松《宜都记》，《水经注疏》，第2848页。

② 《太平御览》卷九百六十二《竹》引袁山松《宜都记》，《艺文类聚》卷七山部引稍异。

③ 《太平御览》卷四十九引袁山松《宜都记》，第239页。

《齐地记》曰：即墨城东西百八十里平昌城，高六丈，有台，有井与荆水通，失物於井，得之於荆水。[①]

《齐地记》只以“失物於井，得之於荆水”说明井与荆水通。这是一般性的记述，显得很平板。再看《宜都记》先写山之奇以作背景，再重点写风井潜通的特点，作者以“有樵人置笠穴口，风吸之，后于长杨溪口得笠”形容之，显得活灵活现，具有趣味横生的传奇色彩，给读者留下深刻而又明晰的印象。这样的写法，直接启发了刘宋盛弘之《荆州记》。例如，盛弘之《荆州记》的两条：

佷山县北陆行三十里有石穴，云昔有马从穴出，因复还入，潜行乃出汉中。汉中人失马亦入此穴，因名马穿穴。[②]

自游溪南行五十里有一泉。传云：南平江安县有牧羊者，见羊入此岸穴，当失之时，后乃闻出泉口，潜行可四百余里，因名为羊门。[③]

可以非常明显地看出，是模仿《宜都记》来写的。

《水经注》卷三十四《江水注》引袁山松《宜都记》：

自黄牛滩东入西陵界，至峡口百许里，山水纡曲，而两岸高山重障，非日中夜半不见曦月。绝壁或千许丈，其石彩色，形容多所像类。林木高茂，略尽冬春。猿鸣至清，山谷传响，泠泠不绝。所谓三峡，此其一也。[④]

---

① 《太平御览》卷一九二城上，第929页。
② 《北堂书钞》卷一百五十八《穴》引盛弘之《荆州记》。
③ 同上。
④ 《水经注疏》，第2844—2845页。

“非日中夜半不见日月”与前引“自非烟褰雨霁，不辨见此远山”笔法相近，直接影响了其后盛弘之《荆州记》及郦道元《水经注》“自非亭午夜分，不见日月”的写法。而“猿鸣至清，山谷传响，泠泠不绝”，对南朝梁吴均《与朱元思书》“泉水激石，泛泛作响”及《与顾章书》“水响猿啼，英英相杂，绵绵成韵”的写法似乎不无启发。

柳宗元的《小石潭记》写游鱼一段，传神生动，历来备受传诵：

> 潭中鱼可百许头，皆若空游无所依，日光下澈，影布石上。佁然不动，俶尔远逝。往来翕忽，似与游者相乐。

归根溯源，这也本之袁山松《宜都记》：

> 大江清浊分流，其水十丈见底，视鱼游如乘空，浅处多五色石。①

“鱼游如乘空，浅处多五色石”，空灵、生动、色彩绚丽，已开创出绝妙的“乘空”意境。袁山松最早写出的这“乘空”意境，唐代诗人也乐于吟咏。如杜审言《春日江津游望》：“飞棹乘空下，回流向日平。”王维《送秘书晁监还日本国》：“积水不可极，安知沧海东。九州何处远，万里若乘空。”贯休《送新罗僧归本国》：“离岸乘空去，终年无所依。”莫不以“乘空”状江水之清澈。

总之，袁山松《宜都记》以全新的、审美的视角，主动与山水亲和，着意描写山水神态。从《宜都记》对山水自然的经典描写和从山水审美的自觉意识来看，袁山松的山水散文已经成为中国山水散文创立的标志。

---

① 《太平御览》卷六十江引袁山松《宜都记》，第290页。

（四）盛弘之《荆州记》的文学色彩

盛弘之《荆州记》是刘宋时期富于文采的地记作品的代表。明代杨慎《丹铅总录》卷二地理类云："地志诸家，予独爱常璩《华阳国志》，次之则盛弘之《荆州记》。《荆州记》载鹿门事云：庞德公居汉之阴，司马德操宅州之阳，望衡对宇，欢情自接，泛舟褰裳，率尔休畅。记沮水幽胜云：稠木傍生，凌空交合，危崚倾岳，恒有落势。风泉传响于青林之下，岩猿流声于白云之上。游者常苦目不周玩，情不给赏。若此二段，读之使人神游八极，信奇笔也。"① 明王世贞也说："正史之外，有以偏方为纪者，如刘知几所称地理，当以常璩《华阳国志》、盛弘之《荆州记》第一。"②

盛弘之《荆州记》能够赢得杨慎、王世贞诸人的青睐，正因为其以丰富多彩的文学性内容，特别是出色的山水刻画和景物描写见长。上述杨慎所引二条自不必说，盛弘之《荆州记》中生动形象的山水描写还不乏其例，如：

> 衡山有三峰极秀，一峰名芙蓉峰，最为竦桀，自非清霁素朝，不可望见，峰上有泉飞派，如一幅绢，分映青林，直注山下。③

《太平御览》卷三十九引盛弘之《荆州记》，则作芙蓉峰"上有泉水飞流，如舒一幅白练"。以"白练"喻"流泉"，形象贴切，对谢朓《晚登三山还望京邑》名句"余霞散成绮，澄江静如练"的写法似有启发。再如：

① 王水照主编：《历代文话》第2册，复旦大学出版社2007年版，第1667页。
② 见（明）王世贞《艺苑卮言》卷三。
③ 《艺文类聚》卷七山部上引，第233页。

九疑山盘基数郡之界，连峰接岫，竞远争高，含霞卷雾，分天隔日。①

巴陵南有青草湖，周回数百里，日月出没其中。湖南有青草山，因以为名。②

上节写九疑山，以四个排偶句式连贯而下，极写其高峻雄浑；下节写青草湖，状其阔大，则以“日月出没其中”为比喻。这是继承了曹操《观沧海》诗“日月之行，如出其中”及《湘中记》“湘水之出于阳朔，则觞为之舟；至洞庭，日月若出入于其中也”的写法。

就是写小山小水，盛弘之《荆州记》也往往写得清新雅致：

修竹亭西一峰迥然，西映落月，远而望之，全如画扇。③

都梁县有小山，山上水极浅。其中悉生兰草，绿叶紫茎，芳风藻谷。俗谓兰为都梁，即以号县云。④

缘城堤边，悉植细柳，绿条散风，清阴交陌。⑤

有的山水景观是因其物色之独特以命名的，盛弘之的描写就突出强化其特点：

宜都西陵峡中，有黄牛山，江湍纡回，途经信宿，犹望见之，行者语曰：朝发黄牛，暮宿黄牛，三日三暮，黄牛如故。⑥

① 《太平御览》卷四十一引，李昉等撰《太平御览》第一册，夏剑钦、黄巽斋校点，河北教育出版社 1994 年版，第 331 页。

② 《初学记》卷七地部下引盛弘之《荆州记》，第 140 页。

③ 《太平寰宇记》卷一百四十六江陵县引盛弘之《荆州记》。

④ 《太平御览》卷九百八十三引盛弘之《荆州记》，第 4352 页。

⑤ 见《艺文类聚》卷八十九《木部下》引盛弘之《荆州记》，《太平御览》卷九百五十七引同，《水经注》卷三十四：江陵城地东南倾，故缘以金堤，自灵溪始。

⑥ 《艺文类聚》卷七山部上引，第 122 页。

在这里，盛弘之以形象化的手法逼真地描述了“江湍纡回”的情状，富有传神意味，引来唐代著名诗人纷纷为之提笔作诗，如李白《上三峡》：“三朝上黄牛，三暮行太迟”，杜甫《送韩十四江东觐省》：“黄牛峡静滩声转，白马江寒树影稀。”

盛弘之《荆州记》中的山水描写，较袁山松《宜都记》的描写，更为细致生动。例如：

> 袁山松《宜都记》曰：虎牙山有石壁，其色黄，间有白文，亦有牙齿形。①
>
> 盛弘之《荆州记》曰：郡西溯江六十里，南岸有山，名曰荆门。北岸有山，名曰虎牙。二山相对，楚之西塞也。虎牙，石壁红色，间有白文，如牙齿状。荆门，上合下开，开达山南，有门形，故因以为名。②

《荆州记》是把荆门山和虎牙山结合在一起来写的，不但用贴切的比喻写出了两山各自的特点，还点明两山地理位置的重要：“楚之西塞也。”从可感性方面看，《荆州记》略胜于《宜都记》。《荆州记》自觉地借鉴吸收了《宜都记》的描写成果，而又润色之，后出转精。

众所周知，《水经注》中最为精彩的山水描写，也是奠定《水经注》文学价值最为重要的内容，当为卷三十四《江水注》中的《三峡》一节。而这段文字本从盛弘之《荆州记》中脱化而来：

> 盛弘之《荆州记》曰：旧云自二峡取蜀数千里中，恒是一山，此盖好大之言也。惟三峡七百里中，两岸连山，略无阙处，重岩迭嶂，隐天蔽日，自非亭午夜分，不见曦月。至于夏水襄陵，

① 《太平寰宇记》卷一四七夷陵县引袁山松《宜都记》。

② 《文选》上册，中华书局1987年版，第180页。

沿溯阻绝，或王命急宣，有时云朝发白帝，暮至江陵，其间千二百里，虽乘奔御风，不为疾也。春冬之时，则素湍渌潭，回清到影，绝巘多生柽，悬泉瀑布，飞漱其间，清荣峻茂，良多雅趣。每晴初霜旦，林寒涧肃，常有高猿长啸，属引凄异，空岫传响，哀转久绝。故渔者歌曰：巴东三峡巫峡长，猿鸣三声泪沾裳。①

作者先写山势，在否定传言“恒是一山”时，就已引人注意峡谷之奇了。而后极其笔力铺写山之“连”与“高”的特色。写山“连”：“略无阙处”；状山“高”：“隐天蔽日。”作者运用艺术夸张的手法，把峡谷幽深阴晦的特点进行表现。正笔之后，紧接以侧笔烘托：“自非亭午夜分，不见曦月。”引发读者对其予以想象，以得到一个更具体更形象的印象。山高则流必急。写水重点描绘其“疾”。而四季中尤以夏水最为迅猛，因此作者打破时间顺序，先写“夏水襄陵”，体现了布局的匠心。“沿溯阻绝”，既是对水流之急水势之险的补写，也是下文“王命急宣”的伏笔。既然是“急宣”，当然要选择最迅速的交通方式。而这最迅速的交通方式是什么？自然是取道三峡，乘舟而下。作者写道：“有时云朝发白帝，暮至江陵，其间千二百里，虽乘奔御风，不为疾也。”通过时间短、距离长的对比描写，明写舟行之神速，暗点江流之迅猛，用的仍是侧笔烘托之法，而且，与“沿溯阻绝”的滞塞情形相对照，文意飞动，波澜顿生。陆游《入蜀记》写三峡“初冬草木皆青苍不凋”，可见三峡冬暖，有似于春。因此，作者把春冬合起来写。写春冬，突出的是“趣”。作者先用一个“则”字一转，引出了与夏季山森水急不同的另一番意境：水退潭清，山峰峻峭，再点缀以悬泉瀑布，配合以茂盛的草木，宛如工笔山水画图。最后写秋，不着“秋”字而以“霜”字巧妙暗示，描写重点在“肃”。

① 《太平御览》卷五十三引盛弘之《荆州记》，第259页。

作者调动视觉、触觉、听觉多种感官配合描写，“肃”因“寒”生，“凄”由“肃”起，在袅袅渔歌中不绝如缕。

此段文字历来备受称许，也为许多后代诗文作家常所借鉴。杨慎《丹铅馀录》：“《荆州记》，盛弘之撰，其记三峡水急云：朝发白帝，暮宿江陵，凡一千二百余里，虽飞云迅鸟，不能过也。李太白诗云：朝辞白帝彩云间，千里江陵一日还。杜子美云：朝发白帝暮江陵。皆用盛弘之语也。”[1] 当然，盛弘之写舟行之速，也是受了东晋袁山松《宜都记》“自蜀至此，五千余里，下水五日，上水百日也”[2] 这一写法的启发。但盛弘之《荆州记》比袁山松《宜都记》写得更加形象、生动。

这段文字中描写的“听猿”景状，也成为唐代诗人乐于吟咏的意象，构成了唐诗的某种独特意境。如宋之问《发端州初入西江》：“破颜看鹊喜，拭泪听猿啼”，李白《姑孰十咏·牛渚矶》：“更听猿夜啼，忧心醉江上”，王维《送杨少府贬郴州》：“明到衡山与洞庭，若为秋月听猿声”，杜甫《秋兴》：“听猿实下三声泪，奉使虚随八月槎”，贾岛《送惠雅法师归玉泉》：“饮泉看月别，下峡听猿愁”，杜荀鹤《秋夜闻砧》：“不及巴山听猿夜，三声中有不愁声”，不可胜举。

由此可见，盛弘之《荆州记》的山水描写，笔法更加生动细致，其中有许多已是独立成形的山水短章。从山水审美情趣的确立，选材布景的合理安排，描写篇幅的加长，山水刻画技巧的提高以及对后世文学创作的影响诸方面来看，盛弘之《荆州记》标志着中国山水散文已经成熟。

唐杜佑《通典·州郡部》云：“凡言地理者多矣，在区域，徵因革，知要害，察风土；纤介毕书，树石无漏，动盈百轴，岂所谓撮机

① （明）杨慎：《丹铅馀录》，文渊阁《四库全书》本，第855册，上海古籍出版社1972年版。

② 《水经注》卷三十四江水注引袁山松《宜都记》，《水经注疏》，第2843页。

要者乎！如诞而不经，偏记杂说，何暇编举（自注云：谓辛氏《三秦记》、常璩《华阳国志》、罗含《湘中记》、盛弘之《荆州记》之类，皆自述乡国灵怪，人贤物盛。参以他书，则多纰谬，既非通论，不暇取之矣）。”① 杜氏从史家著述应该严肃认真的角度对诸地记痛下贬语。实际上诸地记“纤介毕书，树石无漏”，正是其文学性内容增强的反映。诸地记正是企图通过富有文采的记述和描写，来调动阅读者的兴趣，激发他们对作品中所写胜境的向往，对地方自然、人文和历史的感受和思索。

中国山水散文经过汉代辛氏《三秦记》所代表的萌芽阶段，东晋罗含《湘中记》和袁山松《宜都记》所代表的创立阶段，刘宋盛弘之《荆州记》所代表的成熟阶段，到北魏郦道元的《水经注》，已走向高度发展阶段。《水经注》正是因为吸收了大量南朝地记的优秀成果，博采众家山水描写之所长，才成为中国山水散文早期的典范之作。

① 参见（清）王谟《汉唐地理书钞》，中华书局1961年版，第379页。

# 第二章

# 《水经注》的成书及其对前代地记的征引和借鉴

## 第一节　郦道元撰著《水经注》的动因探析

郦道元（？—527），字善长，范阳郡涿县（今河北涿县）人。郦道元所撰《水经注》，不但是全面、系统的综合性地理著作，更以其绚烂文笔、清丽的语言，为中国山水文学的发展作出了重要贡献。郦道元为什么会撰著这样一部著作？笔者认为，这与魏晋南北朝时期的著述风气、北魏孝文帝改革时期特殊的政治文化背景、郦道元本人的学术抱负以及魏晋经济军事的需要等因素相关。

### 一　魏晋南北朝时期著述风气的影响

撰著书籍是人类重要的社会文化活动。东汉造纸术发明以后，撰著编纂书籍越来越方便，同时也带来书籍传播的便利，西晋左思撰《三都赋》曾使洛阳纸贵即是证明。书写介质的变化推动了学术的发展，从事著述的人越来越多，尤其是史书著作逐渐丰富。先秦两汉，史书多由史官奉王命而作，创作的主动性、积极性受到制约。《左传》三不朽之说，立言也排在立德立功之后，所以那时一般士人的著作热情还没有充分发挥出来。另外，秦代私家藏书受到官府的限制，由此也带来了学术传播与交流的不便。待西汉“除挟书律”允许民间自由藏书后，情况有所改变，书籍进入社会，开始自由流通。这使得一些撰著者的才华和学识受到社会的赞许乃至崇拜，声名渐显。曹丕《典论·论文》云：“盖文章经国之大业，不朽之盛事。年寿有时而尽，荣乐止乎其身。二者必至之常期，未若文章之无穷。是以古之作者，寄身于翰墨，见意于篇籍，不假良史之辞，不托飞驰之势，而声名自传于后。”曹丕所言，实际上代表了当时社会一般的学术撰著心理。众多的学者，开始以著书立说、扬名后世作为自己的人生价值追求，于是从事著述的热情与积极性被激发调动起来了。在这样的社会心理的影响之下，书籍的撰著和编纂，蔚然成风。晋代葛洪《抱朴子》说：“魏代以来，群文滋长，倍于往昔”，可见其时著述之繁盛。

魏晋南北朝时期，史学渐趋发达，“一代之史，至数十家”。① 与此相应，史注撰著兴盛，史注名家辈出，如宋裴骃《史记集解》、梁刘孝标《汉书注》、梁刘昭《后汉书注》、宋裴松之《三国志注》等。除了为正史作注，杂史注也很多，如晋孔晁《国语注》、晋郭璞《山海经注》等。这时的史注实际上具有史学研究的功用。魏晋以来，随着经学的衰微，个人的意识开始觉醒，史学和史注都显现出较强的撰著个性，私家的修史事业愈显发达，表现出显示才学的心理倾向。《颜氏家训》说“士大夫子弟皆以博涉为贵，不肯专儒”②，即表明时人崇尚博学多闻，由此形成了以文采、史识为境界的著述

① 《隋书》，第957页。

② （北齐）颜之推撰：《颜氏家训集解》，王利器集解，上海古籍出版社1980年版，第169页。

风气。

地理志是史学的一部分，所以《水经注》亦应被看作史注。“注”的字义和水有关，《说文解字》云：“注，灌也。”[①] 意思是把水注入，通过水的流动使淤阻之处变得疏通，故“注”字有“通”的字义。郦道元撰著《水经注》，也有成一家之言的用意。

郦道元在《水经注》序中说：“昔《大禹记》著山海，周而不备；《地理志》其所录，简而不周；《尚书》《本纪》与《职方》俱略；都赋所述，裁不宣意；《水经》虽粗缀津绪，又阙旁通。所谓各言其志，而罕能备其宣导者矣。”[②] 他对前代地理文献关于山川地理记载的粗疏漏缺，是不满意的，所以立志“布广前文”。同时由于历史的变迁和地貌地形的变化，史志舆图所载与实际出入很大：“但绵古芒昧，华戎代袭，郭邑空倾，川流戕改，殊名异目，世乃不同。川渠隐显，书图自负，或乱流而摄诡号，或直绝而生通称，在诸交奇，洄湍决澓，躔络枝烦，条贯系伙。《十二经》通，尚或难言，轻流细漾，固难辨究，正可自献径见之心，备陈舆徒之说。”[③] 这种变迁和改易，是非常复杂的，不经过认真的梳理和考证难以说清。为此，郦道元以非凡的毅力，尽其所能地进行实地考察勘验。在《水经注》里读者经常可以看到郦道元亲临一线的身影。例如，卷三《河水》：“余以太和十八年，从高祖北巡，届于阴山之讲武台，台之东，有高祖《讲武碑》，碑文是中书郎高聪之辞也。”[④] 孝文帝太和十八年（494），郦道元刚刚步入仕途的时候，他就留心金石文献，可见彼时已有志著述，开始为自己的著作搜集资料做准备了。又如卷二十二《洧水》：“又东径长社县故城北，郑之长葛邑也。《春秋》隐公五年，宋人伐郑，围长葛是

---

① （东汉）许慎撰：《说文解字》，中华书局 1963 年版，第 233 页。

② 《水经注》原序，见《水经注疏》，第 1—2 页。

③ 《水经注》原序。

④ 《水经注疏》，第 235 页。

也。后社树暴长，故曰长社，魏颖川郡治也。余以景明中出宰兹郡，于南城西侧，修立客馆。版筑既兴，于土下得一树根，甚壮大，疑是故社怪长暴茂者也。稽之故说，县无龙渊水名，盖出近世矣。”①宣武帝景明四年（503），郦道元出任颍川太守，乘公务之便，对此地进行考察，以比勘文献。明代学者黄省曾评价郦道元说：“故凡过历之皋维，夹并之坻岸，环闲之亭邮，跨俯之城陵，镇被之岩岭，回注之溪谷，滨枕之乡聚，耸映之台馆，建树之碑碣，沉沦之基落，靡不旁萃曲收，左摭右采。”②郦道元限于当时因为南北分立而不能足履南方是很遗憾的。但尽管如此，记述南方地理时，他也是非常认真的核验各种文献，如写到庐山时，他就征引了《山海经》、孙放《庐山赋》、慧远《庐山记》以及《豫章旧志》《豫章记》等典籍文献，对有关记载进行校考。而对于实在查找不到的资料，郦道元也只好“其所不知，盖阙如也”③。可见，郦道元是以严肃审慎的态度来对《水经注》进行撰著的。他这样做的目的，就是能让自己的著作具有真实可靠的学术价值，经得起历史的检验。

辛苦努力之下，成绩斐然。郦道元在《水经注》中“因水以证地，即地以存古”，追述相关史实，纠正《水经》的谬误，计有四十卷三十四万余言。如郑德坤《水经注引得·序》所言：“夫自班志而后，《续汉书》之述水道，极为草率，若非道元矜奇炫博，后魏以前地理书，搜罗殆尽，沿波及斓，琐而不失之杂，则唐以前地理有不足之叹矣。”④《水经注》确实实现了对前代地理图籍的全面超越，自可成一家之言。

① 《水经注疏》，第1848—1849页。

② （清）赵一清：《水经注释》，文渊阁《四库全书》本，上海古籍出版社1987年版，第696页。

③ 见《水经注》原序。

④ 郑德坤：《水经注引得·序》，哈佛燕京学社1934年版，第2页。

## 二　孝文帝改革对郦道元著书雄心的激发

陈桥驿在《郦道元评传》中这样说："郦道元的大一统思想，显然有两个阶段。开始，他满怀信心，一个版图广大的帝国，将在北魏君主元宏手中出现。但是到后来，严酷的事实，使他不得不承认南北并存的天下大局。"① "但他并不是一个失败主义者，尽管事不可为，他把这种希望寄托于撰述，潜心写作，把他的全部爱国主义感情倾注在《水经注》这样一部巨著中。"② 按陈先生的看法，郦道元是出于其爱国情结才撰著《水经注》的。陈先生说有一定的道理，但也还有一些值得商榷的地方。

提到郦道元的"爱国"，就得从其家世说起。郦道元的曾祖郦绍先是在鲜卑慕容部所建立的后燕任濮阳太守，北魏道武帝拓跋珪南征时，他以郡迎降，北魏委任他为兖州监军。郦道元的祖父郦嵩，曾任北魏天水太守。郦道元的父亲郦范，更是深得明元帝、太武帝、献文帝诸帝的亲宠和任用。郦范也忠诚地为北魏朝廷尽力。他先是以文官起家，明元帝时就任东宫给事，应当在文化上、谋略上给当时做太子的太武帝拓跋焘以较大的影响和启发；后来是辅助慕容白曜平定三齐，为北魏立下了赫赫战功，最终也以武功两镇海岱，爵高位重。

郦道元在孝文帝太和年间开始任职于北魏朝廷。那时孝文帝正在厉行汉化改革。孝文帝认识到鲜卑族既已发展到特定的历史阶段，还要保持固有的生活方式，已不可能。所以他主张彻底汉化，在政治上，在社会风俗上进行一系列的改革，如改官制、禁胡服、禁鲜卑语，改鲜卑复姓等。而迁都洛阳，植根中土，更给当时的汉族士

① 陈桥驿：《郦道元评传》，南京大学出版社 1994 年版，第 42 页。

② 同上书，第 36 页。

人以心理上的支持和安慰。太和十四年（490），高闾上书时即说："臣闻居尊据极，允应明命者，莫不以中原为正统，神州为帝宅。"[①] 在这样的时代氛围下，郦道元将北魏作为王朝正统，也就理所当然了。《水经注》中很少言及齐、梁年号，但孝文帝"太和"的年号在书中出现竟达三十多次。郦道元作为北魏朝廷的命官，对魏室也很忠诚。他在《水经注》中经常提到"皇魏""大魏""朝廷""烈祖""高祖"等，都无不含有敬意。为了表示对北魏王朝的敬意，他还特地把"广汉"全改作"广魏"[②]。通过这些用语，我们自可知郦道元为北魏之忠臣。

随着北魏自孝文帝汉化程度的逐步加深、封建化步伐的全面加快和其对汉族士人政策的转变，在政治上北魏政权得到了汉族士人的拥护和支持，从而协调了统治集团的内部关系；从经济上看，北魏政策的转变也奠定了北强南弱，最后由北方统一的基础。孝文帝是一个统一的雄主，经过他的汉化改革与迁都，南迁鲜卑与汉族的融合，使得汉民族重新开启了扩大弘张的机会。孝文帝在文化上的尊儒，使儒家封建观念和思想得到全面复兴，造成了"斯文郁然，比隆周汉"[③] 的文化盛景，从而实现了与中原汉族在文化心理素质上的沟通。在这样的情势下，北强南弱已经成为定局，郦道元必以南为北所并而建立一个统一的封建王朝作为心理归宿，当然，这个王朝还必须是汉化了的、继承了中原传统的儒家文化的王朝。

郦道元在以何家为正统的问题上是有一个尺度的，即是否符合汉民族的文化精神并以此为出发点而达成修明政治。郦道元实际上并没有把孝文帝之前的北魏即全面汉化前的北魏看作王朝正统。其主要原

---

① 《魏书》卷一百八之一礼四，第2744页。

② 参见顾炎武《日知录》卷二十六《魏书·崔浩传》，（清）顾炎武《日知录集释》，（清）黄汝成集释，栾保群、吕宗力校点，花山文艺出版社1990年版，第1134页。

③ 《魏书》卷八十四《儒林传》，第1842页。

因是此前的北魏也还带着“世为抄暴”的野蛮民族的习性。《资治通鉴》卷一百二十六《宋纪八》宋文帝元嘉二十八年（451）：“魏人凡破南兖、徐、兖、豫、青、冀六州，杀掠不可胜计，丁壮者即加斩截，婴儿贯于槊上，盘舞以为戏。所过郡县，赤地无余，春燕归，巢于林木。”其野蛮残酷之状，真是触目惊心。深受家族相传的汉家文化思想熏陶和培养的郦道元当然不愿意把这样一个未曾接受汉民族文化改造的残暴国家，奉为文化正宗。

但刘宋之末季，一代雄主孝文帝即位了，郦道元也在此时出生了。郦道元亲身经历了孝文帝推行的种种汉化措施，目睹了孝文帝实行彻底汉化的决心，亲自体验到了汉化政策变革旧俗所带来的显著效果。而与此相对比的是，南齐明帝屠戮宗亲，其继位者也凶狂乱杀，臣属人人自危，内乱大起，国运日危。赵翼《廿二史札记·江左世族无功臣》就列举了南朝世族诸多腐朽没落的史实。因此，郦道元在心理上选择了北魏作为刘宋以后的王朝正统的继承者。北魏定都洛阳后，政权的汉化已臻完成，拓跋鲜卑统治集团的政治文化素质已经得到更新，而且已经得到了当时北方汉族门阀的积极认同，北魏政权已经成为鲜卑和汉族统治者基于共同的心理素质而形成的政治实体。在当时许多汉族世家的眼中，北魏政权已经俨然是中原文化正统的继承者，郦道元也是如此。陈寅恪先生指出：“北朝胡汉之分，不在种族，而在文化，其事彰彰甚明，实为论史之关要”，“北朝汉人、胡人之分别，不论其血统，只视其所受教化为汉抑为胡而定”。[①] 论文化，郦道元以汉民族文化为本位，论政治则为北魏王朝之忠臣，并力图以儒家思想来促进北魏政治的汉化进程，试图“用夏变夷”。

郦道元对孝文帝后的北魏朝是认同的，其本人也有用己之所学尽力于朝廷的愿望。他尤其希望用汉族传统的农耕社会的生产生活方式，

① 陈寅恪：《隋唐制度渊源略论稿·统治阶级之氏族及其升降》，上海古籍出版社 1982 年版，第 18 页。

来改变鲜卑民族原有的游牧民族的生活方式。另外，游牧民族经常遇到严寒、干旱等自然灾害，殃及水草、牲畜，故逐渐对汉民族的农耕生产方式和生活方式产生向往。所以，无论是秦汉扩张，扬威于异域，还是魏晋南北朝，五胡乱华，其结果都促使游牧民族渐趋农业化。平城时代，拓跋鲜卑已开始由游牧向农耕过渡。按《魏书·古弼传》，拓跋焘时北魏就出现了“秋谷悬黄，麻菽布野”的农耕社会景象。这种景象随着孝文帝汉化改革进程的深入，在郦道元生活的时代又有了更进一步的发展。郦道元希望以自己平生之所学，为促成王朝生产和生活方式的彻底转变作些贡献。他撰著《水经注》是有强烈的事功心的，并非陈桥驿先生在《郦道元评传》中所说的因为感觉北魏统一已经“事不可为”才“把这种希望寄托于撰述，潜心写作”。

魏明帝正光年间（520—524），大约也就是郦道元撰著《水经注》的时候，北魏经济已经繁荣局面：“时惟全盛，户口之数，比夫晋太康，倍而余矣。”[①]《洛阳伽蓝记》说当时“百姓殷阜，年登俗乐，鳏寡不闻犬豕之食，茕独不见牛马之衣”。[②] 北魏团结汉族士人的种种举措，也无疑对汉族士人具有强大的吸引力，从而加强了北方胡汉统治者的联合。孝文帝时，南齐明帝曾让崔惠景给其在北魏的从兄崔僧渊写信，劝其改图。崔僧渊复书明确表示要继续留在北魏。这就是一个典型的例子。郦道元也一样，他把一统天下、再造两汉般的盛世的希望寄予了孝文帝以后的北魏，而不是南朝。北魏的衰落是在正光五年（525）六镇起义爆发之后，那时距孝昌三年（527）郦道元遇害仅两年了，彼时他或已经完成了《水经注》的撰写。

有学者在解释魏晋以来著述激增的原因的时候说：“作为一种精神的寄托和安慰，也作为一种思想上的逃避现实之方，许多士大夫在原有的最高政治理想无法实现、价值取向从兼济转向独善之际，将个

① 见（唐）杜佑《通典·食货典·历代盛衰户口》。

② 见《洛阳伽蓝记》卷四《城西·法云寺》。

人的志趣也调整到广泛的文化的方面，或精研玄理，清谈空无；或宗仰天师，流连释典；或史学，或文学；在这些领域里留下无数精美的精神凝结物。”① 对于当时相当一部分士人来说，这种看法有其合理性。但郦道元不在此列。郦道元并非“发愤著书”，恰恰相反，他是看到了孝文帝汉化改革带来的天下一统的希望，思欲有所建树，才立志撰书的。



### 三 郦道元提高家族学术声望的心态

郦道元撰著《水经注》亦未尝不有自己的私心，即振作家声，为郦氏家族争得文化学术上的地位。这也与孝文帝分定姓族的汉化改革相关。所谓定姓族，就是以官爵的高下，定姓族的高下，据姓族的高下，定官品的高卑。② 其实，孝文帝分定姓族的举措，包含隐秘幽微的政治企图。

首先是强化鲜卑部酋的特权。太和十九年孝文帝下诏，定穆、陆、贺、刘、楼、于、嵇、尉八姓鲜卑，“勿充猥官，一同四姓”。孝文帝此举意在拉齐鲜卑贵族与崔、卢、郑、王等文化士族的政治社会地位，为鲜卑贵族向文化士族的转化开启门径，所以他专崇门品，未有拔才之诏。

其次是加强了对汉族世族大姓的笼络。《资治通鉴》称：“魏主雅重门族，以范阳卢敏，清河崔宗伯，荥阳郑羲，太原王琼四姓，衣冠所推，咸纳其女，以充后宫。”③ 孝文帝以政治联姻的方式，笼络汉族高门，提高他们的政治地位和家族声望。如范阳卢氏“一门三主”④，尤为时人称慕。

① 景蜀慧：《魏晋诗人与政治》，中华书局 2007 年版，第 19 页。

② 万绳楠：《魏晋南北朝文化史》，东方出版中心 2007 年版，第 64 页。

③ （宋）司马光编著：《资治通鉴》，（元）胡三省音注，中华书局 1974 年版，第 4393 页。

④ 卢道裕尚显祖（拓跋弘）女乐浪长公主，卢道虔尚高祖（拓跋宏）女济南长公主，卢元聿尚高祖女义阳长公主。

最后，也是最为重要的一点，虽然孝文帝在不同姓第的人起家为官时，给予鲜卑八姓勋臣和汉族大姓以特殊的照顾和优渥的待遇，甚至只重姓族，不问才智，但也还是给一般士族留有一定的上升通道。《魏书·韩显宗传》记载了孝文帝曾召集韩显宗等人讨论选举问题："显宗曰：'陛下以物不可类，不应以贵承贵，以贱袭贱。'高祖曰：'若有高明卓尔、才具隽出者，朕亦不拘此例。'"① 孝文帝特别说明"若有高明卓尔、才具隽出者，朕亦不拘此例"，也给一般士族政治地位的上升留有空间。孝文帝分定姓族，姓高于族。唐长孺先生的研究表明，决定代人入姓与入族的唯一标准就是官爵。② 日本学者川本芳昭认为，"汉族的情形也和胡族一样，设定……与姓族相当的甲、乙、丙、丁四姓的阶层"。③ "四姓"，所指并非特定家族，而是指甲、乙、丙、丁四姓。《新唐书·柳冲传》载："尚书、领护而上者为甲姓，九卿若方伯者为乙姓，散骑常侍、太中大夫者为丙姓，吏部正员郎为丁姓。凡得入者，谓之四姓。"④ 可见四姓完全由官品的高低来划分。也就是说，入族的官员，也可以随着官职的升迁，经过几代人的努力，而达到入姓的标准。为此孝文帝为了建立官员的激励机制而设立考课制度，严于考课，一改古代"三载考绩，三考黜陟"的成法，实行三载一考、考即黜陟的办法。⑤ 另外，虽然定姓族是孝文帝时下诏进行的，但绝非孝文诏令一下，姓族就已经确定了。定姓族是一个过程，这个过程持续的时间可能比较长。按《魏书·官氏志》：正光元年（520）"十二月，罢诸州中正，郡县定姓族，后复"。⑥ 这表明，直到孝明帝正光元年，定姓族的工作还在进行。综上，孝文帝实际上在实

① 《魏书》，第1343—1344页。

② 唐长孺：《魏晋南北朝史拾遗》，中华书局1983年版，第81页。

③ ［日］川本芳昭：《中华的崩溃与扩大（魏晋南北朝）》，余晓潮译，广西师范大学出版社2014年版，第210页。

④ （宋）欧阳修、宋祁：《新唐书》，中华书局1975年版，第5678页。

⑤ 陶新华：《北魏孝文帝以后北朝官僚管理制度研究》，巴蜀书社2004年版，第59页。

⑥ 《魏书》，第3004页。

行定姓族方策时开了一个口子，即入族士人可以通过官爵的晋升，提高家族地位进而入姓。当然，这需要不止一代人的努力。但尽管如此，还是大大激发了一般入族士人的功业进取心。

郦氏家族，即属于一般入族士人。郦道元的先祖是汉初的郦食其和郦商，秦时郦氏居陈留郡北县高阳（今河南开封县东南），汉立，郦商因“有功食邑于涿，故自陈留徙涿（今河北涿县）”。至郦道元六世祖为乐浪府君者，始自涿之先贤乡，移至郦亭沟水北岸定居。郦道元是郦范之长子，故乡正是涿。《魏书》卷四十二《郦范传》：“郦范，字世则，小名记祖，范阳涿鹿人。”《北史》卷二十七同。但按《魏书》卷一百六上《地形志》，范阳郡领七县，有涿县，并无涿鹿县。又《魏书》记卢玄、卢同、卢景裕、卢观诸人籍贯，均作“范阳涿人”，而不作“范阳涿鹿人”。看来，《魏书》《北史》将郦范、郦道元籍贯作“涿鹿”，乃是笔误。郦道元籍贯应作“涿”。郦氏与北魏高门四姓之一的范阳卢氏籍贯相同，均是范阳涿人（今河北涿县）①。

西晋末，衣冠之族多有南渡者，但郦氏家族安于故土，并未迁徙。当时留居中原故土的宗族多以坞壁亭障自保。在两晋之际的中原地区，由原晋朝官吏或中原士豪出面结成的坞壁亭障随处可见，仅伊洛地区，大的坞壁亭障就达十余个。亭，或曰乡亭，就是这种亭障式的建筑。郦道元的故乡以郦亭为名，大概也就是这种坞壁亭障。《水经注》卷十二《巨马河》说郦亭沟水“又西南，转历大利亭”，大利亭也当是和郦亭一样的亭障。同卷涿水、涞水附近，又有垣翰亭、阳亭、故乡亭、三女亭、楼亭、督亢亭、广阳亭等。这些亭障，当都有坞壁性质。郦氏在汉以封国相承，至魏晋应仍存有一定的势力影响。郦道元的六

① 《嘉庆重修一统志》第2226册卷六《顺天府建置沿革》之《涿州》条：“秦上谷郡地。汉高帝置涿县，并置涿郡，属幽州。后汉因之。三国魏黄初中，改曰范阳郡。晋为范阳国。后魏仍为范阳郡，齐周因之。”是知北魏涿县属范阳，是郡治所在。从大历四年“析置涿州”乃至明、清，均为涿州，即今河北涿县。

世祖既然官为乐浪府君，必然有一定的宗族势力，他迁徙于郦亭，很可能会借助宗族势力，建立宗族乡里组织，筑坞壁以定居。因此，郦氏家族属于北方士族，有一定的宗族聚居地。

在郦道元的家乡范阳，卢氏最为望族①，为北魏“四姓”之一。郦氏一族，虽然位望不如卢氏，但在范阳毕竟也是具有文化传统和势力的一个大宗族，所以也就自然成为北魏统治者“留心慰纳”的对象。孝文帝拓跋宏的确是一个雄才大略之主，他能做到用人不疑。郦范在青州任上时，镇将元伊利上表诬告郦范“造船市玉，与外贼交通”。孝文帝知道这是诬告，惩戒了元伊利，并下诏给郦范说：“卿身非功旧，位无重班，所以超迁显爵，任居方夏者，正以勤能致远。虽外无殊效，亦未有负时之愆……卿宜克循，绥辑边服，称朕意也。”②可见孝文帝对郦范还是能够放心地加以任用的。从郦绍效忠于北魏朝廷，到郦道元在北魏朝廷任职，郦氏家族已经仕宦于北魏近百年之久。这样一个世代官宦的家庭，不但在政治上为郦道元铺垫了发展道路，也为他研究学问提供了良好的客观环境和物质条件。

论及魏晋南北朝家族教育的特点时，钱穆说：“当时门第传统的共同理想，所期望于门第中人，上自贤父兄，下至佳子弟，不外两大要目：一则希望其能有孝友之内行，一则希望其能有经籍文史之修养。前一项之表现，则成为家风；后一项之表现，则成为文学。”③ 钱穆所言甚是。郦道元之家族即为典型北方士族。郦道元无论在思想上还是在文学、史学等方面的才干上，都与其以儒学传家的文化传统密切相关。郦道元宗崇儒学，家族的荣耀，不可能不对他产生诱惑。其父郦范因襄助进军三齐之功，官至平东将军青州刺史，晋为公爵，在受到

① 《魏书》卷四十二《郦范传》，“郦范，字世则，小名记祖，范阳涿鹿人”。郦氏与北魏高门四姓之一的范阳卢氏籍贯相同。

② 《魏书》，第951页。

③ 钱穆：《中国学术思想史论丛（3）》，东大图书有限公司1981年版，第171页。

重用的汉族士人中已经声名显赫。有了这样的政治铺垫，作为郦范长子的郦道元，自然会产生继往开来，振作家声的政治心态。所以他以审视天下的眼光撰著《水经注》，未尝不有提高家族的学术声望，为家族争得政治地位和文化影响的用意。

### 四　实用性目的：经济和军事的需要

郦道元撰《水经注》的实用性目的是很明显的。钱锺书《管锥编》："古人屋宇、器物、碑帖之类，流传供观赏摩挲，原皆自具功能，非徒鉴析之资。人事代谢，制作递更，厥初因用而施艺，后遂用失而艺存。文学亦然，不须远举，即拾《升庵全集》同卷所称郦道元《水经注》为例也可。"[①] 钱氏认为郦道元《水经注》是"用失而艺存"的典型例子。《水经注自序》：

> 《易》称：天以一生水。故气微于北方，而为物之先也。《玄中记》曰：天下之多者水也，浮天载地，高下无所不至，万物无所不润。及其气流届石，精薄肤寸，不崇朝而泽合灵宇者，神莫与并矣。是以达者不能测其渊冲而尽其鸿深也。[②]

可见，郦氏作《水经注》，是基于对水资源重要性的认识和理解。而水资源的重要性，尤其表现在生活和经济方面。早在先秦时期人们就已认识到水的重要性。如孟子就曾明确指出："民非水火不生活"[③]，《管子·禁藏》也指出："食之所生，水与土也。"都认识到水是人类赖以生存的基础与条件。因此，郦氏不满于《大禹记》《地理志》《尚

① 钱锺书：《管锥编》第二册，中华书局1986年版，第539页。

② 《水经注疏》，第1页。

③ 《孟子·尽心上》，朱熹《四书章句集注》，中华书局1983年版，第356页。

书·本纪》《职方》《水经》等前人著作的简略不周，所以他才要“脉其枝流之吐纳，诊其沿路之所躔，访渎搜渠，缉而缀之”，对全国的水道山川作出详细周全的记述。

首先，北魏社会由游牧到农耕的经济转型，需要对水道水利情况进行充分的了解，是促使郦道元撰写《水经注》之一重要原因。

拓跋鲜卑原本是逐水草而居的游牧部族，直到北魏道武帝拓拔圭把都城从盛乐迁往平城，才开始从游牧过渡到农耕。游牧部族经常受到水旱、疠疫、禽兽之害，饱受流离之苦，其生产方式不如汉族农耕社会优越。费孝通说：“任何一个游牧民族只要进入平原，落入精耕细作的农业社会里，迟早就会服伏帖帖地主动地融入汉族之中。”[①] 经过多年的过渡，到太武帝拓跋焘时，北魏已经呈现出了“秋谷悬黄，麻菽布野”[②] 的农耕社会的图景了。孝文帝更加果敢地改革游牧习气，农业化程度更高。

郦道元撰写《水经注》一个实用性目的，是为农业经济和漕运水利提供借鉴。水是与农业生产最为直接相关的自然因素。清代学者任启运说：“五谷之性，无不藉水以滋，不特秫稻为然，即麻、黍、菽、麦宜燥，亦未有久旱而不槁者也。”[③] 把水视为粮食生产的源泉与保证。清人慕天颜也在奏疏中说：“兴水利而后有农功，有农功而后裕国”，认为水利是农业的命脉，是国家富裕的根本保证。进一步说，河渠堤坝之于北魏经济的农业化转型，漕运之于王朝财政，更具有突出重要的意义。《魏书》卷一百一十《食货志》：

> 尚书崔休以为：刳木为舟，用兴上代；凿渠通运，利尽中古。是以漕挽河渭，留侯以为伟谈；方舟蜀汉，郦生称为口实。岂直

① 费孝通：《中华民族多元一体格局》，中央民族学院出版社1989年版，第31页。
② 见《魏书·古弼传》，第692页。
③ 任启运：《清芬楼遗稿·请安流民兴水利疏》。

张纯之奏，见美东都；陈勰之功，事高晋世。其为利益，所从来久矣。……请诸通水运之处，皆宜率同此式。纵复五百、三百里，车运水次，校计利饶，犹为不少。其钦所列州郡，如请兴造。东路诸州皆先通水运，今年租调，悉用舟楫。……高阳王雍，尚书仆射李崇等奏曰：运漕之利，今古攸同，舟车息耗，实相殊绝。钦之所列，关西而已，若域内同行，足为公私巨益。①

崔休、元雍、李崇诸人都充分认识到漕运的便利和修筑漕渠的重要。郦道元与诸人同僚，又与李崇交好，对此也应有同样的认识。《水经注》多写陂湖、堤、塘、堰、水门等治水工程，自有其用意。这些工程是农业社会的必要经济设施，具有灌溉、防洪、养殖、航运等方面的效益。据陈桥驿先生统计，《水经注》记载的陂湖就达二百七十余处之多②，除此外还有郑渠、都江堰、钱塘、邗溟沟、郁鱼池等多种水利工程。即使是“陂周二百余步”的圣女陂，郦氏记载也不遗余力，说明他对水利工程的重视程度。《水经注》卷二十四《汶水》“出泰山莱芜县原山，西南过其县南”注写莱芜谷：

又有少许山田，引灌之踪尚存。出谷有平邱，面山傍水，土人悉以种麦，云此邱不宜殖稷黍而宜麦，齐人相承以殖之，意谓麦邱所栖愚公谷也，何其深沈幽翳，可以托业怡生如此也！余时迳此，为之踟蹰，为之屡眷矣。③

正是麦邱“可以托业怡生”，才使郦道元“为之踟蹰，为之屡眷”。又如卷三十三《江水注》写都江堰的功用：“水旱从人，不知饥

① 《魏书》，第2861—2862页。

② 陈桥驿：《水经注研究》，天津古籍出版社1985年版，第224页。

③ 《水经注疏》，第2057—2058页。

馑，沃野千里，世号陆海，谓之天府也。”① 这些都足见郦道元对农业经济和水利设施的充分重视。这自是郦道元撰写《水经注》之一动因。清人刘献廷论水利说：“西北乃先王旧都，二千余年未闻仰给东南。何则？沟洫通，水利修也。自刘、石云扰，以讫金、元，千余年未知水利为何事，不为民利，乃为民害。故欲经理天下，必自西北水利始矣。西北水利，莫详于《水经》郦注。虽时移势易，十犹可得六七。郦氏略于东南，人以此少之。不知水道之当详，正在西北。”② 并曾打算为《水经注》作疏证。着眼于为农业经济和漕运水利提供借鉴，刘献廷可谓郦善长之异代知音。

郦道元撰写《水经注》另一个实用性目的是：厘清水道山川形势，积累军事知识和战争经验。郦道元生于南北两朝对峙，战乱频仍的时代。郦道元曾于太和十八年（494）随从孝文帝北巡阴山，于孝昌元年（525）平定元法僧叛乱，于孝昌三年（527）参加过抵抗梁将陈庆之的战役。他深知地理形势对于战争胜负的重要作用，所以《水经注》中记载了历史上的大量战争和许多相关的军事地理内容，于军事之得失、地形之险易，多所属意。

由于北军不习水战，因而才有北魏拓拔焘在淮水战役中的惨败；萧梁还曾在淮水上修筑浮山堰，而使北魏军队在战争中吃亏③。相反，充分利用水利交通条件，则往往会成为有效的制胜之道。《水经注》中记述了许多以水制胜的战例，如智伯率引水灌晋阳④，郦寄攻赵引

---

① 《水经注疏》，第2745页。

② 《清史稿》卷四百八十四《刘献廷传》，其语乃本诸刘献廷《广阳杂记》而成。

③ 《梁书》卷十八《康绚传》：“时魏降人王足陈计，求堰淮水以灌寿阳。……魏遣将杨大眼扬声决堰，绚命诸军撤营露次以待之。遣其子悦挑战，斩魏咸阳王府司马徐方兴，魏军小却……或人谓绚曰：‘四渎，天所以节宣其气，不可久塞。若凿湫东注，则游波宽缓，堰得不坏。’绚然之，开湫东注。又纵反间于魏曰：‘梁人所惧开湫，不畏野战。’魏人信之，果凿山深五丈，开湫北注，水日夜分流，湫犹不减。其月，魏军竟溃而归。水之所及，夹淮方数百里地。”

④ 《水经注》卷六浍水注：“智伯率韩魏，引水灌晋阳，不没者三版。智氏曰：吾始不知水可以亡人国，今乃知之。”

牛首拘水灌邯郸城[①]，曹操引漳水攻取邺城[②]，沂、泗灌城而擒吕布[③]等。再如卷二十六《潍水》“又北过高密县西”注：

> 昔韩信与楚将龙且，夹潍水而阵于此。信夜令为万余囊，盛沙以遏潍水，引军击且，伪退，且追北，信决水，水大至，且军半不得渡，遂斩龙且于是水。[④]

韩信决潍水斩龙且，是以水制胜的军事典范。看来充分利用地理形势，实可当兵百万。《水经注》多记水战，用意在此。北魏与南朝对峙，战场已经逼近淮水。实际上洛水、渭水、颍水、汴水、泗水、济水等水域附近也经常发生战争。北魏要想在将来成其统一之势，也必须跨过长江。这些都有赖于对于地理形势的充分把握和有效利用。《水经注》有意为当时或将来的战争收集相关的参考资料和战争经验。陈桥驿先生统计，《水经注》中记载的战争，不下三百次之多，并在其中记载了山岳、关隘、河川、渡口、桥梁、道路、聚落、仓储等兵要地理内容。[⑤]

三国分裂时期的历史形势与南北朝相似，所以《水经注》重点记述了三国时期的军事地理内容。其所记战争，从曹操与袁绍的官渡之战（包括相关的白马之战、乌巢之战）、曹操与孙刘联军的赤壁之战、曹操与马超韩遂的潼关之战、曹操与刘备的定军山之战和襄樊之战，到吴、蜀的彝陵之战，《水经注》无不述及，并作了许多地理形势交

① 《水经注》卷十浊漳水注：“汉景帝时，七国悖逆，命曲周侯郦寄攻赵，围邯郸，相捍七月，引牛首拘水灌城，城坏，王自杀。”

② 《水经注》卷十浊漳水注：“魏武之攻邺也，引漳水以围之。《献帝春秋》曰：司空邺城围，周四十里，初浅而狭，如或可越。审配不出争利，望而笑之。司空一夜增修，广深二丈，引漳水以注之，遂拔邺。”

③ 《水经注》卷二十五沂水注：“建安二年，曹操围吕布于此，引沂、泗灌城而擒之。”

④ 《水经注疏》，第 2275 页。

⑤ 陈桥驿：《水经注记载的兵要地理》，《杭州大学学报》1980 年第 2 期。

代或分析。此外，《水经注》还记载了许多当时发生过重大军事行动的城堡，如魏的易京城、武阳县城、邺城、陈仓城、沙城、沛县城、下邳县城，蜀的祁山城、南郑县城、阆阳城、永安城、江陵城，吴的故城洲、江夏城、夏口城等。还涉及许多军事要塞，如魏之积石原、五丈原、马冢、洛谷长城、渭桥、安风津、公路浦、邓塞、木兰塞，蜀之桥头、剑阁、定军山、兴势坂、江邮戍、阳关巴子梁、诸葛亮图垒、捍关，吴之长坂、江津戍、关羽濑等，突出其在部防、战争中的地位和作用。①

《水经注》卷五《河水》“又东过成皋县北，济水从北来注之”注：

> （玉门）门东对临河，泽岸有土穴，魏攻宋司州刺史毛德祖于虎牢，战经二百日，不克。城唯一井，井深四十丈，山势峻峭，不容防捍，潜作地道取井。余顷因公至彼，故往寻之，其穴处犹存。②

这里记载的是北魏与宋的虎牢（今河南成皋县）之战。郦道元对宋将毛德祖凭孤井而坚守虎牢的事迹很是惊异，所以他才特地往寻故迹，以增加阅历和经验。

由上可见，从《水经注》记载的战争以及城堡和军事要塞等内容，也可以看出郦道元撰写《水经注》，是含有一些军事方面的用意。

总之，经济目的和军事用意，是《水经注》的实用性或功利性目的。这决定了郦道元为古籍作注时在内容方面的选择。

① 参见梁中效《水经注所记载的三国军事地理》，《成都大学学报》1997 年第 1 期。
② 《水经注疏》，第 398—399 页。

## 第二节 《水经注》的撰著基础和文献来源蠡测

《水经注》规模宏大，包举甚广，征引文献资料繁多。据今人陈桥驿《水经注文献录》《水经注金石录》考证，郦注所引文献 18 类 479 种，郦注所引金石碑刻 357 种。可见，《水经注》的撰著，必须要有深厚广博的学识作为基础。郦道元本人也说"《十二经》通，尚或难言，轻流细漾，固难辨究"①，其创作甘苦可知。完成这样一部渊综广博的著作，要有充分的学识基础和文献材料作为支撑。兹对此进行一下考察探究。

### 一 家学：《水经注》的撰著基础

郦氏家族是一个注重学术文化的家族。郦道元的学识，应该有相当一部分来自家学传承。陈寅恪论及南北朝学术时说："东汉以后学术文化，其重心不在政治中心之首都，而分散于各地之名都大邑。是以地方大族盛门乃为学术文化之所寄托。……而汉族之学术文化变为地方化和家门化矣。故论学术，只有家学可言，而学术与大族盛门常不可分离也。"② 又说："夫士族之特点既在其门风之优美，不同于凡庶，而优美之门风，实基于学业之因袭。"③ 陈寅恪的说法是有道理的，魏晋南北朝学术文化确实存在着地域化和家族化的特点。

但魏晋南北朝学术文化的家族化也有其自身的特点，有专治经学的，如北朝赵郡的李孝伯家族；有专治史学的，如河东闻喜裴氏家族；

① 见《水经注》原序。

② 陈寅恪：《崔浩与寇谦之》，《金明馆丛稿初编》，生活·读书·新知三联书店 2001 年版，第 147—148 页。

③ 陈寅恪：《唐代政治史述论稿》，上海古籍出版社 1980 年版，第 72 页。

有专攻文学的，如《文心雕龙》所谓“王袁联宗以龙章，颜谢重叶以凤采”；有以医学传家的，如北朝医学世家李修、姚僧垣家族；有以科学见长的，如祖冲之家族。正如钱穆所说：“魏晋南北朝时代一切学术文化，必以当时门第背景作中心而始有其解答。当时学术文化，可谓莫不寄存于门第中，由于门第之护持而传习不断，亦因门第之培育，而得生长有发展。门第在当时历史进程中，可谓已尽其一份之功绩。”① 那么郦氏家族所传承的又是何种文化呢？我们也可“以当时门第背景作中心”进行推断。

郦氏家族的远祖是汉初的郦食其和郦商。从汉初至北魏，郦氏家族在政治风云变幻和军事战争中纵横驰骋，起伏升降，积累了丰富的知识和经验。从史书所记载的郦食其舌下三齐，郦商劝免祸端，郦寄智赚吕禄，郦绍以郡迎降，郦范智取无盐、肥城诸事，可以推知，郦氏家族是一个具有政治斗争经验和军事智慧的家族。而郦氏家族政治经验和军事智慧的获得，与其对历史地理知识的掌握是密切相关的。从《史记》卷九十七《郦生陆贾列传》记载郦食其劝说刘邦取陈留、下三齐诸事，我们可以看出，他对地理物产、山川形势极为熟悉：

> 郦生曰：夫陈留，天下之冲，四通五达之郊也，今其城又多积粟。②
>
> 郦生因曰：愿足下急复进兵，收取荥阳，据敖仓之粟，塞成皋之险，杜大行之道，距飞狐之口，守白马之津，以示诸侯效实形制之势，则天下知所归矣。③

郦商之子郦寄曾参与平定七国之乱。《水经注》卷十《浊漳水》

① 钱穆：《略论魏晋南北朝学术文化与当时门弟之关系》，《新亚学报》1963 年第 2 期。
② （汉）司马迁：《史记》，中华书局 1959 年版，第 2693 页。
③ 同上书，第 2694 页。

“又东过列人县南”注：

汉景帝时，七国悖逆，命曲周侯郦寄攻赵，围邯郸，相捍七月，引牛首拘水灌城，城坏，王自杀。①

据《史记》卷九十五《樊郦滕灌列传》，郦寄攻赵，事在汉景帝三年。郦寄巧妙利用地理形势，以水灌城，出奇制胜，攻下邯郸。这说明郦寄对地理知识也非常了解。郦范南征获胜，也基于他对齐地诸城地理地位的把握。郦氏家族对地理知识的重视和学习，应对郦道元产生重大影响。如前文所述，郦道元也是以其丰富的地理知识知名于北魏朝廷的。

郦道元本是地理学者，其丰富的地理知识或亦知名于朝廷。《魏书》卷十八《广阳王建传附嘉子渊传》：

东西部敕勒之叛，朝议更思（元）深言，遣兼黄门侍郎郦道元为大使，欲复镇为州，以顺人望。会六镇尽叛，不得施行。②

又《魏书》卷一百一《蛮传》：

永平初，东荆州表□□太守桓叔兴前后招慰大阳蛮归附者一万七百户，请置郡十六、县五十，诏前镇东府长史郦道元检行置之。③

北魏朝廷置立州郡或变更地方行政区域，往往指定郦道元负责，

① 《水经注疏》，第947页。
② 《魏书》，第430—431页。
③ 同上书，第2247页。

正是因为他熟悉历代州郡沿革、土俗形势。对于地理知识的了解和把握，是他撰著《水经注》的必要条件和基础。

郦氏家族具备良好的儒家文化教育传统。地理知识仅是其中一项内容，其他如文学、历史、礼制诸学，也都为这个家族所重视。按《史记》卷九十七《郦生陆贾列传》，郦食其“好读书”，是典型的儒生。郦食其的后人，东汉的郦炎也“老於掌故”[①]，以文学知名于当时，《后汉书》卷八十下《文苑列传第七十下》有《郦炎传》。郦炎所以能“老於掌故”，还是得益于儒学的滋润。

降及北魏之世，郦氏家族仍是以儒学传家。《魏书》卷四十二《郦范传》：

> 范，世祖时给事东宫。高宗践阼，追录先朝旧勋，赐爵永宁男，加宁远将军。以治礼郎奉迁世祖、恭宗神主于太庙，进爵为子。[②]

郦范在明元帝拓拔嗣泰常年代（416—423），任东宫给事，成为太子之师。这足以说明他在学养方面具有深厚功底。他对太武帝拓跋焘的重士礼贤、振作有为应该有很大影响。因此当拓跋焘即位后，就赐给他的老师郦范永宁男爵，加宁远将军。《魏书·郦道元传》载：

> 道元好学，历览奇书，撰注《水经》四十卷，《本志》十三篇。又为《七聘》及诸文皆行于世。[③]

---

① （南朝梁）钟嵘《诗品》下：“汉令史班固、汉孝廉郦炎、汉上计赵壹诗，孟坚才流，而老於掌故。观其《咏史》，有感叹之词。文胜托咏灵芝，怀寄不浅。”参见清严可均辑校《全上古三代秦汉三国六朝文·全梁文》卷五十五，中华书局1958年版，第3279页。

② 《魏书》，第949页。

③ 同上书，第1926页。

再看《郦范传》所附郦氏宗族诸人：

> 道元第四弟道慎，字善季。涉历史传，有干略。道慎弟约，字善礼……朴质迟钝，颇爱琴书。神牙（郦范弟）弟夔。子恽，字幼和，好学，有文才，尤长吏干。夔弟神期，中书博士。神期弟显度，司州秀才、尚书库部郎。①

由上可见，郦氏一族，或通于文，或涉于史，或爱琴书，或长于吏干。这说明，郦道元之家族深受儒家文化熏陶，具有家族文化背景和较高的文化素质。郦道元丰富的地理知识、军事知识、文学素质，都得益于其所在家族的传授和影响。

## 二　交游：郦道元知识视野的拓展

"独学而无友，则孤陋而寡闻。"郦道元丰富的学识，应该有一部分来自朋友之间的学问切磋。朋友之间，往往在志趣、观念、学问、信仰等方面互相影响，正所谓"物以类聚，人以群分"。所以，我们要了解郦道元知识的获得途径，也不妨翻看一下他的朋友圈。

### （一）郦道元与李彪

李彪（444—501），字道固，顿丘卫国人。他是对郦道元影响最大的人。郦道元与李彪谊在师友之间，郦道元的政治经历与李彪大有关系。

郦道元任职北魏朝廷后，较早给他以重要影响的，就是为孝文帝所亲重的汉族士人李彪。时任御史中尉的李彪，因为郦道元"秉法清

① 《魏书》，第951—958页。

勤”，把郦道元由太尉掾提拔为治书侍御史[①]，成为自己的属下。李彪“识性严聪，学博坟籍，刚辩之才，颇堪时用；兼忧吏若家，载宣朝美”[②]，因为才能卓著得到孝文帝的重用，累官至御史中尉兼度支尚书。御史中尉负责“督司百僚”，所以李彪任职后，辅佐孝文帝打击豪强，澄清吏治，政绩显著，被孝文帝视为股肱之臣。孝文帝非常宠信李彪，往往尊称为“李生”而不呼其名，还曾对仆射李冲曰：“李彪之直，是我国家得贤之基。”[③] 但是后来李彪与李冲交恶，终于被李冲上奏免官，郦道元也随着李彪受到了仕途上的第一次打击。

由于出身门第以及政见的不同，李冲和李彪交恶，矛盾渐渐激化。[④]《魏书·李冲传》：“高祖南征，冲与吏部尚书、任城王澄并以彪倨傲无礼，遂禁止之。”[⑤] 李冲、元澄等人趁着孝文帝车驾南伐之机，拘押了李彪：“冲时震怒，数数责彪前后愆悖，嗔目大呼，投折几案。尽收御史，皆泥首面缚，詈辱肆口。”[⑥] 李冲“尽收”的御史，是李彪的属下，其中第一个就是郦道元。李冲拘押李彪后给孝文帝上表说：“臣辄集尚书以下、令史以上，并治书侍御史臣郦道元等于尚书都座，以彪所犯罪状告彪，讯其虚实，若或不知，须讯部下。彪答臣言：‘事见在目，实如所劾，皆彪所知，何须复召部下。’”[⑦] 李冲为了网罗李彪罪名，对郦道元等刑讯逼供，“皆泥首面缚，詈辱肆口”，李彪为了避免属下继续受辱，于是站出来承担了李冲等强加给他的“身为违傲，矜势高亢，公行僭逸”的罪名。这应该使郦道元等人深为感动。太和十九年（496），李彪被除名归乡，受李彪的牵连，郦道元也被免官。后来李彪复出，郦道元也再度为官。

---

① 《魏书·元思传》称：“案《御史令》云：中尉督司百僚；治书侍御史纠察禁内。”

② 《魏书》，第1389页。

③ 同上书，第1391页。

④ 参看拙作《郦道元与北魏政治的政治纠葛》，《南通大学学报》2015年第5期。

⑤ 《魏书》，第1188页。

⑥ 同上。

⑦ 同上书，第1391页。

郦道元之所以与李彪同道，不仅在于他们同掌纠察之职，而且还在于两人秉性志趣的投合。李彪任御史中尉，就举荐郦道元做了治书侍御史。李彪主事时，郦道元入仕未久，李彪的行为，或许会成为郦道元的榜样。郦道元后来担任御史中尉一职，执法严厉，使权豪“颇惮之”。也大约是受到了曾在他之前做御史中尉的李彪的作风影响。北魏在孝文帝实行班禄制前，听凭官吏自己搜刮。此风之行既久，实行班禄制后尚或有不能即改者。为此，孝文帝指出：“其有贪残非道、侵削黎庶者，虽在官甫尔，必加黜罚。著之于令，永为彝准。”[①] 并任用李彪等“正直之士”为御史中尉，纠核百官，整顿吏治。出身寒门的李彪，“秉志信行，不避豪势，其所弹劾，应弦而倒。赫赫之威，振于下国；肃肃之称，著自京师。天下改目，贪暴敛手”[②]。郦道元任御史中尉后，也是铁面无私，不避豪强，威猛为治，显示出他极大的勇毅精神，表现了雷厉风行的政治作风。

郦道元与李彪不仅在性格和为官风格上类似，在政治上同步升降，更重要的，是他们有可能在学问上相互交流、学习、切磋。这不得不说到李彪的另一个特殊的身份和与之相关的经历。

李彪在孝文帝太和七年（483）至太和十五年（491），曾经六次奉命出使南齐。这是李彪足以荣耀终身的经历。南北朝对行人的择选，非常慎重，所选人才一定是风神绰约、才学兼著，在各个方面都可谓一时俊彦的人物。赵翼《廿二史札记》卷十四《南北朝通好以使命为重》条云：“南北通好，尝藉使命增国之光，必妙选行人，择其容止可观，文学优赡者，以充聘使。”孝文帝在“妙选行人”时，是看重了李彪“文学优赡”又兼通儒学的特殊才华。《魏书·儒林传》记载：“太祖初定中原，虽日不暇给，始建都邑，便以经术为先，立太学……刘芳、李彪诸人以经书进，崔光、邢峦之徒以文史达，其余涉猎典章，

① 《魏书》，第156页。

② 同上书，第1392页。

关历词翰，莫不縻以好爵，动贻赏眷。于是斯文郁然，比隆周汉。”[1]李彪既然“以经书进”，可见其才华不仅限于文学。但李彪的文学才华还是非常卓著的。《北史·崔光传》记载了李彪与崔光两人作诗相互赠答的事：“初，光太和中依宫商角徵羽本音而为五韵诗，以赠李彪，彪为十二次诗以报光，光又为百三郡国诗以答之，国别为卷，为百三卷焉。”[2] 从中可见李彪的文学才华。在出使南朝时，李彪于折冲樽俎之间，口舌交锋之余，尚能以机变之才，与南朝进行文学交流。《北史·李彪传》记载：

> 彪将还，齐主亲谓彪曰：卿前使还日，赋阮诗云但愿长闲暇，后岁复来游。果如今日。卿此还也，复有来理否？彪答：请重赋阮诗曰宴衍清都中，一去永矣哉。齐主惘然曰：清都可尔，一去何事。观卿此言，似成长阔。朕当以殊礼相送。遂亲至琅邪城，登山临水，命群臣赋诗以送别。其见重如此。[3]

李彪能被南齐国主如此看重，足见其才华之卓荦。李彪出使时负责接待李彪的主客，也都是南齐文坛俊彦。“竟陵八友”中的萧琛、范云，都曾以主客身份接待李彪，并对他评价很高。竟陵王萧子良、王融也认为后来出使南齐的宋弁不及李彪“志气謇谔”。此外，在南朝皆有文采之名的张融、刘绘也都作为主客接待过李彪。

李彪与南朝的交往，可能还不仅是文学方面的，《魏书·术艺传》记载，“有范宁儿者善围棋”，曾与李彪一同出使南齐，“制胜而还”。孝文帝还曾派遣蒋少游随同李彪出使南齐。蒋少游是将作大匠，让他与李彪随同出使，大概有学习南朝建筑文化的用意。其事见《南史·

① 《魏书》卷八十四《儒林传》，中华书局 1974 年版，第 1842 页。
② （唐）李延寿撰：《北史》，中华书局 1974 年版，第 1622 页。
③ 同上书，第 1459 页。

崔祖思附崔元祖传》。这样看来，李彪出使回国后，也非常有可能带回南朝的文集以及地记、郡书等文献。何况李彪本来就是个热衷于读书和藏书的人。《魏书·李彪传》记载了李彪在高悦、高闾兄弟处借书读书的事情："悦兄闾，博学高才，家富典籍，彪遂于悦家手抄口诵，不暇寝食。"[①] 李彪后来成为藏书家，也借书与人。如《魏书·甄琛传》就记载甄琛"遂从许叡、李彪假书研习，闻见益优"。[②]

郦道元被李彪荐举担任治书侍御史成为其属下，事在太和十八年（495）；李彪第六次奉命出使南齐，事在太和十五年（491）。两者时间相差不远。郦道元与李彪过从甚密，同声相应，同气相求，既然李彪能借书给甄琛，那么郦道元向李彪借书，料非难事。郦道元所备南朝文献，或系由此得来一部分。至于两人同署为官，公务之余，畅谈学术，交流知识，更是方便得很。

### （二）郦道元与常景、温子升、袁翻、高谦之

《魏书》卷七十七《高谦之传》："谦之与袁翻、常景、郦道元、温子升之徒，咸申款旧。"[③] 与郦道元交好的这几位，也都是北魏文学、学术俊彦，堪称一时之选。兹分别述之。

常景（？—550），字永昌，河内温县（今河南温县）人。《魏书》卷八二《常景传》称其"有才思，雅好文章。廷尉公孙良举为律博士，高祖亲得其名既而用之。"[④] 常景和袁翻是领导北魏文学风气的人。《北史·文苑传》论北魏文学发展状况时说："及太和在运，锐情文学，固以頡颃汉彻，跨躡曹丕，气韵高远，艳藻独构。衣冠仰止，咸慕新风，律调颇殊，曲度遂改。辞罕泉源，言多胸臆，润古雕今，

① 《魏书》卷六二《李彪传》，第 1381 页。
② 同上书，第 1509 页。
③ 同上书，第 1710 页。
④ 同上书，第 1802 页。

有所未遇。是故雅言丽则之奇，绮合绣联之美，眇历岁年，未闻独得。既而陈郡袁翻、河内常景，晚拔畴类，稍革其风。”① 可见常景和袁翻都是孝文帝时推动是北魏文化风气转变的关键人物。常景还对刑律改革作过贡献《洛阳伽蓝记》卷一“城内永宁寺条”略云：“（景）敏学博通，知名海内。太和十九年为高祖所器，拔为律学博士，刑法疑狱多访于景。”他和刘芳一起改革了北魏后期礼制。《魏书·常景传》：“先是，太常刘芳与（常）景等撰朝令，未及班行。别典仪注，多所草创。未成，芳卒，景纂成其事。及世宗崩，召景赴京，还修仪注。”② 由上可知常景在北魏文学、礼制、刑法各方面，都是非常有影响的人物。郦道元与之交往，或与之有学术文化方面的交流。特别是常景还做过秘书监，负责国史修纂。郦道元与之交往，或有文献沾溉或借阅之利。

袁翻（476—528），字景翔，陈郡项人。袁翻属于第二代“平齐民”。《魏书·袁翻传》：“父宣，有才笔，为刘彧青州刺史沈文秀府主簿。皇兴中，东阳州平，随文秀入国。而大将军刘昶每提引之，言是其外祖淑之近亲，令与其府谘议参军袁济为宗。宣时孤寒，甚相依附。……翻少以才学擅美一时。初为奉朝请。景明初，李彪在东观，翻为徐纥所荐，彪引兼著作佐郎，以参史事。”③ 可知袁翻和郦道元一样，都是李彪引荐的人。宣武帝景明（500—503）中，也做过修史工作。袁翻是与常景齐名的文士。《周书·王褒庾信传》：“袁翻才称澹雅，常景思标沉郁，彬彬焉，盖时之俊秀也。”④ 袁翻又与祖莹（？—534）齐名：“莹与陈郡袁翻齐名秀出，时人为之语曰：京师楚楚，袁与祖；洛中翩翩，祖与袁。”⑤ 袁翻、常景、祖莹都是这个时

---

① （唐）李延寿：《北史》，中华书局 1974 年版，第 2779 页。
② 《魏书》，第 1802 页。
③ 同上书，第 1536 页。
④ （唐）令狐德棻：《周书》，中华书局 1971 年版，第 744 页。
⑤ 《魏书》，第 1799 页。

期最为杰出的文士。

温子升（495—547），字鹏举，太原人，是所谓“北地三才”之一。《魏书·温子升传》说他：“长乃博览百家，文章清婉。为广阳王渊贱客，作《侯山祠堂碑文》，常景见而善之，故诣渊谢之。景曰：顷见温生。渊怪问之，景曰：温生是大才士。渊由是稍知之。”① 温子升的祖父温恭之也是青齐人士，温子升属于“平齐民”的第三代。所以他开始时做了广阳王元渊的“贱客”，还是因为常景的慧眼识才，这个“大才士”才逐渐被发现。袁翻、温子升作为“平齐民”的后人，可能与郦道元还有特殊的交谊，待下文详叙。

高谦之（486—527），勃海人。高谦之年岁比郦道元小，但博学堪与郦道元比肩。《魏书·高谦之传》说他：“及长，屏绝人事，专意经史，天文、算历、图纬之书，多所该涉，日诵数千言，好文章，留意《老》《易》。”② 高谦之因为“父舅氏沮渠蒙逊曾据凉土，国书漏阙”，就撰著了《凉书》十卷，行于世。这是北魏所修的“十六国史”中的北凉史，其书成于正光孝昌年间（520—527），大致与郦道元撰著《水经注》同时。郦道元和这位博学之友，学问上切磋，当互有助益。高谦之与北凉有特殊的姻亲关系，而北凉向往中原文化，曾接受东晋、刘宋赐予的封号，并与刘宋进行图书交流。如宋文帝元嘉三年（426），“世子兴国遣使奉表，请《周易》及子集诸书，太祖并赐之，合四百七十五卷。蒙逊又就司徒王弘求《搜神记》，弘写与之”。③ 除了向宋索书，北凉也向宋献书。如：“十四年，茂虔奉表献方物，并献《周生子》十三卷、《时务论》十二卷、《三国总略》二十卷、《俗问》十一卷、《十三州志》十卷……合一百五十四卷。茂虔又求晋、

① 《魏书》，第1875页。
② 同上书，第1708页。
③ 《宋书》，第2415页。

赵《起居注》诸杂书数十件，太祖赐之。”[①] 可见北凉通过与刘宋进行图书交流，得到了很多南方文献。高谦之撰《凉书》，不能不搜求文献资料。这些文献资料，郦道元也或许能够通过高谦之借阅到。

由以上材料还可以看出：郦道元的这几位朋友，在北魏都属于一般的世族甚至起身寒素。据《魏书·李彪传》记载，李彪“家世寒微。少孤贫，有大志，笃学不倦”。这里所说的“家世寒微”，显然是指李彪祖父门第低微。这还可以从孝文帝嘉奖李彪的诏书中得到证明，在诏书中孝文帝说：“彪虽非清第，本阙华资。”可知李彪出身寒门是确定无疑的。《魏书》卷八二《常景传》说常景“后为门下录事、太常博士。……景淹滞门下积岁，不至显官……景在枢密十有余年，为侍中崔光、卢昶、游肇、元晖尤所知赏”。[②] 作为“平齐民”的后人，袁翻、温子升的地位也不高，袁翻入北后还需要大将军刘昶的“提引”，温子升起初“为广阳王渊贱客”。这说明，与郦道元一样，他们在北魏的政治地位远逊于高门世族，他们或许都有凭借才华提高本家族地位的愿望。志略既同，又兼各禀才华，彼此之间交流切磋，在所不免。所以，郦道元的学识，部分得之于此。其撰书所需文献，也很有可能部分来自朋友间的借阅。

### 三　文献：南北交流与南书北入

两晋之际，五胡乱华，衣冠南渡。南渡的世家大族也带走大量典籍，北方文献流失严重。《隋书·牛弘传》载牛弘语：“永嘉之后，寇窃竞兴。因河据洛，跨秦带赵。论其建国立家，虽传名号，宪章礼乐，寂灭无闻。刘裕平姚，收其图籍，五经子史，才四千卷，皆赤轴青纸，文字古拙。僭伪之盛，莫过二秦，以此而论，足可明矣。故知衣冠轨

① 《宋书》，第2416页。
② 《魏书》，第1802页。

物，图画记注，播迁之余，皆归江左。晋、宋之际，学艺为多，齐、梁之间，经史弥盛。宋秘书丞王俭，依刘氏《七略》，撰为《七志》。梁人阮孝绪，亦为《七录》。总其书数，三万余卷。……后魏爰自幽方，迁宅伊、洛，日不暇给，经籍阙如。”① 可见南方在文化典籍的收集与保存方面，远远优于北方。

北魏自道武帝拓跋珪才开始留意典籍。《魏书》卷三十三《李先传》载有道武帝与李先的一段对话：“太祖问（李）先曰：天下何书最善，可以益人神智？先对曰：唯有经书。三皇五帝治化之典，可以补王者神智。又问曰：天下书籍，凡有几何？朕欲集之，如何可备？对曰：伏羲创制，帝王相承，以至于今，世传国记，天文秘纬不可计数。陛下诚欲集之，严制天下诸州郡县搜索备送，主之所好，集亦不难。太祖于是班制天下，经籍稍集。”② 书籍初步的收集虽然开始，但成效不大。献文帝时（466—470），高谧为秘书郎专典秘阁，“以坟典残缺，奏请广访群书，大加缮写。由是代京图籍，莫不审正”。③ 到了孝文帝时期，书籍的搜集工作加大了力度。孝文帝甚至想到了向萧齐求书。《隋书·经籍志》载：“孝文徙都洛邑，借书于齐，秘府之中，稍以充实。”④ 但其实这次借书，并没有真正借到。《南齐书》卷四七《王融传》：“虏使遣求书，朝议欲不与。”⑤ 南齐君臣经过讨论以后，拒绝了北魏的借书请求。北魏《李璧墓志》中对此也有记载：

> 昔晋人失驭，群书南徙。魏因沙乡，文风北缺。高祖孝文皇帝追悦淹中，游心程下，观书亡落，恨阅不周，与为连和，规借

① 《隋书》，第1299页。
② 《魏书》，第789页。
③ 同上书，第752页。
④ 《隋书》，第907页。
⑤ （梁）萧子显撰：《南齐书》，中华书局1972年版，第818页。

完典。而齐主昏迷，孤违天意。[①]

借书失败，孝文帝只好下诏在国内广泛搜求典籍。孝文帝太和十九年（495）六月“癸丑，诏求天下遗书，秘阁所无、有裨益时用者，加以优赏”。[②] 这样，情况才有了《隋书·经籍志》所说的“秘府之中，稍以充实”的转变。其实，孝文帝即使借书成功，南齐也不会把包括郡书地记在内的实用性强的或涉密的书籍借给北魏。这一点是毋庸置疑的。那么，郦道元撰著《水经注》所需要的文献，主要还是通过其他渠道得来。这就与南北朝时期南北两方的交流情况有很大关系了。

东晋南渡之后，由于政治对立，不肯与北方交往。刘宋建国后，开始与和北魏进行正式的聘使往来。从宋到齐梁，虽然中间由于各种原因聘使时断时续，但总体上来往仍十分频繁。《北史·李崇传》载：“既南北通好，务以俊乂相矜，衔命接客，必尽一时之选，无才地者，不得与焉。”[③] 可见其时的聘使往来，无论行人还是主客，都是双方的文化精英。他们之间的交流和对话，无疑大大推动了南北学术和文化上的交流，前文所及的李彪六使南齐即可为代表。其实南北朝期间南北交流，除了南北聘使往来以外，还有一些其他的渠道，如战争中人员的流动、政治逃亡、民间商贸以及僧人在南北间流转往来等。如崔鸿在其上《十六国春秋表》时说：

唯常璩所撰李雄父子据蜀时书，寻访不获，所以未及缮成，辍笔私求，七载于今。此书本江南撰录，恐中国所无，非臣私力所能终得。其起兵僭号，事之始末，乃亦颇有，但不得此书，惧简略不

① 赵超：《汉魏南北朝墓志汇编》，天津古籍出版社 2008 年版，第 118 页。

② 《魏书》，第 177—178 页。

③ （唐）李延寿：《北史》，中华书局 1974 年版，第 1604 页。

成。久思陈奏，乞敕缘边求采，但愚残无因，不敢轻辄。①

崔鸿撰写《十六国春秋》时苦于江南文献不足，“辍笔私求”，七年不得。无奈之下，上书朝廷“乞敕缘边求采”。后来，其子崔子元把《十六国春秋》呈奏朝廷时则说：

先朝之日，草构悉了，唯有李雄《蜀书》，搜索未获，阙兹一国，迟留未成。去正光三年，购访始得，讨论适讫，而先臣弃世。②

由“购访始得”看来，李雄《蜀书》得自民间贸易。但像这样通过民间贸易购买南方文献，是不容易的，所以《十六国春秋》的成书才因为缺少文献一拖再拖。更多南方文献的北入，当与南方士人的北迁相关。

从两晋到齐梁，在战争和政治的影响下，出现过几次规模较大的南人北迁浪潮。第一次发生在西晋扫平蜀、吴，统一全国之际。东晋常璩《华阳国志》卷八《大同志》载：“后主既东迁，内移蜀大臣宗预、廖化及诸葛显等并三万家于东及关中。”③ 吴亡后，也有大批南方士人来北，如周处、华谭、薛兼等。来北南士，或随身带来不少南方文化典籍。晋宋易代之际，晋末江左政局动荡，内争不断，不少政治斗争失败者流亡北方，其中有司马休之、楚之、叔之、景之、天助、准等宗室人物，也有刁雍、王慧龙、韩延之、袁式等大族士人。其中大多后来留在了北魏。第三次发生在北魏献文帝皇兴三年（469）征服青齐地区时。平青齐后，北魏大规模迁徙淮北民众至代北安家。第

① 《魏书》，崔光附传，中华书局1974年版，第1504页。

② 同上书，第1505页。

③ 《华阳国志校注》，第602页。

四次发生在齐梁易代之际（499—502），齐豫州刺史裴叔业献豫州降于北魏，齐鄱阳王萧宝夤也亡命北魏。出对于典籍的喜爱，南方士族多有图书收藏。其人奔北，书必随之。

流亡北魏的南方大族士人，大多秉承家学，具有较高的文化修养。北魏朝廷也留意对他们的安抚和笼络。周一良先生说："对于南朝北投者，拓跋氏尤能注重拔擢……这种情况与南朝统治者专重侨姓，排斥南人，而晚渡北人又被目为荒伧，备受排斥，北方各族更不予考虑者，迥不相同。"① 周先生还解释了北魏统治者这样做的政治心态："对北方广大地区之统治，即使在孝文汉化之前，仅依靠代来鲜卑亦无能为力。而从文化言，对南方又不免于自卑之感，因而必须兼容并包，与南朝统治者之偏隘态度大不相同。"② 北魏孝文帝励精图治，对北来南人更是留心抚慰。如《魏书·刘休宾传》中就提道："太和中，高祖选尽物望，河南人士，才学之徒，咸见申擢。"③ 这里的"河南人士"，指徐、兖、豫诸州之人，主要就是"平齐民"。

说到"平齐民"，就与郦道元的父亲郦范相关了。郦范曾随慕容白曜南征青齐。青齐之地在东晋十六国时期基本为北方政权所控制，晋末刘裕灭南燕，青齐遂划入刘宋版图，从此在刘宋控制下达半个世纪。北魏献文帝时，征南大将军慕容白曜趁着刘宋宗室内讧南下攻打青齐，并于皇兴三年（469）占领该地。在攻打青齐中郦范为慕容白曜出谋划策，立有大功，慕容白曜"遂表范为青州刺史以抚新民"，事具《魏书·郦范传》。《水经注》（卷二十六《巨洋水注》）也记载："先公以太和中，作镇海岱。余总角之年，侍节东州。"④ 这说明郦范任青州刺史时，少年郦道元随行。

① 周一良：《魏晋南北朝史札记》"北朝用人兼容并包"条，中华书局1985年版，第353页。
② 同上。
③ 《魏书》，第978页。
④ 《水经注疏》，第2206—2207页。

郦范在攻打青齐时，就劝慕容白曜“宜先信义，示之轨物，然后民心可怀”，可见他非常注意对青齐的安抚，而慕容白曜表郦范为青州刺史也是为了“抚新民”。所以不难想见，郦范在青州刺史任上几年，必与其地大族士人多有交往。联系到郦道元与袁翻、温子升这些青齐士望之后人的交游情况来看，郦氏家族与青齐士人应是建立起了较为深厚的情谊。

青齐士人对北魏文化制度的改革贡献巨大。孝文帝大力起用大族士人推进改革，青齐士人如刘芳、崔光、崔亮、蒋少游等人，在北魏的礼乐文化建设、官制的改革、法律制度的建设、衣冠服饰的改革、朝廷礼制的改革以及建筑设计等方面出谋尽力，多所建树，成为改革的中坚力量。

青齐士人中不乏学问渊博的儒者。《魏书》说“时太常刘芳、侍中崔光富世儒宗”。[①] 而他们对典章制度的异常熟悉，与他们阅读的丰富的文化典籍有重要关系。例如，《魏书·刘芳传》载：“芳撰郑玄所注《周官仪礼音》、干宝所注《周官音》、王肃所注《尚书音》、何休所注《公羊音》、范宁所注《谷梁音》、韦昭所注《国语音》、范晔《后汉书音》各一卷，《辨类》三卷，《徐州人地录》二十卷，《急就篇续注音义证》三卷，《毛诗笺音义证》十卷，《礼记义证》十卷，《周官》《仪礼义证》各五卷。”[②] 可知刘芳或富于藏书。曹道衡说：“北朝文学的兴起，与平齐民也有很大关系。……从这些情况来看河朔学者本来就拥有深厚的学术和文艺的传统，只是当时的条件，使它们无法得到发挥。”[③]

实际情况也确如曹先生所言。青齐士人初来北地时，也曾遭遇困境。《魏书·高允传》：“显祖平青齐，徙其族望于代。时诸士人流移

① 《魏书》，第978页。

② 同上书，第1220页。

③ 曹道衡：《南朝文学与北朝文学研究》，江苏古籍出版社1998年版，第204页。

远至，率皆饥寒。”① 这些青齐士人迫于生计，有时佣书自给。佣书就是受雇于人，替人抄书换取报酬。《魏书·刘芳传》说刘芳：“虽处穷窘之中，而业尚贞固，聪敏过人，笃志坟典。昼则佣书，以自资给，夜则读诵，终夕不寝，至有易衣并日之弊，而澹然自守，不汲汲于荣利，不戚戚于贫贱，乃著《穷通论》以自慰焉。”② 像刘芳这样佣书自给的青齐士人，还有不少。如崔光也是“年十七，随父徙代。家贫好学，昼耕夜诵，佣书以养父母”。③ 崔光从弟崔亮“及慕容白耀之平三齐，内徙桑乾，为平齐民。时年十岁，常依季父幼孙居，家贫，佣书自业”。蒋少游“慕容白曜之平东阳，见俘入于平城，充平齐户，后配云中为兵。……遂留寄平城，以佣写书为业，而名犹在镇”。④ 刘芳、崔光、崔亮、蒋少游后来都成为了学问大家。其所抄之书的原本，或系本家族之藏书，而抄书的过程亦即阅读学习的过程。那么这也说明，青齐士人北徙之时，或有大量的典籍随身，其中应该不乏南方文献。青齐初平时，郦范是青州刺史，又善抚慰，必然与青齐士人多有来往，郦道元也必与很多青齐士人熟识。这样看来，北徙之后，郦道元若请诸人代为抄写家藏典籍以及南方地记郡书等文献，一方面解决了朋友的生计困难，另一方面又可得到自己撰著《水经注》所需要的文献，实在是情理之中的事情。

## 第三节 《水经注》对汉魏晋宋地记的征引及文献编纂

有的学者认为：“《水经注》中引用了大量南朝人的地理著作，例如《吴地记》《钱塘记》《会稽记》《东阳记》《南康记》《豫章记》

---

① 《魏书》，第1089页。

② 同上书，第1219页。

③ 《魏书》卷六七《崔光传》，第1487页。

④ 《魏书》卷九一《蒋少游传》，第1970页。

《庐山记》《寻阳记》《襄阳记》《宜都记》《荆州记》《湘川记》《湘中记》，等等。郦氏终生未能亲历南方，《水经注》对南方水系的叙述大多经抄缀、提炼上列著作而成。所以《水经济》对山川景物的描写其实不尽是郦氏一人的功劳，而应该被看作是两晋南北朝时期南北作家的共同创作。”① 这个说法是有一定道理的。受地域关系、时代关系以及注书体制等因素的限制和影响，《水经注》征引了大量的前代文献。据今人陈桥驿统计，《水经注》列名引用的文献，有四百八十种之多②。其所引文献内容包罗广泛，举凡地记、诗赋、正史杂史、神仙、传记、书信、诸子、论说、博物、谶纬、谱牒、字书、图谱等，《水经注》无不掇采。这样，使得《水经注》一半以上的内容都是引文。而使《水经注》文采斐然的主要是其中的山水描写和故事记述，而这主要得益于《水经注》对前代地记和郡书的征引，其中山水描写的成果则主要是通过引用和借鉴大量汉魏晋宋地记而取得。

## 一 魏晋南北朝的抄撰编纂风气

《水经注》大量征引文献，可称抄撰之作。何谓抄撰？曹之认为：“抄撰是一种著作方式。抄撰就是边抄边撰，抄撰一体，抄中有撰，撰在抄中，抄撰就是著书。”③ 陈传万《魏晋南北朝图书业与文学》说到“抄”与“写”的不同：“抄、写、抄写、抄撰是有区别的。摘取精要，省略虚词，叫抄；照本移录，一字不易，叫写；如并提抄写，

① 见莫砺锋《南朝山水文初探》，《中国文学研究》1996 年第 1 期，又《湘川记》应作《湘中记》，晋罗含撰。《通志》作《湘川记》，误，《续汉书·郡国志》注、《艺文类聚》山部、《初学记》地部，《太平御览》地部并引作《湘中记》。宋《崇文总目》、陈振孙《直斋书录解题》，元马端临《文献通考》均作《湘中山水记》，殆其全名。

② 见陈桥驿《郦道元评传》，南京大学出版社 1994 年版，第 111 页。

③ 曹之：《魏晋南北朝类书成因初探》，《古籍整理研究学刊》2001 年第 3 期。

就是有抄有写；如叫抄撰就是边抄边撰，抄撰一体，抄中有撰，撰在其中，抄撰是另一种著书。”① 这样理解是有道理的。《文心雕龙》说“情必极貌以写物”的“写”，大概是“巧言切状，如印之印泥，不加雕削，而曲写毫芥”。而“抄”则有“摘取精要”的意味。②

明人钟惺《隐秀轩文集·三注钞序》云：

> 三注钞者，钞裴松之《三国志注》，刘孝标《世说新语注》，郦道元《水经注》也。孔子云述而不作。注者，述之一端也。虽曾子之于《大学》，文王周孔之于《易》，以至《左氏》《公》《谷》之于《春秋》，皆注也。凡注之为言，依于其所注者，而不能为书。离乎其所注者而犹能为书，盖注者之精神，有能自立于所注者之中，而又游乎其外者也，三注是也。夫是以可钞也。古人以书之力为注，而后人不能以注之力为书。则以古人重于视其述，而后人轻于视其作也。故予钞三注，而重有感于述作之际也。③

钟惺说明“述而不作”是中国古典文化传承之一特点，而“注”就是“述”的一种形式，并特别指出刘宋裴松之《三国志注》，梁刘孝标《世说新语注》，北魏郦道元《水经注》三大注“有能自立于所注者之中，而又游乎其外”，是“以（为）书之力为注”的注体力作。

① 陈传万：《魏晋南北朝图书业与文学》，合肥工业大学出版社 2008 年版，第 100 页。

② 《隋书·经籍志》里面有很多抄类著作，如王俭《礼论要钞》、张缅《晋书钞》、陆澄《地理书抄》、任昉《地理书抄》、萧琛《皇览抄》、谢灵运《诗集钞》，等等。这里的“抄”，不是照搬照抄，而是有所取舍。《梁书·袁峻传》记载袁峻曾“抄《史记》《汉书》各为二十卷。”“抄”有删繁就简，便于阅读的用意。《梁书·徐勉传》：“勉善属文，勤著述，虽当机务，下笔不休。尝以《起居注》烦杂，乃加删撰为《流别起居注》六百卷。”这里的“删撰”，就是“抄”的意思。梁阮孝绪《正史削繁》可能也属此类。

③ 贺复征：《文章辨体汇选》卷二百九十三，文渊阁《四库全书》本，上海古籍出版社 1987 年版，第 571 页。

“述而不作”是魏晋南北朝时期比较传统的著述观念。《礼记·乐记》说：“作者之谓圣，述者之谓明。”① 颜师古《汉书·礼乐志》注解释为：“作，谓有所兴造也。”而“有所兴造”固非常人之可为。晋张华《博物志》卷四：“圣人制作曰经，贤者著述曰传。”② 所以孔子亦自称“述而不作，信而好古”；司马迁在回答壶遂时也说：“余所谓述故事，整齐其世传，非所谓作也，而君比之于《春秋》，谬矣!”（《太史公自序》）借原作以彰明己意的“述”体著述，就是在“述而不作”这一学术传统影响之下产生的。“述”的撰著态度，有严谨、务实、求真、不尚空言的优点，又可以借助原典达成“立言”“不朽”的创作价值，故为当时学者乐于采用。“述”之内容，最初是注经，到南北朝又有注文史古籍的作品。裴松之《三国志注》、刘孝标《世说新语注》、郦道元《水经注》三注大就属于注文史古籍一类。

在“述而不作”的学术传统和著述观念影响下，魏晋南北朝编集、抄撰之风渐盛，出现了一大批杂史、史注、地记、郡书以及博物类地理著作等。黄侃《文心雕龙札记》事类第三十八云：“逮及汉魏以下，文士撰述，必本旧言，始则资于训诂，继则引录成言，（汉代之文几无一篇不采录成语者，观二《汉书》可见）终则综辑故事。”③《隋书》卷二十三《经籍二》亦载：“自后汉已来，学者多钞撮旧史，自为一书……通人君子，必博采广览，以酌其要，故备而存之。”④ 正如曹之《中国古籍编撰史》所说：“抄撰是魏晋南北朝时期的一种重要的著作方式。”⑤

但抄撰之作，荟萃众书，内容博杂，遂多芜杂之评。如鲁迅认为西晋张华《博物志》“类记异境奇物及古代琐闻杂事，皆刺取故书，

① 何晏注，邢昺疏：《论语注疏》，北京大学出版社 1999 年版，第 84 页。
② 《博物志》卷六“文籍考”，见范宁《博物志校证》，中华书局 1980 年版，第 72 页。
③ 黄侃：《文心雕龙札记》，上海古籍出版社 2000 年版，第 188 页。
④ 《隋书》，第 962 页。
⑤ 曹之：《中国古籍编撰史》，武汉大学出版社 2006 年版，第 101 页。

殊乏新异，不能副其名”。[①] 刘知几《史通·补注》指责刘宋裴松之《三国志注》、梁刘孝标《世说新语注》等说：“次有好事之子，思广异闻，而才短力微，不能自达，庶凭骥尾，千里绝群，遂乃掇众史之异辞，补前书之所阙。若裴松之《三国志》，陆澄、刘昭两《汉书》，刘彤《晋纪》，刘孝标《世说》之类是也。”[②] 陈振孙《直斋书录解题》卷四也说：“松之在元嘉时承诏为之注，鸠集传记，增广异闻。大抵本书固率略，而注又繁芜。”[③] 然而，正是因为这些抄撰之作，广搜博引，捡取诸书精华，内容丰富广泛，再辅以创造性的编纂体例，予以润色、加工、联缀、补充、考订，才保存了大量宝贵史料，如果过分强求，便不免苛责古人了。有学者指出：“裴松之开创充实史料的史注体，建立多元注释的注史例。”[④] 裴松之补阙式的注史方法，启发了其后刘孝标的《世说新语注》和郦道元的《水经注》的撰著。周一良先生说：“裴松之、刘孝标、郦道元的注，多为补遗订误，而非字句出入，往往连篇累牍，达千百言。”[⑤] 正如梁启超先生《中国历史研究法》所说：“善钞书者可以成创作。”[⑥] 裴松之、刘孝标、郦道元三注的价值，今人已有公论，兹不赘言。

尤其是郦道元的《水经注》，虽然也可以归入抄撰之作这个类型，但实际上是以“撰”为体，以“抄”为用，撰胜于抄的作品。其所抄撰有选择，有节略；有目的，有功用；有比勘，有辨证，在编纂时体现着作者的思想，浸润着作者的感情，因此是一部富有实践品格的实

① 鲁迅：《中国小说史略》第五篇《六朝之鬼神志怪书》（上），人民文学出版社 1973 年版，第 31 页。

② （唐）刘知几撰：《史通笺注》，张振佩笺注，贵州人民出版社 1985 年版，第 164 页。

③ （宋）陈振孙：《直斋书录解题》，《史部·正史类·三国志》，上海古籍出版社 1987 年版。

④ 伍野春：《裴松之评传》，南京大学出版社 1998 年版，第 233 页。

⑤ 周一良：《魏晋南北朝史学著作的几个问题》，《魏晋南北朝史论集》，北京大学出版社 1997 年版，第 409 页。

⑥ 梁启超：《中国历史研究法》，上海古籍出版社 1998 年版，第 20 页。

学巨著，被誉为“宇宙未有之奇书”[①]。

## 二 《水经注》：汉魏晋宋地记的集成和总结

《水经注》对以辛氏《三秦记》、罗含《湘中记》、盛弘之《荆州记》等为代表的大量的前代地记进行了集成和总结。朱谋㙔《水经注笺序》：“在昔志地者，《禹贡》而下，代有撰述，迄于齐梁，至二百四十四家。陆常侍澄、任太常昉，先后集为一部，名《地理书》，极称该博。隋唐之际，图史散失，陆、任所纂，已不可得，而别集自行者，犹五十余家。乃今所传，仅《山海》《佛国》《十洲》《神异》数种而已。然而奇编奥记，往往散见《水经注》中。造语命词，殊为彪炳，则知《水经》一注，撷彼二百四十四家菁英居多，岂不诚为六朝异书哉?”朱氏在这里极赞《水经注》对《地理书》亦即前代地记的保存之功，恰恰说明了《水经注》是集前朝地记之大成的作品。

《水经注》对前代地记的借鉴和吸收是多方面的，但其中最为重要的还是对前代地记作品山水描写的引用和借鉴。罗含《湘中记》、袁山松《宜都记》、盛弘之《荆州记》等优秀南方地记作品，在山水描写方面给予《水经注》的影响更大。一方面，上述南方地记作品对南方秀丽旖旎的山水景物的记述和描写，使本来就相对秀美的南方山水得到更为强化的艺术表现；另一方面，郦道元在撰写《水经注》时，“江汉灉漳，限于正朔，不能登岣嵝，上会稽，攀秦望，探禹穴”，只好“采拾旧文，加以甄录，旁稽图史，使其有征”（清汪士铎《拟郦氏水经注序》），所以对这些南方地记的依赖也就更大。《水经注》除了标明引文出处的段落外，其中许多景物描写也是暗引诸地记而来。仅以《水经注》卷三十七《夷水》“东南过佷山县南”注为例：

① （清）刘继庄：《广阳杂记》卷四语。

夷水自沙渠入县，水流浅狭，裁得通船。东迳难留城南，城即山也。独立峻绝，西面上里余，得石穴。把火行百许步，得二大石碛，并立穴中，相去一丈，俗名阴阳石。阴石常湿，阳石常燥。每水旱不调，居民作威仪服饰，往入穴中，旱则鞭阴石，应时雨，多雨则鞭阳石，俄而天晴。相承所说，往往有效，但捉鞭者不寿，人颇恶之，故不为也。东北面又有石室，可容数百人。每乱，民入室避贼，无可攻理，因名难留城。①

按，《太平寰宇记》“武落钟离山，一名难留山，在长阳县西北七十作里”引盛弘之《荆州记》：“难留山北有石室，可容数百人，常以此室僻不可攻，因名为难留城。西北有石穴，指导火行百余步，有二大石，相去可丈余，名为阴阳石，阴石常湿，阳石堂燥，旱则鞭阴石，应时雨，雨则鞭阳石，俄而晴。但鞭者不寿，复不得称名，人颇惮之。”《太平御览》卷十一引盛弘之《荆州记》曰：“佷山县有一山独立峻绝，西北有石穴，北行百步许，二大石其间相去一丈许，俗名其一为阳石，一为阴石。水旱为灾，鞭阳石则雨，鞭阴石则晴。”

《水经注》卷三十七《夷水》“东南过佷山县南”注又云：

昔巴蛮有五姓，未有君长，俱事鬼神，乃共掷剑于石穴，约能中者奉以为君。巴氏子务相乃中之。又令各乘土舟，约浮者当以为君，惟务相独浮，因共立之，是为廪君。乃乘土舟，从夷水下，至盐阳。盐水有神女，谓廪君曰：此地广大，鱼盐所出，原留共居。廪君不许，盐神暮辄来宿，旦化为虫，群飞蔽日，天地晦暝。积十馀日，廪君因伺便射杀之，天乃开明。廪君乘土舟，下及夷城。夷城石岸险曲，其水亦曲，廪君望之而叹，山崖为崩。

① 《水经注疏》，第3055页。

廪君登之。上有平石，方二丈五尺，因立城其傍而居之，四姓臣之。死，精魂化而为白虎，故巴氏以虎饮人血，遂以人祀。[①]

按，《太平御览》卷七百八十五引盛弘之《荆州记》曰："昔廪君浮夷水，射盐神于阳石之上。"《后汉书》卷八十六《南蛮传》："巴郡南郡蛮，本有五姓：巴氏，樊氏，瞫氏，相氏，郑氏。皆出于武落钟离山。其山有赤黑二穴，巴氏之子生于赤穴，四姓之子皆生黑穴。未有君长，俱事鬼神，乃共掷剑于石穴，约能中者，奉以为君。巴氏子务相乃独中之，众皆叹。又令各乘土船，约能浮者，当以为君。余姓悉沉，唯务相独浮。因共立之，是为廪君。乃乘土船，从夷水至盐阳。盐水有神女，谓廪君曰：'此地广大，鱼盐所出，愿留共居。'廪君不许。盐神暮辄来取宿，旦即化为虫，与诸虫群飞，掩蔽日光，天地晦冥。积十余日，廪君伺其便，因射杀之，天乃开明。廪君于是君乎夷城，四姓皆臣之。廪君死，魂魄世为白虎。巴氏以虎饮人血，遂以人祠焉。"章怀太子注引《世本》曰："廪君使人操青缕以遗盐神，曰：'缨此，即相宜。'云与女俱生宜将去。盐神受而婴之。廪君即立阳石上，应青缕而射之，中盐神。盐神死，天乃大开也。"

《水经注》卷三十七夷水"东南过佷山县南"注又云：

盐水即夷水也。又有盐石，即阳石也。盛弘之以是推之，疑即廪君所射盐神处也。将知阴石，是对阳石立名矣。事既鸿古，难为明征。夷水又东迳石室，在层岩之上。石室南向，水出其下，悬崖千仞，自水上径望见。每有陟山岭者，扳木侧足而行，莫知其谁，村人骆都，小时到此室边采蜜，见一仙人，坐石床上，见都，凝瞩不转。都还招村人重往，则不复见。乡人今名为仙人室。

① 《水经注疏》，第3056页。

袁山松云：都孙息尚存。①

按，《太平御览》卷六百八十八引袁山松《宜都山川记》："盐水上有石室，民骆都到室边彩蜜，见一仙人裙衫白帢坐，见都，凝瞻不转。"

《水经注》卷三十七夷水"东南过佷山县南"注又云：

夷水又东与温泉三水合。大溪南北夹岸，有温泉对注，夏暖冬热，上常有雾气，疡疾百病，浴者多愈。父老传此泉先出盐，于今水有盐气。夷水有盐水之名，此亦其一也。②

按，《初学记》卷七《地部下》引袁山松《宜都山川记》曰："佷山县有温泉，注大溪。夏才暖，冬则大热，上常有雾气。百病久疾，入此水多愈。"

《水经注》卷三十七夷水"东南过佷山县南"注又云：

夷水又东迳佷山县故城南，县即山名也。孟康曰：音恒。出药草恒山。今世以银为音也。旧武陵之属县。南一里即清江东注矣。南对长杨溪。溪水西南潜穴，穴在射堂村东六七里，谷中有石穴，清泉潰流，三十许步复入穴，即长杨之源也。③

按，《北堂书钞》卷一百五十八《穴》引《宜都记》："佷山县南岸有溪，名长阳。此溪数里，上重山岭回曲，有射堂村。村东六七里，各中有石穴。清泉流三十许步，便入穴中，即长阳溪源也。"

---

① 《水经注疏》，第3057页。

② 同上书，第3057—3058页。

③ 同上书，第3058页。

《水经注》卷三十七夷水“东南过佷山县南”注又云：

> 水中有神鱼，大者二尺，小者一尺。居民钓鱼，先陈所须多少，拜而请之，拜讫，投钓饵。得鱼过数者，水辄波涌，暴风卒起，树木摧折。水侧生异花，路人欲摘者，皆当先请，不得辄取。①

按，《太平御览》卷四十九引《宜都记》曰：“佷山，山谷之内有石穴，穴出清泉，水有神鱼，大者二尺，小者一尺，钓者先请多少，拜而请之，数满便止。水侧有异花，欲摘如鱼请。又有异木，名千岁，叶似枣，冬夏常青。复有苍范溪相近。”

《水经注》卷三十七夷水“东南过佷山县南”注又云：

> 水源东北之风井，山回曲有异势，穴口大如盆，袁山松云：夏则风出，冬则风入，春秋分则静。余往观之，其时四月中，去穴数丈，须臾寒栗，言至六月中，尤不可当。往人有冬过者，置笠穴中，风吸之。经日还涉杨溪，得其笠，则知潜通矣。②

按，《太平御览》卷九引盛弘之《荆州记》曰：“宜都佷山县山有风穴，张口大数尺，名曰风井。夏则风出，冬则风入。风出之时，吹拂左右，常净如扫。暑月经之，凛然有衣裘想。《宜都山川记》曰：袁山松以六月至此穴，便思衣裘。”《太平御览》卷二十二：“盛弘之《荆州记》曰：宜都佷山县有风穴，穴口大数尺，名为风井，夏则风出，冬则风入。樵人有冬过者，置笠穴口，风吹之，经日还，涉长阳溪而得其笠。”《太平御览》卷二十六、卷五十四、卷七百六十五并引

① 《水经注疏》，第3058页。

② 同上书，第3059页。

盛弘之《荆州记》此条。

《水经注》卷三十七夷水“东南过佷山县南”注又云：

> 其水重源显发，北流注于夷水。此水清泠，甚于大溪，纵暑伏之辰，尚无能澡其津流也。县北十余里有神穴，平居无水，时有渴者，诚启请乞，辄得水。或戏求者，水终不出。县东十许里至平乐村，又有石穴，出清泉，中有潜龙，每至大旱，平乐左近村居，辇草秽著穴中。龙怒，须臾水出，荡其草秽，傍侧之田，皆得浇灌。①

按，《北堂书钞》卷一百五十八《穴》引《宜都记》：“佷山侧有石穴，穴出清泉，中有潜龙。每旱，民人秽其穴，辄涌水荡之，因得灌溉田。”

从上面的对照和比较，可见《水经注》此节文字内容，包括故事风俗叙述和景物描写，都是引用或抄变袁山松《宜都记》、盛弘之《荆州记》等文献而成的。这说明《水经注》之写作，尤其是南方山水风物之写作，参考或征引了汉魏晋宋地记大量具有文学性的文献材料，正如晚清学者陈运溶说：“郦注精博，集六朝地志之大成。”②

## 三　《水经注》对众多前代地理文献的编纂

### （一）编纂风格：广引博证

郦道元所注释的《水经》，作者现已难考。其书一万余字，大约成于汉魏时期，原系单独流传，记载了137条河流与水道的情况。文

① 《水经注疏》，第3059—3060页。

② （清）陈运溶：《荆州记序》，收于《麓山精舍丛书》。

字非常简要，“粗缀津绪，又阙旁通”[①]。郦道元为其作注，其实是以此书为基干，利用自己搜集到的各种相关资料广引博证，着意“布广前文”。王先谦《合校水经注》序云：“郦则于汉世郡县端委并包，曲折贯串，旁引支流以千数百计，使后之搜渠访渎者，一展卷而如按古图书。班之志地，根据经籍，稗三代以来之要典，不至放失无稽。郦尤因地致详。元魏以上故事旧文，皆可考求而得实。其繁简虽异，精思实同，洵乎闳览之山渊，方舆之键辅也。夫地无古不立，水非地不章。郦氏为书之旨，在因水以证地，即地以存古，是故迁贸毕陈，故实骈列。世或訾其好奇骋博，及视为词章所取资，虽谓于地理之学，概未有闻焉可也。今非无颛疏水道之书，以校彼优绌，果何如哉？余耽此三十年，足迹所至，必以自随。”[②] 王先谦对《水经注》予以高度评价和赞许，也指出了郦道元“因水以证地，即地以存古”的著书用意。

郦道元“博极群书，识周天壤”[③]，在《水经注》中不但详尽地记述了水道的发源、流程及归宿，举凡河川山脉等自然环境、宫殿桥梁等人文景观、郡邑及其建置沿革等情况，以及物产资源、风土人情、神话传说、民歌谣谚等，无不囊括其中。据陈桥驿统计，“《水经注》中引录六朝及以前文献多达479种，注文超过本文字数二十倍”。[④] 顾祖禹曾批评《水经注》云：“郦氏之病，在立意修辞，因端起类，牵连附会，百曲千回，文采有余，本旨转晦。”[⑤] 顾祖禹是以地理学者的眼光来审视《水经注》的，其实正是这些“牵连附会”，才大大加强了《水经注》的资料价值以及可读性。这其中，最使《水经注》增色添辉的就是其所广泛征引的汉魏晋宋地记。

---

① 郦道元：《水经注》原序。

② （清）王先谦校：《水经注·自序》，《四库未收书辑刊》第三辑第18册，第43页。

③ （清）刘献廷：《广阳杂记》语。

④ 《水经注》的文字多达32万字，超过《水经》原文近30万字。

⑤ （清）顾祖禹：《读史方舆纪要》，中华书局1955年版，第27页。

《水经注》完整构筑了中古时期的地理系统，是自成体系的著作。清沈钦韩《水经注疏证序》指出："地理之学，自晋裴秀、挚虞擘画益详。齐陆澄合《山海经》以来一百六十家为《地理书》；梁任昉又增八十四家为《地记》；陈顾野王又合为《舆地志》。迄今无一存者，其体例部分不可考。独郦氏之注《水经》，脉山络川，巨细悉包，通途城郭，准望分率，粲若列星，秘文轶记，随事诠叙，既精且博，而岿然独存于丧乱之世。"① 确实，《水经注》能流传至今，与其精博且实用是分不开的。

（二）编纂体例：体系严谨

郦道元在撰著《水经注》时，具有自己的注疏条例。除了在《水经注序》所说的"经有谬误者，考以附正文所不载，非经水常源者，不在记注之限"之外，他还借《管子》阐说了自己的注疏条例②。陈桥驿先生这样说明《水经注》的注疏条例：

> 《水经注》首先根据河流的干支关系、长短大小、独流入海抑是汇入大河等指标，为河流的各种称谓，制定了它们的定义，卷一《河水注》云：水有大小，有远近，水出山而流入海者，命曰经水。引他水及于海者，命曰枝水。出于地沟，流入大水及海者，命曰川水也。这一段注文真是开宗明义，它不仅是河流各种称谓的定义，而且也是郦道元撰写《水经注》的规范。在卷首所制定的撰写规范的，这就是《水经注》体例严密之处。③

① （清）沈钦韩：《水经注疏证序》，转引自谭家健、李知文《水经注选注》，中国社会科学出版社1989年版，第507页。

② 《水经注》卷一《河水注》："《管子》曰：水者，地之血气，如筋脉之通流者，故曰水具财也。五害之属，水最为大。水有大小，有远近，水出山而流入海者，命曰经水；引他水入于大水及海者，命曰枝水；出于地沟，流于大水，及于海者，又命曰川水也。"

③ 陈桥驿：《水经注记载的水文地理》，《水经注研究》，天津古籍出版社1985年版，第29页。

确实,《水经注》对每条水道的发源、流向、各级支流以及最终归宿等,都做了有条不紊的详细记述。在记述时,重点突出,眉目清楚。在对古中国河流体系的记述中,特别突出“四渎”即江、河、淮、济;“四渎”中又特别尊显河水,所以开篇用五卷写河水,其后用两卷写济水(卷七至卷八),用一卷写淮水(卷三十),用三卷写江水(卷三十三至卷三十五),“四渎”比较大的支流如黄河的支流渭水、淮河的支流汝水、江水的支流沔水也都单独成卷。这样的安排自有用意。先编排主流,后排支流,又以支流衔接主流,系统周密。有了这样的骨架,再把地记、郡书以及其他各种古籍文献的相关记述贯串上去,有时还把这些材料与实地考证互相印证,使得内容博杂、篇幅庞大的《水经注》,让人阅读起来却感觉其是条理清晰、严谨周密、体系性极强的地理文学著作。赵一清说:“观夫善长之为人,志气刚毅,故起例谨严;博览群书,故驰词绚发。以视江左诸公,习尚浮华,竞夸雕组,殆羞与绛灌为伍矣。后之职志方舆者,如李宏宪、乐子正、王正仲之流,莫不掇其菁英,奉为蓍蔡。”[①] 赵一清也特别指出《水经注》“起例谨严”而务实的特点,至于《水经注》对后世方志的沾溉,更自不待言。

### (三)编纂方法:稽核群说

郦道元《水经注》的注文,往往旁征博引各种文献资料,通过比照参考,对地理名目、沿革以及前代文献的错讹记载等作校考辨析,而不轻信文献记载,例如,《水经注》卷一《河水》“屈从其东南流,入于渤海”一句,注文总用二十余家文献,足有五千字。再如,卷三十二夏水“又东至江夏云杜县,入于沔”条注文,对夏水流注所作的考辨:

> 应劭《十三州记》曰:江别入沔为夏水,源夫夏之为名,始

① (清)赵一清:《水经注释自序》,光绪六年花幽楼刻本,第1页。

于分江，冬竭夏流，故纳厥称，既有中夏之目，亦苞大夏之名矣。当其决入之所，谓之堵口焉。郑玄注《尚书》，沧浪之水，言今谓之夏水，来同，故世变名焉。刘澄之著《永初山川记》云：夏水，古文以为沧浪，渔父所歌也。因此言之，水应由沔。今按夏水是江流沔，非沔入夏。假使沔注夏，其势西南，非《尚书》又东之文，余亦以为非也。自堵口下沔水，通兼夏目，而会于江，谓之夏汭也。故《春秋左传》称吴伐楚，沈尹射奔命夏汭也。杜预曰：汉水曲入江，即夏口矣。①

作者遍引应劭《十三州记》、郑玄《尚书》注、刘澄之《永初山川记》诸说，对夏水流注的情况进行考辨，然后提出自己的意见，又以杜预《春秋左传集解》作为自己的立论根据。类似的例子，在《水经注》中俯拾皆是。

郦道元《水经注》的注文，并不囿于《水经》原文，以翔实的文献资料对原文进行增补的工作，表现了“有能自立于所注者之中，而又游乎其外”的精神。同时，在对文献进行处理时，能够广收博采资料，认真鉴别考核，合理剪裁去取，表出一种求真、务实的作风。这可能是受到了刘宋裴松之《三国志注》的启发和影响。裴松之在《上三国志注表》中指出寿书“失在于略，时有所脱漏”，郦道元在《水经注序》中说：“《水经》虽粗辍津绪，又阙旁通”。裴、郦二人都不满于所注之书的粗简或脱漏，因而二注在广收博采的同时，又对原作进行了许多修补改进。裴松之在《上三国志注表》中把补史、考史方法分为四个方面：补阙、备异、惩妄、论辨。《水经注》在补史、考史方法这四个方面也同样有所注意。如卷十一易水“东过范阳县南，又东过容城县南”注：

① 《水经注疏》，第 2710—2711 页。

北有小金台，台北有兰马台，并悉高数丈，秀峙相对，翼台左右，水流径通，长庑广宇，周旋被浦，栋堵咸沦，柱础尚存，是其基构，可得而寻。访诸耆旧，咸言昭王礼宾，广延方士，至于郭隗、乐毅之徒，邹衍、剧辛之俦，宦游历说之民，自远而届者多矣。不欲令诸侯之客，伺隙燕邦，故修建下都，馆之南垂。言燕昭创之于前，子丹踵之于后，故雕墙败馆，尚传镌刻之石，虽无经记可凭，察其古迹，似符宿传矣。①

这是补阙之一例。小金台、兰马台是燕昭王礼宾所筑，但“无经记可凭”，郦道元“访诸耆旧”“察其古迹”，书之于注，以广见闻。又如卷一河水“去嵩高五万里，地之中也”注：

数说不同。道阻且长，经记绵褫，水陆路殊，径复不同，浅见末闻，非所详究，不能不聊述闻见，以志差违也。②

这是备异之一例。《水经注》之开篇，即列《昆仑记》《禹本纪》《山海经》《穆天子传》《外国图》诸家关于昆仑山的位置的不同说法，“以志差违”。《水经注》还有很多地方直接指出《水经》的谬误之处，如：

济水又南，迳彭城县故城东，不迳其县北也，盖《经》误证。③

渤海有阜城县，王莽更名吾城者，非《经》所谓阜城也。④

---

① 《水经注疏》，第 1028—1029 页。

② 同上书，第 5 页。

③ 《水经注》卷八济水注，见陈桥驿《水经注校释》，杭州大学出版社 1999 年版，第 145 页。以下版本同。

④ 《水经注》卷十浊漳水注，《水经注校释》，第 190 页。

濡水于此南入海，而不迳海阳县西也，盖《经》误证耳。[①]

甘水又于河南城西，北入洛，《经》言县南，非也。[②]

今县故城在东，明颍水不出其北，盖《经》误耳。[③]

高诱云：弗其，山名，在朱虚县东。余按诱说是，乃东汶，非《经》所谓入济者也，盖其误证。[④]

以上这些都是惩妄之例。又如：

《经》所谓石城县者，即宣城郡之石城县也。牛渚在姑熟、乌江两县界中，于石城东北减五百许里，安得迳牛渚而方届石城也？盖《经》之谬误也。[⑤]

这是论辨之一例。由此可见，裴松之《三国志注》补史、考史工作的诸项内容和方法，也都为郦道元《水经注》所运用。二《注》都表现了游乎所注原书之外的自立精神。郦道元不但敢于疑《经》、非《经》、正《经》，能出精神于古作者，而且对原书以外的文献中的谬误也能明辨其非。正如明人李长庚《水经注笺序》所云："今笺注一出，而变者可定，缺者可信，博者可核，疑者可证，是《经》之功不在《禹》下，而笺注之功，亦不在钦下矣。"如卷六汾水"又南，过平陶县东，文水从西来流注之"注：

王肃《丧服要记》曰：昔鲁哀公祖载其父。孔子问曰：宁设桂树乎？哀公曰：不也。桂树者，起于介子推。子推，晋之人也。

---

① 《水经注》卷十四濡水注，《水经注校释》，第258页。
② 《水经注》卷十六甘水注，《水经注校释》，第299页。
③ 《水经注》卷二十二颍水注，《水经注校释》，第388页。
④ 《水经注》卷二十四汶水注，《水经注校释》，第441页。
⑤ 《水经注》卷二十九沔水注，《水经注校释》，第512页。

文公有内难，出国之狄，子推随其行，割肉以续军粮。后文公复国，忽忘子推。子推奉唱而歌，文公始悟，当受爵禄。子推奔介山，抱木而烧死。国人葬之，恐其神魂捐于地，故作桂树焉。吾父生于宫殿，死于枕席，何用桂树为？余按夫子尚非玙璠送葬，安能问桂树为礼乎？王肃此证，近于诬矣。①

王肃《丧服要记》记孔子建议鲁哀公葬父用桂树之礼事，郦道元对此表示质疑并责之“近于诬”。郦道元的根据是“夫子尚非玙璠送葬”。《左传·定公五年》记载，鲁国季平子死后，他的家臣阳虎要用玙璠（一种美玉）给他装殓。《吕氏春秋·安死篇》：“鲁季孙有丧，孔子往吊之，入门而左，从容也。主人以玙璠收，孔子径庭而趋，历级而上”，进行谏阻。郦道元认为孔子是主张薄葬的，不可能建议鲁哀公用桂树之礼葬父。又如卷四河水“又南过蒲坂县西”注：

西逕历山下，上有舜庙。周处《风土记》曰：旧说，舜葬上虞。又记云：耕于历山，而始宁、剡二县界上，舜所耕田于山下，多柞树，吴越之间名柞为枥，故曰历山。余案：周处此《志》为不近情，传疑则可，证实非矣。安可假木异名，附山殊称，强引大舜，即比宁壤。更为失志记之本体，差实录之常经矣。②

对周处《风土记》所记历山之得名一说，郦道元提出论辩，指出其为“不近情”的牵强附会之说。《水经注原序》说：“绵古芒味，华戎代袭，郭邑空倾，川流戕改，殊名异目，世乃不同，川渠隐显，书图自贸。”郦道元认为，地理风貌是随着历史而变迁的，古今地理已发生了很大变化，因此前人的地理著作也必须经过考证和辨析。

① 《水经注疏》，第539—540页。
② 同上书，第304—305页。

限于南北分立的时代环境，郦道元无法对南方地域的地理进行实地考察，但他为了准确传述南方山水信息，有时要对多种文献进行比照分析，精心勘验。例如，《水经注》卷三十九“庐江水出三天子都”注解释庐山得名由来：

王彪之《庐山赋叙》曰：庐山，彭泽之山也。虽非五岳之数，穹隆嵯峨，实峻极之名山也。孙放《庐山赋》曰：寻阳郡南有庐山，九江之镇也。临彭蠡之泽，接平敞之原。《开山图》曰：山四方，周四百余里，叠鄣之岩万仞，怀灵抱异，苞诸仙迹。《豫章旧志》曰：庐俗，字君孝，本姓匡，父东野王，共鄱阳令吴芮佐汉定天下而亡。汉封俗于阳，曰越庐君。俗兄弟七人皆好道术，遂寓精于宫庭之山。故世谓之庐山。汉武帝南巡，睹山以为神灵，封俗大明公。远法师。《庐山记》曰：殷、周之际，匡俗先生，受道仙人，共游此山，时人谓其所止为神仙之庐，因以名山矣。又按周景式曰：庐山匡俗，字子孝，本东里子，出周武王时，生而神灵，屡逃征聘，庐于此山，时人敬事之。俗后仙化，空庐犹存，弟子睹室悲哀，哭之旦暮，事同乌号。世称庐君，故山取号焉。斯耳传之谈，非实证也。故《豫章记》以庐为姓，因庐以氏，周氏远师，或托庐慕为辞，假凭庐以托称。二证既违，二情互爽。按《山海经》创之大禹，记录远矣。故《海内东经》曰：庐江出三天子都，入江彭泽西，是曰庐江之名，山水相依，互举殊称，明不因匡俗始，正是好事君子，强引此类，用成章句耳。[1]

在这段注文中，郦道元征引了王彪之《庐山赋叙》、孙放《庐山赋》《开山图》《豫章旧志》、慧远《庐山记》、周景式语、雷次宗

① 《水经注疏》，第3257—3260页。

《豫章记》《山海经》等文献资料，排列对比，最后得出自己的结论。郦道元的看法是，庐山之名源于庐江，而庐江的名字早就见诸《山海经》了，所以他说对于庐山的命名，无论是《豫章旧志》也好，还是慧远和周景式的说法也好，都是错误的："二证既违，三情互爽。"这里的"二证"指庐姓、庐墓二端，"三情"指《豫章旧志》及周氏、远师三说。这非常典型的说明郦道元对南方山水记述的审慎态度，他不肯轻信文献材料，当各种文献记载出现记述差别时，他要稽核群说，认真梳理辨别，才肯做出结论。

（四）编纂特色：实地考证

郦道元反对"默室求深，闭舟问远"，因而每每"访渎搜渠"，"自献径见之心，备陈舆徒之说"[①]，《水经注》中多记有郦道元因做地方官之便而"亲所迳涉"之处或"访诸耆旧"之语。如卷三《河水》注："河水南入桢陵县西北，缘胡山，历沙南县东北，两山、二县之间而出。余以太和中为尚书郎，从高祖北巡，亲所迳涉。"又如卷十三《漯水》注："其水又迳宁先宫东，献文帝之为太上皇，所居故宫矣。宫之东次，下有两石柱，是石虎邺城东门石桥柱也。按柱勒赵建武中造，以其石作工妙，徙之于此。余为尚书祠部，与宜都王穆罴同拜北郊，亲所经见，柱侧悉镂云矩，上作蟠螭，甚有形势，信为工巧，去《子丹碑》则远矣。"郦道元亲自观察了石虎邺城东门石桥柱，并与《子丹碑》作了比较。再如，卷三《河水》注："河水又北，有薄骨律镇城，在河渚上，赫连果城也。桑果余林，仍列洲上。但语出戎方，不究城名。访诸耆旧，咸言，赫连之世，有骏马死此，取马色以为邑号，故目城为白马骝。"郦道元为了一个城名的由来"访诸耆旧"，表现了其一丝不苟的求实精神。

---

① 见郦道元《水经注原序》。

“博极群书，识周天壤”[①]的郦道元，在进行实地考察的时候，也往往把自己亲临现场的感受和体会，与典籍所载相印证。例如，《水经注》卷三《河水》“又东过云中祯陵县南”注云：“芒干水又西南迳白道南谷口。有城在右，萦带长城，背山面泽，谓之白道城。自城北出有高阪，谓之白道岭。沿路唯土穴，出泉，挹之不穷。余每读《琴操》见《琴慎相和雅歌录》云‘饮马长城窟’，及其跋涉斯途，远怀古事，始知信矣，非虚言也。顾瞻左右，山椒之上，有垣若颓基焉。沿溪亘岭，东西无极，疑赵武灵王之所筑也。”此写战国赵长城遗迹。郦道元以前读《琴操》，其中有句曰“饮马长城窟”，当时颇为不解，认为北方干旱，长城附近未必有可以饮马之水，可亲来此地考察以后，郦道元恍然大悟，原来，“沿路唯土穴，出泉，挹之不穷”。又如卷四《河水》“又南，过河东北屈县西”注：

孟门山与龙门山相对。《山海经》曰：孟门之山，其上多苍玉、多金。其下多黄垩、涅石。《尸子》曰：龙门未辟，吕梁未凿，河出孟门之上，大溢逆流，无有邱陵高阜灭之，名曰洪水。大禹疏通，谓之孟门。故《穆天子传》曰：北登盟门，九河之隥。孟门即龙门之上口也。实为河之巨阸，兼孟门津之名矣。此石经始禹凿，河中漱广，夹岸崇深，倾崖返捍，巨石临危，若坠复倚。古之人有言，水非石凿而能入石，信哉！其中水流交冲，素气云浮，往来遥观者，常若雾露沾人，窥深悸魄。其水尚崩浪万寻，悬流千丈，浑洪赑怒，鼓若山腾，浚波颓叠，迄于下口。方知慎子下龙门，流浮竹，非驷马之追也。[②]

这段文字中，郦道元先叙述《山海经》《尸子》《穆天子传》等古

① （清）刘献廷：《广阳杂记》语。
② 《水经注疏》，第280—282页。

籍对孟门山的记载情况，然后以自己亲临观察的感受，与古书记录印证："古之人有言，水非石凿而能入石，信哉！"因为有了真切的感受，所以接下来郦道元以优美生动的文笔，对孟门山撼动山河的气势予以精彩状绘。最后郦道元还对《慎子》中记载的"河下龙门，其流，驶如竹箭，驷马追之不及"这一说法表示认可。郦道元这种以亲身体验补正经籍之实证精神，为后世留下了许多生动的第一手资料和鲜活的画面，为《水经注》增色添辉，使《水经注》弥足珍贵。

郑德坤《水经注引得序》说，"清刘继庄为徐乾学定《一统志》稿，遇古今之沿革迁徙盘错处，每得郦注一语，涣然冰释，盖以其钩稽详明，数千年之往迹故渎，如观掌纹也"。[①] 确实，《水经注》本着严肃审慎、求真务实的态度进行创作，大有裨益于后世方志学，不愧是"不可无一，不容有二"[②] 的杰作。

## 第四节　《水经注》暗引、抄变汉魏晋宋地记例证

《水经注》征引汉魏晋宋地记时，大部分都明确标注所引文字的出处，或标文献名，或标作者，或既标文献名，也标作者名。但在《水经注》的引文中，也还有另两种情况，即本于前代文献为文而未标明出处，是为暗引；或以前代文献为基础，对之进行节略、删改或整合，是为抄变。熊会贞也发现："郦氏运用古籍，不必尽出书名也。"[③]

在记述南方山水时，《水经注》暗引或抄变汉魏晋宋地记的情况较多，《水经注》中许多景物描写也是本于诸地记而为文。如《水经注》卷八《济水注》多引郭缘生《述征记》，卷十八和卷十九《渭水

① 郑德坤：《水经注引得·序》，哈佛燕京学社1934年版，第2页。

② （清）沈德潜：《沈炳巽〈水经注集释订讹〉序》语。

③ 《水经注疏》卷十八渭水"又东过武功县北"注疏熊会贞按语，《水经注疏》，第1525页。

注》多引汉代辛氏《三秦记》，卷二十八《沔水注》、卷三十一《淯水注》、卷三十二《沮水注》《漻水注》《夏水注》《沮水注》《涢水注》等多引刘宋盛弘之《荆州记》，卷三十三、卷三十四、卷三十五《江水注》多引东晋袁山松《宜都记》和盛弘之《荆州记》，卷三十六《温水注》多引《林邑记》，卷三十八《湘水注》多引东晋初罗含《湘中记》，《溱水注》多引刘宋王韶之《始兴记》，卷三十九《赣水注》多引刘宋雷次宗《豫章记》，卷四十《渐江水注》多引刘宋刘道真《钱唐记》、刘宋孔灵符《会稽记》和刘宋郑缉之《东阳记》，等等。其中有很多地方都是暗引这些地记的原文，或基本上是抄录上述地记的文字而略加变化。

本节选取《水经注》中所引用的五种文学性较强的地记文献进行归类，说明《水经注》暗引这些文献的情况，具体列出文献原文，置于《注》文之下，以利于比较对照。从《水经注》暗引这些文献的内容和频率，也可以看出《水经注》在山水景物描写等方面对这些文献的借鉴和吸收的一般情况。

## 一　《水经注》暗引、抄变袁山松《宜都记》

袁行霈主编《中国文学史》第三编第八章说："从著述源流看，晋宋地志中的山水描写与语言风格是《水经注》的先导。东晋袁山松的《宜都山川记》，被郦氏引用达八次之多。"这大概是根据王谟的说法而来："江水东过姊归县南，至东南过夷道县北，皆宜都郡治中。引《宜都记》者三，袁山松者五。"[①] 但这恐怕还非确数。据笔者统计，《水经注》共有十二次引用了《宜都记》的内容，其中引《宜都记》者四，引袁山松者八，若再加上引袁山松《宜都记》内容而未注

① 参见《宜都山川记叙录》，王谟《汉唐地理书钞》，第354页。

明出处者九处，总共二十一条。以下九条则为《水经注》中暗引袁山松《宜都记》而未注明出处的：

江水又东径黄牛山下，有滩名曰黄牛滩。南岸重岭迭起，最外高崖间有石，色如人负刀牵牛，人黑牛黄，成就分明，既人迹所绝，莫得究焉。此岩既高，加以江湍纡回，虽途径信宿，犹望见此物，故行者谣曰：朝发黄牛，暮宿黄牛，三朝三暮，黄牛如故。言水路纡深，回望如一矣。①

按，《艺文类聚》卷九十四兽部中："袁山松《宜都山川记》曰：自峡口溯江百许里，至黄牛滩，南岸有重山，山顶有石壁，上有人负刀牵黄牛，人迹所绝，莫得究焉。"

江水历峡，东径宜昌县之插灶下，江之左岸，绝岸壁立数百丈，飞鸟所不能栖，有一火烬，插在崖间，望见可长数尺。父老传言，昔洪水之时，人薄舟崖侧，以余烬插之岩侧，至今犹存，故先后相承，谓之插灶也。②

按，《太平御览》卷一百八十六灶："《宜都县记》曰：宜都山绝崖壁立数百丈，有一火烬插在崖间，望可长数尺。传云尧洪水，人泊船此旁，爨余留之，故曰插灶崖。"

夷水又东，与温泉三水合。大溪南北夹岸，有温泉对注，夏暖冬热，上常有雾气，疡痍百病，浴者多愈。父老传，此泉先出

① 《水经注》卷三十四江水注，《水经注疏》，第2843—2844页。
② 同上书，第2842页。

盐，于今水有盐气，夷水有盐水之名，此亦其一也。[①]

按，《初学记》卷七地部下："袁山松《宜都山川记》曰：佷山县有温泉，注大溪。夏才暖，冬则大热，上常有雾气。百病久疾，入此水多愈。"

> 夷水又东径佷山县故城南，县即山名也……南对长杨溪。溪水西南潜穴，穴在射堂村东六七里。谷中有石穴，清泉溃流三十许步，复入穴，即长杨之源也。[②]

按，《北堂书钞》卷一百五十八穴引《宜都记》："佷山县南岸有溪，名长阳。此溪数里，上重山岭回曲，有射堂村。村东六七里，各中有石穴。清泉流三十许步，便入穴中，即长阳溪源也。"

> 水中有神鱼，大者二尺，小者一尺，居民钓鱼，先陈所须多少，拜而请之，拜讫投钩饵。得鱼过数者，水辄波涌，暴风卒起，树木摧折。水侧生异花，路人欲摘者，皆当先请，不得辄取。[③]

按，《太平御览》卷四十九西楚南越诸山引《宜都记》曰："佷山，山谷之内有石穴，穴出清泉，水有神鱼，大者二尺，小者一尺，钓者先请多少，拜而请之，数满便止。水侧有异花，欲摘如鱼请。又有异木，名千岁，叶似枣，冬夏常青。复有苍范溪相近。"

> （水源东北之风井，山回曲，有异势，穴口大如盆）往人有

① 《水经注》卷三十七夷水注，《水经注疏》，第3057页。

② 同上书，第3058页。

③ 同上书，第3058—3059页。

冬过者，置笠穴中，风吸之。经月，还步杨溪，得其笠，则知潜通矣。其水重源显发，北流注于夷水。此水清冷，甚于大溪，纵暑伏之辰，尚无能澡其津流也。①

按，《太平御览》卷四十九西楚南越诸山引《宜都记》曰："宜阳山有风井，穴大如瓮，夏出冬入。有樵人置笠穴口，风吸之，后于长杨溪口得笠，则知潜通也。"《太平御览》卷九风引盛弘之《荆州记》曰："宜都佷山县山有风穴，张口大数尺，名曰风井。夏则风出，冬则风入。风出之时，吹拂左右，常净如扫。暑月经之，凛然有衣裘想。《宜都山川记》曰袁山松以六月至此穴，便思衣裘。"

县北十余里，有神穴。平居无水，时有渴者，诚启请乞，辄得水。或戏求者，水终不出。②

按，《太平御览》卷五十四穴引《宜都记》曰："佷山县有文石穴，平居无水，有渴者至，请乞辄得水；戏乞则不得。"

县东十许里至平乐村，又有石穴，出清泉。中有潜龙，每至大旱，平乐左近村居辇草秽着穴中，龙怒，须臾水出，荡其草秽，傍侧之田皆得浇灌。③

按，《太平御览》卷七十渊引《宜都山川记》曰："乡下村有渊，渊有神龙，每旱，百姓辄以辇草投渊上流，鱼死龙怒，应时天雨。"

① 《水经注》卷三十七夷水注，《水经注疏》，第3059—3060页。
② 同上书，第3060页。
③ 同上。

夷水又径宜都北，东入大江，有泾渭之比，亦谓之佷山北溪。水所经皆石山，略无土岸，其水虚映，俯视游鱼，如乘空也。①

按，《太平御览》卷六十江引《宜都记》曰："大江清浊分流，其水十丈见底，视鱼游如乘空，浅处多五色石。"《水经注》卷二十二洧水注："绿水平潭，清洁澄深，俯视游鱼，类若乘空矣，所谓渊无潜鳞也。"以"乘空"状水之清澈，也显然是受到了《宜都记》的启发。

## 二 《水经注》暗引、抄变盛弘之《荆州记》

但《水经注》中暗引盛弘之《荆州记》不注其出处者则最多，今辑而统之，近七十节。兹列如下：

汉临江王荣冢。景帝以罪征之，将行，祖于江陵北门，车轴折。父老泣曰：吾王不反矣！荣至，中尉郅都急切责王。王年少，恐而自杀，葬于是川。有燕数万，衔土置冢上，百姓矜之。②

按，《世说新语》卷一言语注引盛弘之《荆州记》："荆州城临汉江，临江王所治。王被征，出城北门而车轴折。父老泣曰：'吾王去，不还矣！'从此不开北门。"又，《北堂书钞》卷一百三十九车部引盛弘之《荆州记》同。

沔水又东，得浐口。其水承大浐、马骨诸湖，水周三四百里。及其夏水来同，渺若沧海，洪潭巨浪，萦连江沔。故郭景纯《江

① 《水经注》卷三十七夷水注，《水经注疏》，第3063页。
② 《水经注》卷十九渭水注，《水经注疏》，第1606页。

赋》云其旁则有朱浐丹漅是也。[①]

按，《初学记》卷七地部下引盛弘之《荆州记》曰："云杜县左右有大浐、马骨等湖，夏水来则渺漭若海，及冬涸则平林旷泽，四眺烟日。"

县有太山，山下有庙，汉末名士居其中。刺史二千石、卿长数十人，朱轩毕盖，同会于庙下。荆州刺史行部见之，雅叹其盛，号为冠盖里，而刻石铭之。[②]

按，《太平御览》卷一百六十八山南道下引盛弘之《荆州记》曰："襄阳郡砚首山南至宜城百余里，其间雕墙峻宇，闾阎填列。汉宣帝末，其中有卿士、刺史、二千石数十家，珠轩骈辉，华盖连延，掩映于大太庙下。荆州刺史行部见之，雅叹其盛，敕号太上庙，道为冠盖里。"又引见《太平御览》卷一百五十七叙县微有详略异同。

城北枕沔水，水中常苦蛟害。襄阳太守邓遐，负其气果，拔剑入水，蛟绕其足，遐挥剑斩蛟，流血丹水，自后患除，无复蛟难矣。[③]

按，邓遐，《晋书》附于其父《邓岳传》，叙斩蛟事，较此为略[④]，此本盛弘之《荆州记》，引见《初学记》卷七地部下："《荆州记》曰：沔水隈潭极深，先有蛟为害。邓遐为襄阳太守，拔剑入水。蛟绕

① 《水经注》卷二十八沔水注，《水经注疏》，第 2412—2413 页。

② 同上书，第 2398 页。

③ 同上书，第 2373 页。

④ 见《晋书》卷八十一《邓岳传附子遐传》，《晋书》，第 2132 页。

其足，遐自挥剑，截蛟数段，流血丹水，勇冠当时。于后遂无蛟患。”《太平御览》卷六十二沔引盛弘之《荆州记》，同。《太平御览》卷四百三十七勇五、《太平御览》卷九百三十蛟及《太平寰宇记》襄阳县北引略同。

沔水又径平鲁城南。城，鲁宗之所筑也，故城得厥名矣。东对樊城，樊仲山甫所封也……城西南有曹仁《记水碑》，杜元凯重刊其后，书伐吴之事也。①

按，《北堂书钞》卷一百二碑引盛弘之《荆州记》：“平鲁城南有有曹仁《记平鲁城碑》，杜元凯因其伐吴，书于碑上。”

沔水又东径隆中，历孔明旧宅北。亮语刘禅云：先帝三顾臣于草庐之中，咨臣以当世之事，即此宅也。车骑沛国刘季和之镇襄阳也，与犍为人李安共观此宅，命安作宅铭云：天子命我于沔之阳，听鼓鼙而永思，庶先哲之遗光。后六十余年，永平之五年，习凿齿又为其宅铭焉。②

按，《太平御览》卷一百八十宅引盛弘之《荆州记》曰“襄阳西北十许里，名为隆中，有诸葛孔明宅”。《太平御览》卷一百七十七台上：“《南雍州记》曰：隆中，诸葛亮故宅，有旧井一，今涸，无水。盛弘之《记》云：宅西有三间屋，基迹极高，云是孔明避水台。先有人姓董居之，灭门后无复敢有住者。齐建武中，有人修井，得一石枕，高一尺二寸，长九寸，献晋安王。习凿齿又为宅铭。今宅院见在。”

---

① 《水经注》卷二十八沔水注，《水经注疏》，第 2376 页。

② 同上书，第 2366—2367 页。

堵水之旁有别溪，岸侧土色鲜黄。①

按，《太平御览》卷三十七土：“盛弘之《荆州记》曰：武当县有一溪，岸土色鲜黄，乃可啖。”是郦所本。

沔水北岸数里，有大石激，名曰五女激。或言：女父为人所害，居固城，五女思复父怨，故立激以攻城。城北今沦于水。亦云：有人葬沔北，墓宅将为水毁，其人五女无男，皆悉巨富，共修此激以全坟宅。然激作甚工。②

按，《酉阳杂俎》续集卷四《贬误》引盛弘之《荆州记》曰：“固城临洱水，之北岸有五女墩。西汉时，有人葬洱，墓将为水所坏。其人有五女，共创此墩，以防其墓。”“墩”应为“激”之误。又见引《太平广记》卷三百八十九。

筑阳县水中有孤石挺出，其下澄潭，时有见此石根如竹根，而黄色，见者多凶，相与号为承受石，所未详也。③

按，《太平御览》卷五十二石下引盛弘之《荆州记》曰：“筑阳粉水口有一石，下不测，出地尺余，围可三尺，色极青。其上如斫，明可以鉴人，相传以为殒星。县西有孤石挺出，其下临潭。旷有见根者，如竹根。”

魏文帝合房陵、上庸西城立以为新城郡，以孟达为太守，治

① 《水经注》卷二十八沔水注，《水经注疏》，第2347页。
② 同上书，第2364—2365页。
③ 同上书，第2362页。

房陵。①

(房陵)有白马山，山石似马，望之逼真侧水，谓之白马塞。孟达为守登之而叹曰：刘封、申耽据金城千里，而更失之乎？为《上堵吟》，音韵哀切，有恻人心。今水次尚歌之。②

按，上二节，《太平御览》卷四十三商洛襄邓淮蔡诸山引盛弘之《荆州记》曰："孟达为新城太守，登白马塞山而叹曰：'刘封、申耽据金城千里而不能守，岂丈夫也?'为上渚吟，方士今犹传此，声韵愤激，其哀思之音乎！游者云重山迭嶂，事亦信然也。"《太平御览》卷一百六十八山南道下："盛弘之《荆州记》曰：竹山县有白马塞。孟达为新城太守，登白马而叹曰：刘封、申耽据金城千里而不能守，岂丈夫哉!"《太平御览》卷三百九十二吟："盛弘之《荆州记》曰：新城郡瀙水，别有一溪，其傍有白马塞。孟达登之叹曰：'金城千里!'遂为《上瀙吟》。彼方人犹传此。声韵凄激，其哀思之音乎。"

湍水又径冠军县故城东。县本穰县之卢阳乡，宛之临駣聚。汉武帝以霍去病功冠诸军，故立冠军县以封之。水西有汉太尉长史邑人张敏碑。碑之西有魏征南军司张詹墓。墓有碑，碑背刊云：白楸之棺，易朽之裳；铜铁不入，丹器不藏。嗟矣后人，幸勿我伤。自后古坟旧冢莫不夷毁，而是墓至元嘉初尚不见发。六年大水，蛮饥始被发掘。说者言，初开，金银铜锡之器、朱漆雕刻之饰烂然，有二朱漆棺，棺前垂竹帘，隐以金钉。墓不甚高而内极宽大。虚设白楸之言，空负黄金之实，虽意锢南山，宁同寿乎?③

① 《水经注》卷二十八沔水注，《水经注疏》，第2346页。

② 同上书，第2347页。

③ 《水经注》卷二十九湍水注，《水经注疏》，第2465—2466页。

按，《艺文类聚》卷四十礼部下引盛弘之《荆州记》曰："冠军县东，有魏征南军司张詹墓，刻其碑背曰：白楸之棺，易朽之裳，铜铁不入，瓦器不藏，嗟矣后人，幸勿我伤，至元嘉六年，民饥，始被发，金银朱漆之器，雕刻烂然。"《太平御览》卷五百五十一棺："盛弘之《荆州记》曰：冠军县东一里有张詹墓，魏太和时人也。刻碑背曰：'白楸之棺，易朽之裳。铜钱不入，瓦器不藏。嗟尔后人，幸勿我伤。'自胡石之乱，坟墓莫不夷毁。此墓元嘉初犹俨然，六年大水，民饥，始被发。初开，金银锡铜之器烂然毕备。有二朱漆棺，棺前垂竹薄帘，金钉钉之。"《太平御览》卷七百六十七钉、《太平御览》卷五百八十九碑引略同。

> 粉水导源东流，径上粉县。取此水以渍粉，则皓耀鲜洁，有异众流，故县水皆取名焉。……（江州）县下又有清水穴，巴人以此水为粉，则皓曜鲜芳，贡粉京师，因名粉水。故世谓之为江州堕林粉，粉水亦谓之为粒水矣。①

按，《初学记》卷六《地部中》引盛弘之《荆州记》曰："筑阳县西有粉水，源出房陵县。取其水为粉，鲜洁异于锦水，故因名粉水。巴郡临江县亦有此水，取以为粉，旧常献之。"《太平御览》卷五十九引同。

> 均水发源弘农郡之卢氏县熊耳山，山南即修阳、葛阳二县界也。双峰齐秀，望若熊耳，因以为名。齐桓公召陵之会，西望熊耳，即此山也。太史公司马迁皆尝登之。②

① 《水经注》卷三十三江水注，《水经注疏》，第 2795 页。
② 《水经注》卷二十九均水注，《水经注疏》，第 2471 页。

按，《史记》卷二十八《封禅书第六》司马贞《索隐》："荆州记耒阳、益阳二县东北有熊耳，东西各一峰，状如熊耳，因以为名。齐桓公并登之。"但未言此为何本《荆州记》。今考《太平御览》卷四十二河南宋郑齐鲁诸山："盛弘之《荆州记》曰：南郑修县北，有熊耳山，山东西各一峰傍竦，南北望之若熊耳。山多漆，下多棕，浮豪之水出焉，西流注于洛。又按《仙书》谓此山上有青丹之树，得而服之成仙。"知是弘之说。

宛县有紫山，山东有一水，东西十五里，南北二百步，湛然冲满，无所通会，冬夏常温，世亦谓之汤谷也。①

按，《文选》卷四《南都赋》"汤谷涌其后，淯水荡其胸"句，李善注引盛弘之《荆州记》曰"南阳郡城北有紫山，紫山东有一水，无所会通，冬夏常温，因名汤谷"。《文选》卷十三谢惠连《雪赋》"焦溪涸，汤谷凝"句李善注同。

淯水又南，梅溪水注之。水出县北紫山，南迳百奚故宅……又谓之汝溪，南流而左注淯水。②

按，《艺文类聚》卷六十四居处部四引盛弘之《荆州记》曰："新野郡西七里，有梅溪，源出紫山，南流注淯，故老传溪西有百里奚宅。"《太平御览》卷一百八十宅引同。

城侧有范蠡祠。蠡，宛人，祠即故宅也。后汉末有范曾，字子闵，为大将军司马，讨黄巾贼至此祠，为蠡立碑，文勒可寻。

① 《水经注》卷三十一湍水注，《水经注疏》，第2582页。

② 《水经注》卷三十一淯水注，《水经注疏》，第2606页。

夏侯湛之为南阳，又为立庙焉。[①]

按，《史记》卷四十一《越王句践世家》唐张守节《正义》引盛弘之荆州记云："荆州华容县西有陶朱公冢，树碑云是越范蠡。"《登楼赋》李注引盛弘之《荆州记》同。《太平御览》卷一百八十宅引盛弘之《荆州记》："新野郡南有越相范蠡祠，蠡宅三户，人传云祠处即是宅。"为郦所本。

南阳城南九十里有晋尚书令乐广故宅……其故居今置戍，因以为名。[②]

按，《太平御览》卷一百八十宅引盛弘之《荆州记》："襄阳范蠡祠南，有晋河南尹乐广宅。周回十余亩，曩旧井犹未颓。檀道济置逻其中，即名为乐宅。"

水侧有断蛇丘，隋侯出而见大蛇中断，因举而药之，故谓之断蛇丘。后蛇衔明珠报德，世谓之隋侯珠，亦曰灵蛇珠。[③]

按，《太平御览》卷四百七十九报恩引盛弘之《荆州记》曰："随侯曾得大蛇，不杀而遣之。蛇后御明月珠以报隋侯，一名隋侯珠。"

石鱼山，下多玄石，山高八十馀丈，广十里。石色黑而理若云母，开发一重，辄有鱼形，鳞鬐首尾，宛若刻画，长数寸，鱼

① 《水经注》卷三十一淯水注，《水经注疏》，第2608页。
② 同上书，第2611页。
③ 《水经注》卷三十一涢水注，《水经注疏》，第2641页。

形备足，烧之作鱼膏腥，因以名之。[①]

按，《太平御览》卷九百三十六鱼下：“盛弘之《荆州记》曰：长沙湖乡连瞬颠有石鱼，形若鲤，相重沓如云母，炙之作鱼脯。”

沮水出东汶阳郡沮阳县西北景山，即荆山首也，高峰霞举，峻竦层云。[②]

按，《太平御览》卷四十九西楚南越诸山引盛弘之《荆州记》曰：“景山，在上洛县西南二百里，东与荆山连接，有沮水源出焉。其山一名雁浮山，荆山之首曰景山，雁南翔北归遍经其上，土人由兹改名为雁山，又为雁塞山。”[③]

（烈山）山下有一穴，父老相传云，是神农所生处也。故《礼》谓之烈山氏。水北有九井，《子书》所谓神农既诞，九井自穿，谓斯水也。又言汲一井则众水动。井今堙塞，遗迹仿佛存焉。亦云赖乡，故赖国也，有神农社。[④]

按，《初学记》卷七地部下引盛弘之《荆州记》曰：“隋郡北界有厉乡村，村南有重山，山下有一穴。父老相传云：神农所生林，西有两重堑，内有周围一顷二十亩地，中有九井。神农既育，九井自穿。又云：汲一井则众井水动。即以此为神农社，年常祠之。疱牺生乎陈，

① 《水经注》卷三十八涟水注，《水经注疏》，第3118页。

② 《水经注》卷三十二沮水注，《水经注疏》，第2695页。

③ 《艺文类聚》卷九十一鸟部中：“盛弘之《荆州记》曰：雁塞北接梁州汶阳郡，其间东西岭，属天无际，云飞风翥，望崖回翼，唯一处为下，朔雁达塞，矫翮裁度，故名雁塞，同于雁门也。”

④ 《水经注》卷三十二澴水注，《水经注疏》，第2656页。

神农育乎楚，考籍应图，于是乎在。”《太平御览》卷一百八十九井引盛弘之《荆州记》：“随郡北界有庙乡，村南有重山，山下有一村，父老相传，云是神农所生村。西有重堑，内周回一顷二十亩，地中有九井。相传神农既育，九井自穿。又云：汲一井则众井水动。则以地为神农社，年常祀之。”

江津豫章口东有中夏口，是夏水之首，江之汜也。屈原所谓“过夏首而西浮，顾龙门而不见”也。龙门即郢城之东门也。[①]

江水又东，涌水注之。水自夏水南通于江，谓之涌口。二水之间，《春秋》所谓阎敖游涌而逸者也。[②]

按，上二节，《太平御览》卷六十九洲引盛弘之《荆州记》：“江津东十余里，有中夏洲。洲之首，江之汜也。故屈原云：经夏首而西浮。又二十余里有涌口，所谓‘阎敖游涌而逸’。二水之间谓之夏洲，首尾七百里。”郦氏必本《荆州记》以为说。《四部丛刊初编》集部《鲒琦亭集经史问答》卷二：“一以南江为大江之委，一以为原，暮四朝三，不甚远也，则《荆州记》之说亦非也。”

沮水又东南，迳当阳县城北。城因冈为阻，北枕沮川，其故城在东一百四十里，谓之东城，在绿林长坂南。[③]

按，《太平御览》卷五十七林：“江陵县东一百里，有绿林山，茂林蓊郁。襄阳大路经由其西，所谓当阳之绿林也。”又《太平寰宇记》卷一百四十六山南东道五·荆州引盛弘之《荆州记》：“当阳东

---

① 《水经注》卷三十二夏水注，《水经注疏》，第2705页。
② 《水经注》卷三十五江水注，《水经注疏》，第2872页。
③ 《水经注》卷三十二沮水注，《水经注疏》，第2698页。

有栎林长坂。”

> 山盘纡百里，有赭岩迭起，冠以青林，与云霞乱采。山上有白石英，山下有平陵，有大堂基，耆旧云，尧行官所。[①]

按，《太平寰宇记》卷一百五十七岭南道一·广州引盛弘之《荆州记》：“尧山，赭岩迭起，冠以青林。”《太平御览》卷一百九十四馆驿引王韶之《始兴记》：“陶水源有尧山，长岭衡亘，远望如阵云。山下有平陵。陵上有古大堂基十余处，虽已夷漫，而识，谓曰尧故亭。父老相传，尧南巡，登此山，故亭即时其行宫。”郦道元《水经注》盖兼采之。

> 子胥造驴、磨二城以攻邑，即谚所云：东驴西磨，麦城自破者也。[②]

按，《太平御览》卷一百九十二城上引盛弘之《荆州记》：“当阳县东南有麦城，城东有驴磨城、掎角城，传云伍员造此二城以攻麦城，故假驴磨之名。”《太平寰宇记》卷一百四十六山南东道五·荆州引盛弘之《荆州记》：“麦城东有驴城，西有磨城，犄角麦城。昔伍子胥造此二城以攻麦城，假驴磨立名。俗语谚云：东驴西磨，麦自破获。”

> 夏水历范西戎墓南，王隐《晋书地道记》曰：陶朱冢在华容县。树碑云：是越之范蠡。[③]

---

① 《水经注》卷三十九洭水注，《水经注疏》，第3201页。
② 《水经注》卷三十二沮水注，《水经注疏》，第2700页。
③ 《水经注》卷三十二夏水注，《水经注疏》，第2707页。

按，《史记》卷四十一《越王句践世家》唐张守节《正义》引盛弘之《荆州记》云："荆州华容县西有陶朱公冢，树碑云是越范蠡。"

> 瞿塘滩上有神庙，尤至灵验。刺史二千石迳过，皆不得鸣角伐鼓。商旅上下，恐触石声，乃以布裹篙足。①

按，本出盛弘之《荆州记》。引见《北堂书钞》卷一百三十八舟部。又，《太平御览》卷七百七十一舟部四引盛弘之《荆州记》曰："鱼复县瞿塘滩上，有神庙，先极灵验。刺史二千石经过，皆不鸣鼓角，篙旅恐触石有声，乃以布裹篙头。"

> 巴东郡治白帝山，城周回二百八十步，北缘马岭。②

按，《太平寰宇记》卷一百四十八奉节县引盛弘之《荆州记》："巴东郡峡上北岸有山孤峙，甚峭，巴东郡据以为城。"

> （广溪峡）北岸山上有神渊，渊北有白盐崖，高可千余丈，俯临神渊，土人见其高白，故因名之，天旱燃木岸上，推其灰烬，下秽渊中，寻即降雨。③

按，《太平御览》卷七十渊："鱼复县有神渊，北有白盐崖。天旱，火燃崖上，推其灰烬，下降渊中，寻则降雨。西有龙渊，清深不测。传云：汉祖伐秦，经途于此，见渊中白壁赤柱，状若官府，因名龙渊。"

---

① 《水经注》卷三十三江水注，《水经注疏》，第2819页。
② 同上书，第2816页。
③ 同上书，第2819页。

江之在岸有巴乡村，村人善酿，故俗称巴乡清。郡出名酒，村侧有溪，溪中多灵寿木。①

按，自巴乡村以下，盛弘之《荆州记》文，引见《太平寰宇记》卷一百四十八山南东道七·夔州，作“巴乡酒”。《北堂书钞》卷一百四十八酒引《荆州记》稍略，作“巴乡清”，则此人名清。又《太平御览》卷五十三峡引《郡国志》曰，南乡峡峡西八十里有巴乡村，善酿酒，故俗称巴乡酒也。村傍有溪，溪中多灵寿木焉。

江水又径鱼复县之故陵，旧郡治。故陵溪西二里，故陵村，溪即永谷也。地多木瓜树，有子大如甂，白黄实，甚芬香。《尔雅》之所谓楙也。②

按，《太平御览》卷九百七十三果部九：“盛弘之《荆州记》曰：鱼腹县有固陵村，地多木瓜树，其子大者如瓯。”

江水又东径诸葛亮图垒南，石碛平旷，望兼川陆，有亮所造八阵图东跨故垒，皆累细石为之，自垒西去，聚石八行，行间相去二丈，因曰八阵既成，自今行师庶不覆败。皆图兵势行藏之权，自后深识者所不能了。今夏水漂荡，岁月消损，高处可二三尺，下处磨灭殆尽。③

按，《太平御览》卷三百一阵引盛弘之《荆州记》曰：“鱼腹县盐井以西，石碛平旷，聘望四远，诸葛孔明积细石为垒，方可数百步。

① 《水经注》卷三十三江水注，《水经注疏》，第2811页。
② 同上书，第2810页。
③ 同上书，第2813—2814页。

垒西郭，又聚石为八行，相去二丈许，谓之八阵图。曰八阵既成，自今行师，庶不复败。自后深识见者，并莫能了。桓宣武伐蜀，经之，以为常山蛇势。”

又东径羊肠虎臂滩，杨亮为益州，至此舟覆，惩其波澜，蜀人至今犹名之为使君滩。①

按，《太平御览》卷六十九滩：“盛弘之《荆州记》曰：桂阳耒阳县有两濑，每县旱，百姓共壅之，甘雨普降，若一乡独壅，雨亦偏应。东有博望滩，张骞使外国经此船没，因以名滩。滩下接鱼复县界，有羊肠虎臂濑，阳亮为益州，至此覆没，人至今犹名为使君滩。”为郦所本。

自三峡七百里中，两岸连山，略无阙处；重岩迭嶂，隐天蔽日，自非亭午夜分，不见曦月。至于夏水襄陵，沿溯阻绝，或王命急宣，有时朝发白帝，暮至江陵，其间千二百里，虽乘奔御风，不以疾也。春冬之时，则素湍渌潭，回清倒影，绝巘多生怪柏，悬泉瀑布，飞漱其间，清荣峻茂，良多趣味。每至晴初霜旦，林寒涧肃，常有高猿长啸，属引凄异，空谷传响，哀转久绝。故渔者歌曰：“巴东三峡巫峡长，猿鸣三声泪沾裳。”②

按，《太平御览》卷五十三峡引盛弘之《荆州记》：“旧云自二峡取蜀数千里中，恒是一山，此盖好大之言也。唯三峡七百里中，两岸连山，略无阙处，重岩迭嶂，隐天蔽日，自非亭午夜分，不见日月。至于夏水襄陵，沿溯阻绝，或王命急宣，有时可朝发白帝，暮至江陵，

① 《水经注》卷三十三江水注，《水经注疏》，第2806页。

② 同上书，第2834页。

其间千二百里，虽乘奔御风，不为疾也。春冬之时，则素湍渌潭，回清倒影，绝巘多生桧柏，悬泉瀑布，飞漱其间，清荣峻茂，良多雅趣。每晴初霜旦，林寒涧肃，常有高猿长啸，属引凄异，空岫传响，哀转久绝。故渔者歌曰：‘巴东三峡巫峡长，猿鸣三声泪沾裳。’”《逸老堂诗话·序》：“《荆州记》，盛弘之撰，其记三峡水急云：‘朝发白帝，暮宿江陵，凡一千二百余里，虽飞云迅鸟，不能过也。’李太白诗云：‘朝辞白帝彩云间，千里江陵一日还。’杜子美云：‘朝发白帝暮江陵。’皆用盛弘之语也。”

> 江陵下有龙洲，洲东有宠洲。二洲之间，世擅多鱼矣。渔者投罟历网，往往挂绝，有潜客泳而视之，见水下有两石牛，尝为罾害矣。故渔者莫不击浪浮舟，鼓枻而去矣。①

按，自龙洲以下，盛弘之《荆州记》文，引见《太平御览》卷六十九洲：“南江上有龙洲，下有宠洲，二洲之间，旧云多鱼，而投罟挥网，辄便挂绝。乃有客没而视之，中水有牛二头，常为破网，故鱼者患之。”又，《太平御览》卷九百牛下：“盛弘之《荆州记》曰：燕尾洲南有龙、庞二洲，二洲之间，旧云多异鱼，而投罟挥网，辄便挂绝。有水客沉而视之，见有石牛二头，常为网害，故网绝焉。”

> 江陵城地东南倾，故缘以金堤，自灵溪始，桓温令陈遵造。遵善于方功，使人打鼓，远听之，知地势高下，依傍创筑，略无差矣。城西有栖霞楼，俯临通隍，吐纳江流。城南有马牧城，西侧马径。②

① 《水经注》卷三十四江水注，《水经注疏》，第2860页。

② 同上书，第2863页。

按，《初学记》卷二十四居处部："盛弘之《荆州记》曰：城西百余步，有栖霞楼，宋临川康王置。"《太平御览》卷一百七十六楼："盛弘之《荆州记》曰：荆州城西百馀步有丹霞楼，临川康王之置。"《太平御览》卷六十九洲："王韶之《始兴记》曰：城西百余步有栖霞楼，临川王营置，清暑游焉。罗君章居之，因名为罗公洲。楼下洲上，果竹交荫，长杨傍映，高梧前竦，虽即城隍，趣同丘壑。"《艺文类聚》卷九十七鳞介部下引盛弘之《荆州记》："马牧城在蚌城西三里。"

有圣泉，谓之孔子泉。其水飞清石穴，洁并高泉。[①]

按，《太平御览》卷七十泉水引盛弘之《荆州记》曰："城东北三百步有孔子泉，其水甘馨，虽帝浆无以过也。"

夷陵县北三十里有石穴，名曰马穿，尝有白马出穴，人逐之入穴，潜行出汉中，汉中人失马亦尝出此穴，相去数千里。[②]

按，《北堂书钞》卷一百五十八穴引盛弘之《荆州记》曰："狼山县北陆行三十里有石穴，云昔有马从穴出，因复还入，潜行乃出汉中。汉中人失马亦入此穴，因名马穿穴。"

荆门在南，上合下开，彻山南，有门像，虎牙在北，石壁色红，间有白文类牙形，以物像受名。此二山，楚之西塞也。[③]

按，此为盛弘之《荆州记》文，引见《文选》卷十二郭景纯《江

① 《水经注》卷三十四江水注，《水经注疏》，第 2830 页。
② 同上书，第 2848 页。
③ 同上书，第 2849 页。

赋》"冲巫峡以迅激，跻江津而起涨"句李善注："盛弘之《荆州记》曰：信陵县西二十里有巫峡。""虎牙桀竖以屹崒，荆门阙竦而盘礴"句注："盛弘之《荆州记》曰：郡西泝江六十里南岸有山，名曰荆门，北岸有山，名曰虎牙，二山相对，楚之西塞也。虎牙，石壁红色，间有白文，如牙齿状。荆门上合下开，开达山南，有门形，故因以为名。"

> 江水又东径黄牛山下，有滩名曰黄牛滩。南岸重岭迭起，最外高崖间有石，色如人负刀牵牛，入黑牛黄，成就分明。既人迹所绝，莫得究焉。此岩既高，加以江湍纡回，虽途径信宿，犹望见此物，故行者谣曰：朝发黄牛，暮宿黄牛。三朝三暮，黄牛如故。言水路纡深，回望如一矣。①

按，《艺文类聚》卷七山部上引盛弘之《荆州记》曰："宜都西陵峡中，有黄牛山，江湍纡回，途经信宿，犹望见之，行者语曰：朝发黄牛，暮宿黄牛，三日三暮，黄牛如故。"《太平御览》卷五十三峡、卷六十九滩并引盛弘之《荆州记》同。

> 江水左径上乌林南，村居地名也。又东径乌黎口，江浦也，即中乌林矣。又东径下乌林南，吴黄盖败魏武于乌林，即是处也。……右径赤壁山北，昔周瑜与黄盖诈魏武大军处所也。②

按，《文选》卷三十《拟魏太子邺中集诗》注引盛弘之《荆州记》曰："薄沂县，沿江一百里，南岸名赤壁，周瑜、黄盖此乘大舰上破魏武兵于乌林。乌林赤壁其东西一百六十里。"

---

① 《水经注》卷三十四江水注，《水经注疏》，第2844页。

② 《水经注》卷三十五江水注，《水经注疏》，第2883、2889页。

夷水又东北，丹水注之。其源百里，出西南望州山，山形竦峻，峰秀甚高，东北白岩壁立，西南小演通行。登其顶，平可有三亩许，上有故城，城中有水。登城望见一州之境，故名望州山。俗语讹，今名武钟山。山根东有涌泉成溪，即丹水所发也，下注丹水。天阴欲雨，辄有赤气，故名曰丹水矣。①

按，《艺文类聚》卷七山部上引盛弘之《荆州记》："夷道县西南九十里，有望州山，四面壁立，登此见一州内，东有涌泉，欲雨，辄有赤气，故名丹水，似山根东之泉，即丹水源。"

往人有冬过者，置笠穴中，风吸之。经日还涉杨溪，得其笠，则知潜通矣。②

按，《太平御览》卷二十二夏引盛弘之《荆州记》曰："宜都佷山县有风穴，穴口大数尺，名为风井，夏则风出，冬则风入。樵人有冬过者，置笠穴口，风吹之，经日还，涉长阳溪而得其笠。"《太平御览》卷九、卷二十六、卷五十四、卷七百六十五记略同。《文选》卷十三宋玉《风赋》"盛怒于土囊之口"句，唐李善注引引盛弘之《荆州记》曰："宜都佷山县有山，山有穴，口大数尺，为风井。"

县东十许里至平乐村，又有石穴出清泉。中有潜龙，每至大旱，平乐左近村居辇草秽着穴中，龙怒，须臾水出，荡其草秽，傍侧之田皆得浇灌。③

① 《水经注》卷三十七夷水注，《水经注疏》，第3061页。
② 同上书，第3059页。
③ 同上书，第3060页。

按，《北堂书钞》卷一百五十八穴引盛弘之《荆州记》："假山侧有石穴，穴出清泉，中有潜龙。每旱，民人秽其穴，辄涌水荡之，因得灌溉田。"

澧水又东，九渡水注之。水南出九渡山，山下有溪，又以九渡为名。山兽咸饮此水，而径越他津，皆不饮之。九渡水北径仙人楼下，傍有石，形极方峭，世名之为仙楼。[1]

按，《太平御览》卷六十七溪引盛弘之《荆州记》："零陵郡西有九渡溪，山兽从数十里往饮之，经越他水皆不饮。傍有半石坑。上石形极方峭，名为仙人楼。"

澧水又东径澧阳县南，南临澧水。晋太康四年立，天门郡治也。吴永安六年，武陵郡嵩梁山，高高峰孤竦，素壁千寻，望之苕亭，有似香炉。其山洞开直朗如门，高三百丈，广二百丈，门角上各生一竹，倒垂下拂，谓之天帚。孙休以为嘉祥，分武陵，置天门郡。[2]

按，《太平御览》卷四十九西楚南越诸山引盛弘之《荆州记》："嵩梁山在澧水之阳，望之如香炉之状，今名石门。吴永安六年，自然洞开，玄朗如门三百丈。门角上各生一竹，倒垂下拂，谓之天帚。孙休以为嘉祥，置县因山为名，隋文帝改曰石门山也。"

漓水又南合弹丸溪。水出于弹丸山，山有涌泉奔流，冲激山

---

① 《水经注》卷三十七澧水注，《水经注疏》，第3067页。

② 同上书，第3069页。

嵫及溪中，有石若丸，自然珠圆，状弹丸矣，故山水即名焉。[①]

按，《北堂书钞》卷一百二十四弹引盛弘之《荆州记》："始安群山坎中有弹丸，因以名弹丸山。"

> 武溪水出临武县西北桐柏山，东南流，右合溱水乱流，东南径临武县西，谓之武溪，县侧临溪东，因曰临武县，王莽更名大武也。溪又东南流，左会黄岑溪水，水出郴县黄岑山，西南流，右合武溪水。[②]
>
> 始兴郡治，魏文帝咸熙二年，孙晧分桂阳南部立。县东傍泷溪，号曰北泷水，水左即东溪口也。水出始兴东江州南康县界石阎山，西流而与连水合。水出南康县凉热山、连溪山，即大庾岭也，五岭之最东矣，故曰东峤山。[③]

按，上两节，《事类赋》卷六江引盛弘之《荆州记》："始安郡有东北三江，发源于桂阳之临武黄岑山。东北发源于南康之痪岭。"《初学记》卷六《地部中》："盛弘之《荆州记》曰：始安郡有东北二江，北江发源于桂阳之临武黄岑山；东江发源于南康大庾峤下，经始兴县界，南流西转，与北江合于郡东，注于南海。"《太平御览》卷六十七溪："《善歌录》曰：武溪水源出武山，东南流注于沅，故为歌曰：武溪深复深，飞鸟不能渡，游兽不能临。又曰：下潦上雾，看飞鸟堕水中，即此也。"

> 县南有朝夕塘，水出东山西南，有水从山下注塘，一日再增

① 《水经注》卷三十八漓水注，《水经注疏》，第3168—3169页。
② 《水经注》卷三十八溱水注，《水经注疏》，第2174—2175页。
③ 同上书，第3181—3182页。

再减，盈缩以时，未尝衍期，同于潮水，因名此塘为朝夕塘矣。[1]

按，《太平御览》卷七十四塘引盛弘之《荆州记》："盛弘之《荆州记》曰：始安熙平县东南有山，山西其形长狭，水从下注塘，一日再增减盈缩，因名为潮汐塘。"

此城之内，郡廨西有陶侃庙，云旧是贾谊宅地。中有一井，是谊所凿，极小而深，上敛下大，其状似壶。傍有一脚石床，才容一人坐形，流俗相承云，谊宿所坐床。又有大柑树，亦云谊所植。[2]

按，宋祝穆《古今事文类聚续集》居处部引盛弘之《荆州记》："湘州南寺之东，贾谊宅有井，小而深，上敛下大，状似壶，即谊所穿井。今为陶侃庙。"《太平御览》卷七百六床引盛弘之《荆州记》："长沙郡有贾谊所穿井，扃脚石床，可容一人坐，其形古制，传云：谊所坐床也。"《北堂书钞》卷一百三十三引盛弘之《荆州记》："井傍有局脚石床，可容一人坐，形制甚古，相传曰谊所坐。"

汨水又西为屈潭，即汨罗渊也。屈原怀沙自沉于此，故渊潭以屈为名。昔贾谊、史迁皆尝径此，弭檝江波，投吊于渊。渊北有屈原庙。[3]

按，《史记》卷八十四《屈原贾生列传》唐司马贞《索隐》：荆州记"罗县北带汨水"。不言何本《荆州记》。《前汉书·地理志》

① 《水经注》卷三十八漓水注，《水经注疏》，第3171页。
② 同上书，第3145—3146页。
③ 《水经注》卷三十八湘水注，《水经注疏》，第3155页。

颜师古注引盛弘之《荆州记》："罗县北带汨水，水源出豫章艾县界，西流注湘，沿汨西北去县三十里，名为屈潭，屈原自沉处。"知是盛弘之《荆州记》。

湘水左迳麓山东，上有故城，山北有白露水口，湘浦也。[①]

按，《太平御览》卷四十九西楚南越诸山引盛弘之《荆州记》："长沙西岸有麓山，其下有精舍，左右林岭环回泉涧，精舍傍有石，每至严冬，其上不停霜雪。"

（酃）县即湘东郡治也。郡旧治在湘水东，故以名郡。魏正元二年，吴主孙亮分长沙东部立县。有石鼓高六尺，湘水所径。鼓鸣则土有兵革之事。[②]

按，虞世南《北堂书钞》卷一百二十一鼓引盛弘之《荆州记》："河东郡有石鼓一所，高五尺，鼓边作七家。云：上郡太守石姓何，有时自鸣则有兵。"

阴山县东北又有武阳、龙尾山，并仙者羽化之处。上有仙人及龙马迹，于其处得遗咏，虽神栖白云，属想芳流，藉念泉乡，遗咏在兹。[③]

按，《太平御览》卷第三百八十八迹引盛弘之《荆州记》："湘东阴山县北数十里，有武阳、龙靡二山，上悉生松栢美木，龙靡山有盘

① 《水经注》卷三十八湘水注，《水经注疏》，第3144页。

② 同上书，第3136页。

③ 《水经注》卷三十九洣水注，《水经注疏》，第3223页。

石，石上有仙人迹及龙迹，传云：昔仙人游此二山，尝税驾此石，又于其所，得仙人遗咏。”

> 九疑山蟠基苍梧之野，峰秀数郡之间。罗岩九举，各导一溪，岫壑负阻，异岭同势，游者疑焉。故曰九疑山。①

按，《太平御览》卷四十一九疑山引盛弘之《荆州记》：“九疑山盘基数郡之界，连峰接岫竞（远争）高，含霞卷雾，分天隔日。”② 又引《郡国志》曰：“山有九峰，一曰丹朱峰，二曰石城峰，三曰楼溪峰，四曰娥皇峰，五曰舜源峰，六曰女英峰，七曰箫韶峰，八曰纪峰，九曰纪林峰。有九水，七归岭北，二注广南。”

> 县西有小山，山上有渟水，既清且浅，其中悉生兰草，绿叶紫茎，芳风藻川，兰馨远馥，俗谓兰为都梁，山因以号，县受名焉。③

按，《太平御览》卷九百八十三兰香引盛弘之《荆州记》：“都梁县有小山，山上水极浅，其中悉生兰草，绿叶紫茎，芳风藻谷。俗谓兰为都梁，即以号县。”

> 芙蓉峰之东，有仙人石室，学者经过，往往闻讽诵之音矣。衡山东南二右，临映湘川，自长沙至此，沿湘七百里中，有九向九背，故渔者歌曰：帆随湘转，望衡九面。山上有飞泉下注，下

① 《水经注》卷三十八湘水注，《水经注疏》，第3123页。

② 同上。

③ 《水经注》卷三十八资水注，《水经注疏》，第3112页。

映青林，直注山下，望之若幅练在山矣。①

按，《太平御览》卷三十九衡山引盛弘之《荆州记》："石囷下有石室，寻山径，闻室中有讽诵声。石囷、芙蓉各一峰，且石囷在芙蓉之西北。"《初学记》卷五《地理上》引盛弘之《荆州记》："东南临湘川，自湘川至长沙七百里，九向九背，然后不见。"《艺文类聚》卷七山部上引盛弘之《荆州记》："芙蓉峰上有泉飞源，如一幅绢，分映青林，直注山下。"是郦所本。

（容水）自侯昙山下注洣水，谓之容口。水有大穴，容一百石，水出于此，因以名焉。②

按，《太平御览》卷七百五十七鬲引盛弘之《荆州记》："湘东阴山县西，有鬲口溪。昔有大鬲，容百斛，出于此水，故因为名。"

县有渌水，出县东侠公山，西北流而南屈，注于耒，谓之程乡溪。郡置酒官，酝于山下，名曰程酒，献同酃也……县有酃湖，湖中有洲，洲上民居。彼人资以给酿，酒甚醇美，谓之酃酒，岁常贡之。③

按，《文选》卷三十五《七命》注引盛弘之《荆州记》："渌水出豫章康乐县，其间乌程乡，有酒官取水为酒，酒极甘美，与湘东酃湖酒，年常献之，世称酃渌酒。"

① 《水经注》卷三十八湘水注，《水经注疏》，第3139页。
② 《水经注》卷三十九洣水注，《水经注疏》，第3222页。
③ 《水经注》卷三十九耒水注，《水经注疏》，第3219页。

右合除泉水。水出县南湘陂村，村有圆水，广圆可二百步，一边暖，一边冷。冷处极清绿，浅则见石，深则见底；暖处水白且浊。玄素既殊，凉暖亦异。厥名除泉，其犹江乘之半汤泉也。①

按，《太平御览》卷五十九水下引盛弘之《荆州记》："桂阳郡有圆水，水一边冷，一边暖；冷处清且绿，暖处白且浊。"《余冬序录》卷二外篇："独念盛洪（按：当作弘）之《荆州记》云，'桂阳县有圆水，一边冷，一边暖。冷处清且绿，暖处白且浊'。吾郡圆泉水外，别无圆水。水今无此异，岂水脉今与昔不同耶？意者昔人好奇，耳目僻远地得凿空言之，以诧骇，常情耳。此等记录，天下往往而有，事非验之，闻见弗信可也。"

右则千秋水注之。水出西南万岁山。山有石室，室中有钟乳，山上悉生灵寿木，溪下即千秋水也，水侧民居，号万岁村。②

按，《艺文类聚》卷七山部上引盛弘之《荆州记》："桂阳郡西南五十里，有万岁山。"《太平御览》卷四十九："盛弘之《荆州记》曰：桂阳万岁山，出灵寿草仙方，服之不死。又有话石山，石有声，如人共话。"《太平御览》卷六十七溪引盛弘之《荆州记》："郡西南五十里有万岁山，有石室，出钟乳，山上悉生灵寿木，下有一溪，名为千秋水，其傍有居民，即号万岁村。"

县界有温泉水，在郴县之西北。左右有田数千畮，资之以溉，常以十二月下种，明年三月谷熟。度此水，冷不能生苗。温水所

① 《水经注》卷三十九耒水注，《水经注疏》，第3213页。

② 同上。

溉，年可三登，其余波散流，入于耒水也。[①]

按，《太平御览》卷八百二十一田引盛弘之《荆州记》："桂阳郡界有温泉，其下流有田，恒资以浸灌。常十二月种，至明年三月新谷便登。温液所周，正可数亩。过此，水气辄冷，不复生苗。"《太平御览》卷八百三十七引盛弘之《荆州记》略同。

西北径蔡洲。洲西即蔡伦故宅。傍有蔡子池。伦，汉黄门。顺帝之世，捣故鱼网为纸，用代简素，自其始也。[②]

按，《太平御览》卷六百五纸引盛弘之《荆州记》曰："枣阳县一百许步蔡伦宅，其中具存。其傍有池，即名蔡子池。伦，汉顺帝时人，始以鱼网造纸。县人今犹多能作纸，盖伦之遗业也。"又《太平御览》卷七百六十二器物部七引同。

山下又有神庙，号曰宫亭庙，故彭湖亦有宫亭之称焉……山庙甚神，能擘流，住舟遣使，行旅之人，过必敬祀而后得去。[③]

按，《初学记》卷七地部下引盛弘之《荆州记》曰："宫亭湖庙神甚有灵验，途旅经过，无不祈祷。能使湖中分风，而帆南北。"《太平御览》卷六十六湖引同。《四部丛刊初编》集部《山谷外集诗注》卷四："《荆州记》曰宫亭湖，即彭蠡泽。"

翁水水出东北利山湖。湖水广圆五里，洁踰凡水，西南流注

① 《水经注》卷三十九耒水注，《水经注疏》，第3216页。
② 同上书，第3218页。
③ 《水经注》卷三十九庐江水注，《水经注疏》，第3265页。

> 于涯，谓之翁水口。口已下，东岸有圣鼓杖，即阳山之鼓杖也。横在川侧，虽冲波所激，未尝移动，百鸟翔鸣，莫有萃者，船人上下以篙撞者，辄有疟疾。[1]

按，《太平御览》卷七百四十三疟引盛弘之《荆州记》曰："始兴含淮县有翁水下流，有圣鼓横在川侧，上下船人刺篙有撞之者，皆得疟病。"

> 涯水又东南入阳山县，右合涟口水，源出县西北百一十里石塘村，东南流。水侧有豫章木，本径可二丈，其株根犹存，伐之积载而斧迹若新，羽族飞翔不息，其旁众枝，飞散远集，乡亦不测所如，惟见一枝，独在含涯水矣。涟水东南流注于涯。[2]
>
> 涯水又南迳阳山县故城西，耆旧传曰，往昔县长临县，辄迁擢超级，太史迳观言地势使然。掘断连冈，流血成川，城因倾阤，遂即倾败。阁下大鼓，飞上临武，乃之桂阳，追号圣鼓，自阳山达乎桂阳之武步驿，所至循圣鼓道也。其道如堑，迄于鼓城矣。[3]

按，上两节，《初学记》卷十六乐部下引盛弘之《荆州记》曰："始兴郡山阳县有豫木，本径可二丈，名为圣木。秦时伐此木为鼓颡。鼓颡成，忽自奔逸，北至山阳。"唐白居易原本、宋孔传续撰《白孔六帖》卷六十二引盛弘之《荆州记》曰："始兴郡桂阳县有豫章木，径可长二丈，作鼓名圣鼓。秦时伐此未果，忽自奔洛阳。"《初学记》和《白孔六帖》所记，疑有文字舛讹。《太平御览》卷五百八十五叙文引盛弘之《荆州记》："阳山县有豫章木，本径二丈，名为圣木。秦

[1] 《水经注》卷三十九涯水注，《水经注疏》，第 3201 页。

[2] 同上书，第 3198 页。

[3] 同上书，第 3199 页。

时伐此木为鼓颡，颡成，忽自奔逸，北至桂阳。”与《水经注》同。《太平御览》卷五百八十二、宋陈旸《乐书》卷一百四十引盛弘之《荆州记》亦略同。

### 三　《水经注》暗引、抄变雷次宗《豫章记》

《水经注》尚有数处暗引雷次宗《豫章记》：

> 昔张公遇害，亦亡剑于是水。后雷氏为建安从事，迳践濑溪，所留之剑，忽于其怀跃出落水，初犹是剑，后变为龙。故吴均《剑骑诗》云：剑是两蛟龙，张华之言不孤为验矣。①

按，《艺文类聚》六十剑引雷次宗《豫章记》曰：“吴未亡，恒有紫气见牛斗之间，张华闻雷孔章妙达纬象，乃要宿，问天文，孔章曰：唯牛斗之间有异气，是宝物也，精在豫章丰城，张华遂以孔章为丰城令。至县，掘深二丈，得玉匣，长八尺，开之，得二剑，其夕斗牛气不复见。孔章乃留其一匣而进之，剑至，光曜炜晔，焕若电发。后张华遇害，此剑飞入襄城水中。孔章临亡，戒其子，恒以剑自随，后其子为建安从事，经浅濑，剑忽于腰间跃出，遂视，见二龙相随焉。”《初学记》卷二十二武部引雷次宗《豫章记》曰：“吴未亡，恒有紫气见于斗牛之间。张华闻雷孔章妙达纬象，乃邀宿，屏人问。孔章曰：唯斗牛之间有异气，有宝物之精，上彻于天耳。孔章具言，遂以孔章为酆城令，掘得二剑。”宋王应麟《困学纪闻》卷十三《考史》：“丰城二剑事，出雷次宗《豫章记》。所谓孔章者，即雷焕也，盖次宗之族。此刘知几所云‘庄子鲋鱼之对，贾生服鸟之辞，施于寓言则可，

① 《水经注》卷二十八沔水注，《水经注疏》，第2374页。

求诸实录则否'。"《太平御览》三百四十四剑引雷次宗《豫章记》最详："吴未亡，恒有紫气见于牛斗之间，占者以为吴方兴，唯张华以为不然。及平，此气逾明。张华闻雷孔章妙达纬象，乃要宿，屏人问天文将来吉凶。孔章曰：无他象，唯牛斗之间有异气，是宝物之精，上彻于天耳。此气自正始、嘉平至今日，众咸谓孙氏之祥，唯吾识其不然。今闻子言，乃玄与吾同。今在何郡？曰：在豫章丰城。张遂以孔章为丰城令，至县移狱，掘深二丈，得玉匣长八九尺，开之得二剑，一龙渊，二即太阿。其夕，牛斗气不复见。孔章乃留其一，匣龙渊而进之。剑至张公，于密发之，光焰韡韡，焕若电发。后张遇害，此剑飞入襄城水中。孔章临亡，诫其子，恒以剑自随。后其子为建安从事，经浅濑，剑忽于腰中跃出。遂出犹是剑，入水，乃变为龙。逐而视之，见二龙相随而逝焉。孔章曾孙穆之，犹有张公与其祖书，反复桑根纸，古字。县后有掘剑窟，方广七八尺。"又，《太平寰宇记》一百六《丰城县》《北堂书钞》卷一百二十一剑亦引。

又按，吴均《剑骑诗》，《太平广记》卷一百九十八："梁奉朝请吴均，有才器，尝为《剑骑诗》。"吴均，《梁书·文学传》有传。《水经注疏》卷二十八杨守敬评曰："何氏曰，道元与吴均同时，安得引用其诗？疑此书后人附益者多矣。"又云："当道元之时，均名位尚国，文字未必遂行江外。义门之言，可谓精审矣。"何、杨的怀疑不无道理。

西北五六里，有洪井，飞流悬注，其深无底，旧说洪崖先生之井也。北五六里有风雨池，言山高濑激，激著树木。霏散远洒若雨。西有鸾冈，洪崖先生乘鸾所憩泊也。①

按，《艺文类聚》卷六地部引雷次宗《豫章记》："洪井西有鸾冈，

① 《水经注》卷三十九赣水注，《水经注疏》，第3245—3246页。

旧说洪崖乘鸾所憩之处也。”此条《北堂书钞》卷一百五十七岗、《太平御览》卷五十三岗同，俱署名雷次宗。但《文选·〈从冠军建平王登庐山香炉峰〉》李善注署张僧鉴，误。张僧鉴有《寻阳记》而无《豫章记》。

冈西有鹤岭，云王子乔控鹤所迳过也。①

按，此《注》虽不出书名，实本雷次宗《豫章记》。《太平御览》卷五十四地部十九引雷次宗《豫章记》曰：“西山中峰最高顶名鹤岭，即子乔控鹤经过之所，坛在鹤岭之侧。云景鲜美，草木秀润，异于它山。山侧有土，名控鹤乡。”《太平寰宇记》两引《豫章记》此条。《文选》江淹《别赋》李善注亦引。

赣水又北迳龙沙西，沙甚洁白，高峻而峙也，有龙形，连亘五里中，旧俗九月九日升高处也。②

按，《太平御览》卷三十二九月九日引《豫章记》曰：“龙沙在郡北带江，沙甚洁白，高峻而陂，有龙形，俗为九日登高处。”《太平御览》卷七十四地部三十九引同。《太平寰宇记》卷一百六江南西道四·洪州“龙沙在州北七里”下引雷次宗《豫章记》：“北有龙沙，堆阜逶迤，洁白高峻而似龙形，连亘五六里，旧俗九月日登高之处。”

东大湖十里二百二十六步，北与城齐，南缘回折至南塘，本通大江，增减与江水同。③

① 《水经注》卷三十九赣水注，《水经注疏》，第 3246 页。
② 同上书，第 3249 页。
③ 同上书，第 3247 页。

按，《太平寰宇记》卷一百六《南昌县》引雷次宗《豫章记》曰："州城东有大湖，北与城齐。"

## 四 《水经注》暗引、抄变刘道真《钱唐记》

《水经注》卷四十又有本《钱唐记》以为文而略其出处者二处：

> 浙江又东迳灵隐山，山在四山之中，有高崖洞穴，左右有石室三所。又有孤石壁立，大三十围，其上开散，状似莲花。①

按，《北堂书钞》卷一百五十八穴引刘道真《钱塘记》："灵隐山北有石穴，傍入，行数十步，有水广丈余。昔有人采钟乳，见龙迹，闻穴里隆隆有声便出。"《太平御览》卷九百六十引《钱唐记》："灵隐山四布似连花，中央夹生谷树，甚高大。"

> 县南江侧有明圣湖。父老传言，湖有金牛，古见之。神化不测，湖取名焉。②

按，《初学记》卷七山部上引刘道真《钱塘记》："明圣湖在县南三里，父老相传，湖中有金牛，古尝有见其映宝云泉，照耀流精，神化莫测，遂以明圣为名。"《艺文类聚》卷九水部下并引此条。

## 五 《水经注》暗引、抄变王韶之《始兴记》

《水经注》中又有引《始兴记》文而不明言出处者数处：

---

① 《水经注》卷四十浙江水注，《水经注疏》，第3296页。

② 同上书，第3298页。

古老言，昔有二仙，分而憩之，自尔年丰，弥历一纪。①

按，《太平御览》卷五十二石下引王韶之《始兴记》叙二仙事。

水又西南历皋口、太尉二山之间，是曰浈阳峡。两岸杰秀，壁立亏天。②

按，《艺文类聚》卷六地部引王韶之《始兴记》："梁、鲜二水口下流，有浈阳峡，长二十余里，山岭纡郁，丛流曲勃。""浈阳峡"名似出此。

林水自源西注于泷水。又与云水合，水出县北汤泉。泉源沸涌，浩气云浮，以腥物投之，俄顷即熟。其中时有细赤鱼游之，不为灼也。③

按，《文选》卷二十八《乐府下·鲍明远乐府诗》"汤泉发云潭，焦烟起石圻"句李善注引王歆之《始兴记》："云水源泉，涌溜如沸汤，有细赤鱼出游，莫有获之者。"又《艺文类聚》卷九十六鳞介部上引王韶之《始兴记》："云水源有汤泉，下流多蛟害，病济者遇之，必笑而没。"又《太平御览》卷九百三十蛟引王韶之《始兴记》同。

洭水又东南入阳山县，右合涟口，水源出县西北一百一十里石塘村，村之流水侧，有豫章木，本径可二丈，其株根犹存，伐之积载，而斧迹若新。羽族飞翔不息，其旁众枝，飞散远集，乡

① 《水经注》卷三十八溱水注，《水经注疏》，第3183页。
② 同上书，第3186页。
③ 同上书，第3178页。

亦不测所如，惟见一枝，犹在含洭水矣。[①]

按，《北堂书钞》卷一百八鼓七引《始兴记》："阳山县有石墟村，村下有豫章木，径可二丈，秦时伐木为鼓，名曰圣鼓。"《注》此条前数名同，盖本《始兴记》为文。

晋义熙中，沙门释僧律，葺宇岩阿，猛虎远迹，盖律人士佳期感所致，因改曰灵鹫山。[②]

按，《始兴记》叙灵鹫山佛寺事。《太平寰宇记》卷一百五十九曲江县："灵鹫山有寺，一曰虎市山。晋义熙中，有天竺到僧居之，而虎乃越峻岭。《始兴记》云，灵鹫山台殿宏丽，面象巧妙，岭南佛寺，此为最也。"《元丰九域志》："山似天竺灵鹫，因名。"

晋中朝时，县人有使者至洛，事讫将还，忽有一人寄其书云：吾家在观岐前，石间悬藤即其处也，但叩藤，自当有人取之。使者谨依其言，果有二人出外取书，并延入水府，衣不沾濡。言此似不近情，然造化之中，无所不有，穆满西游，与河宗论宝，以此推之，亦为类矣。[③]

按，《水经注》未言故事出处。但《艺文类聚》卷八十二草部下引王歆《始兴记》曰："晋中朝，有质子将归，忽有人寄其书，告曰：吾家在观亭，亭庙石间有悬藤，君至叩藤，家人自出，归者如其言，果有二人出水取书，并曰：江伯令君前，入水，见屋舍甚丽，今俗咸

① 《水经注》卷三十九洭水注，《水经注疏》，第3198页。
② 《水经注》卷三十八溱水注，《水经注疏》，第3178页。
③ 同上书，第3188页。

言观亭有江伯神也。”《太平御览》卷九百九十五藤引王韶之《始兴记》记述同。只《水经注》言“使者”,《始兴记》言“质子”稍异。

> 洭水又南径阳山县故城西。《耆旧传》曰：往昔县长临县，辄迁擢超级，大史径观，言势使然，掘断连冈，流血成川，城因倾阤，遂即倾败。阁下大鼓，飞上临武，乃之桂阳，追号圣鼓。自阳山达乎桂阳之武步驿，所至循圣鼓道也，其道如堑，迄于鼓城矣。①

按，《白贴》卷六十二引王韶之《始兴记》:“秦凿桂阳县，阁下鼓便自奔逸于临武，遂之洛阳，因名圣鼓。”宋陈晹《乐书》卷一百四十《乐图论·俗部》:“王韶之《始兴记》:息于临武，遂之洛阳，因名圣鼓城。”《水经注疏》卷三十九杨守敬按：“考阳山之西北为桂阳县，桂阳之东北为临武县，临武之东北为桂阳郡治，言飞上临武，乃之桂阳。则桂阳指郡治无疑。”

> 峡西岸高岩，名贞女山。山下际有石，如人形，高七尺，状如女子，故名贞女峡。古来相传，有数女取螺于此，遇风雨书晦，忽化为石。②

按，此王韶之《始兴记》文。《艺文类聚》卷六地部引王韶之《始兴记》曰：“梁鲜二水口下流，有湞阳峡，长二十余里，山岭纡郁，丛流曲勃，中宿县有贞女峡，峡西岸水际，有石，如人形，状似女子，是曰贞女，父老相传，秦世有女数人，取螺于此，遇风雨昼昏，而一女化为此石。”《太平御览》卷五十三地部十八引王韶之《始兴

① 《水经注》卷三十九洭水注，《水经注疏》，第3199页。
② 同上书，第3197页。

记》同。又《艺文类聚》卷九十七鳞介部下、《太平御览》卷九百四十一螺引作“桂阳贞女峡”。据此《水经注》则作桂阳是也。化石本属相传之说。《太平广记》卷三百九十八《石女》引王歆《始兴记》：“桂阳有贞女峡，传云秦世数女取螺于此，遇雨，一女化为石人。今石人形高七尺，状似女子。”

> 东岸有圣鼓杖，即阳山之鼓杖也。横在川侧，虽冲波所激，未尝移动。百鸟翔鸣，莫有萃者。船人上下，以篙撞者，辄有虐疾。[①]

按，《太平御览》卷七百七十一篙引王韶《始兴记》：“含进公口，下流有枯木，曰圣鼓。上下人以篙犯之者，皆虐。”[②]

除了上述地记作品以外，《水经注》还暗引、抄变了诸如辛氏《三秦记》、郭缘生《述征记》、孔灵符《会稽记》、佚名《林邑记》、郑缉之《东阳记》等很多地记中记述的内容。因为是举例，兹不一一摘举。通过《水经注》暗引、抄变上述五种地记的情况，自可窥斑见豹。

① 《水经注》卷三十九洭水注，《水经注疏》，第 3201 页。

② “进”为“洭”之误，“公”乃“翁”之误。《水经注》卷三十九洭水注：“洭水东南左合翁水。”《水经注疏》，第 3200 页。

# 第三章

# 《水经注》征引华中地理文学文献考

## 第一节 东晋罗含《湘中记》考述

《水经注》卷三十八共七引罗含《湘中记》。《湘中记》，又名《湘中山水记》，晋罗含撰。此书，隋唐诸志不著录，今已亡佚。湘中，即今湖南地。

### 一 《湘中记》作者考

罗含，《晋书》卷九十二有传。据《罗含传》，罗含文采卓异，谢尚称之曰“罗君章可谓湘中之琳琅”，桓温赞之道“此自江左之秀，岂惟荆楚而已”。南朝宋刘义庆《幽明录》的记述更具有传奇色彩：“桂阳罗君章，二十许，都未有意学问。常昼寝，梦得一鸟卵，五色杂光，不似人间物。梦中因取吞之，于是渐有志向，遂更勤学，读九经，以清才闻。”若抛开《幽明录》的神奇内容，我们可知：

一、刘宋时代，罗含就因文采出众成为当时人们景仰的前代作家。

二、罗含之成才，是其“更勤学，读九经”的结果，并非神仙的赐予。

在唐代，罗含可能还是一个很知名的前代作家。杜甫、刘禹锡、李商隐诗中，都提到罗含，并把罗含同庾信、郭璞、陶渊明并列，可见罗含在唐人心目中的地位是比较高的。唐徐铉《成氏诗集序》言“若夫嘉言丽句，音韵在成，非徒积学所能，盖有神助者也。罗君章、谢康乐、江文通、邱希范，皆有影响发于梦寐”[①]，这一方面说明罗含对山水自然有着独特的感受力和高超的艺术表现力，另一方面从把罗含与以山水诗文名家的谢灵运、江淹、邱迟诸人并提来看，罗含正是以其山水文笔为唐人所看重。

按，罗含生与谢尚、庾亮、桓温同时，曾先后为庾亮、桓温僚属[②]。考谢尚生于晋怀帝永嘉初（约308），卒于晋穆帝升平初（约356）[③]；庾亮生于太康十年（289），卒于咸康六年（340）[④]；桓温生于永嘉六年（312），卒于宁康元年（373），故罗含生活于东晋前期。罗含既然“弱冠，州三辟，不就”，后又为杨羡主簿、郡功曹，至刺史庾亮以其为僚属时应三十多岁。又考庾亮领江、荆、豫三州刺史，事在咸和九年（334）[⑤]，故罗含大约生于晋惠帝元康（292—299）。《晋书》云其“年七十七卒”，则卒年应在太和四年至太元元年（369—376）。

2012年，笔者应湖南耒阳市政府和电视台的邀请，去作关于罗含研究的讲座，有幸见到了《耒阳罗氏通谱》。按《通谱》记载，罗含出生于西晋惠帝元康二年（292），卒于东晋简文帝咸安二年（372），

① 见《全唐文》卷八百八十二，上海古籍出版社1990年版，第4085页。

② 《晋书·罗含传》：“刺史庾亮以为部江夏从事。……后桓温临州，又补征西参军。”中华书局1974年版，第2403页。

③ 《晋书·谢尚传》：“升平初，……卒于历阳，时年五十。”中华书局1974年版，第2071页。

④ 《晋书·庾亮传》：“咸康六年薨，时年五十二。”中华书局1974年版，第1923页。

⑤ 见《晋书》卷七《帝纪七》：咸和九年六月，“加平西将军庾亮都督江、荆、豫、益、梁、雍六州诸军事”。中华书局1974年版，第178页。《晋书·庾亮传》：“陶侃薨，迁亮都督江、荆、豫、益、梁、雍六州诸军事，领江、荆、豫三州刺史，进号征西将军、开府仪同三司、假节。亮固让开府，乃迁镇武昌。”中华书局1974年版，第1921页。

享年八十一岁。《晋书·罗含传》记为“年七十七卒”，而《耒阳罗氏通谱》记载八十周岁时去世。但对岁数的记载，族谱或许比史书更准确。《耒阳罗氏通谱》修于唐初贞观年间，去晋未远，大约相当于我们现在与清朝的时间距离，而耒阳罗氏当时又是世族大家，谱记应该也是重要的参考资料。

## 二 罗含《湘中记》成书时代与亡佚时代考

湘中，即今湖南地，《湘中记》（简称《记》）必罗含居湘时所著，而当桓温封南郡公时，引罗含为郎中令[①]，已不居湘。《晋书》卷九十八《桓温传》：桓温“升平中，改封南郡公”，是升平中（357—361）罗含已在朝辗转任职矣。在太和四年（369），罗含为侍中，还尝奉帝命于山阳犒劳桓温[②]。则《湘中记》当是罗含为庾亮桓温僚属时或任宜都太守时所作，即晋穆帝永和、升平年间（345—361）。

再考《艺文类聚》卷八十一药香草部上：

> 《湘中记》曰：永和初，有采药衡山者，道迷粮尽，过息岩下，见一老公，四五年少，对执书，告之以饥，与其食物，如署预，指教所去，六日至家，而不复饥。[③]

按，《太平御览》卷九百八十九记述同。“永和初”前不加“汉”字，当指晋穆帝之“永和”（345—356），而非汉顺帝之“永和”（136—141）。《记》称“永和初”，则撰此《记》时已在永和后，故《记》应撰于升平初（357—358）罗含为郎中令之前的宜都太守任上，此时罗

---

① 见《晋书·罗含传》，第2403页。

② 见《晋书》卷九十八《桓温传》，第2576页。

③ 《艺文类聚》卷八十一药香草部上引，第1385页。

含宦游两湘多年，谙熟湘中山水风物、故实传闻，记而为书，也在情理之中。

罗含《湘中记》，宋郑樵《通志》作《湘川记》，误。《史记·屈原贾生列传》唐张守节《正义》引称《湘水记》，亦误。当以《水经注》作《湘中记》为是。《续汉书·郡国志》注、《艺文类聚》山部、《初学记》地部，《太平御览》地部并引作《湘中记》。宋《崇文总目》、陈振孙《直斋书录解题》，元马端临《文献通考》均作《湘中山水记》，殆其全名。

后魏郦道元《水经注》卷三十八《湘水注》最早引罗含《湘中记》八条。《后汉书·郡国志》梁刘昭补注长沙条、零陵条、桂阳条也较早引之。

唐代，《隋书·经籍志》不著录《湘中记》。欧阳询《艺文类聚》卷七《山部上》、卷八《山部下》《水部上》、卷八十一《药香草部上》、卷九十二《鸟部下》等共引《湘中记》十一条；徐坚《初学记》卷五《地理上》、卷八《州郡部》共引两条；《史记》卷八十四《屈原贾生列传》唐张守节《正义》引一条；《全唐文》卷三百四十六、卷八百十八、卷九百二十八各引一条。

五代《旧唐书·经籍志》及北宋《新唐书·艺文志》、王钦若《册府元龟》均不著录《湘中记》。《崇文总目》著录："《湘中山水记》三卷，中散大夫桂阳罗含君章撰。"宋代李昉《太平御览》卷三十九、卷四十一、卷四十九、卷六十五、卷六十九、卷七十四、卷一百七十一、卷三百九十二、卷九百二十二、卷九百八十九等共引《湘中记》十四条。《太平寰宇记》卷一百一十四引一条。《太平广记》卷二九四《神四》、卷二九五《神五》、卷四三四《畜犬一》各引一条。《舆地广记》卷二十六引一条。

南宋初，郑樵《通志》卷六十六《艺文略》著录："《湘川记》一卷，罗含撰。"又同卷："《湘中山水记》，卢拯撰。"尤袤《遂书堂书目》著录："《湘中山水记》。"但不著录撰人和卷数。南宋晁公武《郡斋读书志》不著录。陈振孙《直斋书录解题》卷八著录："《湘中山水记》三卷，晋耒阳罗含君章撰。范阳卢拯注。其书颇及隋唐以后事，则亦后人附益也。"按，郑樵以《湘中山水记》为卢拯撰，误。陈振孙言罗含君章撰，范阳卢拯仅注罗书，当是。南宋初叶廷珪《海录碎事》引《湘中记》五条，其后罗泌《路史》卷四十四引一条，王应麟《玉海》引一条，王应麟《通鉴地理通释》卷五引一条。

元代，《宋史》卷二百四《艺文志三》著录"《湘中记》一卷"。[①]马端临《文献通考》卷二百五著录转引陈振孙《直斋书录解题》语。胡三省《资治通鉴释文辨误》引一条。

明代杨士奇等《文渊阁书目》、高儒《百川书志》，清代黄虞稷《千顷堂书目》等皆不著录《湘中记》。清章宗源《隋书经籍志考证》卷六："《湘中记》卷亡，罗含撰，不著录。"

从上述著录及征引情况来看，罗含《湘中记》在唐宋时代犹存于世。唐代莫休符《桂林风土记》序：

> 前贤撰述，有事必书。故有《三国志》《荆楚岁时记》《湘中记》《奉天记》。惟桂林事迹，阙然无闻。休符因退居，粗录见闻，作《桂林风土记》，聊以为叙。时唐光化二年九月二十三日，莫休符序。[②]

又，《四库全书总目提要》卷七十《史部》二十六《地理类三》：

① 见《宋史·艺文志》，中华书局1977年版，第5153页。

② （唐）莫休符：《桂林风土记》（文渊阁四库全书本第589册），上海古籍出版社1987年版，第1页。

> 《南岳小录》一卷，唐道士李冲昭撰。卷首有自序，称弱年悟道，近岁依师。洎临岳门，频访灵迹。遍阅古碑及《衡山图经》《湘中记》，仍致诘于师资、长者、岳下耆年。或得一事，旋贮箧笥。撮而直书，总成一卷。案书中有咸通年号，当作于懿宗以后。序末所题壬戌岁，盖昭宗天复二年也。①

光化、天复都是唐昭宗年号，光化二年是 899 年，天复二年是 902 年，时已至唐末，而观其序，显然都曾目验《湘中记》，并以其为可堪效法的古代著述。是唐末《湘中记》存在之切证。

从宋代《崇文总目》、郑樵《通志》、陈振孙《直斋书录解题》，元代马端临《文献通考》的著录情况及《太平御览》《太平广记》《海录碎事》等书的大量征引来看，《湘中记》在南宋甚至到元代仍存于世。但明后诸书都无著录，显然已经亡佚。《四库全书总目提要》有《稗史汇编》一百七十五卷，明王圻撰。《提要》称：

> 是书搜采说部，分类编次。为纲者二十八，为目者三百二十，所载引用书目凡八百八种，而辗转稗贩，虚列其名者居多。如《三辅决录》《吴录》《三齐略记》《太原记》《湘中记》《鸡林志》《申子》《尸子》之类，圻虽博洽，何由得见全帙？又卷首虽列书名，卷中乃皆不注出处。是直割裂说部诸编，苟盈卷帙耳。②

《提要》所提出的质疑是有道理的。《湘中记》等诸书在明应已亡佚，只散见于诸书引录，确实难见全帙。

---

① （清）永瑢：《四库全书总目提要》卷七十六，史部三十二，地理类存目五，海南出版社 1999 年版，第 383 页。

② 见（清）永瑢《四库全书总目提要·稗史汇编提要》。

### 三　罗含《湘中记》辑本与佚文

陈运溶《麓山精舍丛书第一集·荆湘地记二十九种》、王仁俊《玉函山房辑佚书补编》《说郛》宛委山堂本、《五朝小说大观·魏晋小说外乘家》、商务印书馆本《说郛》卷四《墨娥漫录》、黄奭《汉学堂知足斋丛书·子史钩沉》均辑有罗含《湘中记》。

商务印书馆本《说郛》卷四《墨娥漫录》，所辑凡五节，即上面所引宛委山堂本前五节。《五朝小说大观·魏晋小说外乘家》所辑十七节系抄录宛委山堂本《说郛》，顺序同。黄奭《汉学堂知足斋丛书·子史钩沉》系抄录宛委山堂本《说郛》，选其中十四条。陈运溶《麓山精舍丛书第一集·荆湘地记二十九种》从《水经注》、《后汉书·郡国志》刘昭注、《初学记》《太平御览》采辑得八条。王仁俊《玉函山房辑佚书补编》据《太平寰宇记》卷一百一十四采二节，其中“青玉坛”条《说郛》有，但有微异：《玉函山房辑佚书补编》作“祝融峰山有青玉坛方五丈，即仙人行道之所”；《说郛》后句则为“有盖香峰行道处”。

### 四　罗含《湘中记》的文史价值

《湘中记》是最早记述湘中历史地理的地记作品，具有较高的史料价值。不但《水经注》大量征引其书以作为关于湘水流域的证据材料，梁刘昭《后汉书·郡国志》注，也有很多征引。这说明《湘中记》史地材料的重要性在南北朝就已经受到重视。后世许多学术著作，如宋欧阳忞《舆地广记》、宋祝穆《方舆胜览》、清胡渭《禹贡锥指》等，谈到湘中地理时，也都引之以为据。

《湘中记》对湘中山水特点的解释，不但具有资料价值，由于描写生动，还历来为诗人们所吟咏，从而体现了浓重的文学色彩。如：

零陵有石燕，形似燕，得雷风则飞，颉颃如真燕。[1]

后世诗人每写到阴雨，总喜欢与石燕联系起来。南朝陈徐陵《移齐文》：“长沙鹏鸟，靡复为妖。湘川石燕，自然还僻。”北周庾信《喜晴》诗：“已欢无石燕，弥欲弃泥龙。”庾信《同颜大夫初晴诗》：“湿花飞未远，阴云敛向低。燕燥还为石，龙残更是泥。”唐卢照邻《失群雁》诗：“欲随石燕沉湘水，试逐铜乌绕帝台。”杜甫《雨不绝》：“舞石旋应将乳子，行云莫自湿仙衣。”李商隐《武侯庙古柏》：“叶凋湘燕雨，树折海鹏风。”诸诗所用典故，都出自《湘中记》的描写。又如：

遥望衡山如阵云，沿湘千里，九向九背，乃不复见。[2]

庾信《和赵王送峡中军》：“山城对却月，岸阵抵平云。”李白《送长沙陈太守二首》：“湘水回九曲，衡山望五峰。”都是化用《湘中记》的这个说法。又如：

九疑山在营道县，与北山相似，行者疑惑，故名之。[3]

李白《悲清秋赋》：“登九疑兮望清川，见三湘之潺湲。”韩愈《送区弘南归》诗：“江汹洞庭宿莽微，九疑巉天荒是非。”柳宗元《闵生赋》：“肆余目于湘流兮，望九疑之垠垠。”上述诗句亦因《湘中

---

① 《艺文类聚》卷九十二燕引，第1597页。
② 《太平御览》卷三十九衡山引，第189页。
③ 《艺文类聚》卷七九疑山引，第140页。

记》之说而来。

《湘中记》记述的一些小故事，也生动有趣，故有数篇为《太平广记》所采引。如：

> 长沙西南有金牛冈，汉武帝时，有一田父牵赤牛，告渔人曰：寄渡江。渔人云：船小，岂胜得牛？田父曰：但相容，不重君船。于是人牛俱上。及半江，牛粪于船。田父曰：以此相赠。既渡，渔人怒其污船，以桡拨粪弃水，欲尽，方觉是金。讶其神异，乃蹑之，但见人牛入岭。随而掘之，莫能及也。今掘处犹存。[①]

在故事叙述中，有田父和渔人的对话描写，牛粪化金的情节，更是神异的想象。这样的传说故事，也被《湘中记》记录于书，增加了此书的文学意味。成书于东晋之初的《湘中记》的故事记述，或许也受时人颇喜猎奇志怪风气的影响。

其实，《湘中记》最富有文采的则是其中优美的山水景物的描写与刻画。关于此点，前文已及，此不赘述。

## 第二节　东晋袁山松《宜都记》考述

《水经注》卷三十四江水与卷三十七夷水，共十二次征引袁山松《宜都记》。《宜都记》，袁山松撰，不见隋唐诸志著录，今已亡佚。诸书征引此书，又时作《宜都山川记》，殆其全名。清章宗源《隋书经籍志考证》卷六："《宜都记》，卷亡，袁山松撰，不著录。"清文廷式撰《补晋书艺文志》："袁山松《宜都山川记》：《水经注》《艺文类聚》《初学记》诸书并引之，或省'山川'字。"[②] 吴士鉴撰《补晋书

① 《太平广记》卷四百三十四畜兽一引，中华书局1961年版，第3518页。

② 《二十五史补编》，中华书局1955年版，第3740页。

经籍志》："袁山松《宜都山水记》；《北堂书钞》《初学记》《太平御览》并同。《水经注》《艺文类聚》或称《宜都记》。"①

按，宜都郡，魏置，治夷道县，即今湖北宜都。

## 一 《宜都记》作者与撰著年代考

《新唐书·艺文志》著录：李氏《宜都山川记》一卷，隋《志》无。但唐宋类书等征引，皆作"袁山松《宜都山川记》"或"袁山松《宜都记》"，而不称李氏。清王谟《汉唐地理书钞·宜都山川记叙录》：

> 唐《志》本作李氏《宜都山川记》，而此《叙录》乃引袁山松传者，缘《类聚》《初学记》诸书多引袁崧《宜都记》，而《水经注》尤详。自江水东过姊归县南，至东南过夷道县北，皆宜都郡治中，引《宜都记》者三、袁崧者五，据言崧为郡，尝登山瞩望，又言尝往返十许过，则是崧以尝为宜都太守，故作此《记》，《晋书》本传虽缺不载此《记》，要当为山松作无疑也。考《晋书》目录于袁隗下列隗子乔，孙崧；而于隗本传则云乔子方平，方平子山松，明崧与山松只一人，山松则离而为字也，故诸素多互引，要未有称李氏者。唐《志》未知何据，今故备录本传定为崧。

王谟的推证应该不错。袁崧，即袁山松。《晋书》作"山松"，诸类书征引，亦多作"山松"，今从。宋司马光《资治通鉴·晋纪》卷一百一十一晋安帝隆安四年冬十一月："吴国内史袁崧筑沪渎垒以备恩。崧，乔之孙也。"胡三省注："崧"当作"山松"。杨守敬也认为：

① 《二十五史补编》，中华书局1955年版，第3871页。

"按传，袁山松有名无字，诸本亦有作崧者，岂山松即崧之字，而以字行者耶?"[①] 杨守敬等人的看法不无道理，正如屈原、陶渊明等一样，袁山松或亦以字行。

袁山松是陈郡阳夏人，在晋安帝时为秘书丞，历任宜都太守、吴国内史，于晋安帝隆安五年（401）死于孙恩之乱。《世说新语·排调》载，袁山松欲以女妻谢混，事在晋孝武帝时（373—396），当时袁已有闺中待字之女，假定袁此时四十岁，则袁山松当生于晋康帝建元元年至晋穆帝永和元年（343—345）。《艺文类聚》卷八十八木部上："谢混与从子灵运齐名，时人谓混风韵为高日望葵，萧如寒风振松，康乐凛凛如霜台笼日。"[②] 谢混为谢安孙，谢灵运为谢玄孙。谢混为灵运族叔，当略长于灵运。由此可推见，袁山松至少应比作为山水诗的开山之祖谢灵运（385—433）年长四十岁左右。袁山松战死于沪渎时，谢灵运也还只是十六岁的少年。

袁山松为东晋士族，具有良好的家学传统。按《袁瓌传》，其曾祖袁瓌曾上书晋成帝谨庠序、兴儒学，《晋书》称"国学之兴，自瓌始也"。其祖袁乔"博学有文才，注《论语》及《诗》，并诸文笔皆行于世"。与之同宗的袁准、袁豹、袁宏等，亦皆有文名。袁山松本人更是"少有才名，博学有文章"，"衿情秀远"[③]。从《全晋文》《先秦汉魏晋南北朝诗》等所录其现存作品看，其文长于论，《光武纪论》《献帝纪论》尤佳；赋作《歌赋》《酒赋》《圆扇赋》亦为佳制。其诗善咏物，《菊》《白鹿》等诗都是中国五言诗中较早的咏物之作。

袁山松有《后汉书》一百卷，《袁山松集》十卷，今并亡佚。《隋书》卷三十三《经籍志》史部："《后汉书》九十五卷，本一百卷，

① 《水经注》卷五河水注，《水经注疏》，第382页。

② 《艺文类聚》，第1512—1513页。

③ 见《晋书》卷八十三《袁瓌传》附《袁山松传》，中华书局1974年版，第2169页。又，《全晋文》卷五十四至卷五十七有袁准、袁瑰、袁乔、袁豹、袁山松、袁宏诸家文。

晋秘书监袁山松撰。”又，卷三十五《经籍志》集部：“《袁山松集》十卷。”两《唐志》亦著录袁山松《后汉书》。唐刘知几《史通·内篇·书志第八》：“窃以国史所书，宜述当时之事……其间唯有袁山松……等数家，颇觉其非，不遵旧例。凡所记录，多合事宜。寸有所长，贤于班、马远矣。”从两《唐志》的著录及刘知几的评论看，袁山松之《后汉书》在唐代还在。袁山松能以百卷之规模而成“多合事宜”之史，说明他学问渊综广博。袁山松的才气、学识和禀赋，与他山水散文创作的才情和笔力都是相关联的。

《艺文类聚》卷十九人部三啸有桓玄《与袁宜都书》及袁山松《答桓南郡书》。[1] 由桓玄《与袁宜都书》可知，袁山松曾守宜都（本传失载）。《宜都记》当是他任职宜都时所作。而袁山松答桓玄书称“桓南郡”，则桓玄已临其封国南郡（今湖北江陵）。太元十六年（391），桓玄才被任命为太子洗马。几年后出京任义兴（今江苏宜兴）太守，又弃官回到其封国南郡。隆安元年（397）桓玄举兵。这样推算，桓玄到南郡与袁山松书信往来时，应该在太元二十年（395）前后。那时，或许正是袁山松撰著《宜都记》的时候。

## 二 《宜都记》亡佚时代考

袁山松《宜都记》，《隋书·经籍志》及宋代的《册府元龟》《崇文总目》均不著录。仅《太平御览经史图书纲目》著录：袁山松《宜都山川记》。《新唐书·艺文志》所载李氏《宜都山川记》一卷，殆即此书李氏钞存本。郑樵《通志》著录：李氏《宜都山州记》一卷，“州”是“川”之误。可见在两宋之交，此抄本还在。但南宋晁公武《郡斋读书志》、陈振孙《直斋书录解题》、尤袤《遂书堂书目》，元代

① 《艺文类聚》卷十九人部三啸引，第355页。

马端临《文献通考》，明代杨士奇等《文渊阁书目》及高儒《百川书志》，均无著录。元明后亦不见著录。故书似应亡佚于南宋。清黄虞稷《千顷堂书目》卷七著录："吴应台《宜都记》（荆州府人，叙州府同知）。"但此《宜都记》为清人同名之作无疑。

再看诸书征引情况。《水经注》最早征引袁山松此书，作《宜都记》。隋杜公瞻《编珠》卷一天地部引一节，作《宜都记》。唐代虞世南《北堂书钞》天部作《宜都记》；欧阳询《艺文类聚》引此书者凡五节，其中地部等二节作《宜都记》，兽部等三节作《宜都山川记》；徐坚《初学记》引六节，其中天部、居处部作《宜都记》，地部引作袁山松《宜都山川记》。宋代《太平御览》引十八节，其中八节作《宜都记》，十节作《宜都山川记》；乐史《太平寰宇记》引三节，均作《宜都记》。吴淑《事类赋》引四节，除了卷六作《宜都记》，余三节均作《宜都山川记》。

按，隋唐与北宋诸书皆征引《宜都记》，说明其书当时还存世。但南宋书籍，则极少征引此书。仅潘自牧《记纂渊海》和王应麟《通鉴地理通释》各引两节，也不出前所征引之外，则其为转引无疑。再结合南宋以后所有的书目文献皆不著录袁山松《宜都记》，大体可以推断，至南宋，其书已经亡佚。

### 三　袁山松《宜都记》辑本与佚文

宛委山堂本《说郛》卷六十一，商务印书馆本《说郛》卷四《墨娥漫录》；叶昌炽《击淡庐丛稿》、黄奭《汉学堂知足斋丛书·子史钩沉》《五朝小说大观》《汉唐地理书钞》均辑有袁山松《宜都山川记》。

宛委山堂本《说郛》卷六十一所辑凡七节，商务印书馆本《说郛》卷四《墨娥漫录》所辑仅一节，黄奭《汉学堂知足斋丛书·子史钩沉》与《五朝小说大观》所辑，与宛委山堂本《说郛》卷六十一无异，系抄自《说郛》本。叶昌炽《击淡庐丛稿》自《草堂诗笺》卷十一采得一节，不出《说郛》本外。

王谟《汉唐地理书钞》“共抄出《水经注》九节，《后汉书》注一条，《艺文类聚》三条，《初学记》四条，《北堂书钞》四条，《御览》十条，《元和郡县志》一条，《太平寰宇记》四条”。[①] 其中有《说郛》本未辑者二十余条，多有见于《水经注》或为《水经注》所暗引者。

## 四 《宜都记》的文学价值

袁山松《宜都记》是晋宋时期最富有文学性的地记作品之一。尤其是《宜都记》出色的山水描写，对中国山水散文的形成起到了相当大的促进作用。袁山松《宜都记》是郦道元撰写《水经注》江水和夷水时最重要的参考文献，为《水经注》提供了大量的材料支持。这些，已在前文详及，此不赘述。

《宜都记》中一些精彩的片段，也为后世文学作品提供了绝好的创作素材。

如《初学记》卷六江引《宜都记》：“对西陵南岸有山，其峰孤秀，人自山南上至顶，俯临大江如萦带，视舟船如凫雁。”李白《登黄山凌歊台送族弟溧阳尉济充泛舟赴华阴》：“送君登黄山，长啸倚天梯。小舟若凫雁，大舟若鲸鲵。”显然受《宜都记》启发。

又如《艺文类聚》卷九十五猿引《宜都记》：“峡中猿鸣至清，诸山谷传其响，泠泠不绝。行者歌之曰：巴东三峡猿鸣悲，猿鸣三声泪沾衣。”庾信《为梁上黄侯世子与妇书》“莫不衔怨而心悲，闻猿而下

① 见（清）王谟《汉唐地理书钞·宜都山川记叙录》，中华书局1961年版，第354页。

泪”，和他的另文《周谯国公夫人步陆孤氏墓志铭》：“夫人别离亲戚，关河重阻。夷歌一曲，未足消忧；猿鸣三声，沾衣无已”，都是借《宜都记》所记述的歌谣来表达别情之悲。到唐代，此典更为诗人所习用。如杜甫《秋兴》：“听猿实下三声泪，奉使虚随八月槎”，李白《早发白帝城》：“两岸猿声啼不住，轻舟已过万重山”等，不一而足。再如《水经注·江水》引《宜都记》：“自黄牛滩东入西陵界，至峡口一百许里，山水纡曲，而两岸高山重嶂，非日中夜半，不见日月，绝壁或千许丈，其石彩色形容，多所像类，林木高茂，略尽冬春。猿鸣至清，山谷传响，泠泠不绝。”李商隐《摇落》：“滩激黄牛暮，云屯白帝阴。遥知沾洒意，不减欲分襟。”自是借《宜都记》所写黄牛滩幽深之景，来渲染自己离别摇落之悲。

## 第三节　东晋习凿齿《襄阳记》考述

《水经注》卷三十一淯水两引习凿齿《襄阳记》。习凿齿《襄阳记》，今已亡佚。襄阳郡，汉建安十三年（208）始置，治所在襄阳县，即今湖北襄阳。

习凿齿（317？—383），字彦威，东晋襄阳人，为东汉襄阳侯习郁之后人。习凿齿初为荆州刺史桓温的别驾，曾随从参与桓温北伐，后桓温企图称帝，习凿齿著《汉晋春秋》忤桓温，迁为荥阳太守。不久辞职归乡，卒。

《襄阳记》作为荆州地区较早的地记作品，对晋宋荆州地记的著作起着先导和示范的作用，为后世研究襄阳历史文化提供了弥足珍贵的资料。

### 一　习凿齿《襄阳记》与郭仲产《襄阳记》考辨

《水经注》卷三十一淯水除了征引习凿齿《襄阳记》外，还征引郭仲产《襄阳记》一条：

> 郭仲产《襄阳记》曰：南阳城南九十里，有晋尚书令乐广故宅。广字彦辅，善清言，见重当时。成都王，广女婿，长沙王猜之。广曰：宁以一女而易五男。犹疑之，终以忧殒。其故居今置戍，因以为名。①

按，此条叙晋乐广事，与《晋书·乐广传》所载略同。又《北堂书钞》卷七十九引盛弘之《荆州记》："南阳范蠡祠南七十里，有晋河南尹乐彦辅宅。周回十余亩，曩旧井犹未颓，檀道济置逻其中，即名乐宅戍，在今南阳县南。"可参证。《水经注》注疏本杨守敬按："郭仲产有《南雍州记》，其《襄阳记》少见，恐有误。"

郭仲产，南朝宋人，里籍不详。尝官尚书库部郎，后为南郡王从事。著有《荆州记》《湘州记》《秦州记》《仇池记》等。其所著《襄阳记》确实少见，仅《水经注》引一条而已，不见于他书征引。但也不能认定无此书。宋陈振孙《直斋书录解题》卷八地理类：

> 《襄沔记》三卷，唐吴从政撰。删宗懔《荆楚岁时记》、盛宏之《荆州记》、邹闳甫《楚国先贤传》、习凿齿《襄阳耆旧传》、郭仲产《襄阳记》、鲍坚《南雍州记》，集成此书，其纪襄汉事迹详矣。景龙中人，自号栖闲子。②

按陈振孙的说法，郭仲产《襄阳记》，在唐犹存。唐景龙中人吴从政撰《襄沔记》，还以之作为材料来源之一。

虽然郭仲产《襄阳记》不见史书著录，但《旧唐书·经籍志》著

① 《水经注疏》，第2611页。

② 引见（元）马端临《文献通考》卷一三六，中华书局2011年版，第5845页。

录：《南雍州记》三卷，郭仲产撰。按：西晋时，襄阳仍属荆州襄阳郡，永嘉乱后，东晋则于襄阳侨置南雍州，宋、齐、梁沿习。则《南雍州记》或即陈录所云《襄阳记》。

《太平御览》《太平寰宇记》等书，引郭仲产所撰，皆作《南雍州记》，不作《襄阳记》。《太平御览经史图书纲目》并著录郭仲产《南雍州记》和习凿齿《襄阳记》，则郭、习两书异名。

唐徐坚《初学记》卷八州郡部、卷十九人部下，《后汉书·光武帝纪》章怀太子注、《文选·广绝交论》李善注，及宋《太平寰宇记》《太平御览》，元《资治通鉴》胡三省注引《襄阳记》，皆作"习凿齿《襄阳记》"。但《水经注》后，不见有书籍征引"郭仲产《襄阳记》"者。

可见，唐宋书籍征引习作，多作《襄阳记》；征引郭作，则多作《南雍州记》。

## 二　习凿齿《襄阳记》与《襄阳耆旧传》考辨

习凿齿《襄阳记》，隋唐诸志不著录。但《隋书·经籍志》著录：《襄阳耆旧记》五卷，习凿齿撰。《旧唐书·经籍志》著录：《襄阳耆旧传》五卷，习凿齿撰。《新唐书·艺文志》著录：习凿齿《襄阳耆旧传》五卷，又《逸人高士传》八卷。《崇文总目》著录：习凿齿《襄阳耆旧传》三卷。《太平御览经史图书纲目》著录：习凿齿《襄阳记》。郑樵《通志》卷六十五艺文略史类著录：《襄阳耆旧传》五卷，习凿齿撰。陈振孙《直斋书录解题》卷七传记类著录：习凿齿《襄阳耆旧传》五卷，晋荥阳太守襄阳习凿齿彦威撰。尤袤《遂初堂书目》杂传类著录：《襄阳耆旧传》。《宋史·艺文志》著录：习凿齿《襄阳耆旧记》五卷。

从以上公私诸史书对《襄阳耆旧传》的著录情况，可知：第一，诸书著录，或作《襄阳耆旧记》，或作《襄阳耆旧传》，名字有小差异。第二，从唐初到元代，《襄阳耆旧传》一直存世流传。

那么，此书究竟称“传”还是称“记”？宋代晁公武:《郡斋读书志》著录《襄阳耆旧记》五卷，云:

> 晋习凿齿撰，前载襄阳人物，中载其山川、城邑，后载其牧守。《隋书·经籍志》曰《耆旧记》，《唐书·艺文志》曰《耆旧传》。观其书，记录丛杂，非传体也，名当从《经籍志》。①

南宋赵希弁《郡斋读书后志》也认为名当从《隋书·经籍志》，称《耆旧记》。按晁公武、赵希弁和马端临所言，此书“前载襄阳人物，中载其山川、城邑，后载其牧守”，此书应该就是习凿齿所作的《襄阳记》。

南朝宋裴松之注《三国志》时，引录了习凿齿的许多著述，其中引录《襄阳记》就有近二十条之多。除《吴书》中一条是解说襄阳地名“柤中”外，皆为介绍襄阳人物。在《三国志》裴松之注中没有一条出自《襄阳耆旧传》或《襄阳耆旧记》。南朝梁刘孝标《世说新语·德行》注及《容止》注，也引作《襄阳记》。北魏郦道元《水经注》引，也作“习凿齿《襄阳记》”。可见，习凿齿所撰之书，初名为《襄阳记》而非《襄阳耆旧记》或《襄阳耆旧传》。《耆旧记》《耆旧传》大约是《襄阳记》亡佚后，后人辑录时所添加的名字。所以盛唐时期编纂的《初学记》，在征引此书时，有时称《襄阳耆旧传》，有时称《襄阳耆旧记》，有时称《襄阳记》。

《襄阳记》亡佚于何时，我们只能做大致的推测。

裴松之为《三国志》作注，刘孝标为《世说新语》作注，郦道

---

① （宋）晁公武:《郡斋读书志》，上海古籍出版社 1990 年版，第 364—365 页，元代马端临《文献通考》卷一百九十八经籍考史部传记类转述，与此同。

元为《水经》作注，并征引习凿齿《襄阳记》，说明当时《襄阳记》犹存。

刘孝标（462—521）是南朝梁人，郦道元（约470—527）是北魏人，二人生活年代大体相当。《襄阳记》当时存世，而《隋书·经籍志》中已无著录，却有《襄阳耆旧记》五卷。显然，唐初《襄阳记》原本已经亡佚。

《襄阳记》或毁于梁代末年的江陵焚书或唐初的书船沉没事件。梁时，侯景作乱，率兵逼宫，烧“东宫图籍数百厨”，梁元帝平乱后将文德殿藏书等运至江陵。但五年后，西魏攻城，元帝“命舍人高善宝焚古今图书十四万卷”。唐初，李世民攻入洛阳，命将所获图书船载运往长安，途中书船触礁沉没，图书“皆被漂没，其所存者，十不一二”。习凿齿所著《襄阳记》原本很有可能在这两次书厄中被毁。

### 三 《襄阳记》与《襄阳耆旧传》亡佚时代考

《隋志》后诸书著录《襄阳耆旧传》多作五卷，但《崇文总目》作三卷。北宋《太平御览经史图书纲目》既著录习凿齿《襄阳记》，又著录《襄阳耆旧传》。可见，后世或有分离习凿齿之书为二的情况。三卷本《襄阳耆旧传》，或仅载襄阳“人物”“牧守”，而不及“山川”“城邑”。但唐后诸书，无论是以《襄阳记》为名，还是以《襄阳耆旧传》为名，大概都不是习凿齿原书样貌，都是辑本性质的书籍了。南宋王应麟《玉海》卷十五地理书“《选》注引习凿齿《襄阳耆旧传记》”下注释：“书曰五卷，载先贤事迹及山川地理，末有贺铸题，疑记述无伦贯，非全书云。”斯可见南宋时凿齿之书残缺情状。而此辑本性质的《襄阳记》或《襄阳耆旧传》又在后世逐渐亡佚。

唐虞世南《北堂书钞》，欧阳询《艺文类聚》，徐坚《初学记》等类书，并征引《襄阳记》。《后汉书·光武帝纪》章怀太子注、《文选·广绝交论》李善注、段公路《北户录》卷三，并征引《襄阳记》。北宋《太平寰宇记》《太平御览》、吴淑《事类赋》也征引《襄阳记》。这说明其书在北宋时仍存世。但南宋以后书籍，如南宋孔传《孔帖》、潘自牧《记纂渊海》及元代《资治通鉴》胡三省注等，虽也征引《襄阳记》，但其内容大抵不出前人所引内容之外。潘自牧《记纂渊海》卷三十九引《襄阳记》时，也标明他是转引自《三国志注》。可见南宋时，习凿齿以《襄阳记》为名的书已经不存。

《襄阳耆旧传》的流传情况要好些。从前文所述《襄阳耆旧传》的著录情况就可以看出，直到元修《宋史·艺文志》时还著录有习凿齿《襄阳耆旧记》五卷，可见其书至元代并未亡佚。《宋史》是元末至正三年（1343）由丞相脱脱和阿鲁图先后主持修撰的。其时，《襄阳耆旧传》五卷未亡。但明代以后书目文献不见著录《襄阳耆旧传》。则《隋志》所著录的《襄阳耆旧传》或亡佚于明代。

南宋《襄阳耆旧传》有了刻本。南宋襄阳太守吴琚在绍熙初（约1190—1191）曾刻印《襄阳耆旧传》。襄阳市博物馆藏《襄阳耆旧传》，或即此刻本。

明代万历年间，《襄阳耆旧传》又有了新刻本。有陆长庚为之作序说，《襄阳耆旧传》，绍圣初，太守吴琚刻于郡斋，泯灭久，郡不得而觏焉。宣城胡价，初得于临海，梓以归。前载人物，中载山川、城邑，后载牧守云云。清乾隆时任兆麟（字文田）称其家藏一册。但这个刻本实际止三卷，前二卷为人物，凡三十二人，后一卷为牧宰，凡十人。可见，任兆麟家藏之《襄阳耆旧传》，是刊刻时删去了“山川、城邑”部分的本子。

今《襄阳记》辑本，仅有《汉唐地理书钞》一种，系从《水经注》《世说新语注》《艺文类聚》《初学记》《太平寰宇记》《太平御览》等书辑出。

《襄阳耆旧传》辑本较多。清任兆麟订《心斋十种》本作三卷。宛委山堂《说郛》卷五十八、《五朝小说·魏晋小说杂传家》作一卷，可补任兆麟本之阙。清杜文澜《曼陀罗华阁丛书·古谣谚卷十九》和清王仁俊《玉函山房辑佚书补编》也辑有《襄阳耆旧传》，作一卷。《旧小说甲集》也有《襄阳耆旧传》辑本。《旧小说》本仅五节，不出宛委山堂本《说郛》之外。《古谣谚》载佚文一节，系杜文澜从任氏本录之。王仁俊根据《稽瑞》采得一节，叙黄穆事迹，为诸本所无，但未言撰者。

## 四 《襄阳记》的文学价值

《襄阳记》也是生动的地理文学著作。《襄阳记》记载了汉晋时期襄阳牧守的一些情况，这也是襄阳地方研究的重要资料。如汉代的胡烈、晋代的羊祜、杜预、山简、刘弘、皮初、桓宣、邓遐、朱序等，都有逸事遗闻见载。有些记述还相当生动。如：

> 岘山南习郁大鱼池，依范蠡养鱼法，种楸、芙蓉、菱芡。山季伦每临此池，辄大醉而归，恒曰：此我高阳池也！城中小儿歌之曰：山公何所往，来至高阳池。日夕倒载归，酩酊无所知。①

关于山简的这段逸闻，后来成为众多文学作品取材的渊薮。这段逸闻先交代习郁鱼池的幽美环境，再叙山简言语行动以见其放诞情状，最后更以城中小儿歌之渲染强化叙述效果，记述相当精彩。所以，后世文学作品经常借用或吟咏此事。如庾信《奉报穷秋寄隐士》："聚花

① 《艺文类聚》卷九水部下·池引，《太平御览》卷六十七地部·池引较略。

聊饲雀，穿池试养鱼。”李白《襄阳曲四首》其二：“山公醉酒时，酩酊高阳下。”其四：“且醉习家池，莫看堕泪碑。山公欲上马，笑杀襄阳儿。”杜甫《遨高三十五使君同到》：“戏假霜威促山简，须成一醉习池回。”杜甫《玉腕骝》：“举鞭如有问，欲伴习池游。”杜甫《从驿次草堂复至东屯茅屋二首》：“峡内归田客，江边借马骑。非寻戴安道，似向习家池。”杜甫《宇文晁尚书之甥崔彧司业之孙尚书之子重泛郑监审前湖》：“不但习池归酩酊，君看郑谷去寅缘。”韩愈《奉和李相公题萧家林亭》：“山公自是林园主，叹惜前贤造作时。”李商隐《病中闻河东公乐营置酒口占寄上》：“兴欲倾燕馆，欢终到习家。”王安石《寄张襄州》：“遥忆习池寒夜月，几人谈笑伴诗翁。”即从杜甫一人之作，就可见《襄阳记》所记山简之事，带给后世文人的心理影响。

《襄阳记》记述庞德事，也很能引发后代文士的感慨。《后汉书·庞公传》李贤注引《襄阳记》云：

> 诸葛孔明每至德公家，独拜床下，德公初不令止。司马德操尝诣德公，值其渡沔，上先人墓。德操径入其室，呼德公妻子，使速作黍。徐元直向云：有客当来，就我与德公谈。其妻子皆罗拜于堂下，奔走供设。须臾，德公还，直入相就，不知何者是客也。德操年小德公十岁，兄事之，呼作庞公，故俗人遂谓庞公是德公名，非也。①

这则小故事记述了隐居高士庞德与诸葛亮、司马徽、徐庶等汉末名人的交往情况，显现了他们彼此间的融洽而默契的关系，状写生动。后来，吟咏此事者甚多。如李白《寄弄月溪吴山人》：“尝闻庞德公，

① 《后汉书·庞公传》注引，中华书局1965年版，第2778页。

家住洞湖水。终身栖鹿门，不入襄阳市。”杜甫在《遣兴五首》中写道：“昔者庞德公，未曾入州府。襄阳耆旧间，处士节独苦。岂无济时策，终竟畏罗罟。林茂鸟有归，水深鱼知聚。举家隐鹿门，刘表焉得取。”王安石《寄张襄州》：“襄阳州望古来雄，耆旧相传有素风。四叶表闾唐尹氏，一门逃世汉庞公。故家遗俗应多在，美景良辰定不空。遥忆习池寒夜月，几人谈笑伴诗翁。”王安石《题晏使君望云亭》：“莫嫌鸡黍数往来，为报襄阳德公嫂。”苏轼《答任师中家汉公》：“烹鸡酌白酒，相对欢有余。有如庞德公，往还葛与徐。妻子走堂下，主人竟谁欤。”苏轼《送千乘千能两侄还乡》：“治生不求富，读书不求官。譬如饮不醉，陶然有余欢。君看庞德公，白首终泥蟠。岂无子孙念，顾独遗以安。鹿门上冢回，床下拜龙鸾。躬耕竟不起，耆旧节独完。”苏轼《寄题刁景纯藏春坞》：“何时却与徐元直，共访襄阳庞德公。”黄庭坚《子瞻诗句妙一世乃云效庭坚体……次韵道之》：“但怀相识察，床下拜老庞。”黄庭坚《次韵仲车为元达置酒四韵》：“射阳三万家，莫贵徐公门。谁能拜床前，泥乃共酒尊。惟此酒中趣，难为醒者论。”

庞德的儿子的事迹，也见载于《襄阳记》。《白孔六帖》卷四十一引《襄阳记》：“庞德公子奂，字世文，晋大康中为牂牁太守，去官归乡，居白沙里。乡人宗敬之，相语曰：我家池中龙种来。里中化其德让，少壮皆代老者担。”看来，庞德确有高蹈守节的家世传统。历代诗文道及此事者颇多。如庾信《周柱国大将军纥干弘神道碑》：“仙人重返，更入桂阳之城；龙种复归，还寻白沙之路。”庾信《周上柱国宿国公河州都督普屯威神道碑》：“襄城龙种更反池台，桂阳仙人还归乡里，谓以桑梓荣之也。”

《襄阳记》记述的李衡种橘的故事，也为后世文人乐道。《三国志·吴志·孙休传》裴松之注引《襄阳记》曰：

李衡每欲治家，妻辄不听。后密遣客十人，于武陵龙阳洲上作宅，种橘千树。临死敕儿曰：汝母每恶吾治家，故穷如是。吾州里有千头木奴，不用汝衣食，岁上一匹绢，亦当足用尔。亡后二十余日，儿白母。母曰：此当种柑橘也。汝家失十户客七八年，必汝父遣为宅。汝父恒称太史公言：江陵千树橘，当封君家。吾答曰：且人患无德义，不患不富，若贵而能贫，方好耳。用此何为！吴末，衡甘橘成，岁得绢数千匹，家道殷足。晋咸康中，其宅上枯树犹在。①

杜甫《驱竖子摘苍耳》“加点瓜薤间，依稀橘奴迹”，就用“橘奴”之典，是说掺用一点苍耳在瓜茬里面，就如同用橘调和食味一样。杜甫《甘园》“春日清江岸，千甘二顷园”，《岳麓山道林二寺行》：“桃源人家易制度，橘洲田土仍膏腴”等诗句，也都是暗用此典。柳宗元《柳州城西北隅种甘树》：“方同楚客怜皇树，不学荆州利木奴”，则是反用此典故，意思是说：我正像屈原一样喜爱这天生的美树，不学李衡那样把柑树当作木奴来谋利。但黄庭坚就比较欣赏李衡的富家之法。其《次韵子瞻以红带寄王宣义》诗云：“参军但有四立壁，初无临江千木奴。”许浑《灞东司马郊园》则更表示，要仿效李衡：“白社贫思橘，青门老种瓜。”

《襄阳记》里，还载有一个荀彧熏香的故事。《艺文类聚》卷七十引《襄阳记》：“刘季和性爱香，尝上厕还，过香炉上，主簿张坦曰：‘人名公作俗人，不虚也。’季和曰：‘荀令君至人家，坐处三日香，我何如令君？而恶我爱好也。’”② 南朝张正见《艳歌行》：“满酌胡姬酒，多烧荀令香。”荀彧为尚书令，故称荀令。据说他嗜爱香气，身带之。所坐之处，香气三日不散。刘季和亦有是好，他上完厕所也要

① 《三国志·孙休传》裴松之注引，《三国志》，第1067页。

② 《太平御览》卷七百三所引略同此。

熏香。张坦说，人家都说你是俗人，果然不假。他分辩说，我远不及荀彧，为何要责备我呢？后以“荀令香”或“令君香”形容大臣的风度神采，也泛指人风雅倜傥。如庾信《周大将军闻喜公柳霞墓志铭》：“张坦直谏，既称荀令之香；邹湛知言，弥见羊公之德。”徐陵《乌栖曲》诗：“风流荀令好儿郎，偏能傅粉复熏香。”王维《春日直门下省早朝》：“遥闻侍中佩，暗识令君香。”李商隐《韩翃舍人即事》：“桥南荀令过，十里送衣香。”苏轼《次韵王晋卿奉诏押高丽燕射》：“北苑传呼陛楯郎，东夷初识令君香。”黄庭坚《戏赠南安倅柳朝散》：“柳侯风味晚相见，衣袂颇薰荀令香。”

《襄阳记》中杜预沉碑的事典也为后人习用。《文选·为范始兴作求立太宰碑表》李善注引《襄阳记》：“杜元凯好为身后名。常自言：百年后必高岸为谷，深谷为陵。作二碑，叙其平吴勋，一沉万山下，一沉岘山下。谓参佐曰：何知后代不在山头乎？”庾信《周柱国大将军长孙俭神道碑》：“张衡浑仪之后，即赋归田；杜预沉碑以来，遂停乡里。”任昉《为范始兴作求立太宰碑表》：“既曲逢前施，实仰觊后泽。傥验杜预山顶之言，庶存马骏必拜之感。”都是借杜预沉碑来抒发感喟。

其实，《襄阳记》记述的类似故事还很多。如写孔明择妇事，写诸葛亮初亡百姓巷祭、戎夷野祠事，写张悌死节事，写羊祜堕泪碑事，都时常被后人作为重要的文学素材，采掇入自己的诗文中来。这些，都与《襄阳记》生动的文笔记述，有着必然的联系。

## 第四节 南朝宋史筌《武昌记》考述

《水经注》卷三十五江水引《武昌记》一条。《武昌记》，隋唐诸志不著录，其书今已亡佚。武昌郡，三国吴置，晋因之，治武昌县，故治在今湖北鄂城。

## 一 《武昌记》作者及成书时代考

《武昌记》作者，众书所标多异，或作史筌、或作史苓，或作皮零。

按，史筌、史苓，皮零，字形相近，盖以形似而致讹。如《太平御览经史图书纲目》虽作“皮零《武昌记》”，但《太平御览》卷三百三十八兵部·角：

> 史苓《武昌记》曰：武昌有砚山，欲阴雨，上有声如吹角。①

则是《太平御览》仍以《武昌记》属之史苓。宋陈旸《乐书》卷一百二十五征引《武昌记》又作史苓，元马端临《文献通考》卷一百三十四乐考七·金之属征引，同《乐书》作史苓。

但隋杜公瞻《编珠》卷一天地部引作史筌。唐虞世南《北堂书钞》卷一百二十一武功部·角，亦引作史筌。又《编珠》《北堂书钞》系隋唐成书，其所标注，更具有说服力，所以《武昌记》的作者，当以史筌为是。

又《武昌记》成书于何时？既然《水经注》征引，其书必齐梁以上之作。又《武昌记》多记孙权事，又兼及程普、陶侃事，其当是晋后之作。又《太平御览》卷八百三十三资产部十三·陶：

> 《武昌记》曰：北济湖，本是新兴冶塘湖。元嘉初，发水冶。水冶者，以水排冶。令颜茂以排数破坏，难为功力，茂因废水冶以人鼓排，谓之步冶湖。后因破坏，不复修治，冬月则涸。②

---

① 《太平御览》，第1550页。

② 同上书，第3717页。

这节佚文中出现了“元嘉”年号。按在历史上有两个元嘉，其一是汉桓帝刘志年号（151—153），再一个就是南朝宋文帝刘义隆的年号（424—453）。《武昌记》言“元嘉初”，必不指仅有三年的东汉元嘉，而指南朝宋元嘉时期的前几年。又东汉桓、灵乱世，诸业荒废，何暇排冶之事。宋文帝则政治较为清明，短期内经济有所恢复。故《武昌记》所言元嘉，必南朝宋元嘉无疑。

综上，《武昌记》应该成书于南朝宋时期。

## 二 《武昌记》亡佚时代考

隋杜公瞻《编珠》、唐虞世南《北堂书钞》，欧阳询《艺文类聚》，徐坚《初学记》，并征引《武昌记》，说明其书在唐时存世。宋李昉《太平御览》《太平广记》，乐史《太平寰宇记》，陈旸《乐书》、吴淑《事类赋》等书征引《武昌记》，说明北宋时，书仍存于世。

但南宋祝穆《方舆胜览》、潘自牧《记纂渊海》、吴曾《能改斋漫录》、薛季宣《浪语集》、杨伯岩《六帖补》，元马端临《文献通考》等，虽然征引《武昌记》，但征引条目略不出于唐及北宋诸书征引条目之外。又南宋薛季宣《浪语集》卷三十序赞《武昌土俗编序》：

> 武昌为邑旧矣。肇自孙吴建国，为郡为州，进而督藩，降而邑县，官司未尝改也，山川未始变也，物名称号多因时而革者。虽邑之父老，间或不忘其故，它州考古之士，将无所稽据焉。仲谋、陶庚之风声，几何而不泯也？不有书志其何以传？《武昌记》旧有成书，世久不见，中更俶扰，并与图经而失之。①

① 见（南宋）薛季宣《浪语集》卷三十序赞。

按，薛季宣（1134—1173）是南宋初年人，为永嘉学派创始人。薛已不见《武昌记》。是其书在南宋初已经亡佚了。

### 三 《武昌记》的文学价值

《武昌记》有一些记述具有文学意味。如《水经注》所引一节：

> 樊口南有大姥庙。孙权常猎于山下，依夕，见一姥，问权：猎，何所得？曰：正得一豹。母曰：何不竖豹尾？忽然不见。①

《武昌记》在这里记述了一段非常含蓄的对话，用语简练，情节精彩，故事意味很浓。《水经注》在征引《武昌记》这节文字时，为了使读者清楚其中含义，特别引用应劭《汉官序》对此作了解释："豹尾过后，执金吾罢屯，解围。天于卤簿中，后属车施豹尾。于道路，豹尾之内为省中。"意思是说，豹尾车过去之后，执金吾就撤去禁卫，解除戒严。皇帝的仪仗队中，最后一辆车装了一条豹尾，拖在路上，豹尾车内坐的是王公。那么，就是因为孙权称帝的事在这里应验，所以孙权才为神立庙。

《武昌记》对乡土灵异的记载，也有点传奇色彩。如：

> 阳新县有朔山，山有大竹长十余丈，围数尺，有声如风雨，为官长凶候，人占之有验。②

《武昌记》也给后代文学创作留下一些素材。如《太平御览》引

① 按：《艺文类聚》卷十、《太平御览》卷四十八、卷六百八十以及《太平广记》卷一百三十五，并引《武昌记》此文。

② 《太平御览》九百六十二竹部一·竹上引，第4271页。

《武昌记》曰：

> 大帝筑城于江夏，以程普为太守，遂欲都鄂州，改为武昌郡。其民谣曰：宁饮建业水，不食武昌鱼。宁归建业死，不向武昌居。由是徙都建业。[①]

毛泽东1956年6月作《水调歌头·游泳》，开篇即："才饮长沙水，又食武昌鱼。"毛诗此句即从"宁饮建业水，不食武昌鱼"脱化而来。

## 第五节　南朝宋盛弘之《荆州记》考述

《水经注》卷三十一至卷三十九引盛弘之《荆州记》达十二节。盛弘之《荆州记》（简称盛《记》），书已亡佚。荆州，刘宋时治江陵，即今湖北江陵。

### 一　《荆州记》作者与成书时代考

六朝时，《荆州记》有四：一范汪（见引于《艺文类聚·居处部》），一刘澄之（见引于《初学记·地部》），一庾仲雍（见引于《文选·游仙诗》李善注），一则盛弘之。《隋志》著录盛弘之《记》三卷。范、刘、庾三《记》不著录。三《记》佚文绝少，而盛弘之《记》散见唐宋笺注及诸类书甚夥。

《隋书》卷三十三《经籍志》："《荆州记》三卷，宋临川王侍郎盛弘之撰。"盛弘之，一作"宏之"，《宋书》不立传，仅以《隋书》知其官为临川王侍郎。《初学记》卷二十四《居处部》栖霞楼条引盛

① 《太平御览》卷一百七十州郡部·江南道上鄂州，第829页。

弘之《荆州记》曰："城西百余步，有栖霞楼，宋临川康王置。"临川康王，系刘义庆。考《宋书》卷五十《临川王（武烈）道规传》，义庆袭临川王，谥康，元嘉九年为荆州刺史，元嘉十六年改江州。是盛弘之以临川国侍郎，从义庆莅荆，因述荆州故实，则其《记》必始于元嘉九年（432）而迄于十六年（439）。

清陈运溶盛弘之《荆州记》辑本跋对成书年代作出了较为严谨的推理考证：

> 考《宋书·州郡志·郢州叙》，称孝建元年分荆州之武陵、天门立。又，湘州、临庆、始建、广兴下称：临贺、始安、始兴三郡，吴立，属广州。晋成帝度荆州，宋文帝元嘉二十九年度广州、雍州。《叙》又称元嘉二十六年，剖荆州之襄阳、南阳、新野、信阳、随五郡为雍州。今《记》中俱载武陵、天门、临贺、始安、始兴、襄阳、南阳、新野、随诸郡（见《太平御览》）；惟武陵见《艺文类聚·山部上》，南阳见《文选·南都赋》李注。可知弘之记荆州时，诸郡尚未分隶雍、湘、广三州。其《记》成于元嘉二十六年之前，殆无疑义。
>
> 又，《记》中有长沙、湘东、零陵、桂阳四郡（见《太平御览》），宋志俱隶湘州。其《湘州叙》云：晋怀帝分荆州之长沙、衡阳、湘东、邵陵、零陵、营阳、建昌，江州之桂阳八郡立，成帝省，安帝义熙八年复立，十二年又省。宋永初三年又立，元嘉八年省；十六年又立。当湘州既省未立之时，桂阳必不复隶江，而与长沙、湘东、零陵各郡，并还于荆。据《太平御览·礼仪部三十》引《记》，有元嘉六年冠军县发张詹墓事，《木部十》又引《记》元嘉十二年巴陵县娑罗树生花，明弘之之《记》必撰于元嘉八年省湘之后，十七年复湘之前，故《记》中存湘州之名（《北堂书钞·礼仪部四》），而仍入长沙郡于荆州也。

清曹元忠盛弘之《荆州记》辑本序则以《记》中叙“百里洲”一节[①]推证，确定书当成于元嘉十四年。陈、曹推证，自有道理。则盛弘之《荆州记》成书于元嘉（424—453）中期，殆无疑义。

## 二 盛弘之《荆州记》亡佚时代考

除《隋书·经籍志》外，宋代《册府元龟》卷五百五十五著录：“盛宏之为临川王侍郎，撰《荆州记》三卷。”同书卷五百六十又载，但“宏”作“弘”。宋郑樵《通志》卷六十六著录：“《荆州记》三卷，宋盛弘之撰。”但宋晁公武《郡斋读书志》、陈振孙《直斋书录解题》、尤袤《遂书堂书目》，元马端临《文献通考》，明《文渊阁书目》《百川书志》等皆不著录，知已亡佚。

从诸书征引盛弘之《荆州记》情况来看，所引用者除《水经注》（《水经注·淯水注》书名、人名并出）外，如梁刘昭《后汉书·郡国志》注、刘孝标《世说新语》注已引之。隋代杜公瞻《编珠》引五条，唐代欧阳询《艺文类聚》地部、水部等引二十条、《初学记》地部一条、《白孔六帖》一条，林宝《元和姓纂》一条，李善《文选》登楼赋注一条，虞世南《北堂书钞》、颜师古《前汉书》注、章怀太子李贤《后汉书》注、司马贞《史记索隐》及张守节《史记·五帝纪》正义亦引之。宋代，《太平御览》天部、地部等引约百条，《太平寰宇记》引三十条，《太平广记》卷三百八十九引一条。宋末王应麟《玉海》所引盛弘之《荆州记》五条，以及明清以下书引者，无出上

① 引见《水经注》卷三十四《江水注》及《太平御览》卷六十九，但《太平御览》作“宋文帝在藩”，则应是修《御览》者所改造。文帝，元嘉之君，弘之不应得预其谥，《水经注》“今上在西，忽有一洲自生”盖《记》旧文。清顾炎武《日知录》卷二十：“凡引前人之言必用原文。《水经注》引盛宏之《荆州记》曰：江中有九十九洲，楚谚云：‘洲不百，故不出王者。’桓玄有问鼎之志，乃增一洲，以充百数。僭号数旬，宗灭身屠。及其倾败，洲亦消毁，今上在西，忽有一洲自生，沙流回薄，成不淹时。其后未几，龙飞江汉矣。注乃北魏郦道元作，而记中所指今上则南宋文帝，以宜都王即帝位之事，古人不以为嫌。”

述诸书所引之外者，知为转引，从略。

按陈运溶序称："盛氏《荆州记》，至唐末已佚，故新、旧唐志俱未著录，而《太平御览》引此书独详，殆延修文御览之旧也。《事类赋》，宋吴淑撰。淑曾预修《太平御览》，其中所引，亦尽出《御览》，非真见原书者，且删去姓氏，亦不及《御览》精赅。宋乐史《太平寰宇记》可云博雅，中引盛弘之《荆州记》，复不免讹误……是《寰宇记》亦未见盛氏原书，于此可见。"笔者以为，《太平寰宇记》引盛弘之《荆州记》，或非引自原书，但既然两宋之交的郑樵《通志》著录有盛弘之《荆州记》，则其书可能于南宋初还未亡佚。

又按《直斋书录解题》又称唐吴从政删盛弘之《荆州记》诸书为《襄沔记》三卷，盛弘之《荆州记》之亡，殆与吴从政删书之事有关？今《襄沔记》既佚，则《荆州记》之亡更久。至少南宋时人，少有见其原书者。

### 三　盛弘之《荆州记》辑本与佚文

盛弘之《荆州记》辑本有《说郛》宛委山堂本、商务印书馆本《说郛》卷四《墨娥漫录》、陈运溶《麓山精舍丛书第一集·荆湘地记二十九种》、曹元忠《笺经室丛书》［清光绪二十七年（1901）荆州田氏刻移山堂丛书本］、王谟《汉唐地理书钞》、王仁俊《玉函山房辑佚书补编》等。

《说郛》宛委山堂本所辑共二十节，商务印书馆本《说郛》卷四《墨娥漫录》所辑四节，在宛委山堂本内。黄奭《汉学堂知足斋丛书·子史钩沉》辑本系抄自宛委山堂本《说郛》。《五朝小说·魏晋小说外乘家》《五朝小说大观·魏晋小说外乘家》所辑不出《说郛》宛委山堂本外。

光绪二十四年（1898），陈运溶《麓山精舍丛书第一集·荆湘地记二十九种》从类书中蒐集盛氏《荆州记》成编，“因每条皆着明古郡县，遂以《晋书·地理志》为准，以《荆州记》事实，依晋郡县次序，钩稽排比，竟成完书”。网罗放失，蒐为三卷，复厥旧观，其功可谓勤矣。陈氏所辑，共一百七十多节，最为详备，诸辑本罕能出其右。

其次，光绪二十七年（1901）荆州田氏刻移山堂丛书本曹元忠《笺经室丛书》辑有盛弘之《荆州记》采得百余节，有数条可补陈本之缺。

王谟《汉唐地理书钞》所辑盛弘之《荆州记》，不见于陈、曹辑本者，辄多为诸类书中未标明为盛弘之《记》者。考庾仲雍、郭仲产、刘澄之等皆撰《荆州记》，不止盛弘之一人，王谟并归之于盛弘之《记》，殊为武断。

### 四 盛弘之《荆州记》的文学价值

盛弘之《荆州记》出色的山水景物描写，对郦道元《水经注》的写景文字，有着直接的启发和影响。该《记》是中国山水散文形成链条上的重要环节。关于此点，前文详及，聊不赘叙。

盛弘之《荆州记》中有许多引人注目的精彩故事，也是其文学性的重要表现。如：

> 临贺冯乘县东五里有故县庙。相传汉淮南王安被诛，其子奔逸来至，一夜忽化为石人，当县门而立，百姓怪而观之，其迫察者，手足无不疮烂。[①]
>
> 沔水隈潭极深，先有蛟为害。邓遐为襄阳太守，拔剑入水，蛟绕其足。遐自挥剑截蛟数段，流血丹水，勇冠当时，于后遂无蛟害。[②]

---

① 《太平御览》卷五二石引，第253页。

② 《太平御览》卷六二汉沔引，第298页。

临贺冯乘县有歌父山。传云，有老人不娶室而善歌，闻者莫不洒泪，年八十余而声逾妙。及病将困，命乡里六七人与上山穴中。邻人辞归，老人歌而送之，声振林木，响遏行云，余音传林，数日不绝。[①]

故事的主人公，既有王子、官员，也有百姓，而且记述精彩。淮南王子仓皇逃命之窘状，邓遐太守为民除害之壮勇，歌父山传说之曼妙，都通过盛弘之《荆州记》生动的文笔展现出来。

盛弘之《荆州记》有时还在故事叙述中插入人物言语和对话。如：

竹山县有白马塞，孟达为新城太守，登白马而叹曰：刘封、申耽据金城千里而不能守，岂丈夫哉！[②]

荆州城临汉江，临江王所治。王被征，出城北门而车轴折，父老泣曰：吾王去不还矣！从此不开北门。[③]

前则，孟达是三国名将，先事刘璋，后降刘备，再投曹魏，此后又欲反曹魏而归蜀汉，事败而死。后则，临江王指刘荣。他是汉景帝刘启与栗姬之子，曾被立为太子，后被废为临江王。后被控，恐惧自杀。前则孟达之叹，尽显其英雄本色；后则父老泣，则体现了善良的荆州百姓对王子遭遇的同情。人物话语的插入，使故事表述情景化，加强了故事的表现力度。

盛弘之《荆州记》中，还有一些神话传说，更能体现作者丰富的想象力。如：

① 《太平御览》卷五百七十二歌引，第2586页。

② 《太平御览》卷一六八房州引，第817页。

③ 《世说新语》言语篇注引，《世说新语笺疏》，第141页。

新阳县惠泽中有温泉，冬月，未至数里，遥望白气浮蒸如烟，上下采映，状若绮疏，又有车轮双辕形。世传昔有玉女，乘车自投此泉。人人时见女子姿仪光丽，往来倏忽。①

夷道县旬将山下，有三泉。传云，本无此泉，居者皆苦远汲，人人多卖水与之。有一女子孤贫褴缕，无以贸易。有一乞人，衣粗貌丑，疮痍竟体，村人见之，无不秽恶。唯女子独加哀矜，割饭饴之。乞人食毕，曰：我感姬行善，欲思相报，为何所须？女答曰：何恩可报？且今所须之物，非君能得。因问所须，女子曰：正愿此山下有水可汲。乞人乃取腰中书刀，刺山下三处，即飞泉涌出，因便辞去，忽然不见。②

这两则写泉水，幻化出了美妙的神话故事，使乡国灵异的描述更为生动。

此外，盛弘之《荆州记》还有时在记述过程中，引入诗赋文句，来作所写之事的补充和印证。如：

襄阳西南有徐元直宅，其西北八里方山，山北际河水，山下有王仲宣宅。故东阿王诔云：振冠南岳，濯缨清川。③

江津东十余里有中夏洲，洲之首，江之汜也。故屈原云：经夏首而西浮。又二十余里有涌口，所谓阎敖游涌而逸。二水之间，谓之夏洲，首尾七百里。④

上则说到王粲宅的地理位置，就以曹植《王仲宣诔》中的文句来

① 《艺文类聚》卷九泉引，第166页。

② 同上。

③ （梁）萧统：《文选》卷五十六诔上《王仲宣诔》注引，（唐）李善注，太白文艺出版社2010年版，第1557页。

④ （宋）李昉等撰：《太平御览》卷六十九洲，中华书局1960年版，第327页。

作印证。下则以屈原的诗歌对所记述的地理来作说明，给人以更加直观、深刻的印象。

所有这些，都是盛弘之《荆州记》文学性的具体表现。盛弘之《荆州记》的文学色彩在晋宋诸多地记作品中可谓出类拔萃。

## 第六节　三国魏周斐《汝南先贤传》考述

《水经注》卷二十一汝水引《汝南先贤传》一条。《汝南先贤传》，今已亡佚。汝南郡，汉置，因辖区大部分在汝河流域南部，故名汝南。治平舆，属豫州刺史部。豫州为九州之中，汝南又居豫州之中，故有“天中”之称。

### 一　《汝南先贤传》作者考

《隋书·经籍志》：《汝南先贤传》五卷，魏周斐撰。《新唐志》也著录作五卷，周斐撰。《旧唐志》作三卷，周裴撰。按，“裴”字乃《旧唐志》误题，当从《隋志》以作者为周斐为是。

周斐，生平不详。《隋志》载其为魏人，而《说郛》本题作晋周斐，大约他是由魏而入晋的。宋邓名世《古今姓氏书辩证》卷十八：“《元和姓纂》曰：汝南安城县，周安，平王次子秀别封汝川，因家焉。汉汝南侯周仁，徙汝南。六代孙魏周斐。孙峻，晋州刺史。”①

《世说新语》品藻篇“刘令言”条：刘令言始入洛，见诸名士而叹曰：“王夷甫太解明，乐彦辅我所敬，张茂先我所不解，周弘武巧于用短，杜方叔拙于用长。”在“周弘武巧于用短”句下，梁刘孝标注云：“王隐《晋书》曰：周恢字弘武，汝南人，祖斐，永宁少府。

① （宋）邓名世：《古今姓氏书辩证》，中华书局1985年版，第246页。

父隆，州从事。恢仕至秦相，秩中二千石。”[①] 由此可见，周斐曾任永宁少府。其孙周恢在西晋初已经是洛中名士，当时应是中年以上，则其祖周斐由魏入晋继而仕晋的可能就比较大。

清姚振宗《隋书经籍志考证》说周斐“尝官汝南中正”，不知所据。如果周斐确实做过汝南中正，就容易解释《汝南先贤传》成书的情况了。汉献帝延康元年（220），曹丕代汉自立前，尚书陈群立九品官人之法，于州郡各置中正，任识别人才之责。魏曹芳时，司马懿执政，又于州置大中正。因为中正官的主要任务就是品鉴人才，而《汝南先贤传》大多记汝南地方前贤的嘉言善行，二者具有密切的关系。

## 二 《汝南先贤传》亡佚时代考

梁刘孝标《世说新语》注，与后魏郦道元《水经注》，皆征引《汝南先贤传》，说明其书南北朝时，流行南北。

《隋志》著录《汝南先贤传》；又唐章怀太子李贤《后汉书》注，唐虞世南《北堂书钞》，欧阳询《艺文类聚》，徐坚《初学记》，及林宝《元和姓纂》卷十，并征引《汝南先贤传》，说明其书在唐时存世。

两《唐志》都著录《汝南先贤传》，又宋李昉《太平御览》等类书征引《汝南先贤传》，说明北宋时，书仍存于世。

迨及南宋初，郑樵《通志》卷六十五《传记》类，还著录：“《汝南先贤传》五卷，魏周斐撰。”[②] 说明其书存世。南宋类书如罗泌《路史》等，也征引该书。洪迈《容斋随笔·三笔》卷二也曾引述《汝南先贤传》以为论据。

南宋章如愚《群书考索》说：“郡国人物，若《陈留耆旧》、周斐

① 《世说新语》品藻篇注，《世说新语笺疏》，第508页。
② （宋）郑樵撰：《通志》，中华书局1987年版，第778页。

《汝南先贤》、陈寿《益郡耆旧》、虞预《会稽典录》，此之谓郡书者也。”[①] 章如愚是南宋婺州金华人，南宋庆元二年（1196）进士。其著《群书考索》时，《汝南先贤传》还在。

王应麟《玉海》卷十五《地理书》中则列：

> 耆旧若韦氏四海一卷，王基东莱一卷……魏周斐汝南五卷。[②]

其时所见《汝南先贤传》。王应麟（1223—1296），字伯厚，南宋学者，祖籍河南开封。故其特别留意关注乡土文献。但其时已不可见《汝南先贤传》原书。可见，其书亡佚于宋末元初。或毁于战火，殊未可知。

元后期，《汝南先贤传》遂亡佚。故元末明初的学者陶宗仪编纂《说郛》，掇拾《汝南先贤传》残篇辑佚。

## 三　《汝南先贤传》辑本情况

首先，唐宋类书大量引述《汝南先贤传》文段，故后世原书不存时，人们也可从中窥斑见豹。唐虞世南《北堂书钞》引述《汝南先贤传》十二节。欧阳询《艺文类聚》引述《汝南先贤传》十二节。徐坚《初学记》引述《汝南先贤传》六节。《太平御览》引述其书尤多，达四十九节。当然，其中也有极少一部分记载互相重复的内容。但去其重，仍可得六十节左右。这些都成为后来学者研读《汝南先贤传》的基础文献。

《汝南先贤传》辑本收入宛委山堂《说郛》卷五十八、《五朝小说

① （宋）章如愚撰：《群书考索》（四库全书第936册），上海古籍出版社1987年版，第215页。

② （宋）王应麟撰：《玉海》（四库全书第943册），上海古籍出版社1987年版，第363页。

大观》《汉学堂知足斋丛书·子史钩沉》、王仁俊《玉函山房辑佚书补编》等，均作一卷，又收入《说郛》卷七。《说郛》宛委山堂本共十九节。商务印书馆本《说郛》仅两节，《五朝小说大观》有五节，均不出宛委山堂本之外。

### 四　《汝南先贤传》的文学价值与创作影响

作为最早一批地方人物传记，《汝南先贤传》在写法上为后来的同类著作开创了道路，提供了创作上的借鉴。《汝南先贤传》是郡书的代表作品和创作榜样，文采出色。首先是人物描写生动传神，神色毕肖。如：

> 许嘉给县功曹。仪，小吏当持剑侍及功曹，月朔晨朝，并持炬火。嘉于是忿然叹曰：男儿为吏，不免贱役！投其炬于地，以剑带槐树，趋谒府门。①

通过许嘉的话语和举动，一个少年气盛、抱负远大的年轻人的形象，即跃然在目。前文《水经注》所引《汝南先贤传》中的郑敬直言触忤官长高懿的故事，也同样动人。再如：

> 胡定字元安，颍川人，至行绝人。在丧，雉兔游其庭，雪覆其室。县令遣户曹椽排闼问定。定已绝谷，妻子皆卧在床。令遣以干粮就遗之，定乃受半。②

这里刻画的是一个耻于干谒、宁可饿死也不屈志的硬汉形象。有

① 《太平御览》卷三四三剑引，第 1576 页。
② 《太平御览》卷四二六清廉引，第 1963 页。

时，《汝南先贤传》为了给读者留下深刻的印象，在写人时，故意使用反衬的手法。如：

周燮，字彦祖，好潜静养志，唯典籍是乐。有先人草庐，庐于东坑其下，有陵田，鱼蛤生焉，非身所耕渔则不食。①

这个周燮洁身自好，潜静养志，俨然后世的诸葛亮、陶渊明一类的人物，颇见宁静致远之态。想必风度翩翩，气宇不凡了。可是，《汝南先贤传》却又这样描画了周燮的肖像：

周燮，字彦祖，敛颐折额，貌甚丑。母欲不举，其父曰：吾闻诸圣贤人状，皆有异于人，兴我宗者，必此儿！遂育之。②

原来，周燮却是个长相奇丑，竟然是母亲都不想抚养的丑人。但这并没有妨碍读者对周燮的评价，反而给人留下了最为深刻的印象。这俨然是后世小说的传奇笔法。由此我们也可以发现《汝南先贤传》对后世小说创作，具有启发和导引之功。其他人物如平生简约、嫁女“布裙无缘”的戴良，为民请命吓得太守赶忙“乞骸”的周乘、自谦让贤的黄穆、替人顶罪无辜被杀的周燕等，不一而足。

《汝南先贤传》还以生动的情节感染读者。如：

薛勤，字恭祖，仕郡为功曹。陈仲举时年十五，为父赍书诣勤。勤顾而察之，明日造焉。仲举父出迎勤，勤曰：足下有不凡子！吾来候之。不从卿也。言议尽日。乃叹曰：陈仲举有命世才，

① 《太平御览》卷四二六清廉引，第1963页。

② 《太平御览》卷三六八颐颔引，第1698页。

王佐之具。①

少年陈仲举替父亲写信给官员薛勤，却被薛勤知晓。薛勤来到陈府，越过陈仲举的父亲，径直与仲举交谈一整天。寥寥数语，陈仲举的少年多才，薛勤的思贤若渴，都写得神色毕现，呼之欲出。又如：

蔡顺母平生畏雷，自亡后，每有雷震，顺辄环冢泣曰：顺在此。②

短短几句，就交代了情节，而且异常生动。按，《二十四孝》中记载有魏晋时孝子王裒“闻雷泣墓”的孝行故事，与蔡顺之事暗合。类似的故事，《汝南先贤传》里还有。如：

薛苞，字孟尝，西平人。好学笃行。丧母，以至孝闻。父取后妻憎苞，分之令出。苞日夜号泣不能去，至被殴杖。不得已，庐于舍外。旦入洒扫。父怒，又逐之。乃庐于里门，晨昏不废。积岁余，父母惭而还之。③

这个故事也写得生动曲折。再看一个写“廉”的故事：

阚敞，字子张，平舆人，仕郡为五官掾。时太守第五常被征，临发仓卒，有俸钱百三十万，留付敞。敞埋著堂上，遂遭世仓卒，道路断绝，敞年者饥羸。其妻曰：第五府君所寄钱，可取自给，然后偿之。敞曰：吾穷老，何当有用故君之财耶？道通当送，饥寒何损。常举门遭疫，妻子皆死。常病临困，唯有孤孙年九岁，

① 《太平御览》卷四百十父子交引，第1892页。

② 《太平御览》卷四八八泣引，第2234页。

③ 《太平御览》卷四一四孝引《汝南先贤传》，第1909页。

常谓之曰：吾寄故五官掾平舆阚敞钱三十万。气遂绝。后，孙年长大，步担至汝南问敞。敞见之，悲喜与共临发牌钱，乃百三十万。孤孙曰：亡祖临终言有三十万耳，今乃百三十万，不敢当也。敞曰：府君病困，气索言谬，误耳。郎无疑也。①

这个故事，不但写得生动曲折，而且自具首尾，来龙去脉，交代清晰，戏剧性很强。

另外，《汝南先贤传》对人物的品评与赏鉴，既体现了时人清谈的风气，又对近两百年以后问世的《世说新语》的写法开启了法门。如：

谢甄，禀气聪爽，明识达理。见许子将兄弟弱冠之岁，曰：平舆之渊有二龙出焉：察其盼昧则赏其心，睹其顾步则知其道。②

黄宪，字叔度，不矜名以诡时，不抗行以矫俗；窥其门者莫敢践其庭，睹其流者不能测其深。时人论曰：颜子复生乎?③

比较《世说新语·品藻》，不难发现二书彼此间的渊源联系。

《汝南先贤传》的文学色彩，还在于其简洁传神的语言。如：

袁宏，字奉高，慎阳人。友黄叔度于童齿，荐陈仲举于家巷。辟太尉掾，卒。④

许慎为功曹，奉上以笃义，率下以恭宽。⑤

用字审慎简洁，绝不拖沓，可谓言简而意丰。

---

① 《太平御览》卷四二一义引《汝南先贤传》，第 1944 页。
② 《太平御览》卷四四四知人引《汝南先贤传》，第 2044 页。
③ 《太平御览》卷四百三道德引，第 1864 页。
④ 《世说新语》德行篇注引，《世说新语笺疏》，第 4 页。
⑤ 《太平御览》卷二六四功曹参军引，第 1237 页。

《汝南先贤传》以其翔实可信的历史记录和文采生动的文笔，给当时和以后的地理文学的创作树立了良好的榜样。金代元好问《遗山集》卷四十有《跋张仲可东阿乡贤记》，其文云：“至于大县万家，历承平百年之久，风化之所涵养，名节之所劝激，一介之士，时命不偶，赍志下泉，以与草木同腐者，亦何可胜数？诚使见之纪录，如《汝南先贤》《襄阳耆旧》以垂示永久，此例独不可援乎？”① 又如元代戴表元《剡源文集》卷十八有《题王氏寓庵遗稿》，云：“自古文人才士，学成言立而不传者何限？……安知吾党无能赞《汝南先贤传》《襄阳耆旧》者？其以此稿补之。”② 同书卷十九又有《题沂州先贤考》云：“自知读书以来，见古人名贤，盛德君子，为之欢欣慕悦。及江湖道路，邂逅交接，闻一嘉言善行，亦愿执鞭捧谒，如恐相失。此岂有所驱迫？美诱而然哉。以远者犹然，若使乡邻里闬，而有其人焉，则慕之当何如？故古者乡先生没，则祠于社，而其久也，百世犹纪其遗烈。如《汝南先贤》《襄阳耆旧传》之类，皆足以起人之敬思，而风俗名教亦因之而增重。”③

元好问和戴表元的话，推想了《汝南先贤传》《襄阳耆旧传》等郡书的创作动机，也明确指出了两部著作的垂范作用，同时也昭示了两部著作对于后世的创作影响。

## 第七节　晋刘彧《长沙耆旧传》考述

《水经注》卷十浊漳水、卷十五洛水两引《长沙耆旧传》。《长沙耆旧传》，又作《长沙旧邦传赞》，晋刘彧撰。此书今已亡佚。

① （金）元好问撰：《遗山集》（四库全书第 1191 册），上海古籍出版社 1987 年版，第 468 页。

② （元）戴表元撰：《剡源文集》（四库全书第 1194 册），上海古籍出版社 1987 年版，第 241 页。

③ 同上书，第 252 页。

长沙郡，秦置，汉晋因之。晋时，治临湘，即今湖南长沙。

## 一 《长沙耆旧传》作者与亡佚时代考

《隋书》卷三十三《经籍志》："《长沙耆旧传赞》三卷，晋临川王郎中刘彧撰。"《新唐书》卷五十八志四十八："刘彧《长沙旧邦传赞》四卷。"《长沙耆旧传》又有《长沙耆旧传赞》或《长沙旧邦传赞》之名。《旧唐书》卷四十六志二十六则作"《长沙旧邦传赞》三卷，刘成撰"。又《史略》撰人讹为"刘或"。按，"成""或"二字皆误，当作"彧"，《北堂书钞·礼仪部》《太平御览·天部》《初学记·天部》《艺文类聚·天部》等并引刘彧《长沙旧邦传》。刘彧，生平不详，仅据隋志知其为晋人，官临川王郎中。

魏晋之时，以"先贤""耆旧"为名的著述甚多。以《耆旧》为名的就有魏苏林的《陈留耆旧传》、晋陈寿的《益部耆旧传》、习凿齿的《襄阳耆旧传》以及《四海耆旧传》《续益部耆旧传》等书。诸书大多记述乡里贤能之士的孝行善举、忠直仁信、特立独行，兼及山川物产、土俗风情。虽或有过言失实之处，然仍以事迹可考者居多，故往往能补史传之阙。刘彧《长沙旧邦传赞》是其中一种，也是在这样的整体创作氛围中产生的。

除史家著录外，《太平御览经史图书纲目》也著录《长沙耆旧传》。从征引看，除《水经注》外，唐代《北堂书钞》引八条，《艺文类聚》引二条，《初学记》卷二《天部下》等亦引。宋代《太平御览》引十余条。这说明《长沙耆旧传》在唐及北宋存世。

南宋初郑樵《通志》卷六十五著录："《长沙耆旧传赞》三卷，晋临川王郎中刘彧撰。"孔传《白孔六帖》卷三十一"鼻为气户"引一条：

《长沙耆旧传》：太尉寿少遇相师，相师曰：凡鼻为气户，君鼻大贵之象也。

按，此条，不见前书征引。孔传，孔子四十七代孙，绍兴二年除知邠州，移知陕州，改知抚州，官至右朝议大夫。

《通志》著录并孔传征引《长沙耆旧传》，证明其书在南宋初尚存世。

又检宋代诸书目文献如尤袤《遂书堂书目》、晁公武《郡斋读书志》、陈振孙《直斋书录解题》等，均不著录《长沙耆旧传》。南宋以后征引此书的不多，如成书于宋宁宗时期的潘自牧《记纂渊海》卷五十七论议部引一条，叙李固事；成书于宋理宗宝祐年间的谢维新《古今合璧事类备要前集》卷十一引一条，叙文虔事等，都不出前书征引内容之外。说明其书或已亡佚。

综上，《长沙耆旧传》或许亡佚于南宋中后期。

## 二 《长沙耆旧传》辑本与佚文

《长沙耆旧传》辑本有宛委山堂本《说郛》卷五十八、商务印书馆本《说郛》卷七《诸传摘玄》、黄奭《汉学堂知足斋丛书·子史钩沉》、杜文澜《曼陀罗华阁丛书·古谣谚卷十九》、陈运溶《麓山精舍丛书第一集·历朝传记九种》诸家。

宛委山堂本《说郛》卷五十八所辑凡四条，商务印书馆本《说郛》卷七《诸传摘玄》所辑仅二条。黄奭《汉学堂知足斋丛书·子史钩沉》系抄录宛委山堂本《说郛》。杜文澜《曼陀罗华阁丛书·古谣谚卷十九》所辑共二条。陈运溶《麓山精舍丛书第一集·历朝传记九种》所辑共九人事迹，除见于《说郛》者外，尚有汉祝良、刘寿、文虔、虞芝事，魏桓阶事，吴夏隆、虞授事，晋徐伟、桓龙事等。

## 三 《长沙耆旧传》的文学价值

《长沙耆旧传》是古代长沙最早的乡邦文献之一，具有重要的文史价值。《长沙耆旧传》有一个重要的记述内容，就是对于文学、学术非常重视：

> 太尉李公，时为荆州刺史，下辟书曰：欲采明珠，求之于蚌；欲得名士，求之文学。或割百蚌不得一珠，不可舍蚌求之于鱼；或百文学不出奇士，不可舍文学求之于斗筲也。由是言之，蚌乃珠之所藏，文学亦士之场矣。[①]
>
> 虞授，字承卿，说《易》不怠。谚曰：不读经，视虞生。[②]

这两节记述本身就有较强的文采。前节“太尉李公”指的是东汉李固。李固，字子坚，汉中南郑人，历太尉，为梁冀构死。他大力提倡援引文学之士，当然有矫正东汉外戚宦官交替弄权局面的用意，但他的这段说辞，还是颇有文学意味的。他以“明珠”与“奇士”、“蚌”与“文学”作类比，突出选贤任能的重要性，比喻新奇而易懂，语言生动而显豁。后节写虞授重学，也同样用谚语来做实证，从而给读者留下深刻的印象。

《长沙耆旧传》本身的记述语言也很生动。如：

> 桓龙迁鲁令，明断朗然，狱无停系，安贫乐道。内无担石之储，门绝鱼米之馈，故清廉训于百里，仁惠洽于所莅，黎元饮其

---

① 《太平御览》卷二百四十八职官部王文学引，第1170页。

② 《北堂书钞》四库全书本，第471页。

恩泽，遐迩称其节概。[①]

本节用语整饬，对仗工整，把桓龙勤政、廉洁、仁惠的品德昭显出来，在文字表述上颇富文采。《长沙耆旧传》又有《长沙耆旧传赞》或《长沙旧邦传赞》之名。或其每传一人物，都有“赞”语，而赞语就如上引文字。但惜其书亡佚已久，不得其详了。

## 第八节　东晋江敞《陈留志》考述

《水经注》卷二十二《渚水》引《陈留志》一条。《陈留志》，今已亡佚。辑本收入商务印书馆本《说郛》卷六。按，汉陈留郡，治陈留县，在今河南开封东南。

### 一　《陈留志》作者与亡佚时代考

《陈留志》的作者，应该是江敞。《隋志》著录作：《陈留志》十五卷，东晋剡令江敞撰。《旧唐志》作：《陈留志》十五卷，江微撰。《新唐志》著录作：江敞《陈留人物志》十五卷。此后郑樵《通志》、王应麟《玉海》都著录作江敞撰。这样看来，《陈留志》的作者名字应该是“江敞”而非“江微”无疑。《旧唐志》因字形近而致讹。

梁刘孝标《世说新语》注，与后魏郦道元《水经注》，皆征引《陈留志》，说明其书南北朝时，流行南北。

又从《隋志》和两《唐志》都著录江敞《陈留志》，及唐章怀太子李贤《后汉书》注，欧阳询《艺文类聚》，徐坚《初学记》，及唐司马贞《史记索隐》，并征引《陈留志》，说明其书在唐时存世。宋李昉

① 《北堂书钞》卷七十八设官部县令引，第362页。

《太平御览》等类书征引《汝南先贤传》，说明北宋时，书仍存于世。南宋初郑樵所撰的《通志》卷六十五《艺文略第三·史类第五》中著录：《陈留人物志》十五卷，东晋剡令江敞撰。说明南宋初书仍存世。南宋末王应麟《玉海》卷十五《地理书》著录东晋江敞《陈留志》十五卷。说明南宋末此书仍在。

宋后，官私诸史不再著录江敞《陈留志》，是其书或亡于元代。

《陈留志》辑本，仅有商务印书馆本《说郛》卷六收入数条。幸今人刘纬毅《汉唐方志辑佚》搜罗典籍，得《陈留志》佚文凡二十五节，最为全面。

## 二　《陈留志》是人物志

《陈留志》，《新唐志》著录作《陈留人物志》，是以志人为主的人物志，不同于东汉圈称所作的《陈留风俗传》。圈称《陈留风俗传》以介绍郡县乡邑名物及姓氏来由等为主要内容。所以两书的内容和风格有明显的不同。

《陈留志》介绍了一些阮氏族人的情况，如阮略、阮简、阮武、阮籍、阮共等，皆有记述。《陈留志》还写了魏晋时期人物品评及人才早秀的一些情况：

> 阮武，魏末河清太守族子。籍年总角，未知名。武见而伟之，以为胜己，知人多此类。著书十八篇，谓之《阮子》，终于家。①
>
> 范乔年两岁，祖父馨卒，临终抚其手曰：恨不见汝成人，以吾所用砚与之。始五岁，祖母以此言告乔，乔便执砚涕泣。②

① 《世说新语》赏誉篇注引《陈留志》，《世说新语笺疏》，第425页。

② 《艺文类聚》卷五八砚引《陈留志》，第1057页。

《陈留志》还褒扬宽善之行，表彰孝悌之德。如：

李铨，字玄机，平丘人也。少聪惠，有志行。铨兄，前母子，后母甚不爱也，而衣食皆使下铨。始年五岁，觉己衣胜兄，即脱不著，须兄得与己同，然后受服之，其母遂不得有偏。及长，铨内匡其母，外奉其兄，故闺门雍睦，为邦族所称。①

《陈留志》也有些情节透露出了佛教对人心的影响。如：

韩卓父尝为人所辱，卓执兵伏道，欲候杀之。而长子暴病将死。卓乃叹曰：道家有言，报仇不欲过。今长子病，岂为是乎？于是乃投刃援杖，复耻而止。②

《陈留志》记人写事，在文笔上较圈称《陈留风俗传》更为生动。如：

《陈留风俗传》曰：阮简为开封令，时外白有劫，贼甚急。简方围棋，长啸曰：局上劫亦急。③

《陈留志》称：阮简，字茂宏，为开封令。县侧有劫贼，外白甚急数，简方围棋长啸。吏云：劫急！简曰：局上有劫，亦甚急。其耽乐如是。④

写同一事，江敞《陈留志》较之圈称《陈留风俗传》，就更注意

① 《太平御览》卷五一六兄弟引《陈留志》，第 2348 页。

② 《太平御览》卷四八二仇引，第 2208 页。

③ 《太平御览》卷一五八开封府引《陈留风俗传》，第 767 页。

④ 《太平御览》卷七五三围棋引《陈留志》，第 3342 页，又《水经注》卷二十二渻水注亦引。

场面化、情景化的表现。最后一句“其耽乐如是”，更是加入了作者的评价和感叹，更容易引起读者的留意和思考。我们自可以从其中看到，从汉末到东晋，人物记述在表现手法上的变化和发展。

## 第九节 佚名《武陵先贤传》考述

《武陵先贤传》，隋唐诸志不著录，亦不知为何人所撰。其书今已亡佚。武陵郡，汉置，晋宋因之，治武陵县，即今湖南常德。

《水经注》卷三十六延江水：

> 《武陵先贤传》曰：潘京世长为郡主簿，太守赵伟甚器之，问京：贵郡何以名武陵？京答曰：鄙郡本名义陵，在辰阳县界，与夷相接，数为所破。光武时移治东山之上，遂尔易号。《传》曰：止戈为武。《诗》云高平曰陵，于是名焉。①

按，此节，叙潘京事。据《晋书·潘京传》：“潘京，字世长，武陵汉寿人也。”此节文字被采入《晋书·潘京传》，但太守名字是“赵廞”。按《晋书》介绍，益州刺史赵廞，据成都反，还建了一个仅维持了三个月的太平王朝，随即为流民首领李特所杀。《华阳国志》卷八言赵廞“字和叔，巴西安汉人，历天门、武陵太守来临州”。则是赵廞先任武陵太守。

那么，《武陵先贤传》作“赵伟”似误。这似乎不是《水经注》引录之误。唐虞世南《北堂书钞》卷七十三设官部·主簿引《武陵先贤传》也作“赵伟”。《北堂书钞》除了引此条外，又于卷六十六设官部·太子中庶子引《武陵先贤传》说王坦为中庶子，有燕来翔，王坦

① 《水经注疏》，第2970—2971页。

被令为赋。这说明，“潘京”条是虞世南按《武陵先贤传》原书征引的，“赵伟”误在《武陵先贤传》。

又唐欧阳询《艺文类聚》引《武陵先贤传》，也叙潘京事：

> 潘京为州辟，进谒，值社会，因得见，次及探得不孝。刺史问曰：辟士为不孝耶？京举板答曰：今为忠臣，不得复为孝子。其机辨如此。①

按，此节文字，后来也被采入《晋书·潘京传》。可见，《武陵先贤传》是《晋书》的重要材料来源之一。既然《水经注》引《武陵先贤传》，而《武陵先贤传》又记录西晋事，则其书非常可能撰著于东晋或刘宋时期。

《武陵先贤传》在唐还被《北堂书钞》《艺文类聚》所引，及被史家所用，证明其时还存世。但中唐以后此书即不为各种书籍文献征引，说明其已亡佚。

《武陵先贤传》留给后世的佚文，辑于清陈运溶《麓山精舍丛书第一集·历朝传记九种》，也仅前文所及之三节而已。但仅就《水经注》所引一节，《武陵先贤传》也应颇具文采。潘京不但解释了“武陵”地名的来历和含义，而且还以《左传》和《韩诗》章句为佐证，颇有文学意味。

① 《艺文类聚》卷五岁时下·社引，第85页。

# 第四章

# 《水经注》征引华东地理文学文献

## 第一节　南朝宋雷次宗《豫章记》考述

《水经注》卷三十九赣水两引《豫章记》。《隋书·经籍志》著录："《豫章记》一卷，雷次宗撰。"《新唐书·艺文志》亦著录，同。雷次宗，字仲伦，《宋书》《南史》有传。豫章，汉治郡，治南昌县，即今江西南昌。

雷次宗《豫章记》今已亡佚，辑本有商务印书馆本《说郛》卷四《墨娥漫录》、叶昌炽《击淡庐丛稿》、王仁俊《玉函山房辑佚书补编》等辑本。今人刘纬毅《汉唐方志辑佚》共辑得雷次宗《豫章记》二十一条，较诸本详备。

### 一　《豫章记》作者与成书时代考

《隋志》与《新唐志》并言雷次宗撰《豫章记》一卷。雷次宗，《宋书》卷九十三有传："次宗，字仲伦，豫章南昌人也。少入庐山，事沙门释慧远，笃志好学，尤明《三礼》《毛诗》，隐退不交世务。”[①] 盖次宗本豫章人，《豫章记》记其本土也。《传》又称其“二十五年，卒于钟山，时年六十三。”则雷次宗生于东晋孝武帝太元十一年（386），卒于宋文帝元嘉二十五年（448）。

雷次宗尤以儒术见长，为一代儒宗。《宋书》本传言：“元嘉十五年，征次宗至京师，开馆于鸡笼山，聚徒教授，置生百余人。……车驾数幸次宗学馆，资给甚厚。”[②] 宋文帝立儒、玄、史、文四学而以儒学居前，可见其对儒学的推重。以雷次宗为儒馆之主，又自可见雷次宗地位之优崇。是时，齐高帝萧道成、齐衡阳元王萧道度亦从雷次宗学[③]。《南史》卷四：“儒生雷次宗立学于鸡笼山，（高）帝年十三，就受《礼》及《左氏春秋》。”[④] 考同书云“高帝以宋元嘉四年丁卯岁生”，则高帝受学时为元嘉十七年，时次宗尚在馆讲授儒经。

《宋书·沈怀文传》说，雷次宗“后南还庐岳，何尚之设祖道，文义之士毕集，为连句诗”[⑤]，又可知次宗为儒学泰斗，明于《毛诗》，固当属意文学，故时人赋诗以送之，以借此机会望其评判指点以求时誉。当时沈怀文、谢灵运等并有诗送之。《初学记》卷十八人部，载有谢灵运《送雷次宗诗》。[⑥]《隋书·经籍志》著录：“《毛诗序义》二卷，宋通直郎雷次宗撰。梁有《毛诗义》一卷，雷次宗撰。”[⑦] 又著录：“宋征士《雷次宗集》十六卷。梁二十九卷，录一卷。”[⑧] 两《唐志》亦著录《雷次宗集》三十卷。由此可知，雷次宗于文学亦颇

① 《宋书》，第 2292 页。

② 同上书，第 2293—2294 页。

③ 《南齐书》卷四十五《宗室传》：衡阳元王道度，太祖长兄也。与太祖俱受学雷次宗。宣帝问二儿学业，次宗答曰：“其兄外朗，其弟内润，皆良璞也。”中华书局 1974 年版，第 787 页。

④ （唐）李延寿：《南史》，中华书局 1975 年版，第 97 页。

⑤ 《宋书》卷八十二《沈怀文传》，第 2102 页。

⑥ 《初学记》，第 449 页。

⑦ 《隋书》，第 917 页。

⑧ 同上书，第 1072 页。

有造诣。

雷次宗又师事于慧远，清净自守，故终其生不属意于仕进矣。他曾与子侄书以言所守，说：“吾少婴羸患，事钟养疾，为性好闲，志栖物表，故虽在童稚之年，已怀远迹之意。暨于弱冠，遂托业庐山，逮事释和尚。于时师友渊源，务训弘道，外慕等夷，内怀悱发，于是洗气神明，玩心坟典，勉志勤躬，夜以继日。爰有山水之好，悟言之欢，实足以通理辅性，成夫亹亹之业，乐以忘忧，不知朝日之晏矣。”① 既有“山水之好”“志栖物表”，又“玩心坟典”，记其乡国山水、乡邦故实，自在情理之中。看来雷次宗《豫章记》当成书于其隐居庐山之十年间。其时雷次宗四十多岁至五十多岁，为元嘉五年（428）至元嘉十五年（438）。

## 二 雷次宗《豫章记》亡佚时代考

《隋书·经籍志》：“《豫章记》一卷，雷次宗撰。”《新唐书·艺文志》：“雷次宗《豫章记》一卷。”《宋史·艺文志》有“雷次宗《豫章古今记》三卷”，不作《豫章记》，且为三卷，不同于隋、唐两《志》。《四库全书总目》卷七十七《史部》三十三《地理类·存目六》：“《豫章今古记》一卷，不著撰人名氏。考《隋书·经籍志》有雷次宗《豫章记》一卷。宋王象之《舆地碑记目》又云次宗作《豫章古今志》，是编首引次宗语，末云次宗于元嘉六年撰《豫章记》，则必非雷书。观所纪至唐而止，有皇唐、大唐之语，似为唐人之作矣。书分《郡记》《宝瑞记》《寺观记》《神记》《变化记》《神祠记》《山石记》《冢墓记》《翘俊记》等九部，记载寥寥，绝无体例，疑依托者杂钞成之也。浙江范懋柱家天一阁藏本。”《四库全书总目》的怀疑是有

① 《宋书》，第2293页。

道理的。王象之《舆地碑目》言："《豫章古今志》，见隋志。""古今"二字非隋《志》所有，"志"、"记"通。今以商务印书馆本《说郛》卷四《墨娥漫录》、王仁俊《玉函山房辑佚书补编》等所辑之雷次宗《豫章记》辑本，与宛委山堂本《说郛》卷六十七、《五朝小说·魏晋小说外乘家》、黄奭《汉学堂知足斋丛书·子史钩陈》等雷次宗《豫章古今记》辑本参考比较，二者并不相同。如宛委山堂本《说郛》卷六十七所辑《豫章古今记》所载凡共十一部：《郡城县部》《城阙部》《山石部》《水沙部》《津济部》《泉池部》《寺观部》《神祠部》《第宅部》《冢墓部》《翘俊部》。诸部各条无同于《豫章记》辑本所辑者。又《翘俊部》云："雷次宗，字仲伦，入庐山侍沙门慧远，笃志好学，屡征不起，卒有文集，注《礼记》《周易》，元嘉六年撰《豫章记》。"则是雷次宗原有是书，今本为后人所附益明矣。六朝地记也少有此种体例和这样详细的内容。又云："滕王元婴，高祖第二十三子，显庆元年除洪州，三十年筑阁。"又云："应知项高安万载凤岭人，起义师，佐大唐，仕靖州刺史。"叙及滕王阁事和佐唐助义事，可见附益者大约是唐人。

据此，《豫章记》与《豫章古今记》为二不同作品。《豫章记》为南朝宋雷次宗撰，《豫章古今记》或为唐人假托雷次宗撰，或原有是书而后人附益之，或合并增录各家豫章地记而成。豫章地名，早见于《左传》昭公六年："楚子蒲帅师伐吴，师于豫章。"汉置郡，治南昌县（今江西南昌）。《艺文类聚》卷六《郡部》引应劭《汉官》曰："秦用李斯议，分天下为三十六郡，凡郡，或以列国，陈鲁齐吴是也，或以旧名，长沙丹阳是也，或以山陵，太山山阳是也，或以川源，西河河东也，或以所出，金城城下有金，酒泉泉味如酒，豫章樟树生庭中，雁门雁之所育是也。"则豫章盖以其所出名郡。记撰豫章风物的地记很多，如《新唐书》卷五十八载（吴）徐整《豫章旧志》八卷；《隋书》卷三十三载《豫章旧志后撰》一卷，熊欣撰；《明史》卷九十七著录“郭子章《注豫章古今记》一卷，《豫章杂记》八卷，《广豫章灾祥记》六卷”①。又明杨士奇《文渊阁书目》著录：“《豫章志》三册；《豫章志》二册；《豫章志》三册；《豫章志》四册；《豫章志》十一册；《豫章志》十四册。”此各本《豫章志》册数既异，又不著撰人，必非一书。

雷次宗《豫章记》，除史《志》著录外，宋《册府元龟》卷五百五十五著录：“雷次宗以散骑侍郎征诣宋邑，撰《豫章记》一卷。”又同书卷五百六十：“雷次宗豫章南昌人，撰《豫章记》一卷。”《崇文总目》著录：“《豫章记》三卷，阙。”宋郑樵《通志》卷六十六著录：“《豫章记》三卷，雷次宗撰。《豫章记》一卷，雷次宗撰。”按，此三卷本《豫章记》或即前述《豫章古今记》，至宋王尧臣等于宋仁宗嘉佑五年（1060）修撰《崇文总目》时就已残缺。此一卷本《豫章记》当即次宗所撰。可见南宋初二书名已自混淆。又南宋尤袤《遂书堂书目》著录《豫章古今记》，又著录《豫章古今志》，均不著录撰人和卷数，其中《豫章古今记》或即《豫章记》。又检南宋晁公武《郡斋读书志》、陈振孙《直斋书录解题》，元马端临《文献通考》，明高儒《百川书志》，清黄虞稷《千顷堂书目》等均不著录雷次宗《豫章记》，知此书大约亡于南宋后期或元代。

就征引雷次宗《豫章记》情况看，《水经注》最早引之。隋代杜公瞻《编珠》引两条，《北堂书钞》亦引。唐代《艺文类聚》军器部等引四条；又《晋书·张华传》《文选·别赋》注并引存。宋代《太平御览》兵部等引二十七条，《太平寰宇记》江南西道等引十七条，又《舆地纪胜》《太平广记》等并引存。北宋类书、地理书大量征引，是此书于北宋尚存之证明。

---

① 黄虞稷：《千顷堂书目》卷七《地理类》中：“郭子章《豫章大记》一百六十卷，又注《古今豫章记》一卷；又《豫章新记》八卷，又《广豫章灾祥记》六卷。”《明史》卷九十九：“郭子章《豫章诗话》六卷，《续》十二卷。”

但南宋征引此书者既少，所引内容又大抵不出前人征引之外，结合前文所述著录情况，可以推断：雷次宗《豫章记》亡佚于宋末。

## 三 雷次宗《豫章记》的文学价值

《豫章记》有较强的文学色彩。比如，其中有不少颇有神异色彩的记述：

> 许子将墓，在郡南四里。昔子将以中国大乱，远来渡江，随刘繇而卒，葬于阊门里，于时汉兴平二年也。吴天纪中，太守吴兴沈季，白日于厅事上坐，忽然如梦，见一人着黄单衣、黄巾，称汝南平舆许子将，求改葬，因忽不见。即求其丧，不知处所，遂招魂葬之，命文学施遐为招魂文。①

许子将即许劭，是东汉末年著名的人物评论家。沈太守或是钦佩许劭而虚构了白日见鬼之事，也不是没有可能。但《豫章记》中记述的另外的一些传说，则神异非常，体现出非常浓重的文学意味。如：

> 永嘉末，有大蛇长十余丈，断道，经过者蛇辄吸取吞噬，已数百。道士吴猛与弟子杀蛇，蛇死而蜀贼杜弢灭。②
>
> 新淦县北二十五里曰封溪，今有聂友所伐梓系着柯处。昔聂友于此左右，夜照射，遇一白鹿，友遂射之。鹿带箭走，友即蹑迹追寻不得见，向箭着一梓树，友即伐树。数斧，便有血出而落之梯，随复故创，不可得断。友更多将手力复伐之，荦其梯而焚

① 《太平御览》卷五五六葬送引，第2516页。

② 《太平御览》卷八八六精引，第3937页。

之，树遂断。斫以二板以还，系着渚下，以樟木为柯。后有船行遇风，船皆没，惟友船独全。寻看，乃向梓板夹扶其船，友大异之。后友在京都，此板于豫樟来至友许，辄有大喜。中更异梓板，至辄有忧。所用樟木为柯者，遂生为树，今犹存。其木合抱，始倒植之，今枚条皆向下。①

关于道士吴猛的故事，《寻阳记》等也有很多。《豫章记》中这则记载说“蛇死而蜀贼杜弢灭”，显然是说杜弢是噬人的毒蛇，反映了时人对杜弢乱蜀害民的憎愤。第二则故事中的聂友，是豫章人，曾任丹阳太守，《豫章记》中还有关于他的一些记载。而鹿化为树，木又护人的传说，就颇富神异色彩了，体现了传说的丰富想象力。再看《豫章记》更富于神异色彩，也更知名的一段记述：

吴未亡，恒有紫气见牛斗之间，张华闻雷孔章妙达纬象，乃要宿，问天文，孔章曰：唯牛斗之间有异气，是宝物也，精在豫章丰城，张华遂以孔章为丰城令，至县，掘深二丈，得玉匣，长八尺，开之，得二剑，其夕斗牛气不复见，孔章乃留其一匣，而进之，剑至，光曜炜晔，焕若电发，后张华遇害，此剑飞入襄城水中，孔章临亡，戒其子，恒以剑自随，后其子为建安从事，经浅濑，剑忽於腰间跃出，遂视，见二龙相随焉。②

由于《豫章记》的生动记述，这则故事成为后世众多文学作品的取材之源。北周庾信《谢赵王赉丝布等启》：“从云梦之田，不踰此乐；得丰城之剑，未均斯喜。”《为梁上黄侯世子与妇书》：“未有龙飞剑匣，鹤别琴台。”《刀铭三首》：“光连斗气，焰动山精。”都是利用

① 《太平御览》卷七七一胖柯引，第2420页。

② 《艺文类聚》卷六十剑引，第1081页。

此典。到唐代，就有更多文人在诗文中化用这个传说。如王勃在《滕王阁序》：“物华天宝，龙光射斗牛之墟”；杜甫《蕃剑》：“虎气必腾上，龙身宁久藏。”

这个传说，后来被唐人采入《晋书·张华传》。但也有学者对《晋书》的这个采摭表达了不同的看法。宋王应麟《困学纪闻》卷十三《考史》：

> 唐修《晋书》，作者皆词人，远弃史、班，近宗徐、庾。晁子止亦谓晋史丛冗最甚。……放翁《丰城剑赋》谓，吴亡而气犹见，其应晋室之南迁。愚谓丰城二剑事，出雷次宗《豫章记》，所谓孔章者，即雷焕也，盖次宗之族。此刘知几所云庄子鲋鱼之对、贾生服鸟之辞，施于寓言则可，求诸实录则否。而唐史官之撰晋史者，取之后人因而信之，误矣。颜师古注《汉书》，凡撰述方志新异穿凿者，皆不录注。史注犹不取，况作史乎？①

王应麟等人从史书记载的实录精神出发，说《晋书》不该采摭丰城二剑这样的传说。但是，如果换个角度来看，也许正是这样的传说故事，反映了时人的某些心理感受和精神想望。况且，出人意表的想象，还大大强化了记述的表达效果，提高了读者的阅读兴致，表现出了极强的文学色彩。

《豫章记》的文学色彩，还体现于此《记》语言的生动、写景的传神。如：

> （豫章郡）地方千里，水路四通。风土爽垲，山川特秀。奇异珍货，此焉自出；奥区神皋，处处有之。嘉蔬精稻，擅味于八

① （宋）王应麟：《困学纪闻》，上海古籍出版社 2008 年版，第 1524—1526 页。

方；金铁涤荡，资给于四境。沃野垦辟，家给人足，蓄藏无阙。故穰岁则供商旅之求，饥年不告臧孙之粜。人食鱼稻，多尚黄老清静之教，重于隐遁。盖洪崖先生、徐孺子之遗风。[①]

这段对豫章郡的总体面貌的叙写，大概是《豫章记》的开篇之语。语言骈俪，表述生动，把豫章的地理特点、物产、经济，以及民俗信仰都进行了说明，字里行间透露出作者对斯方土地的挚爱之情。《豫章记》中也有一些生动的写景文笔，如：

西山中峰最高，顶名鹤岭。即子乔控鹤经过之所。坛在鹤岭之侧，云景鲜美，草木秀润，异于它山。山侧有土，名控鹤乡。[②]

（风雨山）山高水湍，激着树木，因霏散远，洒如风雨，数里中通洪崖先生井。[③]

作者写控鹤乡和风雨山，不仅紧扣地名，记述其自然风光的优美怡人，而且特意插入了历史传说，增加了所写之地的人文气息。

## 第二节　南朝宋邓德明《南康记》考述

《水经注》卷三十七浪水征引邓德明《南康记》一条。邓德明《南康记》，隋唐诸志不著录，今已亡佚。按，南康郡，晋置，宋因之。初治雩都（今江西雩都县），后移治赣县（今江西赣州）。

① 《太平寰宇记》四库全书本卷一百六洪州引，第131—132页。

② 《太平寰宇记》四库全书本卷一百六南昌县引，第133页。

③ 同上书，第132页。

## 一 《南康记》作者考

《南康记》，《隋书·经籍志》及两《唐志》均不著录。《宋史·艺文志》所著录“朱端章《南康记》八卷”，则为后世同名之作，与诸唐宋类书等所引之《南康记》无与焉。朱端章，南宋淳熙间（1174—1189）主管江西南康军。

《太平御览经史图书纲目》著录：邓德明《南康记》。然《太平寰宇记》江南道引，一作刘德明，一作刘嗣之。《通典》卷一百八十二《州郡十二》注：“有大庾岭，一名塞上岭，即五岭之一。昔汉时吕嘉反，汉军伐之。监军姓庾，城於此，故谓之大庾岭，刘嗣之《南康记》云：昔汉杨仆讨吕嘉，出章郡，下横浦，即今县西南，故横浦废关见在此。”亦作刘嗣之《南康记》。

按《水经注》《汉书》注、《初学记》《太平寰宇记》引此书并作邓德明《南康记》，故当作“邓”为是。“鄧”“劉”字形相近，乃致传写讹误。又，据《通典·州郡典》引，德明，字嗣之，南昌人。《太平御览》卷五百五十九《冢墓三》引《述异记》曰：“南康郡邓德明，常在豫章就雷次宗学，雷家在东郊之外，去史豫章墓半里许。元嘉十四年，德明与诸生步月逍遥，忽闻音乐讽诵之声，即夜白。雷出听曰：此间去人尚远，必鬼神也。乃相与寻之。遥至史墓，但开坟下，有管绾女歌讲吟咏之声，咸叹异焉。”据此可知：

第一，邓德明为刘宋时人，曾就学于雷次宗。雷次宗字仲伦，豫章人，刘宋名儒，生于晋孝武帝太元十一年（386），卒于宋文帝元嘉二十五年（448）。邓德明元嘉十四年（437）从雷次宗学，是年雷五十一岁，邓则应三十岁上下而为诸生矣。

第二，邓德明为南康郡人氏，其撰《南康记》，则记其故土矣。其师豫章雷次宗有《豫章记》，则德明效之而撰《南康记》。由此推测

《南康记》大抵作于宋元嘉间。

## 二 《南康记》亡佚时代考

除了《太平御览经史图书纲目》著录邓德明《南康记》外，笔者又查检宋《崇文总目》《册府元龟》、郑樵《通志》、尤袤《遂书堂书目》、晁公武《郡斋读书志》、陈振孙《直斋书录解题》，元马端临《文献通考》，明《文渊阁书目》《百川书志》，清《千顷堂书目》等书目文献，皆不著录此书。清章宗源《隋书经籍志考证》卷六："《南康记》卷亡，邓德明撰，不著录。"

从诸书征引情况看，《水经注》最早引此书，《汉书·张耳传》注、《后汉书·吴佑传》注、《后汉书·刘表传》注等并引此书。诸类书，隋代杜公瞻《编珠》引三条。唐代《艺文类聚》岁时部等引十四条，《初学记》卷二十九《政理部》引一条。宋代《太平御览》引四十一条，《太平寰宇记》卷一百八引二十一条。从《太平御览》《太平寰宇记》大量引文看，此书在北宋仍存世。

南宋书籍很少征引《南康记》，仅叶廷圭《海录碎事》引两条、祝穆《方舆胜览》引四条，宋陈元靓《岁时广记》卷三引一条，又无出前人所引之外。由此推测其书可能亡佚于两宋之交。

《南康记》辑本，有宛委山堂本《说郛》，商务印书馆本《说郛》卷四《墨娥漫录》，黄奭《汉学堂知足斋丛书·子史钩沉》诸家。宛委山堂本《说郛》所辑共八节，黄奭《汉学堂知足斋丛书·子史钩沉》所辑与宛委山堂本《说郛》卷六十一同。商务印书馆本《说郛》卷四《墨娥漫录》所辑仅一节，即宛委山堂本所辑中的《神阙》一节。

## 三 《南康记》的文学价值

邓德明《南康记》是文学性非常强的地记作品。比如《南康记》记述赣南诸山，几乎每山都有一个故事传说，故其所描述，非常具有文学意味。如：

> 归美山，高数百丈，远望嵯峨，灵阙腾空，故老谓之神阙。其山有水出焉。四面崄峻，自然有石城，高数十丈，周回三百步。又有石峡，左右高五六十丈，势若双阙，其状入云。复有古石室，色如黄金，号为金室。有鹳鸟，形色鲜洁，自爱毛羽，其只者或鉴水悲鸣自绝，方知孤鸾对镜为不虚矣。山顶有木枋数百片，高危悬绝，非人力所及焉。①
>
> 赤石山，大石连耸，灿若舒霞。山角多赤石，有玉房琼室。耆旧相传云，宋元嘉年中，有人自称安道士者，不知何许人，被服巾褐，栖于此山中数十年，忽失所在。其后时复有见者。②

前节写归美山，抓住其石峡"势若双阙"的特点来写，由远及近，依次写来。先写"远望嵯峨，灵阙腾空"，再写其山有水出，有石城、石峡、石室，然后把镜头聚焦到鹳鸟，写其顾影自怜之状，最后补笔写山顶木枋，用"高危悬绝，非人力所及"与开头的"高数百丈"呼应。后节写赤石山，抓住山石的颜色特征来写："大石连耸，灿若舒霞"，然后插入耆旧传说，写修道之人的仙隐事迹，增添了此山的人文气息和神秘色彩。由此可见作者擅长山水描写。有的山本是普通的山，作者也要因其形而释其名，或者添加传说以增其趣：

① 《太平御览》卷四十八归美山引，第236页。
② 《太平御览》卷四十八赤石山引，第235页。

（君山）在泥水口，三石形甚似人，居中者为君，左曰夫人，右曰女郎。①

盘固山有石井，井侧有大铜人，常守之。按此石井五百年水一涌起，高数丈，铜人以手掩之，其水即止。其山盘纡峻嶒，因号盘固山焉。②

金鸡山，临贡水，石色如霞。其傍有穴，广四尺，一石正当穴口，如弹丸。尝有金鸡出入此穴。晋义熙中再三出见，有人挟弹放丸于穴口，化为石。其鸡至今不见，因号曰金鸡穴。宋永初中，又见栖翔于此。③

《南康记》写水，文笔也同样生动、形象。如：

雩都峡去县百里，两边傍江。江广三十余丈，高岭稠叠，连岩石峙。其水常自激涌，奔转如轮。春夏洪潦，经过阻绝。④

平固县覆笥山上有太湖，周数十里，灵果异物，皆不可识。又有石雁浮在湖中，每至秋天，石雁飞鸣如候时也。⑤

（梓潭）山有大梓树，吴王令都尉萧武伐为龙舟，艚斫成而牵引不动。占云，须童男女数十人为歌乐乃当得下。依其言以童男女牵拽，艚没于潭中，男女皆溺。其后每天晴朗净，仿佛若见人船焉，夜宿潭边，或闻歌唱之声，因号梓潭焉。⑥

第一则写湍水，第二则写静水，风貌各异。写雩都江峡“高岭稠

① 《太平寰宇记》四库全书本卷一百八南康县引，第 157 页。
② 《太平御览》卷四十八盘固山引，第 236 页。
③ 《太平御览》卷四十八金鸡山引，第 235 页。
④ 《艺文类聚》卷六峡引，第 106 页。
⑤ 《艺文类聚》卷九湖引，第 168 页。
⑥ 《太平御览》卷六十六潭引，第 316 页。

叠，连岩石峙”的地势，造成了其傍江水的湍急之势：“常自激涌，奔转如轮”，再追叙洪水之时“经过阻绝”，令人生畏。写覆笥山湖，并不直接写其水状，仅以“灵果异物”、“石雁浮湖”以衬托湖水的幽邃静谧，再用“每至秋天，石雁飞鸣如候时也”的描写，令人浮想联翩。第三则写梓潭，则为读者介绍了一个凄婉的传说。而作者又用“其后每天晴朗净，仿佛若见人船焉，夜宿潭边，或闻歌唱之声”这样的表述，来强化读者的心理感受，引发读者的共鸣。

即使写普通的花草树木，《南康记》也有时刻画细致。如：

> 梓潭有梓树，洪直巨围，叶长尺余，垂柯数亩。[①]

由上可见，成书于刘宋时期的邓德明《南康记》，在山水景物的刻画描写方面文笔精妙，生动传神，对包括《水经注》在内的后世山水散文的写作，有很多的启发和引导作用。

邓德明《南康记》的文学性还表现在：其留存了很多生动的赣南传说和故事。《南康记》有一些记述，显然是志怪故事：

> 南野县有汉监匠陈怜，其人通灵，夜尝乘龙还家，其妇怀身，怜母疑与外人通，密看，乃知是怜乘龙至家。龙辄化成青竹杖，怜内致户前，母不知，因将杖去，须臾，光彩满堂，俄尔飞去。怜失杖，乃御双鹄还。[②]
>
> 昔有卢躭，仕州为治中，少学仙术，善解云飞。每夕，辄凌虚归家，晓则还州。尝于元会至朝，不及朝列，化为白鹄，至阁前，回翔欲下，威仪以石掷之，得一只履，躭惊远就列，内外左右，莫不骇异。时步骘为广州，意甚恶之，便以状列闻，

① 《太平御览》卷六十六潭引，第316页。

② 《太平御览》卷七百十杖引，第3166—3167页。

遂至诛灭。①

这类仙化传说在情节上都比较相似，反映了当时社会上渐行渐盛的志怪风气。前则写陈怜的故事，透过仙化故事的表层，其实反映了作为监匠，被迫终日为朝廷官府劳作而不得与家人团聚的苦衷。北周庾信《邛竹杖赋》：“文不自殊，质而见赏，蕴诸鸣凤之律，制以成龙之杖。”即用此典故。后则写卢躭的故事，更因为《南康记》神奇的想象和记述，成为了后世诗人乐于吟咏的诗歌素材。如李白《赠卢司户》：“秋色无远近，出门尽寒山。白云遥相识，待我苍梧间。借问卢躭鹤，西飞几岁还？”在诗歌中，李白以卢躭比友人卢象，写其栖心高远。

《南康记》中还有些传说故事，故事的主人公就是最为普通的渔父村女：

> 赣潭在郡下，昔有长者，于此潭以钓为事，恒作《渔父歌》，其声慷慨。忽纶动，须臾，一物形似小水牛，眼光如镜，或言水犀浮跃，逐纶角带金缫。钓客因引得缫出水数十丈，缫断，余数丈，尽是珍宝。②
>
> 平固水口下流数里，有螺亭临江。昔一少女，曾与伴俱乘小船江汉采螺。既逼暮，因停沙边共宿。忽闻骚骚如军马行，须臾，乃见群螺张口无数，相与为灾，来破舍啖此女子。同侣诸妪当时惶怖不敢作声，悉走上岸。至晓方还，但见骨耳。收敛丧骨，薄埋林际，归报其家，经四五日，间近所埋处，翻见石冢穹窿，高十余丈，头可受二十人坐也。今四面有阶道，仿佛人冢，其顶上

① 《水经注》卷三十七泿水注，《水经注疏》，第3101页。

② 《太平御览》卷六十六潭引，第316页。

多螺壳，新故相仍，乡传谓之螺亭。①

前节故事写渔父钓犀，颇有想象力，大约是受到了《庄子》的启发。《庄子·外物》："任公子为大钩巨缁，五十犗以为饵，蹲乎会稽，投竿东海，旦旦而钓，期年不得鱼。已而大鱼食之，牵巨钩，錎没而下，骛扬而奋鬐，白波如山，海水震荡，声侔鬼神，惮赫千里。任公得若鱼，离而腊之，自制河以东，苍梧已北，莫不厌若鱼者。"《南康记》的作者改钩大鱼为钓犀，而又掺入世俗的内容"缫断，余数丈，尽是珍宝"等，就更易为一般读者所乐于接受和传播。李商隐《为濮阳公祭太常崔丞文》："钓犀之潭，跕鸢之渚"，就是利用了《南康记》所记述的这个传说。而后节螺亭的故事，则是纯粹的志怪小说了。情节曲折离奇，而又首尾完整，再加上贴近普通民众的人物设计，足以给读者留下深刻的印象，体现了作者出色的想象力。这样的故事，即使列入唐传奇中也略无逊色。

总之，邓德明《南康记》既是优秀的地理文献，又是生动的文学作品，在晋宋诸多地记作品中，当列上乘。

## 第三节　南朝宋张僧监《寻阳记》考述

《水经注》卷三十九庐江水引有《寻阳记》一节。《寻阳记》，又或写作《寻阳记》，晋张僧监撰。其书今已亡佚。晋浔阳郡、治湓城，即今江西九江。

### 一　《寻阳记》作者生平考

《寻阳记》作者张僧监，一作张僧鉴。文廷式《补晋书艺文志》

① 《太平御览》卷九百四十一螺引，第4181页。

卷三:《永乐大典》卷六千三百三十九引《江州志》:“张僧监,南阳人,父须无,徙寻阳,世为州别驾从事。僧监善属文,先是须无尝作《九江图》,具载八州曲折成江者九,僧监因之遂作《寻阳记》。后又有张密者,不知何许人,亦著《九江新旧录》,或曰其裔也。”①

按此说法,张僧监是今河南南阳人,跟随其父张须无迁居九江。张僧监因其父之《九江图》而作《寻阳记》。按唐杜佑《通典》卷一百八十二州郡十二:

> 《寻阳记》云:九江在浔阳郡北五里,名曰乌江,远则百余里,是大禹所疏,桑落洲上下三百余里合流。②

唐徐坚《初学记》卷六地部中:

> 湘水合至江夏,与沔水合,至浔阳,分为九道。《寻阳记》云:九江一曰乌白江,二蜯江,三乌江,四嘉靡江,五畎江,六源江,七廪江,八提江,九菌江。③

可见,正是张僧监第一次在《寻阳记》中提到九江的具体名称。可见张氏父子对九江地理非常熟悉。父为图而子作记的说法可信。

有关张僧监父张须无的情况,史书记载不多。按《宋书》卷五十《胡藩传》,桓玄篡位建立桓楚,刘裕举义兵反抗桓玄,桓玄不敌而逃,“追及玄于芜湖,玄见藩,喜谓张须无曰:卿州故为多士,今乃复见王叔治。”④ 则张须无在晋末,曾是桓玄部属。那么,照此推断,

① (清)文廷式:《补晋书艺文志》卷三,《二十五史补编》,中华书局 1955 年版,第 3743 页。

② (元)马端临:《文献通考》卷三百十八《舆地考四·古扬州》载同。

③ 《初学记》,第 124 页。

④ 《宋书》,第 1444 页。

张僧鉴应该是刘宋初期人。

又《南史·隐逸传》载，梁有处士张孝秀，普通三年（522）卒。《梁书·处士传》称张孝秀寿四十二，可知其生于481年。孝秀父希、祖僧鉴、曾祖须无。若依三十年一世的常规推算，则张僧鉴约生于420年左右，即晋末至宋代间。其作《记》之时，应已入宋。两证相合。

## 二 《寻阳记》亡佚时代考

除了《水经注》引用《寻阳记》外，北魏贾思勰《齐民要术》卷四、梁刘孝标《世说新语·容止》注及《世说新语·排调》注，也都征引《寻阳记》。这说明《寻阳记》在南北朝时，是流行南北的知名著作。

隋杜公瞻《编珠》卷一天地部征引《寻阳记》。唐初类书如虞世南《北堂书钞》，欧阳询《艺文类聚》，徐坚《初学记》等，都征引《寻阳记》。此外，唐司马贞《史记索隐》、唐杜佑《通典》、李善《文选》注等，也都征引《寻阳记》。这说明《寻阳记》在唐代亦为学者熟悉，其书在世。

宋代，《新唐书·艺文志》著录：张僧监《寻阳记》二卷。《太平御览经史图书纲目》著录：《寻阳记》。李昉《太平御览》《太平广记》，乐史《太平寰宇记》，以及吴淑《事类赋》，都征引《寻阳记》。尤其是陈舜俞《庐山记》中，对《寻阳记》多有征引，且多为他书所不引，可见陈舜俞必亲读此书。陈舜俞，字令举，乌程（今浙江湖州）人，曾因反对王安石变法被贬，卒于宋神宗熙宁七年，苏轼为文哭之。从上可见北宋时，《寻阳记》流传于世。

迨及南宋初，郑樵《通志》卷六十六《艺文略第四·地理》还著录：《寻阳记》二卷，张僧监撰。是其书尚存。南宋类书与学者著作，多有引及此书者，如潘自牧《记纂渊海》、祝穆《方舆胜览》、叶庭圭《海录碎事》、罗泌《路史》、王应麟《玉海》等，也都引《寻阳记》。这说明《寻阳记》在南宋还存世。

但元代以后诸书，征引《寻阳记》，条目皆不出于前代征引，如马端临《文献通考》卷三百十八《舆地考四·古扬州》所引九江一条，系自《通典》转引，文字皆同。可见，《寻阳记》亡佚于元代。

张僧监《寻阳记》辑本收入宛委山堂《说郛》卷六十一及商务引书馆本《说郛》卷四《墨娥漫录》等，均作一卷。宛委山堂《说郛》本凡八节，未注出处。商务引书馆本《说郛》仅二节，不出宛委山堂本之外。

### 三 《寻阳记》的文学价值

《寻阳记》是晋宋地记作品中比较富有文采的著作。首先，《寻阳记》文笔简练，写景状物比较生动。如：

> 石镜山上，有一圆石悬崖，明净照人，毫细必察，故号曰石镜。①

南朝诗人谢灵运的《入彭蠡湖口》，有“攀崖照石镜，牵叶入松门”的诗句。此诗所写景色，正好和《寻阳记》此节描绘相合。后来唐代诗人李白也受谢灵运诗歌的引诱，来游彭蠡。其《过彭蠡湖》：“谢公入彭蠡，因此游松门。余方窥石镜，兼得穷江源。前赏迹可见，后来道空存。”李白说那石镜犹存，差可欣慰。而其《庐山谣寄卢侍

① 《北堂书钞》卷一百三十六仪饰部七引，第686页。

御虚舟》："好为庐山谣，兴因庐山发。闲窥石镜清我心，谢公行处苍苔没。"则引申生发，说石镜不仅有照人之用，复有"清我心"之功。所以，李白对此美景，百赏而不厌："名山发佳兴，清赏亦何穷。石镜挂遥月，香炉灭彩虹。相思俱对此，举目与君同。"[①]《寻阳记》的描写，能够引发大诗人的游兴，足见其刻画之精妙。类似的描写还有很多。比如：

> 湓水出青盆山，因以为名，带山双流而右拥浔阳，东北流入江。[②]

寥寥数笔，《寻阳记》把青盆山的地形特点和湓水的走势写得明确而突出。南朝诗人徐陵《为贞阳侯与北齐荀昂兄弟书》："泉流宝碗，遥忆湓城。"该句就是从此节描写脱化而出。韩愈《除官赴阙至江州寄鄂岳李大夫》："盆城去鄂渚，风便一日耳。不枉故人书，无因帆江水。"写湓水行船，或也是受此条写湓水通畅的启发。又如：

> 庐山顶上有一池，水池中有三石雁，霜落则飞，山北有五老峰，于庐山最为峻极，横隐苍穹，积石岩巉，迥压彭蠡，其形势迥如中虞乡县前五老之形，故名之。[③]

这段写五老峰"横隐苍穹，积石岩巉，迥压彭蠡"，用笔苍劲有力，写得壮伟而有气势。李白《登庐山五老峰》："庐山东南五老峰，青天削出金芙蓉。九江秀色可揽结，吾将此地巢云松。""青天削出金

① 李白：《下寻阳城泛彭蠡寄黄判官》。

② （宋）叶廷珪：《海录碎事》四库全书本卷三地部上·湓水引，上海古籍出版社 1987 年版，第 58 页。

③ 《太平御览》卷四十一庐山引《寻阳记》，第 196 页。

芙蓉”，正与《寻阳记》对五老峰“峻极”情状的描写相合。像《寻阳记》写庐山“周围四百余里，叠嶂九层，崇岩万仞”[①]等，用语也是如此。《寻阳记》写景，语言就是这样干净利落，非常具有表现力。

《寻阳记》中写了很多情节离奇的小故事，也非常富于文学色彩。如《水经注》中所引用的那则小故事，宋陈舜俞《庐山记》卷三叙山南篇引得更详细些：

《寻阳记》又云：（庐）山有三石梁，长数丈，广不盈尺，杳然无底。吴猛与弟子缘石梁而渡，见金阙玉房地，皆五色，文石如翚卵。并有桂树，皆高丈余，轻风时度，闻钟磬之声。见一老人，坐桂树下，玉杯盛甘露浆授猛。又逢数人，宛若旧识，仍设玉膏。猛弟子辄窃一宝器，欲来示世人，须臾云雾晦冥，梁化如指。猛令送还，乃手引诸徒，闭目而返。[②]

“梁化如指”、“闭目而返”的神异叙写，使得庐山平添几分幽秘神奇，让人更难知其真面目了。关于吴猛的故事，书中还有：

术士吴猛过此，遇天神曰：此江神不守其官，覆溺生人，吾奉帝命按之。言终而失。[③]

吴猛乘舟，龙负而行。猛戒舟人闭目，舟人闻曳触林木之声，惧而窃视，龙遂委其船山顶。旧传故老真见山顶犹有败艑栖贤之东。后有橹断源，亦因猛得名。岁月久，莫可考验矣。[④]

---

① （隋）杜公瞻：《编珠》四库全书本卷一天地部引，上海古籍出版社1987年版，第49页。

② （宋）陈舜俞：《庐山记》四库全书本卷一·总叙引，上海古籍出版社1987年版，第15页。

③ 《太平寰宇记》四库全书本卷一百十一江南西道九·江州引，第183页。

④ （宋）陈舜俞：《庐山记》四库全书本卷三·叙山南篇引，上海古籍出版社1987年版，第30页。

这类故事，大抵渲染道士的方术、法力，大概与晋宋时期道教的兴旺有关。《寻阳记》的神异故事还有很多，也被作者渲染得绘声绘色：

周昉与商人共入官亭庙，宿明起如厕，见一白头翁。昉逐之，化为雄鸭，还船欲煮之，商人争，遂飞去。①

龙窟有深泉，泉侧常见龙，曾有人于水边洗铜碗，忽浪起水涨，便失碗。此人没水逐取，既出复失去。后人见龙衔碗在城里井边。②

诸如此类的神异故事，显示了作者不凡的想象力。通过这些出人意表的想象，给乡土文化增添了神秘色彩，引发人们对于斯乡斯土的企慕向往之情。

《寻阳记》中也写了一些乡土人物事迹。如：

周邵，字子南，与南阳翟汤隐于寻阳庐山。庾亮临江州，闻翟周之风，束带蹑履而诣焉。闻庾至，转避之。亮后密往，值邵弹鸟于林，因前与语。还便云：此人可起。即拔为镇蛮护军。③

初，庾亮临江州，闻翟汤之风，束带蹑屐而诣焉。亮礼甚恭汤，曰：使君直敬其枯木朽株耳。亮称其能言，表荐之。征国子博士，不赴。主簿张玄曰：此君卧龙，不可动也。终于家。④

这些人物事迹的记述，对于我们了解东晋名士风范有所帮助。

① 《太平御览》卷九百十九羽族部·鸭引，第4078页。
② 《太平御览》卷一百八十九居处部·井引，第916页。
③ 《世说新语》尤悔篇注引，《世说新语笺疏》，第902—903页。
④ 《世说新语》栖逸篇注引，《世说新语笺疏》，第658页。

如果说《寻阳记》写乡国灵怪的故事是志怪小说的雏形，则其写乡土人物的这部分内容，则对《世说新语》的创作具有直接的启发和借鉴意义。

《寻阳记》还为后世留下了很多文学素材。如：

> 黄金山有楠树，一年东边荣、西边枯，后年西边荣、东边枯，年年如此。张华曰交让树者，此是也。①

“交让树”的神奇，触发了诗人的兴致。庾信《奉和法筵应诏》中“流雪长河源，建始移交让”的句子，即源此而出。庾信暮年还作有《枯树赋》名篇。又如《艺文类聚》卷九水部下井引《寻阳记》：

> 湓城，灌婴所筑。建安中，孙权经此城，自标井地，令人掘之，正得故井。有石铭云：汉六年，颍阴侯所开。卜云：三百年当塞，塞后不满百年，当为应运者所开。权见铭欣悦，以为已瑞，时咸异之。井甚深大，江有风浪，此井辄动。土人呼为浪井。②

这里所叙故事，难保不是孙权自导自演的闹剧。但是《寻阳记》中“江有风浪，此井辄动”的神异，倒是让诗人李白颇感兴趣，写道：“浪动灌婴井，寻阳江上风。”③《寻阳记》还记有董奉的故事：

> 董奉居庐山，为人治病，得愈者令种杏五株，今犹称董先

---

① 《太平寰宇记》四库全书本卷一百十一江南西道九·江州引，第179页。

② 《艺文类聚》卷九井引，第178页。

③ 李白：《下寻阳城泛彭蠡寄黄判官》。

生杏。①

现在“杏林”已经成为中医学界的代称了，称誉医术高尚的医学家，人们往往说“杏林春暖”、“誉满杏林”。

总之，《寻阳记》的文笔，对于当时乃至后世的文学创作，都有一定的启发和借鉴意义，确是一部文学性较强的地理文献。

## 第四节　东晋伏琛《齐记》考述

《水经注》凡十六引伏琛《齐记》。伏琛《齐记》，不见隋唐诸志著录，今已亡佚。元代陶宗仪《说郛》卷六十一下辑其佚文，题作《三齐略记》。陶宗仪在元当有所本，姑从之。共 9 节文字。今人刘纬毅《汉唐方志辑佚》搜罗典籍，得伏琛《齐记》佚文凡三十四节，但又不能包括《说郛》所采。《说郛》与刘纬毅《汉唐方志辑佚》辑本，可交互参看。

三齐：《史记·项羽本纪》正义引《三齐记》云：“右即墨，中临淄，左平陆，谓之三齐。”据《史记·项羽本纪》记载，在秦子婴元年，即汉元年（前 206）十月，刘邦灭秦。项羽分封诸王，项羽以齐国故地立故齐王族人田都为齐王，都城设在临淄（今山东淄博市东北），田市为胶东王，都城在即墨（今山东平度东南），田安为济北王，都城在博阳（今山东泰安东南，今汶上县治，即东平陆故城），此称为三齐。②

---

① （宋）吴淑：《事类赋》四库全书本卷二十六果部·杏，上海古籍出版社 1987 年版，第 1024 页。

② 《史记·项羽本纪》：徙齐王田市为胶东王。齐将田都从共救赵，因从入关，故立都为齐王，都临淄。故秦所灭齐王建孙田安，项羽方渡河救赵，田安下济北数城，引其兵降项羽，故立安为济北王，都博阳。

## 一 伏琛《齐记》的成书及亡佚时代

伏琛，史无记录，生平不详。按，《水经注》引《齐记》，往往并引伏琛、晏谟二家之说。而其引述时，或说“伏琛、晏谟言”，或说“晏谟、伏琛并云”等，并不有意于顺序。可见两人同为晋人，相去未远。《水经注》卷五河水：“伏琛谓之：漯阳城南，有魏沇州刺史刘岱碑。”魏官员之碑，而伏琛有记，也证明伏琛为晋人。又《水经注》卷二十六淄水：

> 晏谟曰：（桓公冢）依《陵记》非葬礼，如承世故，与其母同墓而异坟，伏琛所不详也，冢东山下女水原有桓公祠，侍其衡奏魏武王所立，曰：近日路次齐郊，瞻望桓公坟垄，在南山之阿，请为立祀，为块然之主。①

按，晏谟说伏琛没有对桓公冢进行详细记载，表明晏谟之作，在伏琛之后。晏谟《齐记》，大约作于慕容德称帝的第二年，即东晋隆安三年（399），则伏琛《齐记》作于此前。

隋唐诸志皆不著录伏琛《齐记》。只有《太平御览经史图书纲目》著录：伏琛《齐地记》。除了《水经注》引有伏琛《齐记》外，唐代类书如虞世南《北堂书钞》、欧阳询《艺文类聚》、徐坚《初学记》，并引有伏琛《齐记》；唐章怀太子李贤《后汉书·耿弇传》注，唐李善《文选》注也征引此书。可见，其书在唐存世。北宋李昉《太平御览》等类书及宋乐史《太平寰宇记》等，也都征引伏琛《齐记》。说明北宋初时，伏琛《齐记》仍存于世。

① 《水经注疏》，第2241页。

但此后，伏琛《齐记》既不见著录，也鲜见诸书征引，间有征引者，其条目内容，类不出于北宋前书。即南宋初郑樵所撰之《通志》也不曾著录此书。这表明：伏琛《齐记》或亡于北宋后期。

## 二　伏琛《齐记》的文学价值

伏琛《齐记》作为较早的山东地方历史地理著作，给后人留下了很多非常珍贵的历史材料。正是因为这个原因，从晏谟《齐记》，到郦道元《水经注》都对该书大量采引和借鉴。与晏谟《齐记》比较，伏琛《齐记》的文学色彩更加鲜明，文学意味也更为浓厚些。

伏琛《齐记》记述了一些古代歌谣，比晏谟《齐记》所记更完整。如：

> 康浪水在济城西南，宁戚扣牛角歌曰：康浪之水白石粲，中有鲤鱼长尺半。毂布单衣裁至骭，清朝饭牛至夜半。黄犊上坡且休息，吾将舍汝相齐国。戚欲干齐桓公，无以自达，饭牛车下，望见桓公而悲击牛角，而疾为商歌曰：南山矸，白石烂，生不逢尧与舜禅，短布单衣适至骭，从昏饭牛薄夜半，长夜漫漫何时旦。桓公曰：异哉歌者！非常人也。命后车载之。①

在故事里穿插歌谣，而且记录完整，具体生动。如果不是撰者的杜撰，这可是七言古诗的源头性的作品了。但就算是晋人的杜撰，在七言诗起步时期，这也算得上佳作了。伏琛《齐记》还记述了一些历史遗闻。如：

① 《后汉书·蔡邕传》注引，中华书局1965年版，第1981页。

荥阳有眢井。汉沛公避项羽追，逃于井中，有双鸠集其上。人云沛公逃入井中。羽曰：井有人，鸠不集其上。遂下道。沛公遂免难。后汉世元日放鸠，盖为此也。①

此写楚汉故事，刘邦慌不择路、枯井避难的窘迫，项羽自作聪明的情态，刻画得都很生动，颇有后世小说的味道。而伏琛《齐记》记载最多、故事性更强的，还是有关秦始皇的一些遗闻。如：

始皇作石桥，欲过海看日出处。时有神人，能驱石下海。石去不速，神辄鞭之，皆流血，至今悉赤。阳城山石尽起立，嶷嶷东倾状，如相随行。②

始皇于海中作石桥，海神为之竖柱。始皇求与相见。神曰：我形丑，莫图我形，当与帝相见。乃入海四十里，见海神，左右莫动手，工人潜以脚画其状。神怒曰：帝负约，速去。始皇转马还，前脚犹立，后脚随崩，仅得登岸。画者溺死于海，众山之石皆倾注，今犹岌岌东趣，疑即是也。③

这些，是彻底的虚构故事了。这完全归功于作者的丰富的想象力。作者对着海边的那些倾侧直立的大石，凝神想象，编造故事。但是这些离奇的故事一经作者道出，马上就抓住了读者的注意力，使人忘其为故事了。由此亦可见伏琛《齐记》文学加工水平之高和艺术表现力之强。

① 《太平御览》卷二九元日引，第136页。
② 《艺文类聚》卷六石引，第108页。
③ 《水经注》卷十四濡水引，《水经注疏》，第1264页。

## 第五节　东晋晏谟《齐地记》考述

《水经注》引用晏谟《齐地记》文达十八处。晏谟《齐地记》，今已亡佚。《新唐书·艺文志》著录：晏模《齐地记》二卷。按，“模”当作“谟”。《水经注》引作晏谟《齐记》。《太平寰宇记》引，有时称晏谟《三齐记》。按，《齐地记》《齐记》《三齐记》，实一书也。

西汉置齐郡，东汉为齐国，故治在今山东省青州市。

### 一　晏谟生平及《齐地记》成书时代考

晏谟，《新唐书·艺文志》著录作“晏模”，误。《水经注》及诸书征引《齐记》，皆作“晏谟”，《晋书》也作“晏谟”。《晋书》卷一百二十七《慕容德载记》[①]：

> 僭即皇帝位于南郊，大赦，改元为建平……第二年，德如齐城，登营丘，望晏婴冢，顾谓左右曰：礼，大夫不逼城葬。平仲古之贤人，达礼者也，而生居近市，死葬近城，岂有意乎？青州秀才晏谟对曰：孔子称臣先人平仲贤，则贤矣。岂不知高其梁，丰其礼？盖政在家门，故俭以矫世。存居湫隘，卒岂择地而葬乎！所以不远门者，犹冀悟平生意也。遂以谟从至汉城阳景王庙，宴庶老于申池，北登社首山，东望鼎足，因目牛山而叹曰：古无不死！怆然有终焉之志。遂问谟以齐之山川丘陵，贤哲旧事。谟历对详辩，画地成图。德深嘉之，拜尚书郎。立冶于商山，置盐官

① 十六国之一的南燕（398—410 年）为鲜卑族慕容德所建，都广固，盛时有今山东及河南的一部分。

于乌常泽，以广军国之用。[①]

《晋书》这段记载，最早见于《十六国春秋》。《十六国春秋》卷六十三《南燕录·慕容德传》载有此事。《十六国春秋》是记载十六国（304—439 年）历史的纪传体史书，作者是北魏的崔鸿。刘知几评价，“（崔鸿）考核众家，辨其异同，除烦补阙，错综纲纪，易其国书曰录，主纪曰传，都谓之《十六国春秋》……由是伪史宣布，大行于时”。此书历史地位很高，后来的魏收编写《魏书》，唐朝时编修《晋书》，都将此书作为重要参考资料。《晋书》中关于晏谟的这段记载，即取材于北魏魏收《魏书》或《十六国春秋》。

从这段记载中，我们可以得知：晏谟是东晋十六国时南燕青州（今山东省青州市）人。南燕时举秀才。东晋隆安二年（398），南燕国主慕容德在经过临淄时，曾向晏谟问及齐地的历史地理情况。晏谟画地为图，历历以对，所以受到了慕容德的嘉许，用为尚书郎。

晏谟是齐相晏婴之后，遍游齐鲁名山大川，熟知山东各地风土民情。其所作《齐记》，大约就是为了向慕容德复命而作。如此推算，晏谟作此书时，应是慕容德称帝的第二年，即东晋隆安三年（399）。

## 二　晏谟《齐地记》的亡佚时代与辑本

除了《水经注》引有晏谟《齐记》外，唐代徐坚《初学记》卷八河南道也引有一节；李吉甫《元和郡县志》也引有晏谟《齐记》。说明其书在唐时还未亡。北宋初乐史《太平寰宇记》比较多地征引晏谟《齐记》，有十条[②]。李昉《太平御览》也征引晏谟《齐记》。说明北

① 《晋书》卷 127 载记第 27《慕容德》，中华书局 1974 年版，第 3168 页。

② 《太平寰宇记》卷十八青州征引时作晏谟《齐地记》；卷十九齐州征引时，作晏谟《三齐记》。

宋初时，晏谟《齐记》仍存于世。

但此后，晏谟《齐记》既不见著录，也鲜见诸书征引，间有征引者，其条目内容，类不出于北宋前书。即南宋初郑樵所撰之《通志》也不曾著录此书。这表明：晏谟《齐记》，或亡于北宋后期。

晏谟《齐记》辑本收入《说郛》卷四，但仅寥寥数节。今人刘纬毅《汉唐方志辑佚》搜罗典籍，得晏谟《齐记》佚文凡二十二节，最为全面，已经包括《说郛》所辑。

### 三　晏谟《齐地记》的文学价值

晏谟《齐记》，是郦道元《水经注》撰写山东一带地理时的重要参考资料，具有较大的史料价值，也有些片段具有一定的文学价值。如：

> 太白自言高，不如东海劳。昔郑康成领徒于此。[①]
>
> 宁戚叩牛角歌曰：康浪之水白石粲，中有鲤鱼长尺半。即此也。[②]

这些关于古代歌谣的记述，有益于古代文学研究。而徐福入海求求不死药的故事，也为今日人们所乐于传说：

> 始皇令术士徐福入海，求不死药于蓬莱、方丈山，而福将童男女二千人于此山，集会而去，因曰徐山。[③]

---

① （唐）李吉甫撰：《元和郡县图志》河南道莱州引，贺次君点校，中华书局 1983 年版，第 308 页。

② 《太平寰宇记》四库全书本卷十八临淄县引，第 151 页。

③ 《太平寰宇记》四库全书本卷二十四诸城县引，第 208 页。

关于秦始皇派徐福（亦名徐市）东渡求仙之事，早在汉代司马迁的《史记·秦始皇本纪》中已有记载：（秦始皇二十八年）“齐人徐市等上书，言海中有三神山，名曰蓬莱、方丈、瀛洲，仙人居之。请得斋戒，与童男女求之。于是遣徐市发童男女数千人，入海求仙人。”此节文字，可与史书记载参看。

但比较而言，晏谟《齐记》的文采要略逊于伏琛之作。

## 第六节　南朝宋孔灵符《会稽记》考述

《水经注》卷四十渐江水：“秦始皇登之以望南海。自平地以取山顶七里，悬隥孤危，径路险绝。《记》云：扳萝扪葛，然后能升。山上无甚高木，当由地迥多风所致。山南有嶕岘，岘里有大城，越王无余之旧都也。”按，郦道元叙会稽山，虽只说“《记》云”，但此《记》当为《会稽记》。会稽郡，秦置，汉因之，治山阴，即今浙江绍兴。

### 一　《会稽记》作者考

《会稽记》作者非一。《隋书》卷三十三《经籍志》：“《会稽记》一卷，贺循撰。”《旧唐书》卷四十六并《新唐书》卷五十八皆著录朱育《会稽记》四卷。又据《南齐书》卷五十三列传三十四《虞愿传》，会稽余姚人虞愿，字士恭，也撰《会稽记》。《太平御览纲目》又列“孔晔《会稽记》、孔灵符《会稽记》、夏侯曾先《会稽记》”三种。

综上，吴末朱育、东晋初贺循、刘宋中叶孔灵符、刘宋末虞愿、南朝末夏侯曾先等各有《会稽记》，后皆不存于世。朱育、贺循、孔灵符、夏侯曾先所撰《会稽记》，鲁迅《会稽郡故书杂集》并有辑本。朱育《会稽记》言人物居多，故《新唐书》列之于传记类。贺循《会稽记》，鲁迅据《史记正义》《宋书》《舆地纪胜》等采得六条。夏侯曾先《会稽记》，鲁迅据《嘉泰会稽志》《太平寰宇记》等采得三十余条。虞愿《会稽记》，今无辑本，亦不见诸家征引或著录。

《水经注》所引《会稽记》，当是孔灵符《会稽记》。《水经注》卷四十渐江水“北过馀杭，东入于海”注：“江南有上塘、阳中二里。隔在湖南，常有水患。太守孔灵符遏蜂山前湖以为埭。埭下开渎，直指南津。又作水楗二所以舍，此江得无淹溃之害。”此叙孔灵符兴修水利事。而朱育、贺循、夏侯曾先三人不见《水经注》记载。又元陶宗仪《说郛》所辑《会稽记》，其中有云：

> 会稽秦望山，为众峰之杰，陟境便见。《史记》云：秦始皇登之以望南海，自平地以取山顶七里，县嶝孤危，峭路险绝。扳萝扪葛，然后能升。山上无高木，当由地迥多风所致。山南有嶕岘，岘里有大城，越王无余之旧都也。①

所记内容与《水经注》所引《会稽记》同，知《水经注》所引《会稽记》，即孔灵符《会稽记》。陶宗仪是元代人，虽其时孔灵符《会稽记》已经亡佚，但其当时或有他书以供参考，故其所辑录，必有根据。因此，《水经注》所引《会稽记》，系孔灵符之作。

孔灵符，会稽山阴人。《宋书》卷五十四列传十四《孔季恭传》后附有《孔灵符传》。灵符父孔季恭，本名靖，以字行。孔季恭于晋末投机政治，曲意礼接刘裕。随刘裕不断迁升，曾任吴兴太守、会稽内史、领军将军等要职。刘裕篡晋后，即以之为侍中、特进、左

① 元陶宗仪《说郛》卷六十一下，辑有孔晔《会稽记》，此为其中第二条“秦望”。

光禄大夫，永初三年卒。由于孔季恭的缘故，灵符兄弟官历显位，家业豪富[①]。山士，历侍中，会稽太守。灵符，“元嘉末为南谯王义宣司空长史、南郡太守，尚书吏部郎。世祖大明初，自侍中为辅国将军、郢州刺史[②]，入为丹阳尹[③]。灵符“悫实有材干，不存华饰，每所莅官，政绩修理”，为丹阳尹时，因为山阴县土境褊狭，民多田少，于是上书请徙无资之家于余姚、鄞、鄮三县界，垦起湖田，宋孝武帝令公卿博议。因为这样做无异于同豪富抢夺民户[④]，故此以太宰江夏王刘义恭为首之诸臣，抬出种种理由，纷纷反对。但孝武帝力排众议，从其徙民，果然使民“并成良业”。灵符自丹阳出为会稽太守后，兴修水利，表现了他的治水才能。前废帝景和（465）中，灵符因犯忤近臣，为所谗构[⑤]，遣使鞭杀之。二子湛之、渊之，于都赐死。灵符既生长于会稽，又兼父兄并自己都曾为其一郡之长，记其郡之山奇水异、物阜人贤，自在情理之中。

## 二　孔灵符《会稽记》亡佚时代与辑本

孔灵符《会稽记》，诸书征引，或作孔灵符，或作孔晔。鲁迅以为“晔”当是灵符之名，如《射的谚》一条，《御览》作“灵符”，《太平寰宇记》引作“晔”，而文辞无其异，知为一人。《艺文类聚》或作“孔皋”，则“晔”传写之误。鲁迅的看法是有道理的。灵符父

① 《宋书》卷五十四《孔灵符传》：灵符家本丰，产业甚广，又于永兴立墅，周回三十三里，水陆地二百六十五顷，含带二山，又有果园九处。中华书局 1974 年版，第 1533 页。

② 《宋书》卷六《孝武帝纪》（第 119 页）及《宋书》卷二十九《符瑞志下》（第 841 页）。

③ 《宋书》卷二十八：“大明四年二月乙巳，甘露降丹阳秣陵龙山，丹阳尹孔灵符以闻。”第 822 页。

④ 如《宋书》卷五十四《孔灵符传》刘义恭言“山阴豪杰富室，顷亩不少，贫者肆力，非为无处”。中华书局 1974 年版，第 1533 页。

⑤ 今按：灵符尝为豫章王子尚抚军长史，时为人所纠。前废帝立，以尚领尚书令。又前废帝姊山阴公主行多不端，进爵会稽郡长公主。谮灵符之近臣，或为二人欤？

既以字行，而其兄山士与灵符名字中并无相同之字，或山士与灵符相承其父，均以字行。日华为灵，意义通。故《太平御览纲目》所列《会稽记》三种，实际上是两种，而今考《太平御览》仅引夏侯曾先《会稽记》一条，叙曹娥父溺事，余皆作孔《会稽记》，或有数条但言《会稽记》而不出撰人者，亦多应是孔《记》。

孔灵符《会稽记》，隋唐诸志不著录。今又查检《册府元龟》《崇文总目》、郑樵《通志》、晁公武《郡斋读书志》、陈振孙《直斋书录解题》、尤袤《遂书堂书目》诸宋代书目文献，除郑樵《通志》卷六十六著录："《会稽记》一卷，贺循撰"外，其余并无著录有《会稽记》者，是诸《会稽记》大多亡佚。

孔灵符《会稽记》，除《水经注》外，《世说新语·言语篇》注最早引。唐《艺文类聚》卷七《山部上·总载山》引一条，卷八引两条；《初学记》卷五引一条；《文选》卷三十一《江文通〈杂体诗〉》注、《文选·颜延年〈和谢灵运诗〉》注等引五条；又《北堂书钞》、张守节《史记正义》亦引之。宋《太平御览》引最多，达三十余条；《太平寰宇记》卷九十六引五条，卷九十八引一条；《嘉泰会稽志》卷六亦引十余条，又《太平广记》卷三百九十七、《海录碎事》卷十三上《鬼神道释部·射的山》《路史·后纪》卷十二等并引之。唐诸书所引孔灵符《会稽记》，总数不及《太平御览》一书所引，说明其书宋初犹存。

但南宋书籍，少有征引此书者，叶庭圭《海录碎事》等虽有一两条征引《会稽记》，但内容又无出前书所引之外，说明至晚到两宋之交时，其书也许就已经亡佚了。

孔灵符《会稽记》辑本主要有宛委山堂本《说郛》、黄奭《汉学堂知足斋丛书·子史钩沉》、杜文澜《曼陀罗华阁丛书·古谣谚卷二十八》、鲁迅《会稽郡故书杂集》诸家。鲁迅《会稽郡故书杂集》辑孔灵符《会稽记》最详，大约有六十多条。今人刘纬毅《汉唐方志辑佚》亦辑有孔灵符《会稽记》，但不出鲁迅辑本之外。

## 三　孔灵符《会稽记》的文学价值

孔灵符《会稽记》不但是地理文献，更是优秀的地记文学。首先，《会稽记》对山水的描写极其生动传神。如：

> 会稽境特多名山水，峰峨隆峻，吐纳云雾，松栝枫柏，擢干疏条，潭壑镜彻，清流写注。王子敬见之曰：山水之美，使人应接不暇。①

这是对会稽山水的总体描写，依次写山写树写水，大笔勾勒，形象生动。再辅以王子敬之评价，作为侧笔辅写，更是引人入胜。《世说新语·言语》："王子敬云：从山阴道上行，山川自相映发，使人应接不暇。若秋冬之际，尤难为怀。"《新语》与注引《会稽记》文字，正可参看。而这也是历史上对绍兴山水胜景的最早状绘。《会稽记》中，对于具体山水的描写也是如此。如：

> 四明山，高峰轶云，连岫蔽日。②
>
> 余姚县南百里有太平山，山形似伞，四角各生一种木，木不杂糅，三阳之辰，华卉代发。③
>
> 赤城山，土色皆赤，岩岫连沓，状似云霞，悬溜千仞，谓之瀑布，飞流洒散，冬夏不竭，山谷绝涧，峥嵘无底，长松葛藟，

① 《世说新语》言语篇注引，《世说新语笺疏》，第145页。

② 《初学记》卷五总载山，第92页。

③ 《艺文类聚》卷八山部下引，第145页。

幽蔼其上。①

《会稽记》抓住景色特点来作生动的描写。写四明山，以“轶云”、“蔽日”写其高峻；写太平山，先用“山形似伞”的形象比喻状其整体样貌，再说其山“四角各生一种木，木不杂糅”的奇特，最后特意以“三阳之辰，华卉代发”的春色描绘，写其令人赏心悦目之景。写赤城山，抓住其“土色皆赤”的特点，以云霞作比喻，又写其山瀑布和长松葛藟，更显得山明水秀。写瀑布“飞流洒散”，景色优美。但《会稽记》中也有的瀑布，却写得险峻非常：

剡县西七十里有白石山，上有瀑布，水悬下三十丈。岩际有蜜房，采蜜者以葛藤连结，然后至。②

“水悬下三十丈”的瀑布，就能给人以“飞流直下三千尺”的感觉了，而“采蜜者以葛藤连结，然后至”的描写，显现于人的则是“泉脚挂绳青袅袅”的景象。

《会稽记》还记述了一些与地方山水相关的神异传说，也比较具有文学意味。例如：

射的山南有白鹤山，此鹤为仙人取箭。汉太尉郑弘尝采薪，得一遗箭，顷有人来觅，弘还之。问：何所欲？弘识其仙人也，曰：常患若耶溪载为难，愿旦南风，暮北风。后果然。故若耶溪风，至今呼为郑公风也。③

铜牛山，旧传常有一黄牛，出山岩食草，采伐人始见，犹谓

① 《太平御览》卷四十一地部六赤城山引，第195页。

② 《太平御览》卷四十七白石山引，第228页。

③ 《太平御览》卷九百十六鹤引，第4060页。

是人所养，或有共驱蹙之，棰及辄失，然后知为神异。[1]

这些饶有兴味的传说故事，大抵都是郡人依据山名、山形的特点而杜撰出来的。但被孔灵符进行艺术加工后记录于《会稽记》，就增加了《会稽记》的故事性文学性。

孔灵符《会稽记》还在有些记述中流露出了爱憎好恶的情感。如：

雷门上有大鼓，围二丈八尺，声闻洛阳。孙恩之乱军入，斫破，有双白鹤飞出，后不鸣。[2]

在鼓破鹤飞的叙写中，明显地表达了作者对于惠政的嘉许和对乱军的痛恨。

孔灵符《会稽记》中的许多山水描写和传说故事，都是后世文人创作的良好素材。如前面提到的对于赤城山的描写，就让许多后世文人心驰神往。庾信《进象经赋表》"不上赤城，独见烟霞之气"，又其《赵国公集序》"譬以云霞，赤城之岩千丈"，都是受到《会稽记》描写赤城山的启发。李白《当涂赵炎少府粉图山水歌》"满堂空翠如可扫，赤城霞气苍梧烟"，也是如此。

再如前述《会稽记》对"郑公风"的记述，也引来了好多文人的创作兴趣。庾信《周大将军上开府广饶公郑常墓志铭》"德星犹照，祥风未远"中的"祥风"即用《会稽记》中"郑公风"之典。至于唐代诗人，更是直接化用此典故来进行吟咏。如李商隐有《祭全义县伏波神文》"何烦玉女之投壶，方闻天笑；不待樵人之取箭，已见风回"，刘长卿《东湖送朱逸人归》"山色湖光并在东，扁舟归去有樵风"等，都是例证。

---

① 《太平御览》卷四十七铜牛山引，第227页。

② 《太平寰宇记》四库全书本卷九十六会稽县引，第69页。

总之，《会稽记》留给后世的文学素材是生动而丰富的，引起了此后历代诗人对于会稽山水的向往，提笔吟咏之时，就会“镜水稽山满眼来”。[①]

## 第七节 南朝宋刘道真《钱唐记》考述

《水经注》卷四十浙江水两引《钱唐记》。《钱唐记》，刘道真撰，隋唐诸志俱不著录。此书今已亡佚。唐宋类书又作“《钱塘记》”。

按，钱唐，指县则“唐”，指塘则“塘”。《义门读书记》：“钱唐自秦有此名。以唐为塘，乃俗字耳。”钱唐县，《汉》至《隋志》俱作“唐”，唐始作“塘”。《方舆纪要》：“唐以唐为国号，因加土为塘是也。”[②]县在秦属会稽郡，后汉省。后复置，属吴郡，吴、晋、宋、齐、梁因。《元和郡县志》卷二十五江南道钱唐县引《钱塘记》：“昔州境逼近海，县理灵隐山下，今馀址犹存。”[③]洪焕椿《浙江文献丛考》也认为：“秦置钱唐县，治所在今杭州市西灵隐山麓，至隋朝时始移今杭州市。唐朝以唐为国号，因改为钱塘。”[④]则刘宋钱唐，即今浙江杭州。

### 一 《钱唐记》作者考

《太平御览经史图书纲目》著录：刘道真《钱塘记》。《艺文类聚》卷九、《初学记》卷七、《太平御览》等类书，都征引刘道真《钱塘记》。是知《钱塘记》作者为刘道真。虽诸书并引刘道真《钱塘记》，

---

① 元稹：《以州宅夸于乐天》。
② （清）顾祖禹撰：《读史方舆纪要》浙江二·钱塘县，中华书局2005年版。
③ （唐）李吉甫撰：《元和郡县图志》，贺次君点校，中华书局1983年版，第603页。
④ 洪焕椿撰：《浙江文献丛考》，浙江人民出版社1983年版，第175页。

但考《水经注》之前以“刘道真”为名字而见于史籍者，实有二人：一为西晋初人，一为刘宋初人。

清代学者秦荣光《补晋书艺文志》卷二：“《钱塘记》，刘道真撰，据《类聚·水部》。案：颜氏《汉书》叙：‘刘宝，字道真，高平人。’何由而记钱塘，俟考。”① 《世说新语·德行》：“刘道真尝为徒，扶风王骏以五百疋布赎之，既而用为从事中郎，当时以为美事。”注引《晋百官名》曰：“刘宝，字道真，高平人，徒罪役作者。”② 《世说新语·简傲》又载：“陆士衡初入洛，咨张公所宜诣，刘道真是其一。陆既往，刘尚在哀制中。性嗜酒，礼毕，初无他言，唯问东吴有长柄壶卢，卿得种来不？陆兄弟殊失望，乃悔往。”③

由上可知，秦荣光《补晋书艺文志》所言刘宝字道真者，系西晋初人，与陆机兄弟同时，居洛。因宣帝第十七子扶风王司马骏的赏识，由囚徒赎而为官，为人率直任性，不拘礼法。诸书未及此刘道真之著述情况，当不是《钱唐记》的作者。

刘宋初又有刘道真。《宋书》卷五《文帝纪》：“（元嘉十四年）二月壬子，以步兵校尉刘道真为梁、南秦二州刺史。”④ 《宋书》卷九十八《氐胡传》：“（元嘉）十八年十月，倾国南寇，规有蜀土，虑汉中军出，遣建忠将军苻冲出东洛以防之。梁州刺史刘道真击斩冲。……（元嘉）十九年正月，太祖遣龙骧将军裴方明、太子左积弩将军刘康祖、后军参军梁坦甲士三千人，又发荆、雍二州兵讨难当，受刘道真节度。”⑤ 可见，此刘道真系刘宋武帝时人，元嘉十四年（437）二月后授官梁、南秦二州刺史，曾与宋龙骧将军裴方明等共同平定杨

① （清）秦荣光撰：《补晋书艺文志》（民国十九年排印本），开明书店1930年版，第36页。

② （南朝宋）刘义庆撰：《世说新语译注》，（梁）刘孝标注，张万起、刘尚慈译注，中华书局1998年版，第19页。

③ 《世说新语译注》，第765页。

④ 《宋书》，第84页。

⑤ 同上书，第2408页。

难当之乱。又宋《舆地纪胜》卷二《临安府·官吏》下称宋刘道真，并引《晏公类要》曰："道真为钱塘令，刘道锡为余杭令。元嘉十三年，上遣李演之行郡，上表以道真、道锡为邦之首最，治民之良宰。道真又作《钱塘记》。"① 是可知此刘道真在元嘉十三年前曾官钱塘令，作《钱塘记》。以政治有方而获擢拔，为步兵校尉，元嘉十四年得授州刺史。

但史籍又每称此人为刘真道。《宋书》卷五《文帝本纪》："杨难当又寇汉川，十二月癸亥，遣龙骧将军裴方明，与梁秦二州刺史刘真道讨之。"② 又同卷"二十年……七月……甲子，前雍州刺史刘真道、梁南秦二州刺史裴方明有罪，下狱死。"③ 又《宋书·刘怀肃传》：

> 刘怀肃，彭城人，高祖从母兄也。……怀肃次弟怀敬，涩讷无才能。……怀敬子真道，为钱唐令。……十四年，出为梁、南秦二州刺史。十八年，氐贼杨难当侵寇汉中，真道率军讨破之。而难当寇盗犹不已，太祖遣龙骧将军裴方明率禁兵五千，受真道节度。……真道、方明并坐破仇池，断割金银诸杂宝货，又藏难当善马，下狱死。④

显然，此"刘真道"即为上文所考之刘宋"刘道真"，实为同一人。因为《宋书》所记，二名同出，故后世不得知"道真"与"真道"孰是。按唐宋类书所引，权作"道真"。刘道真行历，已见上文《刘怀肃传》。其人本系刘宋宗室，故能速掌要职，但刘宋宗室权争激烈，史上有名。所以其人不免处死下场。按《刘怀肃传》，刘道真元

① （宋）王象之撰：《舆地纪胜》，四川大学出版社 2005 年版，第 104 页。
② 《宋书》，第 88 页。
③ 同上书，第 90 页。
④ 《宋书》卷四十七《刘怀肃传》，第 1403—1406 页。

嘉十三年（436）之前任钱唐令，故其《钱唐记》撰于元嘉（424—453）前期。复按《文帝本纪》，刘道真死于元嘉二十年（443）七月。

## 二　《钱唐记》亡佚时代考

《水经注》引《钱唐记》，不著撰者。唐代《艺文类聚》水部、《后汉书·朱隽传》注、《初学记》地部、《元和郡县志》卷十钱塘县下等，并引刘道真《钱塘记》。《太平御览》人事部、器物部、药部、珍宝部、木部等凡引及十二条，《太平寰宇记》卷九十三《江南东道》、杨侃《两汉博闻》卷二十六、赵彦衡《云麓漫抄》卷五、叶绍翁《四朝见闻录》卷一，亦引及。

从诸书引用情况看，既然唐代《艺文类聚》《初学记》《元和郡县志》等都引及此书，宋代《太平御览》所引多达十二条，且其中还有唐代诸书所未引及者。再结合《太平御览经史图书纲目》又著录刘道真《钱塘记》，故知《钱唐记》至宋初修《太平御览》时仍在。

而此后宋之诸书虽或引之，但所引多不出《太平御览》及此前诸书。宋吴自牧《梦粱录》卷十二西湖，明确说“《钱塘记》一书，今亦不复存”。宋王应麟《玉海》卷二十三地理，引《钱塘记》也已经明确说明是从《水经注》转引而来的。

今检南宋郑樵《通志》、晁公武《郡斋读书志》、陈振孙《直斋书录解题》、尤袤《遂书堂书目》，元代马端临《文献通考》，明代杨士奇等《文渊阁书目》、高儒《百川书志》，清代黄虞稷《千顷堂书目》均不著录《钱唐记》，也是此书北宋后亡佚的旁证。所以可以大致推断:《钱唐记》亡佚于北宋后期或两宋之交。

清劳格《月河精舍丛钞·读书杂识》卷六有刘道真《钱塘记》辑本，所辑共十一条。王仁俊《玉函山房辑佚书续编·史编总类》所辑

“即据劳志辑出”。

## 三　《钱唐记》的文学色彩

《钱唐记》中的某些记述，也有一定的文学性。如《水经注》所引曹华信立塘之事，及明圣湖金牛传说，就比较有趣。《水经注》卷四十渐江水：

> 防海大塘在县东一里许，郡议曹华信家议立此塘，以防海水。始开募，有能致一斛土石者，即与钱一千。旬日之间，来者云集，塘未成而不复取。于是载土石者皆弃而去，塘以之成，故改名钱塘焉。县南江侧有明圣湖。父老传言，湖有金牛，古见之。神化不测，湖取名焉。县有武林山，武林水所出也。[①]

此节文字涉及钱塘的地名和明圣湖（今浙江杭州市西湖）的名称来由之一节，后世影响极大。宋谢采伯《密斋笔记》卷五：“刘道真《钱塘记》：明圣湖在县南，父老相传，湖中有金牛，古尝有见，其映宝灵泉，照耀流精，神化莫测，遂以明圣为名。……《钱塘记》一书，今亦不复存。涌金门、涌金池、金牛寺，命名皆以此。”[②] 类似的记述，《钱唐记》中还有很多。如：

> 石姥山有一石甑，厥状殊似，居绝岭之巅，大数十围，下有三石足支之。[③]

① 《水经注疏》，第 3297 页。

② （宋）谢采伯撰：《密斋笔记》（四库全书第 864 册），上海古籍出版社 1987 年版，第 683 页。

③ 《太平御览》卷四十六石姥山引，第 223 页。

石姥山有甑，大数十围，有三十六足，一人摇之辄动。纵使千百人引之，与一人不异。①

灵隐山有石穴，傍入行十数步，有水广丈余，昔有人采钟乳，见龙迹，闻穴里搔搔有声，出。②

这些关于杭州域内特殊地理地形的记述，被作者描述的神秘非常。前两则写石姥山石甑，不但写其“厥状殊似”，而且更有“一人摇之辄动”的怪异，可谓尽造化之神奇。后则写灵隐山石穴，文笔简练，但仍然把其幽邃神秘显现出来，足以诱发读者的好奇心理。另外，《钱唐记》中记述的一些传说，就类似于后世的小说了。如：

伍子胥累谏吴王，赐属镂剑而死。临终，戒其子曰：悬吾首于南门，以观越兵来。以鳒鱼皮裹吾尸，投于江中，吾当朝暮乘潮，以观吴之败。自是自海门山，潮头汹高数百尺，越钱塘渔浦，方渐低小。朝暮再来，其声震怒，雷奔电走百余里。时有见子胥乘素车白马在潮头之中，因立庙以祠焉。庐州城内淝河岸上，亦有子胥庙。每朝暮潮时，淝河之水，亦鼓怒而起，至其庙前。高一二尺，广十余丈，食顷乃定。俗云：与钱塘江水相应焉！③

伍子胥的故事，在吴越之地广为流传。类似的还有文种的故事。《水经注》卷四十渐江水“北过余杭，东入于海”注云：“县东有定、包诸山，皆西临浙江。水流于两山之间，江川急浚兼涛，水昼夜再来，来应时刻，常以月晦及望尤大，至二月、八月最高，峨峨二丈有余。

① 《太平御览》卷七百五十七甑引，第3362页。
② 《太平御览》卷五十四穴引，第263页。
③ 《太平广记》卷第二百九十一神一伍子胥引，中华书局1961年版，第2315页。

《吴越春秋》以为子胥、文种之神也。昔子胥亮于吴，而浮尸于江，吴人怜之，立祠于江上，名曰胥山。《吴录》云：胥山在太湖边，去江不百里，故曰江上。文种诚于越，而伏剑于山阴，越人哀之，葬于重山，文种既葬一年，子胥从海上负种俱去，游夫江海，故潮水前扬波者，伍子胥；后重水者，大夫种。"① 可见，吴越百姓把子胥、文种的遭遇与海涛（即涌潮）的自然现象联系起来，构造了这样的离奇生动的故事。

《钱唐记》中的子胥乘潮的故事，以传奇笔法出之，记述具体，情节生动，具有较强的感染力，所以，后来被《太平广记》引录于书。

① 《水经注疏》，第 3299—3300 页。

# 第五章

# 《水经注》征引华南地理文学文献

## 第一节　西晋王范《交广春秋》考述

《水经注》共征引《王氏交广春秋》四条。《新唐书·艺文志》著录：王范《交广二州记》一卷。郑樵《通志》卷六十六艺文略“地理”著录：《交广二州记》一卷，王范撰。可见，《交广春秋》，又作《交广二州春秋》，《水经注》称《王氏交广春秋》。此书今已亡佚。

交广，即交州、广州之合称。交州，治龙编，即今越南河内市东北；广州，治番禺，即今广东广州。

### 一　《交广春秋》作者考

《交广春秋》的作者王范，晋书无传。《三国志·吴志·孙策传》裴松之注：“臣松之案：太康八年，广州大中正王范上《交广二州春秋》。”[①] 则王范《交广春秋》成书于西晋太康八年，即公元287年。

---

① 《三国志》，中华书局2005年版，第882页。

关于王范其人，清郝玉麟等所修《广东通志》卷四十四人物志有些介绍：

> 晋王范，南海人，好读书，有鉴识，州闾重之。吴孙皓时，闭户不出。郭马乱广州，逐刺史徐旗。范从旗避难既归，以琴书自娱。有司贤其行，荐辟之，皆辞。晋平吴后，遵行九品官人之法，每州置大小中正。刺史熊睦荐州人德充才盛无踰范者，举秀才乃以范为广州大中正，选举人才，第其高下，皆惬舆论。时秘书丞河内司马彪，尝著《九州春秋》盛行于时。范阅之，见其略于岭服，乃搜罗百粤典故，为书名曰《交广春秋》，太康八年表上之，订述该核，众见之称服，自是名动京师。范为人卓荦不群，笃学至老不废。交广素缺修载，自范始创为之文献，赖以存焉。①

这一记载，可使我们对王范行迹及其撰著《交广春秋》始末略知一二。王范是地道的南方人，有较强的学识基础和社会声望。他生平经历了吴和西晋两个朝代。吴末帝孙皓时，广州发生了郭马之乱。按《三国志·吴书·孙皓传》记载，孙皓天纪三年（279）夏，郭马反："马杀南海太守刘略，逐广州刺史徐旗。"② 郭马乱广州，是吴亡的前兆，此事在当时的震动不小。当时，王范跟随被驱逐的广州刺史徐旗逃难。宋欧阳玄《睽车志·鬼眼》记载："晋王范，行荒泽中，见一鬼，面甚青，黑眼，无瞳子。"③ 或即写王范当时避难时的困窘、惊恐的情状。次年，晋平吴后，在新任刺史熊睦极力推荐下，王范于太康

① （清）郝玉麟等撰：《广东通志》（四库全书第564册），上海古籍出版社1987年版，第10页。

② 《三国志》，中华书局2005年版，第866页。

③ （元）陶宗仪撰：《说郛》（四库全书第879册），上海古籍出版社1987年版，第738页。

年间出任广州大中正。这时他有了仿效司马彪《九州春秋》著作《交广春秋》的打算。《交广春秋》，以详述岭服见闻为其写作初衷，这是广州最早的地方志。

## 二 《交广春秋》的亡佚时代及黄恭《补遗》

王范《交广春秋》，较早被征引于南朝宋裴松之《三国志·吴志·孙策传注》："臣松之案：太康八年，广州大中正王范上《交广二州春秋》：建安六年，张津犹为交州牧。《江表传》之虚如《志林》所云。"① 裴松之此说意在以《交广二州春秋》之语，证实《江表传》的记载不实。看来裴松之是查阅过《交广二州春秋》的。梁刘昭的《后汉书郡国志注》也引有《交广二州春秋》一条记述。而北魏郦道元的《水经注》共征引《王氏交广春秋》四条，且文字较多。这说明：此书在南北朝时流通南北，具有一定的学术影响。

初唐徐坚《初学记》卷八州郡部亦引有此书一条，不见前书引录，可见唐初王范《交广春秋》还存世。但中唐时，李吉甫《元和郡县志》卷三十五岭南道广州高要县则云：

> 衡毅、钱博，苍梧人，步骘本传不载。详见《水经注》所引《王氏交广春秋》。②

也就是说，李吉甫所知《王氏交广春秋》所载衡毅、钱博事，也是自《水经注》转引。说明王范《交广春秋》其时或已亡佚。

王范《交广春秋》行世以后，又有黄恭的补遗之作。清初屈大均

① 《三国志》，中华书局2005年版，第882页。

② （唐）李吉甫撰：《元和郡县志》（四库全书第468册），上海古籍出版社1987年版，第574页。

《广东新语》卷十一《粤人著述源流》谓："有南海王范，搜罗典故，为《交广春秋》，史称其事赡词密，谓交广之有纪载自范始。有黄恭亦南海人，以王氏《交广春秋》多所遗漏，乃为王氏《交广春秋》补遗。其论尹牙、丁茂、朱崖令女，皆以《左氏春秋》为断，后复广为《十三州记》。世以其书与杨孚《南裔异物志》《临海水土记》并传。"① 《广东通志》卷四十四人物志则比较详细地介绍了黄恭的履历："黄恭，字义仲，南海人。自少恬雅，履常清洁，刺史邓岱一见即器重之，录为记室参军，草檄声罪，山越詟服。转封山令，甚有治材，然非其好也。州察孝廉，举为佐著作郎，父忧去职。比服阕不起，教授生徒，发明圣籍，乡里推重，征辟不就，乃补广州大中正。于是搜辑《王氏交广春秋》，补其遗漏，以君亲伦理为重，后复广为《十三州记》。"②

黄恭所撰《王氏交广春秋补遗》，《水经注》引作"黄义仲《十三州记》"③，《水经注》卷二河水引其两条文字，可见其书在南北朝与王范《交广春秋》并行于世。但此后少见他书征引。仅宋李昉《太平御览》征引一条，但题作"黄义仲《交广二州记》"：

> 黄义仲《交广二州记》曰：合浦之士有尹牙，为郡主簿，太守叹曰：重仇未报。牙即变姓易名，为报之。天子奇其义，因赦不问。④

这是最晚征引黄恭所撰《补遗》的记载，宋末王应麟《玉海》及元代胡三省《资治通鉴注》也各引一条，但都是从《水经注》转引过

① （清）屈大均：《广东新语》，中华书局1985年版，第324页。

② （清）郝玉麟等撰：《广东通志》（四库全书第564册），上海古籍出版社1987年版，第11页。

③ 《水经注》引书中另有阚骃《十三州记》。

④ 《太平御览》卷二百六十五职官部州主簿引，第1240页。

来的。可见黄恭所撰《王氏交广春秋补遗》也在宋代亡佚了。

### 三 《交广春秋》的文学价值

《交广春秋》本系王范为补司马彪《九州春秋》之阙而作，因此才“搜罗百粤典故”而成书，表现出很强的主动留存史料的写作意图。实际上，《交广春秋》的文笔也颇为可观。例如《水经注》卷三十七浪水引《王氏交广春秋》：

> 建安十六年，吴遣临淮步骘为交州刺史，将武吏四百人之交州，道路不通。苍梧太守长沙吴巨拥众五千，骘有疑于巨，先使谕巨，巨迎之于零陵，遂得进州。巨既纳骘而后有悔，骘以兵少，恐不存立。巨有都督区景，勇略与巨同，士为用。骘恶之，阴使人请巨，巨往告景，勿诣骘。骘请不已。景又往，乃于厅事前中庭俱斩，以首徇众，即此也。[①]

此节文字，叙孙吴步骘稳定交州之事及南越王赵佗事。《三国志·吴书·步骘传》写步骘诱杀吴巨仅寥寥数语：“刘表所置苍梧太守吴巨阴怀异心，外附内违。骘降意怀诱，请与相见，因斩徇之。”[②]但《交广春秋》则用了近300字详细叙写此事的具体过程。步骘胆大心细，他知道自己带兵少，就先派人向吴巨通报。不摸实情的吴巨不敢怠慢，忙迎之入城，而后步骘又果断定计，巧妙布局，最终除去吴巨、区景。这段叙写，把步骘有勇有谋的性格特点展现出来，让人感觉他颇有点傅介子、班超的风范。可见《交广春秋》叙事有条不紊，情节生动，有故事性。再如《水经注》卷三十六温水引王

① 《水经注疏》，第3094—3095页。
② 《三国志》，中华书局2005年版，第914页。

氏《交广春秋》：

> 朱崖、儋耳二郡，与交州俱开，皆汉武帝所置。大海中，南极之外，对合浦，徐闻县。清朗无风之日，迳望朱崖州，如囷廪大，从徐闻对渡，北风举帆，一日一夜而至。周回二千余里，径度八百里，人民可十万余家，皆殊种异类，被发雕身，而女多姣好，白皙、长发、美鬓，犬羊相聚，不服德教。儋耳先废，朱崖数叛，元帝以贾捐之议罢郡。①

此节讲朱崖、儋耳二郡事。朱崖，一作“珠崖”，治今海南省海口市琼山区。儋耳，治今海南省儋州市西北。《交广春秋》对朱崖、儋耳二郡的描写，也让中土人士较早地感受到异域风光的殊俗，其内容有比较大的吸引力。

《交广春秋》的语言，以散句为主，但也有时比较整饬对仗。如“越王赵佗，生有奉制称藩之节，死有秘奥神密之墓”②。此外，作者有时还笔带情感，抒发感慨。如：“佗虽奢潜，慎终其身，乃今后人不知其处，有似松、乔迁景，牧竖固无所残矣。”③ 作者运用《列仙传》所写的赤松子、王子乔仙去的典故，来形容赵佗墓的隐秘难寻，用语巧妙而含蓄。

## 第二节　晋刘欣期《交州记》考述

《水经注》卷三十六温水、卷三十七叶榆河两引刘欣期《交州记》。刘欣期《交州记》今已亡佚，史志未载此书。刘欣期，里籍生

---

① 《水经注疏》，第 3020 页。
② 同上书，第 3100 页。
③ 同上书，第 3101 页。

平不详。丁国钧、文廷式、秦荣光诸《补晋书艺文志》都著录此书，刘欣期当是晋人。

交州系汉末改交趾刺史部而建。晋之交州，辖境包括今广东、广西南部及越南承天省以北地区。三国吴徙治龙编县，即今越南河内市东北。

## 一 刘欣期《交州记》亡佚时代考

最早征引刘欣期《交州记》的是北魏郦道元的《水经注》和贾思勰的《齐民要术》。其中，贾思勰的《齐民要术》征引其书达十节之多。可见其书在南北朝时，具有较广泛的影响。

隋唐时期，征引刘欣期《交州记》的著作很多。如隋杜公瞻《编珠》引四节，唐虞世南《北堂书钞》引十八节，欧阳询《艺文类聚》引七节，徐坚《初学记》引五节。唐章怀太子李贤《后汉书》注，引达十节，《文选》六臣注引四节。瞿昙悉达《唐开元占经》引二节，段公路《北户录》引一节。诸书并征引刘欣期《交州记》，说明其书在唐时存世。

北宋，乐史《太平寰宇记》引《交州记》十二节，李昉等《太平御览》引达五十三节之多，《太平广记》引二节。唐慎微《证类本草》引五节。王钦若等《册府元龟》卷一百六十八引一节，吴淑《事类赋》卷二引一节。

南宋以后，征引刘欣期《交州记》的著作依旧不少。如南宋孔传《六帖》引三节，潘自牧《记纂渊海》引四节，祝穆《方舆胜览》引二节，王应麟《玉海》引一节。元代，《资治通鉴》胡三省注引八节，黎崱《安南志略》引五节。明代，李时珍《本草纲目》引十三节，陈耀文《天中记》亦引十三节。但笔者经过察验核对，竟发现：南宋以后诸书征引条目，大体不出北宋及以前著作所征引的内容之外。于是，可推测刘欣期《交州记》，或亡于两宋之交。

## 二　刘欣期《交州记》辑本情况

刘欣期《交州记》辑本较多。宛委山堂本《说郛》卷六十一，清黄奭《汉学堂知足斋丛书·子史钩沉》，清曾钊《岭南遗书第五集》，陶栋《辑佚丛刊·异物志附》，都辑有刘欣期《交州记》。

宛委山堂本《说郛》凡八节，未注出处。曾钊据《太平御览》等采得约七十节，最为详备。陶栋仅从《文选》注中采得二节，不出曾本之外。又今人刘纬毅《汉唐方志辑佚》辑有刘欣期《交州记》佚文四十六节，也不出曾本之外。

《水经注》还引有《交州外域记》文六节。笔者按：《交州外域记》，不见于公私著录。除《水经注》外，少见他书征引。《资治通鉴·汉纪·光武帝纪》胡三省注所引一节，系从上文《水经注》所引之第四节中节录转引。陈桥驿《水经注·文献录》认为此数节文字，也当属刘欣期《交州记》。但陈先生的看法值得商榷。

《水经注》引《交州外域记》，不署撰人姓名。又，唐宋类书征引刘欣期《交州记》文段，不包括以上六节文字。按章宗源《隋书经籍志考证》卷六有姚文感《交州记》，文廷式《补晋书艺文志》卷二有邓中缶《交州记》，《水经注》所引，是刘书、姚书，还是邓书，未可确证。《隋书·经籍志》著录：《交州以南外国传》一卷。两《唐志》著录：《交州以来外国传》一卷。但均不署撰人姓名。《水经注》所引，是否为此书，亦未可知。

## 三　刘欣期《交州记》的文学色彩

刘欣期《交州记》最显著的特点，是详于物产的记述。其所记物产，大抵可分为三类：植物、动物、矿产。其所记植物物产，品类多样，多为南方所独有。《交州记》中，记载了藿香、豆蔻、蔗子、弥子、桶子、多感子、含水藤、杉树、都勾树、君迁树、蒚母树，等等。其所记动物，也是北方人少见稀闻的。如犀、风母、竹风鼠、孔雀、大蜈蚣、大贝、长鸣鸡、蟹、鲛鱼，等等。刘欣期《交州记》还记述了南方多金的情况，以显现地方的富足。如：

金有华，出珠崖，谓金华采者也。雪山在新昌，南人曾于山中得金，块如升，迷失道，还置本处乃得出。①

居风山去郡四里，夷人从太守裴庠求市此山，云出金，既不许。寻有一妪行田，见金牛出食，斫得鼻锁，长丈余。后人往往见牛夜出，其色光耀数十里。②

总体上看，刘欣期《交州记》还有一个比较明显的特点，那就是记述玄奇，有时似乎故作夸张之语，以此吸引读者的注意，调动读者的好奇心理。如：

九真太守陶璜立郡筑城，于土穴中得一白色，形似蚕蛹，无头，长数十丈，大十余围，软软动，莫能名。剖腹，有肉如猪肪，遂以为臛。羹甚香，璜啖一杯，三军尽食。③

刺史陶璜昼卧，觉见一女子枕其臂，始欲捉之，以爪挠其手，痛不可忍，放之，遂飞去。④

儋耳之东，人臂一骨。⑤

---

① 《太平御览》卷八百十一金引，第 3605 页。
② 《太平御览》卷六百四十四锁引，第 2885 页。
③ 《太平御览》卷八六一臛引，第 3826 页。
④ 《太平御览》卷三百七十爪引，第 1707 页。
⑤ 《太平御览》卷三百六十九臂引，第 1701 页。

南定县人，足骨无节，身有毛，卧者更扶，始得起。[1]

陶璜筑城所见之物，“无头，长数十丈，大十余围，软软动”，至今人们所了解的物种里面，似乎还没有。第二则所叙，该不是陶璜的白日做梦吧？至于人类的骨节，虽有人种之别，但大同小异，《交州记》所言，未可信服。其实，这是作者为了迎合读者的猎奇心理而作的一些夸张性的描述。同时，也正是由于这样的一些记述，使得刘欣期《交州记》带上了一些文学色彩和文学意味，显现了作者的想象力。即使是写地方动、植物，刘欣期也有时出以玄虚之笔：

风母，出九德县，似猿。见人若惭，屈颈。打死，得风还活。[2]

合浦东二百里有一杉树，叶落随风飘入洛阳城内。汉时善相者云：此休徵当出王者。故遣千人伐树，役夫多死。三百人坐断株上食，适足相容。[3]

刘欣期所提到的风母，似乎就是猩猩、猴子、狒狒之类的灵长类动物。而古杉树今日也不稀见。但风母“打死，得风还活”，杉树“三百人坐断株上食，适足相容”，就不能不说是其故作惊人之语了。然而，正是由于作者的奇妙想象，使作品平添了几分文学意味。这种想象与文笔描述，或对六朝志怪文学有所启发和影响。

## 第三节　南朝宋裴渊《广州记》考述

《水经注》卷三十七泿水凡三次征引裴渊《广州记》。裴渊《广州

---

① 《太平御览》卷一七二南安都护府引，第 841 页。
② 《初学记》卷二九猴引，第 721 页。
③ 《太平御览》卷九百五十七枫引，第 4249 页。

记》，隋唐诸志不著录，今已亡佚。仅《太平御览经史图书纲目》著录：裴渊《广州记》。唐虞世南《北堂书钞》卷七十九、卷一百二十九、卷一百五十六，又引裴渊《南海记》，应为书之异名。

按，晋宋广州，治番禺，即今广东广州。

## 一 《广州记》作者考辨

南北朝以前的《广州记》实有两种：顾徽《广州记》与裴渊《广州记》，《水经注》所引系裴渊《广州记》。裴渊《广州记》要晚于顾徽《广州记》。

笔者按：顾徽《广州记》，诸书征引，时作顾微，当以顾徽为是。唐欧阳询《艺文类聚》卷八十七、段成式《酉阳杂俎》卷十八、唐释道世《法苑珠林》卷四十三，及宋《太平御览》卷九百七十二、卷九百七十四、卷九百七十五，都引作"顾徽《广州记》"。盖以字形相近而讹。

顾徽，三国吴人。《三国志·顾雍传》注引《吴书》："雍母弟徽，字子叹，少游学，有唇吻。孙权统事，闻徽有才辩，召署主簿。"① 则顾徽为顾雍之弟。

而裴渊《广州记》，则应是刘宋时期的著作。按，《艺文类聚》卷十七人部·髑髅：

> 《广州记》曰：卢循袭广州，风火夜发，奔免者数千而已。循除诸烧骨，数得髑髅三万余，于江南洲上作大坑葬之，今名共冢。②

---

① 《三国志》，上海古籍出版社 2011 年版，第 1132 页。

② 《艺文类聚》卷十七人部·髑髅引，第 321 页。《太平御览》卷三七四人事部髑髅所引，与此同。

按，此条，必引自裴渊《广州记》。卢循是东晋人，顾徽所不及。又按《宋书·五行志》记载，卢循袭广州，事在晋安帝元兴四年（404）年十月："元兴三年，卢循攻略广州，刺史吴隐之闭城固守。是年十月壬戌（11月26日）夜，大火起。时民人避寇，盈满城内。隐之惧有应贼，但务严兵，不先救火，由是府舍焚烧荡尽，死者万余人，因遂散溃，悉为贼擒。"《广州记》所叙，与史书合。后来卢循于义熙七年（411）兵败，投水自尽。上引裴渊《广州记》此条云"今名共冢"，显然是叙述故事口吻，其书必作于卢循兵败事后。但卢循兵败不久，刘裕即于公元420年即位，是已入宋矣。所以，裴渊《广州记》似应是刘宋时期所作。《水经注》卷三十七泿水：

> 《广州记》称：吴平，晋滕修为刺史。修乡人语修，虾须长一赤，修责以为虚。其人乃至东海，取虾须，长四赤速送示修，修如服谢，厚为遣。①

此节文字中有"吴平，晋滕修为刺史"之语，标晋之国号，也可为证。晋武帝司马炎太康元年（280），派大军伐吴，东吴灭亡。顾徽不会生活至吴亡之时。故《水经注》所引《广州记》为裴渊《广州记》明矣。

## 二　裴渊《广州记》亡佚时代考

比较早引用裴渊《广州记》的，除了《水经注》外，还有北魏贾思勰所撰的《齐民要术》。《齐民要术》卷十"五槃果蓏菜茹非中国物产者"征引裴渊《广州记》即有五次。从郦、贾书的引用频度，也可

① 《水经注疏》，第3101—3102页。

见裴渊《广州记》在北魏学者眼中是颇有分量的。

隋杜公瞻《编珠》、唐虞世南《北堂书钞》，欧阳询《艺文类聚》，徐坚《初学记》，以及《前汉书·张耳陈余传》颜师古注，《后汉书·马援传》李贤注、《文选·赠顾交阯公真一首》李善注、《史记·张耳陈余列传》司马贞索隐、《史记·南越尉佗列传》张守节正义等，并征引裴渊《广州记》。另外比较多引用裴渊《广州记》的还有唐段公路所撰的《北户录》。唐代多种文献征引裴渊《广州记》，一表明其书唐时存世，二表明其书有较大的参考价值。

北宋，李昉等《太平御览》《太平广记》，乐史《太平寰宇记》，陈旸《乐书》、吴淑《事类赋》等书，也都征引裴渊《广州记》。说明其书在北宋还在。但笔者察验南宋以后诸书征引裴渊《广州记》，不出前代文献所引范围之外。又南宋周去非《岭外代答》卷七及郑樵《通志》等书，虽引《广州记》，但不著撰者，故不知是何种《广州记》。南宋王应麟《玉海》引《地理志》南海郡龙川县注：

> 师古曰：裴氏《广州记》云，有龙穿地而出，即穴流泉，因以为号。[1]

由此可见，王应麟所引裴氏《广州记》见于《地理志》颜师古注。又《玉海》卷十六地理异域图书也标："《汉地理志》注师古引《裴氏广州记》（裴渊）。"是王应麟时已经不能见到裴渊《广州记》了。

综上，裴渊《广州记》或亡佚于北宋末。抑或与金灭北宋相关，不得而知。

裴渊《广州记》辑本收入于《岑南遗书》及《汉唐地理书钞》等。今人刘纬毅《汉唐方志辑佚》辑有其裴渊《广州记》佚文达五十

① 见（南宋）王应麟《玉海》卷二十四宋地理·龙泉。

四节，最为全面。

### 三　裴渊《广州记》的文学色彩

裴渊《广州记》最为突出的地方是其对南方物产的记述。其所记述的物产种类还很多，如续断、当归、麦门冬、云母、金钗瓜、古度、韶、菖蒲、雍菜、冬风菜、石麻竹、雷柚、桃枝竹等，其中还有些动物，也是内陆人很少知道或见过的。如：

> 新宁郡东溪甚饶蛟，不时害人。曾于鱼梁上见之，其长丈余，形广如楯，修颈，小头，胸前赭背，上青斑，胁边若锦。[①]
>
> 鲎，广尺余，形如熨斗，头如蜣螂，腹下有十二足，南人重之，以为鲊。[②]

类似的还有鳍鱼、鲸鲵、牡蛎，等等。这些记述都让内陆人大开眼界。裴渊《广州记》文笔也不错。有时，摹物状形，用喻新奇。如：

> 百管溪，周回丈余，水极沸涌，如猛火煎油声。[③]
>
> 鄣平县有石膏山，望之皎若霜雪，盖岭东为银石，南是铁石，西则丹砂，北乃铜石。[④]

前面一则写溪水沸涌，以日常家庭生活常见的“猛火煎油声”作比喻，自然而易懂，感受真切。后面一则，写石膏山之美云“皎若霜

① 《太平御览》卷九百三十蛟引，第 4134 页。
② 《太平御览》卷九四三鲎引，第 4188 页。
③ 《太平御览》卷六七溪引，第 321 页。
④ 《太平御览》卷九八五丹引，第 4361 页。

雪”，然后又指出其山东南西北皆富矿产，那山也就可称“高富美”了。还有写景更好的语段，如：

> 甘泉县平野中，孤石挺起，峰秀入云，连石相接，无异栋宇。①

四字一句，言简意赅，比喻贴切，文笔相当生动。

裴渊《广州记》也有一些记述，很有故事意味。如：

> 晋兴郡蚺虵岭，去路侧五十里，忽有一物，大百围，长数十丈。行者过视，则往而不返。积年如此，失人甚多。董奉从交州出，由此桥见之，大惊云：此蛇也！住逆旅，施符敕，经宿往看，蛇已死矣。左右白骨，聚积成丘。②

董奉是汉末名医，曾医治过病危的交州刺史士燮，在南方很有名声，所以颇多野史逸闻。《广州记》所记，当是董奉治病活人的现实缩影，但以传奇笔法为之，就立刻鲜活生动，引人注目。

可见，裴渊《广州记》虽以记述物产为重，却也不乏文采。

## 第四节　南朝宋王韶之《始兴记》考述

《水经注》卷三十八溱水、卷三十九洭水，凡两引王歆之《始兴记》。《始兴记》，王韶之撰。《水经注》作王歆之，或非是，详考于下。此书隋唐诸志不著录，今已亡佚。

始兴郡，吴置，隋改为韶州，治曲江县，即广东今县。

---

① 《太平御览》卷五二石引裴渊《广州记》，第253页。

② 《太平御览》卷九三四蛇引，第4150页。

## 一　《始兴记》作者考辨

《始兴记》，《隋志》及两《唐志》皆不著录。《水经注》引作王歆之《始兴记》。但《太平御览经史图书纲目》著录："王韶之《始兴记》。"

"歆"、"韶"字形相近，遂致舛讹。从诸书征引情况看，隋代杜公瞻《编珠》卷二引一条。唐代《艺文类聚》地部等引四条，《初学记》地部、《文选》苦热行注并引王歆之《始兴记》。《艺文类聚》卷八十二《草部下》作"歆"，又卷九十六作"韶"，《太平御览》引尤多，亦"歆"、"韶"错同，故章宗源《隋书经籍志考证》以"歆又作韶"存疑。《北堂书钞》一百五十七、《初学记》卷二十四、《白帖》卷六十二、《文选·乐会下》注、《事类赋注》下皆作"韶"。

王歆之和王韶之是同时代的人。

《宋书》卷九十二《良吏》："王歆之，字叔道，河东人也。曾祖愆期，有名晋世，官至南蛮校尉。祖寻之，光禄大夫。父肇之，豫章公相。歆之被遇于太祖，历显官左民尚书，光禄大夫，卒官。"[①] 又《宋书》卷六十四称其"尝为南康相"，同卷又称"太祖元嘉三年，诛司徒徐羡之等，分遣大使，巡行天下……抚军参军王歆之使徐州"，不言其有任官或巡行始兴郡的经历。

《晋书·王韶之传》："王韶之，字休泰，琅邪临沂人也。……父伟之，本国郎中令。……伟之少有志尚，当世诏命表奏，辄自书写。泰元、隆安时事，小大悉撰录之，韶之因此私撰《晋安帝阳秋》。既成，时人谓宜居史职，即除著作佐郎，使续后事，讫义熙九年。善叙事，辞论可观，为后代佳史。……安帝之崩也，高祖使韶之与帝左

① 《宋书》，第2270页。

右密加鸩毒。……景平元年，出为吴兴太守。……十二年，又出为吴兴太守。其年卒，时年五十六。”由是可推知韶之生于晋孝武帝太元四年（379），卒于宋文帝元嘉十二年（435），是刘裕的心腹亲信，曾参与刘裕鸩杀晋安帝司马德宗的行动，充当刘裕篡晋禅让闹剧的导演。又韶之“好史籍，博涉多闻”，故初时著作郎徐广即重其才学，举为佐郎，助撰晋史①，而后又能居史职，领著作郎。文帝时韶之出为太守，“夙夜勤厉”，定当不废撰述，故很有可能就是《始兴记》的撰人。

《水经注疏》卷三十八熊会贞认为“吴兴”或即“始兴”之误，盖即作《记》之时，故当作“韶”为是。清代学者曾钊说：“始兴郡，吴立，属广州，晋成帝度荆州，宋元嘉二十九年又度广州，三十年度湘州，明帝太豫元年改广兴，韶之卒于元嘉十二年，其时尚属荆州，领曲阳、桂阳、阳山、浈阳、含匡、始兴、中宿七县。元嘉初，徐豁为始兴太守，有政声，韶之未尝至始兴，或即从徐豁讨问故事，笔为此记欤？”②看来，尽管史书没有王韶之任职始兴的记载，熊会贞、曾钊诸人都认为《始兴记》是王韶之之作。

## 二 《始兴记》亡佚时代与佚文辑本

宋代《太平御览》地部等引《始兴记》最多，凡二十六条，这说明修《御览》时《始兴记》尚在。察检宋代《崇文总目》《册府元龟》、郑樵《通志》、尤袤《遂书堂书目》、晁公武《郡斋读书志》、陈振孙《直斋书录解题》，元代马端临《文献通考》，明代杨士奇等《文渊阁书目》、高儒《百川书志》，清代黄虞稷《千顷堂书目》等书目文献皆不著录。

---

① 《宋书》卷六十《王韶之传》，第1625页。

② 见曾钊《岭南遗书第五集·始兴记辑本序》。

宋后引者不出其前诸书所录，知已亡佚。

《始兴记》辑本有宛委山堂本《说郛》、商务印书馆本《说郛》卷四《墨娥漫录》、曾钊《岭南遗书第五集》、王仁俊《玉函山房辑佚书补编》、黄奭《汉学堂知足斋丛书·子史钩沉》诸家。宛委山堂本《说郛》所辑共十节，商务印书馆本《说郛》卷四《墨娥漫录》所辑仅二节，即宛委山堂本所辑中的前二节。



## 三 《始兴记》的文学色彩

王韶之《始兴记》不但是乡土地理著作，更是文学性非常强的地理文学作品。首先，《始兴记》山水景物描写，文笔生动。如：

> 郡东有玉山，草木滋茂，泉石澄彻。①
>
> 城西百余步有栖霞楼，临川王营置，清暑游焉。罗君章居之，因名为罗公洲。楼下洲上，果竹交荫，长杨傍映，高梧前耸，虽即城隍，趣同丘壑。②

写玉山“草木滋茂，泉石澄彻”，给人以“山含玉而生辉，水蕴珠而川媚”的感觉。写栖霞楼一节，文笔尤妙。作者专写此楼的夏季景色。作者先记述此楼的历史，以性喜恬静的罗含（字君章）曾居此地，来增加其地的人文气息，然后具体写“果竹交荫，长杨傍映，高梧前耸”的幽美景色，再以“虽即城隍，趣同丘壑”，写作者的心理感受，以诱发读者产生共鸣。《始兴记》类似的描写还很多，如写伊水长洲“平林蔚然，有群象、野牛”，写尧山“长岭衡亘，远望如阵云”等，也都是优美的写景文笔。

① 《艺文类聚》卷七山引，第123页。

② 《太平御览》卷六十九洲引，第327页。

有时，为了加强山水景色的表达效果，《始兴记》还要插入民间传说或诗歌韵语。如：

梁鲜二水口下流有滇阳峡，长二十余里，山岭纡郁，丛流曲勃。中宿县有贞女峡，峡西岸水际，有石如人，形状似女子，是曰贞女。父老相传，秦世有女数人取螺于此，遇风雨昼昏，而一女化为此石。①

修仁水西南注连水，北有三枫亭、五渡水。齐范云为始兴太守，至修仁水，酌而饮之，赋诗曰：三枫何习习，五渡何悠悠。且饮修仁水，不酌贪泉流。②

前节写滇阳峡“山岭纡郁，丛流曲勃”主要突出其绵长迂曲，而写贞女峡，则因“有石如人，形状似女子”，而构造了一个“螺女化石”的故事，增加了山水的神秘感，强化了表达效果。后节写修仁水“北有三枫亭、五渡水”，就引齐范云的诗句“三枫何习习，五渡何悠悠”来作证实，既加强了读者的阅读印象，又显得轻松有趣。

成书于刘宋时期的《始兴记》的山水描写，对《水经注》以后中国山水散文的形成与发展，具有一定的启发和影响。

王韶之《始兴记》中，还记述了很多神异故事，情节离奇曲折，也非常具有文学色彩。如：

秋水源山盘石上，罗列十瓮，皆盖以青盆，其中悉是银饼，人有遇之者，但得开观之，不可取，取辄迷闷。晋太元初，林驱家仆窃三饼，有蛇伤而死。其夜，林驱梦神语曰：君奴不良，盗银三饼，已受显戮，愿以银相备。驱觉，奴死银在。其傍有徐道

① 《艺文类聚》卷六峡引，第106—107页。

② 《太平御览》六十五修仁水引，第312页。

者，自谓能致，乃集祭酒，盛奏章书，击鼓吹入山。须臾，雷霆雨石，倒树折木，道遂惧走。①

《始兴记》所记述的这节传说，《水经注》也有征引，但内容较略。故事的主旨乃在于教导人们不可贪盗。后文徐道请神的记述，非常滑稽有趣，先写其自我吹嘘，煞有介事之状，后面写真神显灵，他却“惧走”逃离，颇具讽刺戏剧的意味。《始兴记》还记有一个“江神寄书”的故事：

晋中朝，有质子将归，忽有人寄其书告曰：吾家在观亭，亭庙石间有悬藤，君至叩藤，家人自出。归者如其言，果有二人出水取书，并曰：江伯令君前。入水，见屋舍甚丽。今俗咸言观亭有江伯神也。②

这也是个情节神异离奇的故事，显示了作者丰富的想象力，已经是非常成熟的志怪小说了。唐代李朝威传奇《柳毅传》中，柳毅传书的情节，或系受《始兴记》此节故事的启发和影响。

## 第五节　南朝宋沈怀远《南越志》考述

《水经注》卷三十七泿水两引《南越志》。《南越志》，南朝宋沈怀远撰，其书今已亡佚。按，秦始皇取南越地，《汉书》称南粤，即今广东、广西与越南地。

① 《太平御览》卷八百十二银引，第3609页。
② 《太平御览》卷九九五藤引，第4405页。

## 一　关于《南越志》的作者

《隋书·经籍志》著录:《南越志》八卷，沈氏撰。《旧唐书·经籍志》著录:《南越志》五卷，沈怀远撰。《新唐书·艺文志》著录:沈怀远《南越志》五卷。按，通过史志著录可知《南越志》的作者是沈怀远。《宋书》卷八十二《沈怀文传》:

> (沈怀文)弟怀远，为始兴王浚征北长流参军，深见亲待。坐纳王鹦鹉为妾，世祖徙之广州，使广州刺史宗悫于南杀之。会南郡王义宣反，怀远颇闲文笔，悫起义，使造檄书，并衔命至始兴，与始兴相沈法系论起义事。事平，悫具为陈请，由此见原;终世祖世不得还。怀文虽亲要，屡请终不许。前废帝世，流徙者并听归本，官至武康令。撰《南越志》，及怀文文集并传于世。[①]

按，沈怀远，吴兴武康(今浙江省德清县)人，原本是始兴王刘浚属下。元嘉三十年(453)，因巫蛊之事，宋文帝刘义隆欲废太子，刘劭(刘义隆长子)知道之后，遂与其弟刘浚共谋，率兵夜闯皇宫，将其父杀害，自立为皇帝。刘劭因弑父篡位而导致众叛亲离，在位仅三月，即被率兵讨逆的刘骏(刘义隆第三子)所击溃，刘劭被俘后遭处斩，并被刘骏称为“元凶”。刘骏夺取了皇位，庙号“世祖”。沈怀远纳东阳公主养女王鹦鹉为妾，而王鹦鹉参与了刘劭行巫蛊之事，不但沈怀远自己被贬谪广州，还牵连及其兄沈怀文。刘骏做了皇帝，恼恨沈怀远，就想借广州刺史宗悫之手杀之。但正好赶上刘义宣(宋文帝刘义隆弟)造反，情况就有了变化。刘义宣曾出兵协助刘骏诛灭刘

① 《宋书》卷八十二《沈怀文传附弟怀远传》，第2105页。

劭，扶持刘骏即位，因此被刘骏封为南郡王。后来刘义宣见刘骏行事荒唐，就起兵造反。广州刺史宗悫则反抗刘义宣，知道沈怀远文笔好，就让他起草檄文和联络同盟。后来，刘义宣被镇压，但沈怀远并未能被刘骏原谅，直到刘骏死后，才被调回家乡，任武康令。

## 二 《南越志》亡佚时代考

最早征引《南越志》的是北魏郦道元的《水经注》和贾思勰的《齐民要术》，《水经注》引二节，《齐民要术》引四节。可见其书在南北朝时，就已经具有一定的影响。

隋唐时期，征引沈怀远《南越志》的著作很多。如隋杜公瞻《编珠》引三节，唐虞世南《北堂书钞》引二节，欧阳询《艺文类聚》引十四节，徐坚《初学记》引达三十六节。唐章怀太子李贤《后汉书》注，引三节。《文选》六臣注引十六节。瞿昙悉达《唐开元占经》引一节，段公路《北户录》引十节，刘恂《岭表录异》引三节。中唐诗人刘禹锡还目见《南越志》。禹锡有《踏潮歌》，其引文称："元和十年夏五月，终风驾涛，南海羡溢，南人曰踏潮也，率三更岁一有之。余为连州，客或为予言其状，因歌之，附于《南越志》。"可见《南越志》是禹锡案头之书。

北宋，乐史《太平寰宇记》引《南越志》达五十一节，李昉等《太平御览》引达九十节之多，《太平广记》引七节。唐慎微《证类本草》引十三节。吴淑《事类赋》引七节。王存《元丰九域志》引四节。诸书并征引沈怀远《南越志》，再结合两《唐志》并著录沈怀远《南越志》，《太平御览经史图书纲目》著录沈怀远《南越志》，《崇文总目》也著录《南越志》七卷，都可以表明：《南越志》在北宋时存世。

南宋，李石《续博物志》引三节。叶庭圭《海录碎事》引十节。

孔传《六帖》引七节。杨伯岩《六帖补》引五节。潘自牧《记纂渊海》引十一节，祝穆《方舆胜览》引八节，王应麟《玉海》引五节。南宋初郑樵《通志》卷六十六艺文略地理类著录：《南越志》五卷，宋沈怀远撰。尤袤《遂初堂书目》地理类著录：唐沈怀远《南越志》。这是尤袤把沈怀远误作唐人了。但其书应该还在。陈振孙《直斋书录解题》卷八地理类："《南越志》七卷，宋武康令吴兴沈怀远撰。此五岭诸书之最在前者也。怀远，怀文之弟，见《宋书》。"陈振孙说，沈怀远《南越志》是他那时所能见到的最早的岭南著作了。看来著作于《南越志》之前的"五岭诸书"，包括晋王范的《王氏交广春秋》、晋刘欣期《交州记》等，其时都已经亡佚，而《南越志》则成了当时最早的南越文献。宋末王应麟《玉海》卷十六地理引《中兴书目》云："《南越志》五卷，宋沈怀远。载三代至晋南越疆域事。"

入元，马端临《文献通考》经籍考史地部著录《南越志》七卷，并转述了陈振孙的说法。《资治通鉴》胡三省注，也引有《南越志》二节。《宋史·艺文志》仍著录：沈怀远《南越志》五卷。按，《宋史》是元至正三年（1343）由丞相脱脱和阿鲁图先后主持修撰的。其时已是元末。也就是说，元末，沈怀远《南越志》还幸存与世。但《四库提要》叙唐刘恂《岭表录异》时称：

> 《岭表录异》三卷，旧本题唐刘恂撰。……殆书成於五代时欤？粤东舆地之书，如郭义恭《广志》、沈怀远《南越志》，皆已不传。诸家所援据者，以恂是编为最古。而《百川学海》及《说郛》所载，寥寥数页，首尾不完。盖仅从类书抄撮数条，以备一种。而恂之原本，则已久佚。①

① 《四库全书总目》卷70《史部·地理类·岭表录异提要》，第623页。

可见，到清初，岭表之书，以唐刘恂《岭表录异》为最古，而《岭表录异》的原本都已久佚了。至于成书于刘宋的沈怀远《南越志》，“皆已不传”。

那么，沈怀远《南越志》亡佚于何时呢？元末明初藏书家陶宗仪《说郛》卷六十一辑有沈怀远《南越志》。是否其时《南越志》原本已经不存了呢？陶宗仪在元至正八年（1348）三月，曾赴考进士落第，其后，方国珍起义，陶为避兵出游浙东、浙西。《说郛》或完成于元末明初。则沈怀远《南越志》元末明初已经不存。

回头再看明代著作征引《南越志》的情况。陈耀文《天中记》引《南越志》最多，达三十七节，李时珍《本草纲目》也引有十九节。其他如董斯张《广博物志》引九节，方以智《通雅》引五节，杨慎《丹铅余录》和周婴《卮林》各引三节。此外，徐光启《农政全书》、周嘉胄《香乘》、卢之颐《本草乘雅半偈》、任广《书叙指南》等，也都征引过《南越志》。但下工夫比较核对一番，就能够发现，明代诸书征引，皆不出于前人著作征引条目之外，这只能说明：明代书籍征引《南越志》，是从前人书籍中转引而来。再考查明代的书目文献如高儒《百川书志》等，并不著录《南越志》。

综上可以推测：沈怀远《南越志》或亡佚于元末。

## 三 《南越志》的辑本情况

沈怀远《南越志》辑本，最早的就是《说郛》。宛委山堂本《说郛》卷六十一共辑有《南越志》佚文十四节。

宛委山堂本《说郛》之外，《南越志》佚文还被收入商务印书馆本《说郛》、清杜文澜《曼陀罗华阁丛书·古谣谚卷二十八》、叶昌炽《击淡庐丛稿》、陶栋《辑佚丛刊·异物志附》、王仁俊《玉函山房辑佚书补编》《旧小说甲集》等。

商务印书馆本《说郛》仅二节，《旧小说甲集》仅一节，不出宛委山堂本《说郛》之外。杜文澜根据《太平御览》卷九百四十二采得一节，叶昌炽从《草堂诗笺》卷三采得一节，均为《说郛》本所无。王仁俊从《稽瑞》采得一节，陶栋据《文选》注采得十四节，均可补以上诸本之缺。

## 四　《南越志》的文学价值

沈怀远《南越志》是晋宋五岭诸书中最具有文采的地记著作。首先是《南越志》山水景物描写，文笔非常生动。例如其写山：

> 增城县有罗浮山，罗水出焉，是为浮山，与罗山并体，故曰罗浮。非羽化莫有登其极者。峻尖之峰，四百三十有二，因归于罗山。上则三峰争竦，各五六千仞，其穴溟水莫测。①
>
> 河源县北有龙穴山，连岩亘地，黑障分天，尝有五色龙乘云出入此穴。②
>
> 肃连山西十里有灵州山焉。其山平原弥望，四野极目。郭景纯云南海之间有衣冠之气者，斯其地也。③

《南越志》写景，能够抓住景物的特点进行状绘。这三节写山的文字，都能凸显所写之山的不同特点。写罗浮山，重点写山之“峻”，不但有“各五六千仞”的正面描写，而且以“其穴溟水莫测”来作陪衬，更显其高峻。作者说“非羽化莫有登其极者”，更让读者有一种绝峻难攀的感觉，强化了表达效果。写龙穴山，重点突出此山的幽暗：

① 《太平寰宇记》四库全书本卷一百六十博罗县引，第490页。

② 《太平寰宇记》四库全书本卷一百六十河源县引，第491页。

③ 《太平寰宇记》四库全书本卷一五七南海县引，第466页。

"连岩亘地，黑障分天"，再着以"尝有五色龙乘云出入此穴"的传说，更增添了几分神秘感。写灵州山，则重点写山顶之平旷："平原弥望，四野极目"。再以西晋著名文学家郭璞的话语来作佐证，更给此山带来了几多文化色彩。

有时，山本身的形貌一般，作者就会另辟蹊径，写山之所植、山之所藏。例如：

> 攸业县有北寅山，青松紫干，四衢皆疎其下，多茯苓焉。①
>
> （桂山）此山鸟则翡翠、孔雀，兽则元猿、麋。②

《南越志》写水，也同样精彩：

> 海安县南有小水，南注乎海。极目沧屿，渺望溟波。③
>
> 番禺县北有三湖：一曰沉夜，二曰莼湖，三曰芝兰湖。芝青霭景，红花乱目，素鳞紫蚶，此焉游泳。父老云：沉夜湖者，本会山连岫。以永嘉之末，一夕而沉，故曰沉夜。④

前写临海之水："极目沧屿，渺望溟波"，突出大海的浩淼。后写县北之湖，更为精彩：先总叙三湖，再把镜头聚焦到沉夜湖作特写："芝青霭景，红花乱目，素鳞紫蚶，此焉游泳"，通过近镜头的细致描写，突出此湖五彩缤纷、景色优美的特点。最后，再加上父老传说，更融入了些许神秘，回味悠长。

《南越志》写峡，则是山水合写：

---

① 《太平寰宇记》四库全书本卷一百六十归善县引，第489页。
② 《太平寰宇记》四库全书本卷一六三新兴县引，第512页。
③ 《初学记》卷六海引，第97页。
④ 《太平寰宇记》四库全书本卷一五七南海县引，第467页。

郡东有零羊峡，一曰高要峡，山高百丈，江广一里，华翠之树，四时菁茜。[①]

既写山高，又写江广，再辅以“华翠之树，四时菁茜”的状绘，引人入胜。

《南越志》在写景状物时，还有一个特点：不时引父老传说或诗文语句以为辅证。前面所引已有其例，兹再举二例：

疏麻大二围，高数丈，四时结实，落无瓤。骚人所谓折疏麻兮瑶华。[②]

博罗县东苍州，足篁竹。铭曰：篁竹既大，薄且空中。节长一丈，其直如松。[③]

晋宋时期，是我国山水散文孕育成长的时期，《南越志》生动的山水景物描写，对于《水经注》等以山水刻画见长的地理文学创作具有很大的启发和影响。

沈怀远《南越志》的文学性，不光表现于山水景物描写上，其中有些情节生动离奇的小故事，也很能吸引读者的注意力。如：

鲍靓为南海太守，尝夕飞往罗浮山，晓还。有小吏晨洒扫，忽见两鹊飞入，小吏帚掷之，坠于地。视，乃靓之履也。[④]

鲍靓，是葛洪的岳父，传说他精通仙道，人们称他为神仙太守。

① 《太平寰宇记》四库全书本卷一五九高要县引，第486页。

② 《太平御览》卷九百六十一疏麻引，第4266页。

③ 《初学记》卷二八竹引，第694页。

④ 《太平御览》卷七百六十五箕帚引，第3394页。

《南越志》的这段记述，想象新奇独特，饶有趣味。《南越志》还有些记述，简直就是精彩的小说故事。如：

昔有温氏媪者，端溪人也，尝居涧中捕鱼，以资日给。忽于水侧遇一卵，大如斗，乃将归，置器中。经十许日，有一物如守宫，长尺余，穿卵而出，因任其去留。稍长五尺，便能入水捕鱼，日得十余头。稍长二尺许，得鱼渐多。常游波中萦回媪侧。后媪治鱼误断其尾，遂逡巡而去，数年乃还。媪见其辉色炳耀，谓曰：龙子今复来也！因蟠旋游戏，亲驯如初。秦始皇闻之，曰：此龙子也，朕德之所致。诏使者以元圭之礼聘媪。媪恋土不以为乐，至始安江，去端溪千余里，龙辄引船还，不踰夕至本所。如此数四，使者惧而止，卒不能召媪。媪殒瘗于江阴，龙子常为大波，至墓侧萦浪转沙以成坟，土人谓之掘尾龙。今南人谓船为龙摇尾，即此也。①

像这样传奇色彩浓重的故事，即使列之于唐宋小说之中，也略无逊色。《南越志》中还有些传说故事与本地的物产相关联，更有地方特色：

南海以虾头为长杯，头长数尺，金银镂之。晋广州刺史尝以杯献简文。简文用以盛药，未及饮，无故酒跃于外。时庐江太守曲安远，颇解术数，即命筮之。安远曰：即三旬，后庭将有告庆者。②

顺帝永和二年，周敞为交州刺史，采龙山之木为州门鼓，下分一鼓给桂林郡，上分一鼓给交趾郡。虽根干异器，杪末同归，

① 《太平寰宇记》（四库全书本第470册）卷一百六十四端溪县引，第519—520页。
② 《太平御览》卷七百五十九杯引，第3371页。

故击一鼓则二鼓皆鸣，所谓叩宫而商应。[1]

这些，大约都是当地的乡土传闻，但被《南越志》记述得活灵活现。一方面这些离奇的故事吸引了读者；另一方面，这些传闻也通过“无故酒跃于外”、“击一鼓则二鼓皆鸣”等情节，曲折含蓄地表达了当地人思土恋乡的隐秘情结。《南越志》写鹧鸪：

鹧鸪虽东西回翔，然开翅之始，先南翥。其鸣自呼，出杜薄州。[2]

鹧鸪南翥，明显带有浓重的乡土情结。初唐诗人李峤《鹧鸪》诗云：“可怜鹧鸪飞，飞向树南枝。南枝日照暖，北枝霜露滋。”或即受《南越志》此节记述启发而作。初唐诗人宋之问被贬谪岭南时，曾作《度大庾岭》诗云：“度岭方辞国，停轺一望家。魂随南翥鸟，泪尽北枝花。”则是用反用南翥鸟之典，写自己北望中原而生发的去国离家之感。李白也有《山鹧鸪词》：“苦竹岭头秋月辉，苦竹南枝鹧鸪飞。嫁得燕山胡雁婿，欲衔我向雁门归。山鸡翟雉来相劝，南禽多被北禽欺。紫塞严霜如剑戟，苍梧欲巢难背违。我今誓死不能去，哀鸣惊叫泪沾衣。”此诗大约作于安禄山反叛之前，有人邀请李白入幕僚，李白去幽州（今北京）以后，发现安禄山准备谋反，毅然回归江南。李白这首诗很富于戏剧色彩，形象生动，是一首很好的动物寓言诗。

其实，《南越志》中可以作为后世文人创作素材的内容，还有很多。如：

（增城）县多鵔鸃。鵔鸃，山鸡也。光色鲜明，五彩眩耀，

---

① 《太平寰宇记》四库全书本卷一百七十交州引，第574页。

② 《太平御览》卷九百二十四鹧鸪引，第4105页。

利距善斗，世以家鸡斗之，则可擒也。[①]

此节写鵕鸃既写其光色，也写其善斗，表述生动。李商隐《凤》："万里峰峦归路迷，未判容彩借山鸡。"则山鸡"五彩眩耀"之色，可与凤凰媲美。严武《寄题杜二锦江野亭》："莫倚善题《鹦鹉赋》，何须不著鵕鸃冠。"可见鵕鸃冠美。《南越志》还有一句写斗鸡情状："鸡冠四开，如莲花，鸣声清澈。"（《太平御览》卷九一八鸡引）这个记述，引来很多文人的兴趣。庾信《斗鸡》云："解翅莲花动，猜群锦臆张。"徐陵《斗鸡》云："花冠已冲力，芥爪复惊媒。"都是受《南越志》记述的启发而成句的。

《南越志》还有一节文字，是介绍海鸥的：

江鸥一名海鸥，在涨海中，随潮上下。常以三月风至，乃还。洲屿生卵，似鸡卵，色青，颇知风云。若群飞至岸，必风。渔人及渡海者，皆以此为候。[②]

《南越志》写海鸥重点写其"知风云"的习性特点，刻画生动，也成为了后世文人乐于吟咏的素材。杜甫《鸥》云："江浦寒鸥戏，无他亦自饶。却思翻玉羽，随意点春苗。雪暗还须浴，风生一任飘。几群沧海上，清影日萧萧。"黄庭坚《罢姑熟寄元明用觞字韵》："本与江鸥成保社，聊随海燕度炎凉。"显然，在诗人笔下，江鸥成了忘世"见几"的智慧之鸟了。这个想象的生发，也或许可以归功于最早记述江鸥习性的《南越志》。

即使是《南越志》无意而记的小草，也成了后世诗人生发感慨的媒介。《艺文类聚》引《南越志》：

① 《水经注》卷三十七泿水引《南越志》，《水经注疏》，第 3103—3104 页。
② 《太平御览》卷九百二十五鸥引，第 4109 页。

宁乡县草多卷葹，拔心不死，江淮间谓之宿莽。[①]

骆宾王《艳情代郭氏答卢照邻》：“芳沼徒游比目鱼，幽径还生拔心草。”李白《寄远十二首》其九：“长短春草绿，缘阶如有情。卷葹心独苦，抽却死还生。睹物知妾意。希君种后庭。闲时当采掇。念此莫相轻。”都是借助《南越志》所记述的这种小草而引申生发，表达对于爱情的忠贞。

不用更多举例。成书于刘宋时期的《南越志》，不但以其山水描写的文笔、生动曲折的故事，启发影响了后世的创作，仅仅是其流传下来的许多宝贵的创作素材，也成为后来很多作家取材的渊薮。

① 《艺文类聚》卷八一卷葹引，第1399页。

# 第六章

# 《水经注》征引西北地理文学文献

## 第一节　西晋潘岳《关中记》考述

《水经注》卷十九渭水四引《关中记》。《关中记》，潘岳撰。此书今已亡佚。关中之名，始于战国时期。三秦之地，以东有函谷关，西有散关（大散关），南有武关，北有萧关，故曰关中，号称“四塞之国”。

### 一　《关中记》的作者

《旧唐书·经籍志》：《关中记》一卷，潘岳撰。《新唐书·艺文志》：潘岳《关中记》一卷。按两《唐志》著录，《关中记》为潘岳无疑。

潘岳（247—300），字安仁，西晋文学家，祖籍荥阳中牟（今属河南）。美姿仪，有才名。咸宁四年（278），贾充召潘岳为太尉掾，后出为河阳令，永熙元年（290），杨骏辅政，召潘岳为太傅府主簿。杨骏被诛后，他被免职，不久又选为长安令。元康六年（296）前后，回到洛阳。历任著作郎、散骑侍郎、给事黄门侍郎等职。与石崇等谄事贾谧，为“二十四友”之一。永康元年，赵王伦擅政，中书令孙秀因记恨潘岳过去对自己的挞辱，诬潘岳、石崇、欧阳建等阴谋奉淮南王允、齐王冏为政，被杀，夷三族。《晋书》有传。

## 二 《关中记》亡佚时代考

南朝宋裴骃《史记集解》卷八高祖本纪及卷八十九张耳陈余列传集解，南朝梁刘昭《后汉书》卷二十九郡国志注，与后魏郦道元《水经注》卷十九渭水，皆征引《关中记》，说明其书南北朝时流行南北，知名度较高。

唐虞世南《北堂书钞》卷九十四礼仪部、卷一百五十六岁时部、卷一百六十地理部，皆征引《关中记》。徐坚《初学记》卷五地理上、卷六唐地部中，皆征引《关中记》。欧阳询《艺文类聚》卷六十二居处部·阙、卷六十三居处部·城皆征引《关中记》。唐司马贞《史记索隐》卷二十六司马相如列传索隐、杜佑《通典》卷一百七十三州郡三古雍州上，《文选·古意酬到长史溉登琅琊城》李善注，并征引《关中记》。以上，说明其书在唐时存世。

迨及北宋，两《唐志》都著录《关中记》。王钦若《册府元龟》卷五百五十五国史部·采撰著录：潘岳为给事黄门郎，撰《关中记》一卷。王尧臣《崇文总目》卷四地理类著录：《关中记》一卷。《太平御览经史图书纲目》著录：《关中记》。又李昉《太平御览》和宋敏求《长安志》等，又多次征引《关中记》，说明北宋时，书仍存于世。程大昌《雍录》卷一叙《长安志》：

> 《长安志》者，本朝宋敏求所著也，古有《长安记》矣，至此改"记"为"志"，明非一书也。宋氏家多书，如《宫阙记》《宫阙疏》《关中记》《庙记》《三辅黄图》《三辅旧事》，皆所采据矣。

又北宋末黄伯思《东观余论》卷下《跋真诰书秦汉闲事后》：“右，此前十条并杨君所写录潘安仁《关中记》语也，用白笺纸，行书极好，当是聊尔钞其中事。”可见，北宋末《关中记》有存世之证。

可到了南宋初，郑樵《通志》已经不著录潘岳《关中记》了。南宋有两部著作征引《关中记》最多。一部是程大昌《雍录》，征引《关中记》十一次；一部是王应麟《玉海》，征引《关中记》八次。那么，这是否能说明《关中记》在南宋存世呢？遍察二书所引录，皆不出北宋诸书所引之范围。

程大昌《雍录》卷一《龙首山龙首原》：

> 汉长安城，在龙首山上，周丰镐之东北也。……《水经》之《关中记》及《三秦记》所载形势略同。

又王应麟《玉海》卷地理·汉雍州山川：

> 《水经注》潘岳《关中记》曰：关中有泾、渭、灞、浐、酆、鄗、潦、沮之水。

《雍录》和《玉海》在引说《关中记》都标明其是自《水经注》转引。古人的治学精神我们今天应该学习，他们就是这样一丝不苟。这就给我们透露了一个信息：就是南宋时学者已经难睹《关中记》原籍了。这说明:《关中记》亡佚于南宋初。

北宋末年（1126），金军入侵，攻陷汴京，“即取秘书录”，将书录拿走。次年，金人攻临开封，迫宋钦宗为人质，凭录索取北宋全部藏书及印版。两个月后，宋援军云集京师，金军仓皇北还，“秘阁图书，狼藉泥中……书史以来未有如今日之甚。”此所谓靖康之乱，宋人视为大耻，在我国书史上也是一次大难。《关中记》的遗失，或与靖康之乱有关？不得而知。

潘岳《关中记》辑本收入宛委山堂《说郛》卷六十一、《汉学堂知足斋丛书·子史钩沉》、商务印书馆本《说郛》卷四、叶昌炽《击淡庐丛稿》等，均作一卷。宛委山堂《说郛》共有八节。商务印书馆本《说郛》有二节，均不出宛委山堂本之外。叶昌炽根据《草堂诗笺》采得三节，可补《说郛》本之缺。

## 三 潘岳《关中记》的文学色彩

潘岳是西晋文学大家，才思浩瀚，有“潘才如江”之誉[①]。梁钟嵘《诗品》卷上：“潘诗烂若舒锦，无处不佳，陆文如披沙简金，往往见宝。”以潘岳之才思，完全可以璀璨华丽之语来运文成篇。但我们看《关中记》的文笔则显现了完全不同的另一种风格：用语平实，逻辑周密，有条不紊，章法谨严。如《记》中介绍关中总貌：

> 秦，西以陇关为限，东以函谷为界，二关之门，是谓关中之地。东西方千余里，南北近山者，相去一二百里，远者三四百里。南山自华岳，西连秦岭、终南、太白，至于陇山。北有高陵平原，南北数千里。东西二三百里，西接岐、梁、汧、雍之山。关中有泾、渭、灞、浐、沣、滈、涝、潏之水。[②]

此段行文有序，先山而后水，东西南北，把关中地理形势介绍得清清楚楚。《关中记》中，既有像上面那样的整体关照和大轮廓的鸟瞰，也有局部情境的特写。如：

---

① （南朝梁）钟嵘《诗品》卷上：“余常言，陆才如海，潘才如江。”

② （宋）宋敏求：《长安志》四库全书本卷一总叙引《关中记》，上海古籍出版社1987年版，第76页。

嵩高山石室十余孔，有石床、池水、食饮之具，道士多游之，可以避世。①

《关中记》中，也有些颇具故事性的记述。如：

汉武习水战，作昆明池。人钓鱼，纶绝而去，梦于帝，求去其钩。明日，帝戏于池，见鱼衔索，帝取其钩放之。间三日复游池滨，得珠一双。帝曰：岂非昔鱼之报也。②

这样的小故事的穿插，无疑增加了记述的生动性。再如《关中记》记述秦始皇陵一节文字：

秦始皇陵，在骊山之北，高数十丈，周六里，今在阴平县界。此陵虽高大，不足以消六十万人积年之功。其用功力，或隐不见。不见者，骊山水泉，本北流。北流者，陂障使东西流。又此土无石，于渭北诸山运取大石，故其歌曰：运石甘泉口，渭水为不流。千人一唱，万人相钩。今陵下余石，大如覆土屋，其消功力皆此类也。③

《关中记》生动具体地向后世人介绍了秦始皇陵工程之浩大，以及百姓修筑陵墓时的艰辛情状，从侧面暴露了统治者残民以逞的恶劣行径。作者用了先抑而后扬的笔法。先说秦始皇陵“虽高大，不足以消六十万人积年之功”，接着又说“其用功力，或隐不见”者之诸端，引起读者对工程的规模加以更深的思考。而后引用秦时歌谣以为证据：

① 《初学记》卷五地理上嵩高山引《关中记》，第 103 页。
② 《初学记》卷七昆明池引《关中记》，第 148 页。
③ 《太平御览》卷五五九冢墓引，第 2528 页。

“运石甘泉口，渭水为不流。”再加一句“千人一唱，万人相钩”的场景描写，充分再现当时的凿石场面。最后一句“今陵下余石，大如覆土屋，其消功力皆此类也”，借犹存之古迹，而发抚今感惜之情。真是有情有景，有声有色。这样生动的描写，自然会感染后代的作家。唐代诗人李白《丁督护歌》写动人民在炎热的季节里掩船的劳苦情景：“云阳上征去，两岸饶商贾。吴牛喘月时，掩船一何苦。水浊不可饮，壶浆半成土。一唱督护歌，心摧泪如雨。万人凿磐石，无由达江浒。君看石芒砀，掩泪悲千古。”诗歌的后四句，显然是受到了潘岳《关中记》写法的启发。

潘岳《关中记》还给后代的文学创作提供了很多文学素材。如《关中记》不但写了长乐宫殿前铜人，还交代了铜人的来由和历史：

> 秦为铜人十三，董卓坏以为钱，余二枚。魏明帝欲徙诣洛，载到霸城，重不可致。今在霸城大道南，铜人即金狄也。[①]

按，贾谊《过秦论》说秦始皇“收天下之兵，聚之咸阳，销锋镝，铸以为金人十二，以弱天下之民”，讲的就是后来潘岳在《关中记》中所说的长乐宫殿前铜人。《水经注》卷十九渭水：“魏明帝景初元年徙长安金狄，重不可致，因留霸城南。人有见蓟子训与父老共摩铜人曰，正见铸此时，计尔日以近五百年矣。”[②]《水经注》所叙，也正与《关中记》合。到唐代，诗人李贺病辞职由京赴洛途中，作诗《金铜仙人辞汉歌》：“茂陵刘郎秋风客，夜闻马嘶晓无迹。画栏桂树悬秋香，三十六宫土花碧。魏官牵车指千里，东关酸风射眸子。空将汉月出宫门，忆君清泪如铅水。衰兰送客咸阳道，天若有情天亦老。

① （宋）宋敏求：《长安志》四库全书本卷十一霸陵引，上海古籍出版社 1987 年版，第 157 页。

② 《水经注疏》，第 1616 页。

携盘独出月荒凉，渭城已远波声小。”此诗借金铜仙人辞汉的史事，来抒发诗人的兴亡之感、家国之痛和身世之悲。所秉之素材，正是潘岳《关中记》所记魏明帝欲徙铜人诣洛之事。再如潘岳在《关中记》中对于昆明池的记述：

昆明池，汉武习水战也。中有灵沼神池，云尧时理水讫，停舟此。池盖尧时已有沔池，汉代因而深广耳。①

唐杜甫《秋兴八首》第七首写道：“昆明池水汉时功，武帝旌旗在眼中。织女机丝虚月夜，石鲸鳞甲动秋风。”说“昆明池水”乃“汉时功”，正是取材于《关中记》中的这段记述。

《关中记》的语言也很好，简洁精练，铿锵有力。如：

长安地皆黑壤，城今赤如火，坚如石。父老所传，盖凿龙首山土为城。②

总之，潘岳的《关中记》，尽管是历史地理作品，但无论是内容还是语言，写得都很精彩。虽是写实之作，也不无文学色彩。

## 第二节　南朝宋郭仲产《秦州记》考述

《水经注》卷二河水共引《秦州记》三条。《秦州记》，郭仲产撰。此书，隋唐诸志不著录，今已亡佚。

秦州，即今甘肃天水。汉武帝元鼎三年设置天水郡。三国魏文帝黄初元年，分陇右置秦州，始有秦州之名。晋、北魏因之，治上邽

① 《初学记》卷七昆明池叙事引，第147页。

② 《艺文类聚》卷六三城引，第1137页。

（今甘肃天水）。

## 一　《秦州记》作者考

《秦州记》不见公私诸志著录。但梁刘昭《后汉书·郡国志》注、宋李昉等《太平御览》、宋乐史《太平寰宇记》等，都引作“郭仲产《秦州记》”，则《秦州记》无疑。但《太平寰宇记》卷一百三十四凤州，又引作“郭仲产《秦川记》”，《太平御览》卷一百六十五州郡部十一秦州，又引作“《秦州地记》”。盖《秦川记》《秦州地记》，亦该书之别名也。《水经注》卷二河水引，也时作《秦州记》，时作《秦川记》。

郭仲产，字号不详。唐刘知几《史通》卷十二外篇古今正史，叙《十六国春秋》时说：“其后燕太傅长史田融、宋尚书库部郎郭仲产、北中郎参军王度，追撰石事，集《邺都记》《赵纪》等书。”则郭仲产在刘宋曾任尚书库部郎，有查阅官藏书籍的便利。

又《太平广记》引《渚宫故事》叙郭仲产事：

> 宋郭仲产为南郡王从事，宅有枇杷树。元嘉末起斋屋，以竹为楄，竹遂渐生枝叶，条长数尺，扶疏蓊翠，郁然如林，仲产以为吉祥。俄而，同义宣之谋被诛焉。[①]

《太平御览》也引《述异记》云：

> 郭仲产宅在江陵枇杷寺南，宋元嘉中起斋屋，以竹为窗棂，竹遂渐生枝叶，长数丈，郁然如林，仲产以为吉祥，及孝建中

① （宋）李昉：《太平广记》卷一百四十一征应七引《渚宫故事》，人民文学出版社 1959 年版，第 1017 页。

被诛。[1]

窗棂之竹生枝叶，与宅主被杀本来没有什么因果关系。但我们把以上两则材料结合对照分析，则可以得出以下信息：第一，郭仲产可能是南朝宋江陵（今湖北荆州）人。第二，郭仲产卒于宋孝武帝刘骏孝建（454 年正月至 456 年十二月）年间。第三，郭仲产曾做南郡王从事，因参与南郡王刘义宣的造反而被杀。

笔者按，元嘉三十年（453），因巫蛊之事，宋文帝刘义隆欲废太子，刘劭（刘义隆长子）知道之后，遂与其弟刘浚共谋，率兵夜闯皇宫，将其父杀害，自立为皇帝。刘劭因弑父篡位而导致众叛亲离，在位仅三月，即被率兵讨逆的刘骏（刘义隆第三子）所击溃，刘劭被俘后遭处斩，刘骏夺取了皇位。刘义宣（415—454）是宋武帝刘裕的六子，宋文帝之弟，也就是刘骏和刘劭的叔辈。因刘劭弑父不得人心，刘义宣曾出兵协助刘骏诛灭刘劭，扶持刘骏即位，因此被刘骏封为南郡王。但后来刘义宣见刘骏行事荒唐，就起兵造反。郭仲产官南郡王从事，是刘义宣的重要辅佐，也自然参与谋划。刘义宣被镇压，郭仲产也随即被杀。

郭仲产是一位多产的地记作家。他不仅著有《秦州记》，还著有《湘州记》《南雍州记》《荆州记》等，《太平寰宇记》都曾征引。《隋书·经籍志》著录：《湘州记》一卷，郭仲彦撰。（按，"彦"当"产"字之误，形近）《旧唐书·经籍志》著录：《南雍州记》三卷，郭仲产撰。《新唐书·艺文志》著录：郭仲产《荆州记》二卷。《太平御览经史图书纲目》并著录有郭仲产《南雍州记》和郭仲产《湘川记》（当是《湘州记》别名）。郑樵《通志》卷六十六艺文略第四地理著录：《荆州记》二卷，郭仲产撰。《太平御览》卷一百九十七居处

[1] 《太平御览》卷八八五妖异部一怪引《述异记》，第 2528 页。

部园圃等，又征引郭仲产《仇池记》。

一人而有如此多的地记作品，在晋宋时期是不多见的。郭仲产为地方地理文学所作出的贡献是相当大的。《水经注》除了引其《秦州记》二节外，在卷三十一到卷三十四叙南方诸水时，十一次引及郭仲产之说，足见郭仲产对南朝地理文学的贡献之大。

## 二　《秦州记》亡佚时代考

最早征引《秦州记》的是北魏郦道元的《水经注》和梁刘昭《后汉书·郡国志》汉阳郡注。南北两朝著述都征引《秦州记》，可见其书当时流传于南北。

唐代，虞世南《北堂书钞》卷一百五十七、卷一百五十九各引一节。欧阳询《艺文类聚》引五节。徐坚《初学记》引四节。唐章怀太子李贤《后汉书·隗嚣传》注，引一节。《文选·四愁诗》李善注引一节。诸书征引《秦州记》，说明其书在唐存世。北宋，《太平寰宇记》三引《秦州记》（按，两节作《秦川记》，一节作《秦州记》）。《太平御览》征引最多，达十八节（按，一节作《秦州地记》）。宋王存等《元丰九域志》陕西路引一节。吴淑《事类赋》卷七地部山引一节。《太平御览》等比较多地征引《秦州记》，则证明《秦州记》在北宋还未亡佚。

但南宋，仅见叶庭圭《海录碎事》卷三地部上引一节，记陇山歌谣，此节文字早见梁刘昭《后汉书·郡国志》汉阳郡注、《初学记》卷十五乐部上及《太平御览》卷五六陇征引。元胡三省《资治通鉴》注征引《秦州记》三节，也不出前代征引之外，其中《通鉴》汉建武二年胡注所引，也是陇山歌谣一节。此外，不见更多的南宋以后的书籍征引《秦州记》，可见书已亡佚。

综上，《秦州记》，或亡佚于两宋之交。

## 三 《秦州记》的文学价值

《秦州记》具有较强的文学色彩。其文学性首先表现为地方歌谣的记录。如《太平御览》引《秦州记》曰：

> 陇西郡东一百六十里，得陇山，南北亘接，不知远近，东西广百八十里，其高处可三四里，登此岭东望秦川，四五百里，极目茫然，墟宇桑梓与云霞一色。东人西役，升此而顾瞻者，无不悲思。其上悬岩吐溜，于岭中渊停，名曰万石渊。溢流散下，皆注于渭，故北人升此而歌。①

梁刘昭《后汉书·郡国志》汉阳郡注，则记录下这首歌谣：

> 郭仲产《秦州记》曰：陇山东西百八十里。登山岭，东望秦川，四五百里，极目泯然。山东人行役升此而顾瞻者，莫不悲思。故歌曰：陇头流水，分离四下。念我行役，飘然旷野。登高远望，涕零双堕。度汧陇，无蚕桑，八月乃麦，五月乃冻解。②

由于此节文笔生动，《艺文类聚》卷三十四人部哀伤、《初学记》卷十五乐部上、《太平寰宇记》卷三十二关西道八陇州、《海录碎事》卷三地部、《资治通鉴》卷四十胡三省注，也都征引此内容，详略有别而已。按，《北堂书钞》所引《三秦记》中的一段："北人升陇歌曰：陇头流水，

① 《太平御览》卷五十六陇引，第273页。

② （晋）司马彪撰：《后汉书·郡国志》注，（梁）刘昭注补，中华书局1965年版，第3518页。

其声呜咽。遥望秦川，肝肠断绝。”[①] 或许是此歌谣的另一部分。

这两节文字，不仅是歌谣朴素生动，易于引发天涯游子的悲思，而且写景也非常出色。“四五百里，极目茫然，墟宇桑梓与云霞一色”的记述，比王勃《滕王阁序》的“秋水共长天一色”的描写，还要早上二百年。“悬岩吐溜”、“溢流散下”之景，正是歌谣中“陇头流水，分离四下”的注脚。情因景生，景借歌传，十分精彩。歌谣之后，再追笔写秦州气候之寒冷不同于南方与中土，更能体现远游秦陇者思土念家的戚苦心情。后世许多著名文人，都曾借此景来抒发感慨。庾信《哀江南赋》：“逢赴洛之陆机，见离家之王粲，莫不闻陇水而掩泣，向关山而长叹。”庾信《拟咏怀二十七首》其三：“燕客思辽水，秦人望陇头。”李白《猛虎行》：“朝作猛虎行，暮作猛虎吟。肠断非关陇头水，泪下不为雍门琴。”李贺《摩多楼子》：“晓气朔烟上，趢趗胡马蹄。行人临水别，隔陇长东西。”罗隐《古别》：“至今长乐坡前水，不啻秦人怨陇头。”此类诗歌甚多，可见《秦州记》为后世文人留下了很好的创作素材。

与此节文字相关的，还有《文选·四愁诗》李善注引《秦州记》中语，云：“陇阪九曲，不知高几里。”此几字正好与张衡《四愁诗》“我所思兮在汉阳，欲往从之陇阪长，侧身西望涕沾裳”的诗句相互印证。杜甫《青阳峡》：“魑魅啸有风，霜霰浩漠漠。昨忆逾陇坂，高秋视吴岳。”也是用《秦州记》中“陇阪九曲”之典。

《秦州记》写景时，力求抓住景物特征，摹物状形，给人留下深刻的印象。如：

> 仇池山本名仇维山，形似覆壶，上广百顷，下周数十里，高二十余里，壁立千仞，自然楼橹却敌，分置均调，竦起数丈，有如人力也。[②]

---

① 《北堂书钞》四库全书本卷一百五十七引，第825页。

② 《太平御览》卷四十四仇池山引《秦州记》，第210页。

“形似覆壶”的描写，直观生动，再加上“壁立千仞，自然楼橹却敌”，令人为造化的神奇而惊叹。杜甫《秦州杂诗》之十四曰：“万古仇池穴，潜通小有天。”苏轼有诗，题曰《仆所藏仇池石，希代之宝也，王晋卿以小诗借观，意在于夺，仆不敢不借以此诗先之》，诗云：“初疑仇池化，又恐瀛洲蹙。”东坡珍爱之石，或即“形似覆壶”的海石，亦仇池山“具体而微”者。

《秦州记》也记述了一些当地的神话传说，同样颇有文学意味。如：

> 武都郡前有湖。义熙初，有白龙于湖升天。①
>
> 古有神妇，负土欲塞谷，绳绝坠负，压木因成二树，其大数围。②

总之，《秦州记》文笔生动，不仅是有价值的地记著作，也是颇具文采的地理文学作品。

## 第三节　南朝宋段国《沙州记》考述

《水经注》卷二河水共五引段国《沙州记》。《沙州记》，南朝宋段国撰。沙州，前凉置，治敦煌（今甘肃敦煌）。

### 一　《沙州记》作者与亡佚时代考

《水经注》卷二《河水注》称段国《沙州记》。

段国，生平不详。按隋《志》载宋新亭侯段国《吐谷浑记》二卷。张澍《二酉堂丛书》辑本云：“按《魏书》阿豺立，自号沙州刺

① 《初学记》卷七地部下湖引，第140页。
② 《太平御览》卷五十四谷引《秦州记》，第265页。

史，部内有黄沙，周回数百里，不生水草，因号沙州，宋新亭侯段国所纂《沙州记》，即《隋志》之《吐谷浑记》也。”① 张澍所云是有道理的。

《沙州记》或《吐谷浑记》，除隋《志》外，罕有著录者。仅宋代《册府元龟》卷五百五十五著录：“段国为新亭侯，撰《吐谷浑记》二卷。”两《唐志》《崇文总目》、郑樵《通志》、晁公武《郡斋读书志》、陈振孙《直斋书录解题》、尤袤《遂书堂书目》、马端临《文献通考》、杨士奇等《文渊阁书目》、高儒《百川书志》等书目文献均无著录。清张宗源《隋书经籍志考证》卷六、秦荣光《补晋书艺文志》卷二、《太平御览经史图书纲目》均著录为段国撰。

除《水经注》外，《北堂书钞》《艺文类聚》地部、《初学记》地部州郡部、《后汉书·马防传》注、《通鉴》晋义熙元年注，以及《太平御览》地部人事部、《太平寰宇记》陇右道、吴淑《事类赋》、宋黄度《尚书说》卷二等均有引存。其中尤以《太平御览》《太平寰宇记》引存者为最多，可见北宋此书犹存。

南宋王应麟《诗地理考》卷六和元代《资治通鉴》胡注等虽引及《沙州记》，条目不出前书征引之外，可见未必就是直接引自原书。所以推测《沙州记》应亡佚于两宋之交或南宋。

## 二　《沙州记》辑本与佚文

《沙州记》辑本主要有宛委山堂本《说郛》卷六十一和张澍《二酉堂丛书》辑本两种。

宛委山堂本《说郛》卷六十一共辑得七条，张澍《二酉堂丛书》辑本共辑得二十多条。除宛委山堂本《说郛》所辑外，又自《水经

① 孙启治、陈建华：《中国古佚书辑本目录解题》，上海古籍出版社2009年版，第188页。

注》《北堂书钞》《太平御览》《太平寰宇记》等书辑得十余条，是目前所知最全辑本。

今仅得从《说郛》《二酉堂丛书》两辑本外采拾《沙州记》佚文一条：

宋乐史《太平寰宇记》卷一百八十六四夷十五，引段国《沙州记》云："白兰西南二千五百里，隔大岭，又渡三十里海，即此女国也。"①

## 三 《沙州记》的文学色彩

《沙州记》是较早记述西北地理的地记著作，具有一定的史料价值和文学价值。《沙州记》首先介绍了沙州名号的由来：

> 浇河西南百七十里有黄沙，沙南北百二十里，东西七十里，西极大杨川。望黄沙，犹若人委于糒于地，都不生草木，荡然黄沙，周回数百里，沙州于是取号焉。②

此条记述，略有文采。"望黄沙，犹若人委于糒于地"，比喻通俗易懂而又非常形象。而"荡然黄沙，周回数百里"，境界苍茫寥廓，中原和南方人，颇易对此产生新奇感。带给中原和南方人更为新奇感受的，是《沙州记》对于沙州严寒天气的描写：

> 六月二十六日发龙涸，昼夜肃肃常寒，不复得脱襦裤。将从七十二人，面尽黎黑，口唇青紫。③
>
> 自龙涸至大浸川，一千九百里，昼夜肃肃，常有风寒。七月

① （宋）乐史：《太平寰宇记》（四库全书第470册），第718页。

② 《水经注》卷二河水引，《水经注疏》，第132页，《太平御览》卷七十四沙亦尝引之。

③ 《北堂书钞》四库全书本卷一百五十六寒引，第815页。

雨便是雪，遥望四山，皓然皆白。①

国人年五十以上，四齿皆落，将由地寒、多障气也。②

这样的极端气候描写，让人容易想起唐代岑参“将军金甲夜不脱”、“都护铁衣冷难着”等诗句来。在记述西北山水时，《沙州记》每以中土山水来作比较：

羊鹘山多岩石，少树木，甚似鲁国南邹山。傍山北行三十里，远眺顾瞻百里，但见峻岭巉岩，无尺木寸草。③

羊鹘岭东北二百里有大山，遥望甚似东岳岱山，极高大崄峻，颇有灵验。西羌父老传云，是西王母樗蒲山。④

塞岭北有木不成，数山皆培塿小阜。⑤

邹山、泰山等中土之山，皆高峻葱郁，而西北诸山往往是“无尺木寸草”、“有木不成”，故虽形似，但毕竟显得有些荒凉。《沙州记》还特别介绍了当时西北地区，不同于中原和江南的特殊风俗：

大白兰西北千二百里，有可兰国，风俗卑陋，从开辟来，口不知榖味，目不识五色，耳不闻六律五声，是西夷中不臧者。土无所出，直大养群畜而已。户落万余，其人顽弱不斗战，见异人，举国便走。⑥

乞佛虏不识五谷，惟食苏采。⑦

① 《太平御览》卷十二雪引，第59页。
② 《太平御览》卷三百六十八齿引，第1696页。
③ 《太平御览》卷五十羊鹘山引，第245页。
④ 《太平御览》卷五十樗蒲山引，第245页。
⑤ 《北堂书钞》四库全书本卷一百五十七阜引，第825页。
⑥ 《太平御览》卷七百九十七可兰引，第3541页。
⑦ 《太平御览》卷九百七十七苏引，第4331页。

段国是刘宋官员，他以南朝为正统的眼光审视西北沙州，自然不可避免地带上一些感情色彩，如他称西秦乞佛为“虏”。但这些记述还是透露了当时游牧民族不同于汉人农耕文化的生产、生活方式。

《沙州记》对于西北物产，也有一些记述。如：

> 自大岭北乙沸界屈海，海西南三百里有盐，从阔半寸，形似石，味甚甜美，无忝河东也。①
>
> 鸟鼠同穴，山鸟如家雀，色小白；鼠小，黄而无尾。凡同穴地，皆肥沃壤，尽软熟如人耕，多生黄花、紫草。②

西北之盐，不逊河东，鸟鼠山又土地肥沃，多生黄花、紫草。西北虽严寒，也有其独特的物产。特别鸟鼠同穴，自是一趣，每有诗人吟咏。如北周庾信《拟连珠四十四首》诗云：“雀鼠同归，应非丹穴。”隋炀帝西行临渭源，作《临渭源诗》：“西征乃届此，山路亦悠悠。地干纪灵异，同穴吐洪流。”杜甫《秦州杂诗》：“水落鱼龙夜，山空鸟鼠秋”，也写及鸟鼠山。

总之，段国《沙州记》是西北地理研究的重要资料，也有一定的文学意味。

① 《北堂书钞》四库全书本卷一百四十六盐引，第 751 页。

② 《太平御览》卷四十鸟鼠山引，第 193 页。

# 第七章

# 《水经注》征引华北地理文学文献

## 第一节　魏晋佚名《上党记》考述

《水经注》卷九沁水两引《上党记》。《上党记》，今已亡佚。隋唐诸志不著录。撰者不详。上党郡，秦置，汉末治壶关，即今山西长治。

### 一　《上党记》成书时代考

现已知最早征引《上党记》的作品是南朝宋裴骃的《史记集解》。《史记集解》四十三《赵世家》"赵遂发兵取上党"句，裴骃集解引：

> 《上党记》云：冯亭冢在壶关城西五里。[①]

---

① （汉）司马迁撰，（南朝宋）裴骃：《集解》，《史记》，中华书局1959年版，第1826页。

裴骃，字龙驹，乃裴松之之子，河东闻喜（今山西闻喜）人。继承家学，博览宏识，亦以注史著称于世。其所引《上党记》也算得上是乡土文献。如此看来，《上党记》之成书必然早于刘宋。

又，梁剡令刘昭《后汉书》卷三十三郡国志补注：

> 《上党记》曰：潞，浊漳也。县城临潞。晋荀林父伐曲梁，在城西十里，今名石梁。又东北八十里有黎城，临壶口关。至建安十一年，从泌河口凿入潞河，名泉州梁，以通于海。[①]

这段文字中。有“建安十一年”年号。建安十一年即公元 206 年。则可见《上党记》的成书时代的上限不会超过三国。

所以，《上党记》大约是魏晋时人所撰。又按唐李吉甫《元和郡县志》卷十九河东道潞州六上党县：

> 《上党记》曰：曹公之围壶关，起土山于城西北角，穿地道于城西内，筑界城以遮之。[②]

该文叙曹操建安十一年征高干之事，而称曹操为“曹公”，可见《上党记》撰者或即魏人。

## 二　《上党记》亡佚时代考

北魏郦道元《水经注》及南朝宋裴骃的《史记集解》、南朝梁刘

① （晋）司马彪撰：《后汉书·郡国志》卷三十三上党郡注，（梁）刘昭注补，中华书局 1965 年版，第 3523 页。

② （唐）李吉甫：《元和郡县图志》（四库全书第 468 册），上海古籍出版社 1987 年版，第 343 页。

昭《后汉书·郡国志》注，都征引《上党记》，可见其书在南北朝时流行于南北，知名度比较大。

在隋及唐初，虞世南《北堂书钞》，欧阳询《艺文类聚》，徐坚《初学记》，并征引《上党记》。唐张说《张燕公集》卷十一有《大王山垒》，也引有《上党记》。又中唐元和年间，唐李吉甫撰《元和郡县志》也征引《上党记》。可见，《上党记》虽不见于史书著录，但其书在唐代也为学者所用。北宋，《太平御览经史图书纲目》著录：《上党记》。又李昉《太平御览》、乐史《太平寰宇记》也都征引《上党记》，说明北宋时，书仍存于世。

但南宋初郑樵《通志》已不著录《上党记》。虽然吕祖谦《大事记解题》和罗泌《路史》也还征引《上党记》，但也不足以说明《上党记》在南宋存世。吕祖谦《大事记解题》卷五“周赧王五十五年秦白起大破赵师长平”条注：

> 《水经注》：《上党记》曰：长平城在郡之南，秦垒在城西，二军共食流水涧，相去五里。秦坑赵众，收头颅，筑台于垒中，因山为台，今号曰白起台。[1]

笔者按，此条，吕祖谦[2]明确说明其所引《上党记》是出于《水经注》。这说明《上党记》在当时已经亡佚。又检罗泌[3]《路史》所引《上党记》文字，率皆转引自北宋的《太平寰宇记》。而《太平寰宇记》的记述还更详细些。这说明，到罗泌撰写《路史》时，《上党

---

① （宋）吕祖谦：《大事记解题》（四库全书第324册），上海古籍出版社1987年版，第243页。

② 吕祖谦（1137—1181），字伯恭，寿州（今安徽凤台）人，生于婺州（今浙江金华），人称东莱先生。是南宋时期著名的理学大家之一，与朱熹、张栻齐名，同被尊为“东南三贤”。

③ 罗泌（1131—1189），字长源，号归愚。生活时代大致与吕祖谦同时。由于历代史书极少记录远古史事，罗泌为了补上古之史，遂博采各种典籍，以至道藏、纬书，积数十年之功，于宋孝宗乾道年间撰成《路史》，记述上古迄两汉事。

记》或已亡佚。

斯可见《上党记》或亡佚于南宋初。

### 三 《上党记》的文史价值

《上党记》留存了很多春秋、战国、秦、汉、魏时期的历史资料，大都是发生于山西大地上的历史事件。这是对正史相关资料的有益补充。记载比较详细的如秦赵长平之战：

> 长平城在郡之南，秦垒在城西，二军共食流水，涧相去五里。秦坑赵众，收头颅筑台于垒中，因山为台，崔嵬桀起，今仍号之曰白起台。城之左右沿山亘隰，南北五十许里，东西二十余里，悉秦、赵故垒，遗壁旧存焉。①
>
> 长平城在郡南山中。丹水出长平北山，南流。秦坑赵众，流血丹川，由是俗名为丹水，斯为不经矣。②

战国末年，强大的秦国不断通过战争，兼并东方各国。赵孝成王二年（前264），秦国将领白起在长平设伏兵包围赵军，赵将赵括被射死。白起收赵降兵四十余万，尽坑杀之。赵国丁壮损失殆尽，继而衰落。这是发生于战国末年最为惨烈的战争，给上党百姓蒙上了最为强烈的心理阴影，所以《上党记》对此记录详细，而《水经注》也专取《上党记》中这方面的记述，即地而记古，补充正史记录。又如，《上党记》还记载了壶关三老令狐茂上书讼戾太子的事情：

> 《上党记》曰：关城，都尉所治。令狐徵君隐城东山中。去

① 《水经注》卷九沁水注引《上党记》，《水经注疏》，第835页。
② 《水经注》卷九沁水引《上党记》，《水经注疏》，第836页。

郡六十里，即壶关三老令狐茂上书讼戾太子者也。茂即葬其山。①

《上党郡记》云：令狐徵君隐城东山中。令狐终，即为冢焉。诸生尊师法陪葬者三百余家。松三千树，大皆数十围，高四五十丈。今俗名其山名令狐墓。汉史所称壶关三老，令狐茂者是也。②

戾太子即汉武帝太子刘据，是卫子夫为汉武帝生下的长子，又称卫太子。备受武帝宠爱。但后来，武帝追求长生，好大喜功，对太子日益疏离，致使父子间沟通不畅。由于江充、苏文等人诬陷以巫蛊诅咒父亲汉武帝，刘据被迫发兵起事诛杀江充。汉武帝以为儿子企图谋反而派兵镇压。两方对战导致长安城中死伤过万，最后太子兵败逃亡，在被追剿无路可逃之后自缢而死。后来，壶关三老上书武帝，备说父子相亲之道，终于使武帝感悟而“轮台悔过”。刘据之孙刘询即为汉宣帝，即位后谥刘据曰“戾”（取蒙冤受屈之意），所以刘据又称“戾太子”。在为戾太子申冤后，壶关三老则归隐关城东山而卒葬之。《上党记》记述了壶关三老即令狐徵君的归隐情事，可补正史记录之不足。

《上党记》在文字表述上往往流露出一些文学意味。如：

邑带山林，茂松生焉，文王戡黎即此也。③

《上党记》还记载有一些传说，也增加了读者的阅读兴趣。如：

《上党记》曰：太行山有菁岩，有射熊于岩间，见诸生岩中

① （晋）司马彪撰：《后汉书·郡国志》上党郡注，（梁）刘昭注补，中华书局1965年版，第3522页。

② 《太平御览》卷五百六十冢墓引，第2530页。

③ （晋）司马彪撰：《后汉书·郡国志》上党郡注，（梁）刘昭注补，中华书局1965年版，第3522页。

读书，更往觅，辄不知处传。传以为仙人。①

是不是仙人姑且不说，这样的故事确实很吸引人。

另如前引“令狐徵君隐城东山中”一节，“松三千树，大皆数十围，高四五十丈，今俗名其山名令狐墓”，通过诸生尊师植松的行为来体现令狐茂在当地人心目中的地位。而像“松三千树，大皆数十围，高四五十丈”则完全是文学笔法，史书记载是不用这样的文字的。

可见，《上党记》在保存了许多宝贵史料的同时，为了使其文字更生动，也注意文学表述。

## 第二节　张曜《中山记》考述

《水经注》卷十一滱水凡四引《中山记》。《中山记》，今已亡佚。不见隋唐诸志著录。仅《太平御览经史图书纲目》著录：张曜《中山记》。唐宋书籍征引该书也作张曜《中山记》。

中山，汉晋中山国，即今河北定县。

### 一　《中山记》作者及亡佚时代考

张曜《中山记》，《隋志》不著录，《水经注》及《通典》《太平御览》《太平寰宇记》等书引之。但通过这些文献，还仅能知道《中山记》作者是张曜，张曜是何时人、生平情况如何，却不可知。

郦道元之前，名张曜而入史籍的只有一人。此人是东晋初人，为苏峻部将。苏峻以平王敦、沈充功，进冠军将军，历职太守，统精兵万人。咸和二年（327），庾亮拟夺其兵权，苏峻与祖约以诛执政庾亮

① 《北堂书钞》卷九八读书引，第477页。

为名，联合举兵反晋。张曜作为苏峻的部将，还打败过庾亮的部将王彰。但此人不大可能撰作《中山记》。因为中山在十六国时期先后是后赵、前燕和前秦的地盘。以后又是后燕和北魏的地盘。公元397年，北魏攻后燕都城中山，中山从此入北魏。苏峻部将张曜恐不是《中山记》的作者。

则《中山记》的作者张曜，或是不见于史籍的一般人物。文廷式《补晋书艺文志》著录：张曜《中山记》。[①] 则文廷式以之为晋人。

《水经注》征引张曜《中山记》以后，唐代著作如《后汉书·光武帝》注，杜佑《通典》都征引此书，可见，唐代犹存。北宋李昉《太平御览》、乐史《太平寰宇记》征引张曜《中山记》知其书在北宋还在。但南宋类书如罗泌《路史》、王应麟《玉海》所征引之条目，皆不出于前代文献所征引的条目。且王应麟《玉海》卷二十四地理"舜甘泉"条：

> 《水经注》：《中山记》曰：郭东有舜氏之甘泉，有舜及二妃祠。[②]

可见，他所引《中山记》文，是自《水经注》转引而来的。这说明其时，《中山记》已经亡佚。

综上，张曜《中山记》亡佚于南宋。

## 二　张曜《中山记》的文学价值

张曜《中山记》，作为较早的记载一方地理的文献，记沿革、析名目、说历史，自有其历史地理学和地名学方面的价值。此外，张曜《中山记》也有一些条目含有一些文学意味。如：

① （清）文廷式：《补晋书艺文志》，《二十五史补编》，中华书局1955年版，第3742页。
② （宋）王应麟：《玉海》（四库全书第943册），上海古籍出版社1987年版，第596页。

> （安喜）县在唐水之曲，山高岸险，故曰安险；邑丰民安，改曰安喜。秦氏建元中，唐水泛涨，高岸崩颓，城角之下，有大积木，交横如梁柱焉。后燕之初，此木尚在，未知所从。[①]

《中山记》不但介绍了安喜县所处的地理位置、地势，还介绍了其名字变化的来由和历史。虽然“山高岸险”，却又“邑丰民安”，正可谓形胜之地。撰者再加上一个“特写镜头”：以一株古木作为历史的见证，显现历史的沧桑，也可谓匠心别具。



① 《水经注》卷十一滱水引《中山记》，《水经注疏》，第1070页。

# 第八章

# 《水经注》征引西南地理文学文献

## 第一节　佚名《汉中记》考述

《水经注》卷二十漾水及卷二十七沔水，凡三处征引《汉中记》。《汉中记》，撰者不详，隋唐诸志不著录。此书，今已亡佚。

汉中，秦置为郡，汉魏因之，治南郑，即今陕西汉中。

### 一　《汉中记》作者考

《汉中记》作者，今已不知其姓名。清初学者阎若璩认为《汉中记》作者必为东汉或汉以后人。其《尚书古文疏证》卷六下第九十六云：

> 又按张衡《西京赋》云左有崤函重险，右有陇坻之隘。于前则终南太一，于后则高陵平原，又云连冈乎嶓冢，系于终南太一之下，与上文右有陇坻不相承。参以潘岳《西征赋》面终南而背云阳，跨平原而连嶓冢，则二公似皆指广汉葭萌之嶓冢，非指陇

西西县之嶓冢，与《禹贡》合。作《汉中记》者，虽未知与岳孰后先，要必出张平子后。是东汉人，已有不同班志者矣。朏明曰：子可谓引而伸之，触类而长之矣。①

阎若璩考证《汉中记》作者，一定是东汉张衡以后人，但也不能推断其与西晋的潘岳孰先孰后。阎若璩的好友、同为清初著名学者的胡渭（字朏明）也非常赞同。

笔者又考之南宋王象之《舆地纪胜》卷一八三廉水县引《汉中记》曰：

（廉水县）魏正始中，自汉川移此。②

按，《汉中记》述及魏正始年号，则其人必魏以后人无疑。又，北魏郦道元已经在《水经注》中征引此书，可见《汉中记》的作者必晋到宋齐时代的人。

又考之东晋常璩《华阳国志》卷二汉中志：

汴乡县。昌魏县。绥阳县。右三郡，汉中所分也。在汉中之东，故蜀汉谓之“东三郡”。蜀时为魏，属荆州，晋元康六年始还梁州。山水艰阻，有黄金、子午，马聪、建鼓之阻。又有作道——九君持土作人处。而其记及《汉中记》不载，又不为李雄所据，璩识其大梗概，未能详其小委曲也。③

① （清）阎若璩：《尚书古文疏证》（四库全书第66册），上海古籍出版社1987年版，第420页。

② （南宋）王象之：《舆地纪胜》，四川大学出版社2005年版，第5295页。

③ 《华阳国志校注》，第143页。

按，常璩在其《华阳国志》中提到了《汉中记》，则《汉中记》成书早于《华阳国志》无疑。常璩（291—361），字道将，东晋蜀郡人。347年，东晋大将桓温伐蜀，军至成都，成汉灭亡。常璩为桓温赏识，授参军，撰《华阳国志》。由此推断，《汉中记》或创作于西晋或东晋初，则其作者为晋人可知。

## 二 《汉中记》亡佚时代考

《汉中记》不见任何史书著录。而且唐宋类书如《艺文类聚》《初学记》《太平御览》等，也都不曾征引该书。

除了《水经注》征引《汉中记》三节外，南宋王象之《舆地纪胜》征引此书较多，达八节。《舆地纪胜》，是南宋中期的一部地理总志，成书于南宋嘉定、宝庆间，是南宋全国性总志中最善者。其作者王象之，字仪父，婺州金华人，庆元二年（1196）登进士第。王象之长于地理之学，立志要编一部“收拾山河之精华”，“使骚人才士于寓目之顷，而山川俱若效奇于左右”的书。宋宁宗嘉定年间（1208—1224），王象之综合长年收集的大量地理书及郡县图经，开始编纂《舆地纪胜》。那么，《汉中记》必定是他所藏地理书之一。这说明《汉中记》在南宋中期还存世。

另，南宋叶廷珪《海录碎事》卷十七农田部也征引《汉中记》一节。也可以作为《汉中记》在南宋存世的证据：

> 《汉中记》云：汉太守桓宣，每登以劝农。[①]

此条，又为元人王天与《尚书纂传》卷四《禹贡第一》征引。但

① 叶廷珪：《海录碎事》（四库全书第921册），上海古籍出版社1987年版，第496页。

考其用语，与《海录碎事》同，借作“美农台”条，则王天与或转引自《海录碎事》。

元后诸书征引《汉中记》，皆不出于《水经注》及《舆地纪胜》所引之数节，斯可说明其书于元后亡佚矣。

### 三　《汉中记》的文学价值

《汉中记》虽久已亡佚，但观其残文，文采熠然。首先是《汉中记》的景物描写相当出色。如《水经注》卷二十七沔水征引的一节：

> 《汉中记》曰：自西城涉黄金峭、寒泉岭、阳都坂，峻崿百重，绝壁万寻。既造其峰，谓已踰崧岱；复瞻前岭，又倍过之。言陟羊肠，超烟云之际；顾看向涂，杳然有不测之险。山丰野牛、野羊，腾岩越岭，驰走若飞，触突树木，十围皆倒。山殚艮阻，地穷坎势矣。①

此段文字，状物极为生动。不但有“峻崿百重，绝壁万寻”的渲染与夸张，又有与“崧、岱”的比衬。既写到了人在跋涉山岭的心理感受，又有对野牛、野羊腾岩越岭的动态描写。最后再着以“山殚艮阻，地穷坎势”的评论以作总结。作者不但用语整饬，文字优美，而且用“自”、“既”、“已”、“复”、“又”、“矣”等虚词勾连文句。整个语段，以气运词，一气呵成。这样出色的景物描写，就连写景状物最为生动的晋宋南方地记都不常见。可见，《汉中记》的此段景物描写，是镶嵌在《水经注》中的又一颗山水描写的熠熠明珠。难怪清初学者毛奇龄要对其倍加叹赏。毛奇龄《西河集》卷六十《严中丞集

① 《水经注疏》，第 2327 页。

跋》云："少时读《汉中记》记鸿都坂之奇，谓峻崿千重，蹑万寻之壁，既已拔峰而登矣，私意当必超陇过华，而复瞻前岭，即又倍过之。是真能言奇者!"

其实《汉中记》的文学色彩不仅体现于其出色的山水描写上，其中也有一些饶有趣味的小故事。如：

> 《汉中记》云：兴道有七女池。昔有人无男，养七女。父亡，女负土各为一冢，不知定葬何冢。其冢罗列如七星，各高七丈。取土之处，今成一池，号曰七女池。①

透过这则故事，人们看到的是七女的拳拳孝亲之心。在男尊女卑的封建时代，也会对世人产生强烈的心理冲击力，从而产生"谁说女子不如男"的感叹。再如，《舆地纪胜》卷一百九十景物引《汉中记》云：

> 寒泉山在洋县北，仙人李八百居此山，唐公昉师事之。公昉渴，八百以杖指崖间，有泉涌出。②

这也是一则颇为传奇的小故事，显示了作者出色的想象力，提升了地方风物的神异色彩。

总之，《汉中记》的文笔，亦不亚于晋宋东南地记。

## 第二节　西晋陈寿《益部耆旧传》考述

《水经注》卷三十三江水引《益部耆旧传》一节。《益部耆旧传》，

① 《太平寰宇记》卷一三八兴道县引，（四库全书本第470册），第325页。

② （宋）王象之：《舆地纪胜》，四川大学出版社2005年版，第5595页。

晋陈寿撰，今已亡佚。《隋书·经籍志》著录：《益部耆旧传》十四卷，陈长寿撰。两《唐志》均著录作陈寿撰。《隋志》作“陈长寿”系笔误。

## 一 陈寿与《益部耆旧传》

陈寿（233—297），字承祚，西晋史学家，巴西安汉（今四川南充）人。少师谯周，在蜀汉时为官屡遭遣黜。入晋以后，历任著作郎、长平太守、治书待御史等职。陈寿治《尚书》《春秋》等，善叙事，有良史之才。晋灭东吴，陈寿撰写《三国志》，对自汉末至晋初近百年间的历史进行了比较完整的记叙。《益部耆旧传》是陈寿撰写的一部地方人物志。

但《三国志·蜀志·李撰传》又说：“又有汉中陈术，字申伯，亦博学多闻著《释问》七篇、《益部耆旧传》及《志》，位历三郡太守。”① 但裴松之《三国志·蜀志·刘焉传》注、颜师古《前汉书·张骞传》注，《史记·大宛列传》司马贞索隐，皆引陈寿《益部耆旧传》，无引陈术者（他书所引多不标名）。

常璩《华阳国志》卷十一《后贤志》：“益部自建武后，蜀郡郑伯邑、太尉赵彦信及汉中陈申伯、祝元灵、广汉王文表，皆以博学洽闻，作《巴蜀耆旧传》，陈寿以为不足经远，乃并巴汉撰为《益部耆旧传》十篇。散骑常侍文立表呈其传，武帝善之。”② 又卷十二《序志》曰：“陈君承祚，别为《耆旧》，始汉及魏，焕乎可观。”③ 则是待陈寿《益部耆旧传》出，蜀郡其他人所作《耆旧传》尽废，当然也包括陈术之作。但陈寿之书，或对前贤时贤所作，有过参考、取舍、删改或

---

① 《三国志》，中华书局 2005 年版，第 760 页。

② 《华阳国志校注》，第 849 页。

③ 同上书，第 891 页。

补充完善、借鉴。

把陈寿《益部耆旧传》上呈晋武帝的是陈寿的同门、同乡文立。陈寿也因此“再为著作郎”。“再为著作郎”的时间，也就是《益部耆旧传》成书的时间，按曹书杰考证，陈寿《益部耆旧传》应该成书于泰始六年（270）末或七年（271）初。[①]



## 二 《益部耆旧传》亡佚时代与佚文辑本

东晋常璩《华阳国志》最早提及陈寿《益部耆旧传》，并给予高度评价。南朝宋裴松之《三国志·蜀志》注大量征引陈寿《益部耆旧传》，凡十五节。北魏郦道元《水经注》也征引《益部耆旧传》。王献之《益部帖》云：“《益部耆旧传》今送，想催驱写取耳，慎不可过淹留。”[②] 这些，都说明《益部耆旧传》在东晋与南北朝时就已经流传南北，有着比较广泛的创作影响。

唐代，《隋志》著录《益部耆旧传》。征引此书者更多，如：颜师古《前汉书·张骞传》注引一节，《后汉书》章怀太子注引二节。虞世南《北堂书钞》征引最多，达四十四节。欧阳询《艺文类聚》征引十二节。徐坚《初学记》引五节。司马贞《史记索隐》引三节。《文选》六臣注引二节。诸书皆征引《益部耆旧传》，表明其书传世，而且有较大影响。刘知几《史通》卷十内篇杂述云：“若圈称《陈留耆旧》、周裴《汝南先贤》、陈寿《益部耆旧》、虞预《会稽典录》，此之谓郡书者也。”可见，刘知几曾浏览过《益部耆旧传》等书。

北宋，李昉等《太平御览》大量征引《益部耆旧传》，有四十二节，且有多条不见前书征引。乐史《太平寰宇记》引三节。宋敏求

① 曹书杰：《陈寿益部曹旧传成书年代考》，《古籍整理研究学刊》1995 年第 3 期。

② （明）周复俊：《全蜀艺文志》（四库全书第 1381 册），上海古籍出版社 1987 年版，第 800 页。

《长安志》卷十六引一节。吴淑《事类赋》引二节。北宋末孙逢吉的《职官分纪》征引还不少，共六节。再结合两《唐志》都著录陈寿《益部耆旧传》十四卷，可以推断，北宋时期，《益部耆旧传》当还存世。

南宋初，郑樵《通志》卷六十五艺文略第三史类第五，著录：《益部耆旧传》十四卷，陈寿撰。这说明：南宋初，《益部耆旧传》仍未亡佚。

但南宋书籍征引《益部耆旧传》骤然减少：孔传《白孔六帖》卷一引一节，潘自牧《记纂渊海》卷九十七引一节，叶廷圭《海录碎事》卷九引一节，祝穆《古今事文类聚》引三节。但对上述南宋诸书所引，逐一察验，则都不出于前人征引内容之外，可见南宋诸书是转引前书。又宋末王应麟《困学纪闻》卷十三考史：

> 孝女叔先雄，《水经注》以为先络符县人，又引《益部耆旧传》：符有先络，僰道有张帛。①

王应麟明确说明其所叙《益部耆旧传》事，源自《水经注》所引。又王应麟《玉海》卷五十八艺文：

> 晋《益部耆旧传》。陈寿传：字承祚，撰《古国志》五十篇，《益部耆旧传》十篇，《文选》注、《蜀志》注引之。②

从上文可知：王应麟不能见到《益部耆旧传》原本，当时他也只能从《文选》注、《蜀志》注等所引，来了解《益部耆旧传》。

综上，可大致推测，《益部耆旧传》或亡佚于南宋或宋末。

① （宋）王应麟撰：《困学纪闻》，翁元圻注，上海古籍出版社2008年版，第1490页。

② （宋）王应麟撰：《玉海》（四库全书本），上海古籍出版社1987年版，第540页。

《益部耆旧传》原书久佚，辑本收入宛委山堂本《说郛》卷五十八、《五朝小说大观·魏晋小说杂传家》、商务印书馆本《说郛卷七·诸传摘玄》，黄奭《汉学堂知足斋丛书·子史钩沉》，杜文澜《曼陀罗华阁丛书·古谣谚卷十九》，王仁俊《玉函山房辑佚书补编》，《旧小说甲集》等。

宛委山堂本《说郛》辑存十六节，未注出处，《五朝小说大观·魏晋小说杂传家》同。商务印书馆本《说郛》转录宛委山堂本首节。杜文澜根据《太平御览》卷四百六十五采得一节，可补《说郛》本之缺。王仁俊转录杜文澜所采一节，又根据《姓解》采得二节。《旧小说甲集》从宛委山堂本《说郛》抄出张松和杨之拒妻事，共二节。今人研究《益部耆旧传》，可结合参看各辑本。

### 三　《益部耆旧传》的文学价值

《益部耆旧传》的作者陈寿，是著名的史学家，故其所写的地方人物志，也是婉而有章，足资后世史家取法。东晋常璩在撰写《华阳国志》时，曾以之作为重要的参考资料。《益部耆旧传》虽是史笔叙事，但也有很多记述，颇显文采。其所引述的诸多人物故事，大体叙述生动。例如：

> 张霸，字伯饶，为会稽太守，举贤士，劝教讲授，一郡慕化，但闻诵声，又野无遗寇。民语曰：城上乌鸣哺父母，府中诸吏皆孝友。①
>
> 张霸迁会稽太守。是后盗贼衰少，野无遗寇，童谣曰：弃若戟，弃若矛，盗贼尽，吏皆休。②

① 《太平御览》卷二百六十二良太守引，第1228页。

② 《太平御览》卷三百五十二兵部引，第1621页。

《益部耆旧传》在叙述张霸事迹时，特别加入民语童谣以为实证，增强了记述的真实性和故事的表现力。这两节歌谣也因《益部耆旧传》的记载而流传后世。还有更为精彩的：

> 张肃有威仪，容貌甚伟。松为人短小，放荡不治节操，然识达精果，有才干。刘璋遣诣曹公，曹公不甚礼；公主簿杨修深器之，白公辟松，公不纳。修以公所撰兵书示松，松宴饮之间一看便暗诵。修以此益异之。[①]

《益部耆旧传》为了凸显张松貌寝内秀，先以其兄张肃的威仪、容貌作比衬，然后再写张松使操，使其才能显现，此是欲扬先抑的笔法。使操时，再以才能出众的杨修对张松的折服，愈加显其秀才。《益部耆旧传》的这段记述，后来也被改编入《三国演义》。

《益部耆旧传》也给后人的创作留下了很多文学素材。《太平寰宇记》引《益部耆旧传》云："（相如）宅在少城中笮桥下，有百许步是也，又有琴台在焉。"[②] 后来，避乱蜀中的杜甫，正是因为这个记载，写下《琴台》诗抒发怀古幽情："茂陵多病后，尚爱卓文君。酒肆人间世，琴台日暮云。野花留宝靥，蔓草见罗裙。归凤求凰意，寥寥不复闻。"李商隐《垂柳》诗"旧作琴台凤，今为药店龙"，也运用了此典。

《北堂书钞》引《益部耆旧传》："景放为益州太守，威恩洽畅，有鸠鸟巢于听事。"[③] 李白《赠崔秋浦三首》其一用"山鸟下厅事，檐花落酒中"，即用此典来表达作者对秋浦崔县令为人脱俗、为官清廉的赞美之情。再如，《太平御览》卷六百八十六冕引陈寿《益部耆旧

① 《太平御览》卷三百八十九容止引，第1801页。

② 《太平寰宇记》卷七十二益州引，（四库全书本第470册），第596页。

③ 《北堂书钞》卷七十五太守引，第348页。

传》："郭贺拜荆州刺史，明帝巡狩到南阳，特见嗟叹，赐以三公之服，黼黻冕旒，敕去幨，露冕，使百姓见此衣服，以彰其德。"王维《送缙云苗太守》："露冕见三吴，方知百城贵"，用的正是《益部耆旧传》"露冕"之典。再如：

杨宣为河内太守，行县，有群雀鸣桑树上，宣谓吏曰：前有覆车粟，此雀相随，欲往食之。行数里，果如其言。[①]

李白有《空城雀》诗有"耻涉太行险，羞营覆车粟"之句，即用《益部耆旧传》的这个典故，抒发身世感慨。《益部耆旧传》中类似的素材还有很多。史学大家，文笔亦自可观。

## 第三节　晋袁休明《巴蜀志》考述

《水经注》卷三十六若水引有袁休明《巴蜀志》。《巴蜀志》，袁休明撰。《隋志》著录作《巴蜀记》一卷，不著撰人。其书已经亡佚。

巴蜀，即今重庆、四川境。东部为巴国（都重庆），西部为蜀国（都四川成都）。

### 一　《巴蜀志》作者与亡佚时代考

《水经注》卷三十六若水最早征引该书：

袁休明《巴蜀志》云：（朱提山）高山嵯峨，岩石磊落，倾侧萦回，下临峭壑，行者扳缘，牵援绳索。三蜀之人，及南中诸

① 《艺文类聚》卷九十二雀引《益部耆旧传》，第1595页。

郡，以为至险。有沪津，东去县八十里，水广六七百步，深十数丈，多瘴气，鲜有行者。[①]

袁休明《巴蜀志》除了《水经注》所引此条外，《太平御览卷》也征引一条：

《巴蜀志》曰：獠夷死，即立埋棺，不卧设。[②]

此二条外，再不见他书征引《巴蜀志》其他内容。明陈耀文《天中记》卷七征引《巴蜀志》，与《水经注》同，系自《水经注》转引。

《隋志》著录《巴蜀记》，与晋代其他地理著作共同罗列，知袁休明应是晋人。《太平御览经史图书纲目》著录：《巴蜀志》。亦无撰人姓名。南宋初郑樵《通志》卷六十六艺文略第四地理类，也著录：《巴蜀记》一卷。仍无记撰者。但《水经注》引作"袁休明《巴蜀志》"，则此书作者应即是袁休明。"休明"抑或是此人之字。但《晋书》《宋书》《南史》诸史，以"休明"为字者，又都不姓袁。故撰者之里籍、生平无考。

《巴蜀记》或亡于宋。《太平御览经史图书纲目》和《通志》著录《巴蜀志》或《巴蜀记》，可知其书或于宋代还在。但子史诸书鲜有引及，说明其书名气不大，或知者不多。宋后基本再无著作引及此书。即使有征引者，也是自《水经注》转引。

### 二　《巴蜀志》的文学色彩

明曹学佺《蜀中广记》卷九十六著作记第六地理志部：

① 《水经注疏》，第 2954 页。

② 《太平御览》卷五百五十一礼仪部·棺引，第 2496 页。

《巴蜀志》，晋袁休明撰。其略云：高山嵯峨，岩石磊落，倾侧萦回，下临峭壑，行者攀缘，牵援带索。全书不传。此数语见郦道元《水经注》，亦碎金残璧也。①



明人已说此书仅“数语见郦道元《水经注》”，可见书早亡佚。但仅就《巴蜀记》残存数语来看，确可谓“碎金残璧”。《巴蜀志》记载蜀道难行，须得跋山涉水，这有助于我们今天了解魏晋时期蜀中地理状况。而从所引之文看，作者写景状物，颇见文采。“高山嵯峨，岩石磊落，倾侧萦回，下临峭壑，行者攀缘，牵援带索”，六个四字短句，连贯而下，写尽蜀道之难，攀山之险；再写蜀水瘴气，可谓险中之险，令人声畏。窥斑见豹，《巴蜀志》之文笔可知，惜不得见矣。

## 第四节　南朝宋任预《益州记》考述

《水经注》卷三十三江水与卷三十六青衣水、若水，凡征引《益州记》六节，但没有指明撰者。晋常璩《华阳国志》之后，六朝时期的巴蜀方志要籍，继有二种《益州记》：刘宋时任预《益州记》和梁时李膺的《益州记》。两书今皆亡佚。《水经注》所引，当是任预《益州记》。任预，又有文献作“任豫”。

益州，汉置，晋宋因之，治成都，即今四川省成都市。

### 一　《水经注》征引《益州记》考辨

《水经注》所引《益州记》，作者当是任预。任预《益州记》，隋

① （明）曹学佺：《蜀中广记》（四库全书本第592册），上海古籍出版社1987年版，第552页。

唐诸志不著录。但《隋书·经籍志》著录:《益州记》三卷,李氏撰。《新唐书·艺文志》则著录:李充《益州记》三卷。郑樵《通志》卷六十六艺文略第四地理,也著录:《益州记》三卷,隋李充撰。李充《益州记》,宋末王应麟《玉海》卷十五地理书还曾著录。但《隋志》所著录的李氏所撰的《益州记》三卷,作者却不是隋李充,而是南北朝梁时人李膺。

《太平御览经史图书纲目》并著录有任豫《益州记》和李膺《益州记》。《太平御览》和《太平寰宇记》等书也征引有李膺《益州记》。《南史》卷五十五《邓元起传》附有李膺事迹:

> 膺字公胤,有才辩。西昌侯藻为益州,以为主簿,使至都。武帝悦之,谓曰:今李膺何如昔李膺?对曰:今胜昔。问其故,对曰:昔事桓灵之主,今逢尧舜之君。帝嘉其对,以如意击席者久之,乃以为益州别驾。著《益州记》三卷行于世。①

由上可知,这个与东汉名士同名的李膺,是梁武帝时人。梁武帝,公元503年至549年在位46年。则此李膺与北魏郦道元(约470—527)是同时代的人,南北朝时南北隔绝,南北两朝同时代人所著书,彼此很难流通。所以《水经注》所引地记郡书,大抵晋宋为多,南齐之书尚且少见,而况同代之作乎?因此,《水经注》所征引的《益州记》,不是李膺《益州记》,而是任预《益州记》。

《水经注》征引任预《益州记》,也可从《水经注》中的相关记述中找到一些佐证。如《水经注》卷三十三江水:"城北又有龙堤池,城东有千秋池。"② 《太平寰宇记》卷七十二华阳县千秋池:"任豫

① (唐)李延寿:《南史》,中华书局1975年版,第1370页。
② 《水经注疏》,第2751页。

《记》：在城东，冬夏不竭，名曰千秋池。”①

又如《水经注》卷三十三江水：“江西有望川原，凿山度水，结诸陂池，故盛养生之饶。”②《后汉书·郡国志》广都县梁刘昭注，引任豫《益州记》：“县有望川原，凿石二十里，引取郫江水，灌广都田，云后汉所穿凿者。”③

又如《水经注》卷三十三江水：“秦昭王使李冰为蜀守，开成都两江，溉田万顷。”④按，《史记·河渠书》“蜀守冰穿二江成都之中”张守节正义引任豫《益州记》：“二江者，郫江、流江也。”⑤

又如《水经注》卷三十三江水：“绵水西出绵竹县，又与湔水合，亦谓之郫江，又言是涪水。吕忱曰：一曰湔。然此二水俱与洛会矣。”⑥唐徐坚《初学记》卷六地部中引任豫《益州记》曰：“郫江大江之支也，亦曰涪江，亦曰湔水，在蜀与洛水合。”⑦

又如《水经注》卷三十三江水：“山下有丙穴，穴方数丈，中有彭嘉鱼，常以春末游渚，冬初入穴，抑亦褒汉丙穴之类也。”⑧《太平御览》卷九百三十七嘉鱼：“任豫《益州记》曰：嘉鱼，细鳞，似鳟鱼，蜀中谓之拙鱼。蜀郡山处处有之，年年从石孔出，大者五六尺。”⑨

又如《水经注》卷三十三江水：“崃山，邛崃山也，在汉嘉严道县。一曰新道，南山有九折坂，夏则凝冰，冬则毒寒，王阳按辔处也。”⑩按，《北堂书钞》卷一百五十七地理部“九折阪”条下，引

---

① 《太平寰宇记》（四库全书本第470册），第596页。
② 《水经注疏》，第2755页。
③ （晋）司马彪撰：《后汉书·郡国志》，（梁）刘昭注补，中华书局1965年版，第3509页。
④ 《水经注疏》，第2747页。
⑤ （汉）司马迁撰：《史记》，（唐）张守节正义，中华书局1959年版，第1407—1408页。
⑥ 《水经注疏》，第2782页。
⑦ 《初学记》，第124页。
⑧ 《水经注疏》，第2812页。
⑨ 《太平御览》，第4165页。
⑩ 《水经注疏》，第2739页。

《益州记》云："邛僰有九折阪，王阳案辔，王尊驱马之处。"[①]《水经注》注疏本熊会贞认为此系引任豫《益州记》。

又如《水经注》卷三十三江水："汶出徼山西，玉轮坂下南行，又东迳其县而东注于大江。"[②]《北堂书钞》卷一百五十七地理部"玉轮阪"条下，引《益州记》云"汶江水，源出玉轮阪。"[③] 所以《水经注》注疏本杨守敬按语云："《书钞》一百五十七、《初学记》六引任豫《益州记》，汶江源出玉轮阪下，是郦所本。"

通过比较，不难看出，《水经注》不但在文中征引《益州记》，而且在卷三十三的行文中，常常暗引或抄变任豫《益州记》中的内容。可见，郦注所引之《益州记》，正是任豫《益州记》。

## 二 《益州记》作者考

《太平御览》卷五百三十四、卷八百十二等，都引任预《益州记》。唐虞世南《北堂书钞》卷一百四十六酒食部，及《史记·河渠书》张守节正义又引作"杜预《益州记》"。按，任预、杜预，字形相近，容易写错，当是任预。《艺文类聚》《太平寰宇记》等诸书征引，又时作"任豫"。《太平御览经史图书纲目》也著录作"任豫《益州记》"，《太平御览》引《益州记》文时，又作"任预"，可见"任豫"与"任预"，形音并近，当是一人无疑。

任预，在南朝宋时曾任太尉参军。《隋书·经籍志》著录："《礼论条牒》十卷，宋太尉参军任预撰。《礼论帖》三卷，任预撰，梁四卷。《答问杂仪》二卷，任预撰。"[④] 而且任预所撰的《礼论条牒》等

① 《北堂书钞》，第826页。
② 《水经注疏》，第2741页。
③ 《北堂书钞》，第826页。
④ 《隋书》，第923—924页。

书，两《唐志》《册府元龟》、郑樵《通志》，直到王应麟《玉海》都有著录。可见其人尤精通礼学。

任预也是一位颇有文学造诣的作家。郑樵《通志》卷六十九艺文略著录：《任豫集》一卷。《北堂书钞》卷九十一礼仪部藉田，引任豫《藉田赋》曰："史奉载耜之礼，民奉举趾之歌，膏壤千亩，与式既同，区势平易，畎陌修通。"[①]《北堂书钞》卷一百五十六岁时部四寒，引任豫《雪诗》云："箕飙振地作，毕阴骇增高。"[②]《文选》卷二十二沈约《宿东园》"茅栋啸愁鸱，平冈走寒兔"句，李善注引任预《雪诗》曰："寒鸢向云啸，悲鸿竟夜嗷。"[③] 通过这些诗文，易于看出任预具有较强的文学创作能力。

任预通礼学，善诗文，都是他创作《益州记》的才学基础。

### 三　任预《益州记》亡佚时代考

北魏郦道元《水经注》，与梁刘昭《后汉书·郡国志》注，并征引任预《益州记》，说明其书南北朝时流传南北。

隋杜公瞻《编珠》卷一天地部，征引任预《益州记》一节。唐代类书，虞世南《北堂书钞》引四节，欧阳询《艺文类聚》和徐坚《初学记》各引三节。另外，《文选·南都赋》李善注引一节，张守节《史记·河渠书》正义引一节。虽然诸书征引条目不多，但内容重合者不多。这说明任预《益州记》在唐存世，只是《隋志》没有著录而已。

北宋，《太平御览》征引六节，《太平寰宇记》征引四节。虽然征引条目不多，但与唐代书籍征引比较，也不算少。再结合《太平御览经史图书纲目》著录任豫《益州记》，则可推测任预《益州记》或于

① 《北堂书钞》，第429页。

② 同上书，第817页。

③ 《文选》，上海古籍出版社1986年版，第1062页。

北宋仍在。

但南宋征引此书的就不多了。孔传《白孔六帖》卷九，高似孙《纬略》卷六，罗泌《路史》卷二十二，以及王应麟《玉海》卷二十一，都仅引一节。而且，通过察验，南宋各书所引内容，皆不出于前代征引之外。这说明，南宋时各书所引系转引自前书，任预《益州记》很可能已经亡佚了。

元陶宗仪《说郛》卷六十一上辑有任豫《益州记》。《说郛》本所辑，并未包括《水经注》所引各节。今人刘纬毅《汉唐方志辑佚》也辑有任预《益州记》，收入包括《水经注》所引内容的佚文共计二十二节，但并不能包容《说郛》本所辑。研究者可互参两辑本。

### 四　任预《益州记》的文史价值

任预《益州记》是东晋常璩《华阳国志》之后，最重要的巴蜀地记之一。《益州记》记述了一些地方古迹：

> 文公学堂在大城南，昔经灾火，蜀郡太守高朕修复缮，立其栾栌椽节，制犹古朴，即今堂基六尺，厦屋三间，通皆图画圣贤古人之象，及礼器瑞物。堂西有二石屋，又以为州学。①
>
> 江曲由左担道，按图在阴平县北，于城都为西（其道至险，自北来者担在左肩，不得度担也），邓艾束马悬车之处。②

西汉景帝以前，四川没有官办学校。汉景帝末，任文翁为蜀郡守。文翁在成都设置学官，创建官学，以石头修筑校舍，称为“石室”，又称“玉堂”。斯为益州历史上的美谈，唐代诗人多有吟咏。如王维

---

① 《太平御览》卷五百三十四学校引，第2424页。

② 《艺文类聚》卷六十四居处部道路引，第1155页。

《送梓州李使君》："文翁翻教授，不敢倚先贤"，元稹《献荥阳公诗五十韵》："文翁开学日，正礼骋途年"等，皆是。任预《益州记》把晋宋时期文公学堂的遗迹和修缮情况记录于书，是成都文化教育史方面的宝贵资料。

邓艾灭蜀、偷度阴平的故事，今人通过《三国演义》的描述而熟知。据《三国志·邓艾传》的记载："冬十月，艾自阴平道行无人之地七百馀里，凿山通道，造作桥阁。山高谷深，至为艰险，又粮运将匮，频於危殆。艾以毡自裹，推转而下。将士皆攀木缘崖，鱼贯而进。"① 正史中的这段内容，正可与任预《益州记》中关于"左担道"的艰险难行，作参照阅读。可见，《益州记》也具有补充丰富正史记载的功用。

任预《益州记》中关于巴蜀地名由来的一些记述，不但是重要的历史地理资料，而且有一些文学意味，写景叙事生动。如：

> 平乡江东迳峨眉山，在南安县界，去成都南千里。然秋日清澄，望见两山相峙，如蛾眉焉。②
>
> 泸水源出曲罗嶲下三百里，曰泸水。两峰有杀气，暑月旧不行，故武侯以夏渡为艰，泸水又下合诸水而总其目焉，故有泸江之名矣。③

总之，任预《益州记》虽然文多散佚，但作为巴蜀地区较早的古代地记，其残篇剩简，仍具有较大的文史价值。

---

① 《三国志》，中华书局2005年版，第579页。

② 《水经注》卷三十六青衣水引，《水经注疏》，第2490页。

③ 《水经注》卷三十六若水引，《水经注疏》，第2959页。

# 第九章

# 《水经注》征引行记类地理文学文献

## 第一节　东晋伏滔《北征记》考述

《水经注》卷八济水引有伏滔《北征记》。《北征记》，晋伏滔撰。此书，隋唐诸志不著录，今已亡佚，亦无辑本。

### 一　《北征记》作者考

《世说新语·言语篇》注引《中兴书》曰："伏滔，字玄度，平昌安丘人，少有才学，举秀才，大司马桓温参军，领著作，掌国史，游击将军卒。"[①]《晋书》卷九十二《文苑传》载伏滔本传同。今以《晋书》本传推之，伏滔当生于东晋初，晋孝武帝太元中以著作郎、游击将军卒于官。

伏滔本出于大儒世家，是济南伏生之后，其家世传《尚书》。按

① （南朝宋）刘义庆撰：《世说新语译注》，（南朝梁）刘孝标注，张万起、刘尚慈译，中华书局 1998 年版，第 110 页。

《伏乘》，伏滔始祖即伏胜，伏胜九世孙伏凤。《元和姓纂》云："凤五世孙仪生大鸿胪策，策曾孙滔，滔亦以旁支承后者也。"[①] 如此，则伏滔系伏胜十八世孙。《伏乘》云："伏氏二十余代，非仅以《尚书》名家也。理以治齐，诗列儒林，子孙承述迄汉末。"伏滔秉承家学，勤于著述，作品颇丰，如《大司马僚属名》《正淮论》《与习凿齿论青楚人物》《徐州都督王坦之碑铭》《述帝功德铭》《胡书龟历之文》《望海赋》《游庐山序》《翟硎先生铭赞》等均系滔作，其中以《正淮论》上下篇最为知名，录于伏滔本传[②]。

《晋书》伏滔本传云"大司马桓温引为参军，深加礼接，每宴集之所，必命滔同游。"[③] 可见，伏滔之从桓温，亦以文名见知。《晋书》卷八十二《习凿齿传》还说习凿齿与"清谈文章之士韩伯、伏滔等并相友善"。[④] 可知，伏滔与习凿齿、袁宏等并为同时代人，且共为一时名士。《隋书·经籍志》著录："晋《伏滔集》十一卷并目录。梁五卷，录一卷。"《旧唐书》卷四十七志二十七《经籍下》及《新唐书》卷六十志五十《艺文四》并著录："《伏滔集》五卷。"

## 二　《北征记》亡佚时代考

伏滔《北征记》，史志不载。宋代《崇文总目》《册府元龟》也不著录。《隋书》卷三十三志第二十八《经籍二》载"《宋武北征记》一卷戴氏撰"，《通志》卷六十六《艺文略》第四《地理》并载，但并非伏滔《北征记》，或是戴延之《从刘武王西征记》之异名。

又，《艺文类聚》卷二、《初学记》卷一《天部上》《初学记》卷

---

① （唐）林宝撰：《元和姓纂》（四库全书第890册），上海古籍出版社1987年版，第730页。

② 《晋书》卷九十二《文苑传》："从温伐袁真，至寿阳，以淮南屡叛，著论二篇，名曰《正淮》。"《晋书》，中华书局1974年版，第2399页。

③ 《晋书》，第2399页。

④ 同上书，第2153页。

二十四《居处部》《太平御览》卷十三《天部十三》《太平御览》卷一百八十七并载孟奥《北征记》，记避雷室事，亦非此书。明代有杨荣《北征记》一卷[①]，也是后世同名之作。

从征引情况看，北魏郦道元《水经注》卷八济水注最早征引伏滔《北征记》。[②] 隋代杜公瞻《编珠》引两条。唐代《艺文类聚》引两条（卷二，卷九），李善《文选》注引两条（《文选·谢灵运〈初发石首城诗〉》注、《文选·谢灵运〈拟刘桢诗〉》注），李吉甫《元和郡县志》引三条。宋代乐史《太平寰宇记》引十一条，《太平御览》引十三条。隋唐征引伏滔《北征记》的书籍多，北宋征引的条目多，证明：《北征记》在隋唐至北宋还存世。

南宋晁公武《郡斋读书志》、陈振孙《直斋书录解题》、尤袤《遂书堂书目》，元代马端临《文献通考》，明代杨士奇等《文渊阁书目》、高儒《百川书志》均不著录。可见书已亡佚。虽然南宋罗泌《路史》引《北征记》三条，王应麟《玉海》引两条，但《路史》《玉海》所引不出前代类书，可见南宋时此书可能已亡佚。

## 三 《北征记》的文史价值

伏滔《北征记》，是从征行记，主要记述沿途古迹、见闻，留存了不少晋宋时代的史料，其中不乏有价值者，被后世史家、学者所采引。《北征记》大抵是用“即地以征古”的方法来记述古迹见闻的，其记述所经之地，总是与该地的历史联系起来，而且往往与前代经史书籍所记验证吻合。《北征记》记述了不少名人冢墓，如上诸葛瑾墓、甘

① 见《明史》卷九十七《艺文二》（中华书局 1974 年版，第 2384 页）并清黄虞稷《千顷堂书目》卷五。

② 《水经注》卷八济水注：“伏滔《北征记》曰：济水又与清河合流，至洛当者也。”《水经注疏》，第 736 页。

宁墓，其他还有成汤、伊尹、箕子冢，三王陵，楚元王墓，徐君墓等等。其中有些记述，对于历史考证或有裨益。

《北征记》中也记述了所到之处的一些传闻，这些传闻未必有历史根据，有的只是当地的传说而已，却比较有故事性，或给人以新奇感。如：

> 皇天坞北，古时陶穴。晋时有人逐狐入穴，行十里许，得书二千余卷。①
>
> 河水厚数丈，冰始合车马未过，须狐先行，此物善听，听水无声乃过。②

《水经注》卷一河水引郭缘生《述征记》，也提到了狐狸过河的事："盟津、河津恒浊，方江为狭，比淮、济为阔，寒则冰厚数丈。冰始合，车马不敢过，要须狐行。云此物善听，冰下无水乃过。人见狐行方渡。"③ 或许伏滔和郭缘生对此都有记述，详略不同而已。但郦道元则对此说表示怀疑："余按《风俗通》云：里语称，狐欲渡河，无如尾何。且狐性多疑，故俗有狐疑之说，亦未必一如缘生之言也。"④ 郦道元的怀疑不无道理。《北征记》中还有的记述是野史或志怪小说的附会，如：

> 宋城，魏惠王徙都于此，号梁王，为眉间、赤任敬所杀，三人同葬，故谓之三王陵。⑤

---

① 《太平御览》卷六百十八图书引，第2776页。

② 《太平御览》卷九百九狐引，第4030页。

③ 《水经注疏》，第10页。

④ 同上书，第11页。

⑤ 《太平寰宇记》卷十二河南道引，（四库全书本第470册），第94页。

按，三王墓今在汝南北宜春县界。晋干宝《搜神记》卷十一有三王墓的传说："楚人干将、莫邪为楚王铸剑，剑成，楚王杀莫邪。莫邪子为报父仇计，自刎死，以头付客，献之楚王。楚王令煮之，不烂。客请王往观之。至，客剑斩王，头堕锅中。客自杀，头亦堕锅中。俱烂，不可识别，乃分其汤肉葬之，故通名三王墓。"① 这个故事在《列士传》《吴越春秋》《越绝书》《博物志》《列异传》等书中均有记载。《北征记》在记述宋城时，顺及此事，即记之于书。但也正是因为《北征记》中有一些这样的记述，使其带上了些许文学色彩。

## 第二节　南朝宋伍缉之《从征记》考述

《水经注》卷二十四汶水、卷二十五泗水、卷二十六淄水，凡八次征引《从征记》。《从征记》，伍缉之撰。此书，隋唐诸志不著录，今已亡佚，尚无辑本。

《水经注》引《从征记》，不署撰人姓名。陈桥驿先生以《水经注》卷十五洛水"又东过偃师县南"，引戴延之《从刘武王西征记》，认为《从征记》当是戴书略称，② 恐非是。详下考辨。

### 一　《水经注》所引《从征记》作者考辨

《水经注》卷二十四汶水：

> 《从征记》曰：泰山有下中上三庙，墙阙严整，庙中柏树夹

① （晋）干宝：《搜神记》，《汉魏六朝笔记小说大观》本，上海古籍出版社1999年版，第538页。

② 陈桥驿：《水经注研究》，天津古籍出版社1985年版，第451页。

两阶，大二十余围，盖汉武所植也。赤眉尝斫一树，见血而止，今斧创犹存。门阁三重，楼榭四所，三层坛一所，高丈余，广八尺。树前有大井，极香冷，异于凡水，不知何代所掘？不常浚渫，而水旱不减。库中有汉时故乐器及神车木偶，皆靡密巧丽。①

笔者按，此节，《北堂书钞》卷一百六十地理部三庙、《艺文类聚》卷八十八木部上柏、《初学记》卷五地理上、《太平御览》卷九百五十四木部三柏，并皆引之，互有详略，合之可为此《注》之证。其中《初学记》卷五地理上泰山第三引：

伍缉之《从征记》曰：泰山有上中下三庙，庙前有大井，水极香冷，异于凡水，不知何日代所掘。②

《初学记》明确该文引自“伍缉之《从征记》”，可作为《水经注》所引《从征记》，作者为伍缉之而非戴延之的证据之一。又，《水经注》卷二十五泗水：

《从征记》曰：洙、泗二水，交于鲁城东北十七里。阙里背洙面泗，南北一百二十步，东西六十步，四门各有石闽。北门去洙百步余。③

按，此条，唐张守节《史记·孔子世家》正义、《太平御览》卷六十三洙水并尝引之。《史记正义》明确引自“伍缉之《从征记》”，又可作为《水经注》所引《从征记》作者为伍缉之而非戴延之的证据

① 《水经注疏》，第2063页。
② 《初学记》，第95页。
③ 《水经注疏》，第2099页。

之一。

根据《水经注》此两节文字与《初学记》《史记正义》所引伍缉之《从征记》文字对照，可知《水经注》所引《从征记》作者为伍缉之而非戴延之。戴延之的书，《水经注》亦多引，但都引作《西征记》。

另外，《艺文类聚》卷四十冢与《太平御览》卷五百六十礼仪部三十九冢墓四，都是既有征引伍缉之《从征记》的条目，又有征引戴延之《西征记》的条目。唐宋类书征引两书时，又时常略去撰者姓名，仅称《从征记》或《西征记》。这些都证明：《从征记》与《西征记》是两书，《从征记》为伍缉之作，《西征记》为戴延之作。伍缉之《从征记》内容大多是今山东域内事，戴延之《西征记》多言关中之事。

## 二　《从征记》作者伍缉之生平考

诸书征引《从征记》，作者一般都题“伍缉之”，但《北堂书钞》卷八十七、《艺文类聚》卷三十九及卷四十、《太平御览》卷三十九及卷五百六十等，又作“伍辑之”。但《艺文类聚》与《太平御览》有时，也作“伍缉之”。按，正写应该作“伍缉之”，“辑”字乃形近之讹。

伍缉之，刘宋时官奉朝请。《隋书·经籍志》著录：宋奉朝请《伍缉之集》十二卷。两《唐志》作：《伍缉之集》十一卷。郑樵《通志》卷六十九艺文略也著录：奉朝请《伍缉之集》十二卷。

伍缉之有文集传世，说明他是一位有成就的作家。或许其所作《从征记》，亦在集中。两宋之交的郑樵，在《通志》中著录此文集，说明文集在南宋初还存世。现在，其文集也早就亡佚了。

伍缉之文集不存，但其人诗文，还是在后世的类书或总集中，有一些留存。伍缉之精通乐府。《北堂书钞》卷一百三十注仪饰部一：“伍缉之曰：古铙歌有《巫山高》《有所思》《将进酒》及《芳树》，皆鼓吹词也。”[①] 宋郭茂倩《乐府诗集》卷八十六新歌谣辞中，有伍缉之《劳歌二首》[②]。根据《艺文类聚》和《初学记》等书的零星记载，伍缉之作有《春芳诗》《苦雨赋》《柳花赋》《园桃赋》等，有的文句也颇精彩。

### 三　伍缉之《从征记》亡佚时代考

北魏郦道元《水经注》最早征引《从征记》，卷二十四到卷二十六，三卷中共引八节，说明此书是郦氏撰写山东地理时的重要参考书籍。

唐代，虞世南《北堂书钞》征引《从征记》四节，欧阳询《艺文类聚》征引五节，徐坚《初学记》引四节。《后汉书·东平宪王苍传》章怀太子注，引一节。此外，司马贞《史记索隐》卷九、张守节《史记正义》卷四，各征引一节，李吉甫《元和郡县志》卷十三海州临沂县引一节。唐代诸书皆征引伍缉之《从征记》，表明其书在唐存世。

北宋，《太平御览经史图书纲目》著录：伍辑之《从征记》（按，“辑”乃“缉”之误）。李昉等《太平御览》征引《从征记》最多，达九节。乐史《太平寰宇记》引三节。《册府元龟卷》三十九帝王部引一节。由著录和征引情况看，北宋时，其书应该还在。

但南宋征引《从征记》者骤减。吕祖谦《大事记解题》卷九引一节，潘自牧《记纂渊海》卷九十五木部柏引一节，朱长文《墨池编》卷六引一节，罗泌《路史》引一节。宋末王应麟《玉海》引二节，《困学纪闻》卷十六引一节。查考诸书所引内容，大抵不出前人征引

① 《北堂书钞》，第649页。

② （宋）郭茂倩：《乐府诗集》，中华书局1979年版，第1206页。

内容之外，仅罗泌《路史》卷二十六《国名纪三·闾丘》引《从征记》："高平东、阳东北，有漆县，漆乡东北十里有闾丛乡。"[①] 不知此节文字是罗泌从何书转引而来。罗泌（1131—1189）是南宋初人，但与其同时的吕祖谦（1137—1181），在其《大事记解题》卷九引《从征记》，已经明确说明其是自《水经注》转引而来的，即"洙泗二水交于鲁城"一节，[②] 王应麟《困学纪闻》卷十六所引之一节，也是该节，也明确说明转引自《水经注》。王应麟《玉海》卷九十八封禅所引一节，也标明其转引自《史记·汉武封禅》正义。[③]

综合以上情况，我们似可推测：伍缉之《从征记》原本在南宋已经亡佚，甚至可能在南宋初即已亡佚。

## 四　伍缉之《从征记》的文学价值

由于伍缉之是刘宋时期的文学家，故其《从征记》也表现出了相当浓烈的文采。首先，是山水描写的精彩生动。如：

> 大岘去半城八十里，直度山十五里，崖坎稍曲，石径幽危，四岳三涂不是过也。山高三里，周回四十二里。[④]
>
> 泰山于所经诸山为最高。见岑崿轩举，凌跨众阜，云霞草木，霭然灵异，苑囿神奇，故无螯虫猛兽。[⑤]

前节文字写大岘山"石径幽危"，以"四岳三涂"为比衬，加深

① （宋）罗泌：《路史》（四库全书本第383册），上海古籍出版社1987年版，第291页。

② （宋）吕祖谦：《大事记解题》（四库全书本第324册），上海古籍出版社1987年版，第329页。

③ （宋）王应麟：《玉海》（四库全书本第943册），上海古籍出版社1987年版，第599页。

④ 《太平寰宇记》卷二十三沂州引，（四库全书本第469册），第202页。

⑤ 《太平御览》卷三十九地部四泰山引，第188页。

读者印象；后节写泰山，以“岑崿轩举，凌跨众阜”状其高，以“云霞草木”写其美，以“无螫虫猛兽”道其奇。不但写山如此，写谷写水写泉亦复如此。如：

汶水出（莱芜）县西南流……自入莱芜谷，夹路连山百数里。水隍多行石涧中，出药草，饶松柏，林藿绵濛，崖壁相望，或倾岑阻径，或回岩绝谷。清风鸣条，山壑俱响，凌高降深，兼惴慄之惧，危蹊绝径，过悬度之艰。未出谷十余里，有别谷在孤山。谷有清泉，泉上数丈有石穴，二口，容人行。入穴丈余，高九尺许，广四五丈。言是昔人居山之处，薪爨烟墨犹存。谷中林木致密，行人鲜有能至矣。又有少许山田，引灌之踪尚存。出谷有平丘，面山傍水，土人悉以种麦，云此丘不宜殖稷黍而宜麦，齐人相承以殖之，意谓麦丘所栖愚公谷也，何其深沉幽翳，可以托业怡生如此也！余时逕此，为之踟蹰，为之屡眷矣。[1]

这段关于莱芜谷的描写，实在精彩，是一篇优美的山水文。先写山谷，再写山谷中的清泉，再写因为水的滋润而可以“托业怡生”的山田，由水之所出写到水之所利，叙述描写，逻辑严密，次序井然。写谷之美，以药草、松柏为点缀，写“林藿绵濛”之景，又以“崖壁相望，或倾岑阻径，或回岩绝谷”写其幽邃，又以“凌高降深”、“危蹊绝径”写其过往之艰，作者还特意描写“清风鸣条，山壑俱响”，以增加画面的动感，愈显真实。写清泉石穴，插入一句“言是昔人居山之处，薪爨烟墨犹存”，显现幽秘色彩。最后写水利怡生，作者更是情不自禁地直接抒情：“余时逕此，为之踟蹰，为之屡眷矣。”凡此描写，引人入胜。

① 《水经注》卷二十四汶水引，《水经注疏》，第2057页。

此外，《从征记》关于古迹的记述，也同样文笔精彩。如：

> 泰山有下中上三庙，墙阙严整，庙中柏树夹两阶，大二十余围，盖汉武所植也。赤眉尝斫一树，见血而止，今斧创犹存。门阁三重，楼榭四所，三层坛一所，高丈余，广八尺。树前有大井，极香冷，异于凡水，不知何代所掘？不常浚渫，而水旱不减。库中有汉时故乐器及神车木偶，皆靡密巧丽。①
>
> 广固城北三里有尧山祠，尧因巡狩登此山，后人遂以名山。庙在山之左麓，庙像东面，华宇修整，帝图严饰，轩冕之容穆然，山之上顶，旧有上祠，今也毁废，无复遗式。盘石上尚有人马之迹，徒黄石而已，惟刀剑之踪逼真矣。至于燕锋代锷，魏铗齐铭，与今剑莫殊，以密模写，知人功所制矣。②

前节写泰山三庙，作者主要写两处遗迹，一是庙中柏树，二是树前大井。写柏树，加入“汉武所植”、“赤眉尝斫”以显现其历史感；写大井，则写其“香冷”和“水旱不减”的神异，再加上作者“不知何代所掘?”的一问，立刻把读者引入了关于古庙历史的深沉思索中去。后节写尧山祠，作者主要写两处遗迹，一是庙像，二是盘石刀剑之迹。写刀剑之迹时，作者说其无异于今剑，是“人功所制”，看来古人也会造假。其实，这两节所写的遗迹，都很平常，不过是普通的树、普通的井、普通的庙像、普通的石头，但一经作者道出，便尽显其历史的沧桑。

《从征记》也给后世的文学创作留下了一些创作素材。如前文所引刘表墓事，庾信就曾多次在文中化用。庾信《周柱国大将军大都督同州刺史尔绵永神道碑》：“刘荆州之墓，合葬于襄水之阳；卫将军之

① 《水经注》卷二十四汶水引，《水经注疏》，第 2063 页。

② 《水经注》卷二十六淄水引，《水经注疏》，第 2235 页。

陵，同穴于庐山之下。”又庾信《周太傅郑国公夫人郑氏墓志铭》：“家亡淑女，国丧贤姬。香坟永送，舞鹤长辞。”其中“刘荆州之墓”、“香坟”的说法，即出自伍缉之《从征记》。再如《从征记》中所记“阙里，背洙面泗”一节，徐陵《皇太子临辟雍颂》有云“洙泗兴业，阙里增荣”，李商隐《为安平公兖州谢上表》说“本孔里周封，有尧祠舜泽”，也都是其《从征记》中的相关记载。

总之，伍缉之以文学家的手笔而撰著历史地理作品《从征记》，使其表现出浓烈的文学意味。尤其是其山水描写，为此后包括《水经注》在内的地理文学著作树立了很好的创作榜样，对中国山水散文的发展具有重要的贡献。

# 第十章

# 集大成的“总地记”：《水经注》的文学成就

## 第一节 《水经注》的山水景物描写

《水经注》既是一部系统完整的地理学著作，也是一部生动优美的文学作品。就其文学性而言，尤以记山写水为胜。明人杨慎《丹铅总录》：“《水经注》所载多他书传未有者，其叙山水奇胜，文藻骈丽，比之宋人《卧游录》、今之《玉壶冰》，岂不天渊？予尝欲抄出其山水佳胜为一帙，以洗宋人《卧游录》之陋，未暇也。”[①] 清人刘献廷《广阳杂记》云：“《水经注》更有余力铺写景物，片言只字，妙绝古今。诚宇宙未有之奇书也。”[②] 不错，《水经注》富有个性特征、具有很强的艺术表现力的景物描写，在篇中俯拾皆是，即使比之后代山水散文中的写景片段，亦无不及之处。

《水经注》模山范水，状景繁复，为一时之最。正如明黄省曾

① （明）杨慎：《升庵集》卷77，《四库全书》第1270册，上海古籍出版社1987年版，第774页。

② （清）刘献廷：《广阳杂记》，中华书局1994年版，第211页。

《刻〈水经注〉序》说："凡过历之皋堆，夹并之坻岸，环间之邮亭，跨俯之城隅，镇被之岩岭，洄注之溪谷，濒枕之乡聚，耸映之楼馆，建树之碑碣，沉沦之基落，靡不旁萃曲收，左摭右采"。[①] 今人钱钟书也说："郦道元《水经注》规模弘远，千山万水，包举一编，吴《书》相形，不过如马远之画一角残山剩水耳。"[②]《水经注》之写景，确是撮荟闳博，灿若列星。写山则有峰峦、岩岫、洞穴、峡岸、怪石、陵阜等，写水则有瀑布、泉源、湖泊、清溪、津渡、深井等，其他草木虫鱼，城池关隘、宫殿庙宇，物产古迹，无不荟萃其中。风物既殊，形貌各异，而《水经注》竟少有雷同，这就更为难得了。

## 一　极富个性的山水形貌刻画

《水经注》十分注意对山水进行个性化的刻画。这首先是由《水经注》的内容和体制特点决定的。郦道元撰写《水经注》，以"因水以证地"，"即地以存古"为目的，即要写一部历史地理著作。因此，他不可能对一山一水一草一木都巨细不遗地进行全面描绘，他必须用简洁的语言，捕捉最富有特征性的景色。郦道元善于从各种不同的角度对自然山水进行个性化的刻画。

有时，郦道元抓住山水的形貌特征，因其名而状其形。如：

> 山下有长城，长城之际，连山刺天，其山中断，两岸双阙，善能云举，望若阙焉。即状表目，故有高阙之名也。[③]
>
> 涞水又南径藏刀山下，层岩壁立，直上干霄，远望崖侧，有

① （清）赵一清：《水经注释·附录》，文渊阁《四库全书》本。

② 钱钟书：《管锥编》，中华书局1979年版，第1457页。

③ 《水经注》卷三河水注，《水经注校释》，杭州大学出版社1999年版，第40页。以下引《水经注》各条版本同。

若积刀，镮镮相比，咸悉西首。①

沁水又南历陭氏关，又南与骉骉水合，水出东北巨骏山，乘高泻浪，触石流响，世人因声以纳称。②

山水东南流，名为紫溪，中道夹水，有紫色盘石，石长百余丈，望之如朝霞，又名此水为赤濑，盖以倒影在水故也。③

（汝水）历蒙柏谷，左右岫壑争深，山阜竞高，夹水层松茂柏，倾山荫渚，故世人以名也。④

《水经注》紧扣名得于形的特点，抓住所要描写的对象最为突出的特征，集中笔力进行刻画，或"即状表目"，或"因声以纳称"，使读者顾其名而思其形。高阙山的特点是山体中断，两岸"云举"，"望若阙焉"；藏刀山的特点是山峰重叠峭立，如"镮镮相比"的把把钢刀森耸雄奇。骉骉水"乘高泻浪，触石流响"；紫溪有长达百余丈紫色盘石；蒙柏谷"夹水层松茂柏，倾山荫渚"，也都能给人如临其境，如闻其声，如睹其色，如见其形的感觉。其他如沙州、画石山、孔山、胡鼻山、鸡翘洪、鱼山、岚谷、委粟山、障日山、鹿蹄山、马耳山、熊耳山、黄牛滩、滇池、石城山、石镜等，都运用了类似的写法。

有时，郦道元借助山川物产之特异以突出山水不同于他处的特点。如葱岭以山多大葱得名，"豫章以树氏郡，酸枣以棘名邦"⑤ 等。

有时，郦道元着力于色彩的描绘，集中笔力构筑山川景物的图画美。有的色彩淡雅：

（阳歁崖）崖色纯素，望同积雪，下有二石室，先有人居处

① 《水经注》卷十二巨马河注，《水经注校释》，第224页。
② 《水经注》卷九沁水注，《水经注校释》，第154页。
③ 《水经注》卷四十渐江水注，《水经注校释》，第693页。
④ 《水经注》卷二十一汝水注，《水经注校释》，第373页。
⑤ 《水经注》卷八济水注，《水经注校释》，第133页。

其间，细泉轻流，望川竞注，故不可得以言也。①

有的色彩清丽：

其水南流，历鼓钟上峡，悬洪五丈，飞流注壑，夹岸深高，壁立直上，轻崖秀举，百有余丈，峰次青松，岩悬赪石，于中历落，有翠柏生焉，丹青绮分，望若图绣矣。②

有的色彩则浓烈：

黄水北有墨山，山石悉黑，缋彩奋发，黝焉若墨，故谓之墨山。今河南新安县有石墨山，斯其类也。丹水南有丹崖山，山悉黑壁霞举，若红云秀天，二岫更为殊观矣。③

上面一段，郦道元特意把墨山和丹崖山放在一起来描绘，把“黝焉若墨”的墨山与“如红云秀天”的丹崖山进行对比，让读者惊叹大自然的鬼斧神工。再如：

水东出尧山，山盘纡数百里，有赭凿迭起，冠以青林，与云霞乱采。④

“赭凿”、“青林”、“云霞”，交织映衬，流光乱采。再如：

---

① 《水经注》卷三十七沅水注，《水经注校释》，第649页。
② 《水经注》卷四河水注，《水经注校释》，第67页。
③ 《水经注》卷二十丹水注，《水经注校释》，第369页。
④ 《水经注》卷三十九洭水注，《水经注校释》，第676页。

北有湖里渊，渊上橘柚蔽野，桑麻闇日，西望佷山诸岭，重峰迭秀，青翠相临，时有丹霞白云游曳其上。①

在一片绿色为主色调的图画上，作者又移来丹霞白云游曳其上以为点缀，足见作者巧于设色。有时山水形貌十分接近，《水经注》就注意加上一两句可以辨别它们各自不同的特点的语句。如：

济水又东北，华不注山单椒秀泽，不连丘陵以自高，虎牙桀立，孤峰特拔以刺天，青崖翠发，望同点黛。②

（女灵山）其山平地介立，不连冈以成高；峻石孤峙，不托势以自远。四面壁绝，极能灵举，远望亭亭，状若单楹插霄矣。北面有如颓落，略得通步，好事者时有扳陟耳。③

（广昌岭）岭高四十余里，二十里中委折五回，方得达其上岭，故岭有五回之名。④

汉水又东南径瞿堆西，又屈径瞿堆南，绝壁峭峙，孤险云高，望之形若覆唾壶，高二十余里，羊肠蟠道三十六回。⑤

前二句写孤高之山，共同特点是“不连冈以成高”；后二句写迂回之岭，相似之处是二十里中山路迂回曲折。但若仔细分析，就不难看出它们相似中存在着不同。华不注山“虎牙桀立”，崔嵬尖陡中又有“青崖翠发”的特点，女灵山“状若单楹插霄”，山体相对浑圆，所以作者有说一“特拔以刺天”，一“北面有如颓落”。后二句，瞿堆“望之形若覆唾壶”的形状是广昌岭所不具有的。

---

① 《水经注》卷三十四江水注，《水经注校释》，第 597 页。
② 《水经注》卷八济水注，《水经注校释》，第 139 页。
③ 《水经注》卷三十一淯水注，《水经注校释》，第 544 页。
④ 《水经注》卷十一滱水注，《水经注校释》，第 210 页。
⑤ 《水经注》卷二十漾水注，《水经注校释》，第 363 页。

有时，不同于大轮廓的形貌勾勒，作者着力描摹山中水边的水草、树木、岩石，更加细致微婉：

（锡义山）方圆百里，形如城，四面有门，上有石坛，长数十丈，世传列仙所居，今有道士被发饵术，恒数十人。山高谷深，多生薇蘅草，其草有风不偃，无风独摇。①

山西带修溪一百余里，茂竹便娟，披溪荫渚，长川径引，远注于沅。②

沁水又南五十余里，沿流上下，步径裁通，小竹细笋，被于山渚，蒙茏茂密，奇为翳荟也。③

丹水又东南历西岩下，岩下有大泉涌发，洪源巨轮，渊深不测，蘋藻冬芹，竟川含绿，虽严辰肃月，无变暄萋。④

水侧有豫章木，本径可二丈，其株根犹存，伐之积载，而斧迹若新。羽族飞翔不息，其旁众枝，飞散远集，乡亦不测所如，惟见一枝，独在含洭水矣。⑤

有时山水形貌相近，这时草木沙石之异，往往成为它们各自独特性的重要表征。我们不妨从上面所引各节来略作比较。“有风不偃，无风独摇”的薇蘅草，“本径可二丈”、“伐之积载，而斧迹若新”的豫章木，都是以新奇神异之物异于他山他水。写丹水，重点写水中“竟川含绿”的“蘋藻冬芹”，突出其“渊深不测”的特点，其之所以“虽严辰肃月，无变暄萋”，也是由于水深的缘故。写带修溪和沁水，都写其两岸的竹笋。可是带修溪略长，“长川径引”；沁水则短，“步

① 《水经注》卷二十七沔水注，《水经注校释》，第493页。
② 《水经注》卷三十七沅水注，《水经注校释》，第650页。
③ 《水经注》卷九沁水注，《水经注校释》，第155页。
④ 同上书，第158页。
⑤ 《水经注》卷三十九洭水注，《水经注校释》，第675页。

径裁通”。因此两水岸边景物也就有了细微差别，带修溪的竹子是“茂竹”，所以说其“披溪荫渚”；而沁水的岸竹则是“小竹细笋”，所以说其“被于山渚”。又如：

> 湟水又东径允街县故城南，汉宣帝神爵二年置，王莽之修远亭也。县有龙泉，出允街谷，泉眼之中，水文成交龙，或试挠破之，寻平成龙。畜生将饮者，皆畏避而走，谓之龙泉，下入湟水。①

这段文字工笔细描龙泉水流不同于别泉的特异神奇。“畜生将饮者，皆畏避而走”，更增加了泉水的神奇色彩。《文选》卷二十《诗甲》潘安仁《金谷集作诗》“滥泉龙鳞澜，激波连珠挥”，正可与《水经注》此条相埒②。

总之，《水经注》随物赋形，在突出景物个性化的描写上，极见艺术功力。

《水经注》中类似笔触细腻的写法，颇受后世一些研究者诟病。明代杨慎《水经序》说：“若郦氏注衍为四十卷，厌其枝蔓太繁，颇无关涉，首注河水二字，泛引佛经怪诞之说，几数千古，亦赘矣。”③清人全祖望在《水经注释序》中也说：“乃过于嗜奇，称繁引博。”④这也许是“北学深芜，穷其枝叶”的时代风气影响使然⑤。如果单就《河水》一注而言，这些说法似乎也不无道理。但若换一个角度，从《水经注》整体来看，未尝不可以说《水经注》之琐碎枝蔓，正是其

① 《水经注》卷二河水注，《水经注疏》，第176—177页。

② （唐）李善注：“《尔雅》曰：滥泉正出。正出，涌出也。郦元《水经注》曰：允街谷水文成蛟龙。”

③ （明）杨慎：《水经序》，见王文才、张锡厚《升庵著述序跋》，云南人民出版社1985年版，第221—222页。

④ 见乾隆甲寅年（1794）小山堂雕本《水经注释》。

⑤ 《隋书·儒林传序》，中华书局1973年版，第1706页。

文学性之重要表现。明代谭元春说："予之所得于郦注者，自空蒙萧瑟之外，真无一物，而独喜善长之读万卷书，行尽天下山水，囚捉幽异，掬弄光采，归于一绪。"① 正是仁者见仁，智者见智。



## 二 境界各异的山水性格概括

正如刘勰《文心雕龙·物色》所言的"写气图貌"、"随物以宛转"，《水经注》中的山水描写绝非千山同势，万水一面。作者很注意开发挖掘客观景物的内在品质，使山水景物的精神特质得以深刻的表现，突出地刻画、显现了各种不同的山水性格。如：

(汾水)水出左右近溪，声流翼注，水上杂树交荫，云垂烟接。自是水流潭涨，波襄转泛。②

这两幅画面的共同特点是幽美。澄清透明的湘江，"杂树交荫，云垂烟接"的汾水，景色幽雅清新，令人赏心悦目。再如：

出井东南行二里，峻坂斗上斗下，降此坂二里许，又复东上百丈崖，升降皆须扳绳挽葛而行矣。南上四里，路到石壁，缘旁稍进，径百余步……从祠南历夹岭，广裁三尺余，两箱悬崖数万仞，窥不见底，祀祠有感，则云与之平，然后敢度，犹须骑岭抽身，渐以就进，故世谓斯岭为搦岭矣。③

(函谷关)邃岸天高，空谷幽深，涧道之峡，车不方轨，号

① (明)谭元春：《谭元春集》，《刻〈水经注批点〉序》，陈杏珍标校，上海古籍出版社1998年版，第598页。

② 《水经注》卷六汾水注，《水经注校释》，第97页。

③ 《水经注》卷四河水注，《水经注校释》，第58页。

曰天险。①

又东傍东瀼溪，即以为隍，西南临大江，窥之眩目，惟马岭小差委迤，犹斩山为路，羊肠数四，然后得上。②

江水又东径流头滩，其水并峻激奔暴，鱼鳖所不能游，行者常苦之，其歌曰：滩头白勃坚相持，倏忽沦没别无期。③

西北行，上高山，羊肠绳屈八十余里，或攀木而升，或绳索相牵而上，缘陟者若将阶天……三蜀之人及南中诸郡，以为至险。④

“悬崖数万仞，窥不见底”的搦岭，“空谷幽深”、“车不方轨”的函谷关，“窥之眩目”的东瀼隍，“峻激奔暴”的流头滩，行者须攀木而登的高山……《水经注》在这里展现给人们的几幅画面的共同特点是奇险。又如：

水出绛山东，寒泉奋涌，扬波北注，悬流奔壑，一十许丈，青崖若点黛，素湍如委练，望之极为奇观矣。⑤

东侧有一湖，三春九夏，红荷覆水，引渎城隍，水积成潭，谓之东台湖，亦肥南播也。肥水西径寿春县故城北，右合北溪，水导北山泉源下注，漱石颓隍，水上长林插天，高柯负日，出于山林精舍右、山渊寺左，道俗嬉游，多萃其下，内外引汲，泉同七净，溪水沿注西南，经陆道士解南，精庐临侧川溪，大不为广，小足闲居，亦胜境也。⑥

① 《水经注》卷四河水注，《水经注校释》，第59页。
② 《水经注》卷三十三江水注，《水经注校释》，第587页。
③ 《水经注》卷三十四江水注，《水经注校释》，第595页。
④ 《水经注》卷三十六若水注，《水经注校释》，第622页。
⑤ 《水经注》卷六浍水注，《水经注校释》，第105页。
⑥ 《水经注》卷三十二肥水注，《水经注校释》，第563页。

山有都亭。堂上结方湖，湖中起御坐，石也。御坐前建蓬莱山，曲池接筵，飞沼拂席，南面射侯夹席，武峙背山。堂上则石路崎岖，严嶂峻险，云台风观，缨峦带阜。游观者升降阿阁，出入虹陛，望之状凫没鸾举矣。其中引水飞睾，倾澜瀑布，或枉渚声溜，潺潺不断。竹柏荫于层石，绣薄丛于泉侧，微飙暂拂，则芳溢于六空，实为神居矣。其水东注天渊池。[①]

读了上述几段，我们不能不神往于《水经注》所营造的那种生机盎然、情趣悠远的秀美境界了。再如：

（吕梁洪）其山岩层岫衍，涧曲崖深，巨石崇竦，壁立千仞，河流激荡，涛涌波襄，雷渀电泄，震天动地。[②]

世俗谓之龙门也。其山上合下开，开处高六丈，飞水历其间，南出乘崖，倾涧泄注，七丈有余，渀荡之音，奇为壮猛，触石成井，水深不测，素波自激，涛襄四陆，瞰之者惊神，临之者骇魄矣。[③]

孟门即龙门之上口也。实为河之巨阸，兼孟门津之名矣。此石经始禹凿，河中漱广，夹岸崇深，倾崖返捍，巨石临危，若坠复倚。古之人有言，水非石凿而能入石，信哉！其中水流交冲，素气云浮，往来遥观者，常若雾露沾人，窥深悸魄。其水尚崩浪万寻，悬流千丈，浑洪赑怒，鼓若山腾，濬波颓叠，迄于下口。方知《慎子》下龙门，流浮竹，非驷马之追也。[④]

① 《水经注》卷十六谷水注，《水经注校释》，第 290 页。
② 《水经注》卷三河水注，《水经注校释》，第 46 页。
③ 《水经注》卷十一滱水注，《水经注校释》，第 211 页。
④ 《水经注》卷四河水注，《水经注校释》，第 53 页。

这里展现给人们一变而为的壮美。壮猛奔腾的水流，“素波自激，涛襄四陆”的石井，临危若坠的巨石，悬流千丈的瀑布，大自然的天造地设，总给人以奋进不屈的力量。再如：

水出鹈鹕山，山有二峰，峻极于天，高崖云举，亢石无阶，猨徒丧其捷巧，鼯族谢其轻工。①

其下十余里，有大巫山。非惟三峡所无，乃当抗峰岷、峨，偕岭衡、疑，其翼附群山，并概青云，更就霄汉，辨其优劣耳。②

“峻极于天，高崖云举”的鹈鹕山，“并概青云”的大巫山，雄奇之美，大概只能让人“以手扶膺坐长叹”了。

幽、奇、险、秀、壮、雄，自然景观的诸多审美特征，在《水经注》中都有恰切的表现。《水经注》中的山水描写，总能抓住山水景物的内在风神，从描写对象的变化及其与周围环境的关系中，展示不同的山水形象，构造不同的山水意境，塑造不同的山水性格。所以，尽管万水千山包举一篇，但总能格调各异，光景常新。

### 三　多视角描写展示景物特征

《水经注》在对山水进行描写和刻画时，比较注意视角的选择。视角的选择往往与所描写对象的特点相关。有时，《水经注》描写山水，是从远视角对描写对象进行全景刻画。例如：

汉水又东迳瞿堆西，又屈迳瞿堆南，绝壁峭峙，孤险云高，

---

① 《水经注》卷十五洛注，《水经注校释》，第267页。

② 《水经注》卷三十四江水注，《水经注校释》，第593页。

望之形若覆唾壶。高二十余里，羊肠蟠道三十六回。[①]

华不注山单椒秀泽，不连邱陵以自高，虎牙桀立，孤峰特拔以刺天。[②]

河流激荡，涛涌波襄，雷奔电泄，震天动地。[③]

流汉汤汤，惊浪雷奔，望之天迥，即之云昏者也。[④]

前二句写山，后二句写水，都是从远距离观察景物，并抓住景物的各自特点进行的全景刻画。瞿堆南山崖绝壁的总体形貌特点是“望之形若覆唾壶”；华不注山挺拔的孤峰，如同刺向太空的尖锐虎牙；后二句写水，也是从高远之处即目所见。由于地势产生的高差使得水势滔滔，流急浪猛，摄人心魄。

有时，《水经注》则把镜头拉近，以近距离的观察角度，对描写对象作出细腻生动的描摹。例如：

山东有石镜，照水之所出。有一圆石，悬崖明净，照见人形，晨光初散则延曜入石，毫细必察，故名石镜焉。[⑤]

人滩水至峻峭，南岸有青石，夏没冬出，其石嵚崟，数十步中悉作人面形，或大或小。其分明者，须发皆具，因名曰人滩也。[⑥]

水导北山，泉源下注，漱石颓隍，水上长林插天，高柯负日。[⑦]

绿水平潭，清洁澄深，俯视游鱼，类若乘空矣，所谓渊无潜鳞也。[⑧]

① 《水经注》卷二十漾水注，《水经注疏》，第1694页。
② 《水经注》卷八济水注，《水经注疏》，第746页。
③ 《水经注》卷三河水注，《水经注疏》，第248页。
④ 《水经注》卷二十七沔水注，《水经注疏》，第2332页。
⑤ 《水经注》卷三十九庐江水注，《水经注疏》，第3266页。
⑥ 《水经注》卷三十四江水注，《水经注疏》，第2843页。
⑦ 《水经注》卷三十二肥水注，《水经注疏》，第2682页。
⑧ 《水经注》卷二十二洧水注，《水经注疏》，第1848页。

前二句写石，后二句写溪、潭，都是近景描写。石镜山东的石镜，其实是一圆石，特别光滑平整，可以照见人形，“毫细必察”，自是近距离观察才可以看到。人滩“数十步中悉作人面形”的石头好多，而且大小不一，也是踩上石头才能发现的奇异之景。第三句写溪边长林，也须置身其中，才会感受到“高柯负日”的阴翳之美。最后一句写潭水之清澈，下看游鱼好像在空中游荡，这当然得漾舟于潭水中间，才能观察到。

《水经注》在写景时，还注意到景物在不同的季节、时段、天气等所展现出来的不同美感。例如：

> 蘋藻冬芹，竟川含绿，虽严辰肃月，无变暄萋。[①]
>
> 水所经皆石山，略无土岸。其水虚映，俯视游鱼，如乘空也。浅处多五色石，冬夏激素飞清，傍多茂木空岫，静夜听之，恒有清响。百鸟翔禽，哀鸣相和，巡颓浪者，不觉疲而忘归矣。[②]
>
> 重峰叠秀，青翠相临，时有丹霞白云，游曳其上。[③]

第一句写蘋藻冬芹，一片葱茏，绿意满眼，作者为了让读者加深这一视觉印象，特加一笔“虽严辰肃月，无变暄萋”，从春夏之景想及秋冬。花木枯荣开落、鸟兽迁徙往来，四季运转，往往形成不同的美。更精妙的是中间一句，写清透无比的很山北溪。冬夏两季，水流状态、植物、飞禽都有着独特的季节美，加之日夜之间的时段变化，“百鸟翔禽，哀鸣相和”的听觉美感，“不觉疲而忘归”的情感投入，真可谓视觉之感与听觉之感融合，空间之美与时间之美共赏。最后一句写山时，偏偏拽来了“丹霞白云”来作映衬，写出了山水的光影变

① 《水经注》卷九沁水注，《水经注疏》，第838页。

② 《水经注》卷三十七夷水注，《水经注疏》，第3063页。

③ 《水经注》卷三十四江水注，《水经注疏》，第2851页。

幻之态，给描写对象带来了新的色彩美和动感美。

### 四　历史人文内容的丰富蕴涵

山水自然不仅千姿百态、变化多端，而且常常沉积着深厚的文化，闪耀着灿烂的异彩。因此《水经注》有时在描写自然景物的同时，也往往加入历史故事、人物传说等以说明地名由来和山水之特异。这样，既强化了山水的个性化特征，也增加了景物的人文色彩。如：

> 水又东南流，历于竹圃，水次绿竹荫渚，菁菁实望，世人言梁王竹园也。[①]
>
> 溪水上承嶕岘麻溪，溪之下，孤潭，周数亩，甚清深，有孤石临潭。乘崖俯视。猨狖惊心，寒木被潭，森沈骇观。上有一栎树，谢灵运与从弟惠连常游之，作连句，题刻树侧。麻潭下注若邪溪，水至清照，众山倒影，窥之如画。[②]
>
> 谷水又东南转屈而东注，谓之阮曲，云阮嗣宗之故居也。[③]

前句记梁王竹园。梁孝王刘武，汉文帝之子，而与汉景帝同母兄弟。《史记》说他“筑东苑，方三百余里”，即指此竹园。因其宾主诗赋其间而常入文人吟咏。如汉代枚乘《梁王菟园赋》有“修竹檀叶夹池水”之句，唐代王勃《滕王阁序》有“睢园绿竹”之谓。《水经注》卷二十四还记载有：“梁王与邹、枚、司马相如之徒，极游于其上，故齐《随郡王山居序》所谓西园多士，平台盛宾，邹马之客咸在，伐木之歌屡陈，是用追芳昔娱，神游千古，故亦一时之盛事。谢

① 《水经注》卷二十四睢水注，《水经注校释》，第428页。
② 《水经注》卷四十渐江水注，《水经注校释》，第698页。
③ 《水经注》卷十六谷水注，《水经注校释》，第298页。

氏《赋雪》亦曰：梁王不悦，游于兔园。今也，歌堂沦宇，律管埋音，孤基块立，无复曩日之望矣。”[1] 中句写孤潭寒木，但加上谢灵运、谢惠连的连句题刻，就会自然引发人们的缅古悠怀。后句写阮曲。阮籍与其侄阮咸同住在洛阳城外谷水转曲而东流处，“阮仲容、步兵居道南，诸阮居道北”[2]。若说前句使人有“楚王台榭空山丘”之慨，后两句则让人有“江山故宅空文藻”之叹。《水经注》因水证地，寥寥几笔，就为原本平常无奇的竹圃、栎树、乡曲平添了几许文化气息。

若说上面穿插的几则故事还去古未远，或有所据，那么，下面两则中所写的古韵遗风就只能说是郦道元的有意设置了：

> （三累山）山下水际，有二石室，盖隐者之故居矣。细水东流，注于崌谷。侧溪山南有石室，西面有两石室，北面有二石室，皆因阿结牖，连扃接闼，所谓石室相距也。东厢石上，犹传杵臼之迹；庭中亦有旧宇处，尚仿佛前基；北坎室上，有微涓石溜，丰周瓢饮，似是栖游隐学之所。昔子夏教授西河，疑即此也，而无以辨之。[3]
>
> 今人谓之丸谷，石壁深高，幽隍邃密，林障秀阻，人迹罕交。东南隅有一石室，盖太公所居也。水次平石钓处，即太公垂钓之所也。其投竿跽饵，两膝遗迹犹存，是有磻溪之称也。[4]

前段郦道元因写石室“似是栖游隐学之所”而联想到“子夏教授西河”的故事，无非是想引发人们对于古迹幽居的神往。后段写磻

① 《水经注疏》，第 2013 页。
② 《世说新语笺疏·任诞》，第 732 页。
③ 《水经注》卷四河水注，《水经注校释》，第 55 页。
④ 《水经注》卷十七渭水注，《水经注校释》，第 320 页。

溪，特地穿插了太公垂钓的故事。“两膝遗迹犹存”自是想象之词，但一经郦道元道出，人们的怀古悠情也就油然而生了。再如：

江水历峡，东径宜昌县之插灶下。江之左岸，绝岸壁立数百丈，飞鸟所不能栖，有一火烬，插在崖间，望见可长数尺。父老传言，昔洪水之时，人薄舟崖侧，以余烬插之岩侧，至今犹存，故先后相承谓之插灶也。①

江水自建平至东界峡，盛弘之谓之空泠峡。峡甚高峻，即宜都建平二郡界也。其间远望，势交岭表，有五六峰参差互出，上有奇石，如二人像攘袂相对，俗传两郡督邮争界于此，宜都督邮厥势小东倾，议者以为不如也。②

《水经注》有意在这两段描写中插入了引人入胜的传说，当然都是本无稽考的故事，但一经《水经注》把它们摄入点染，就显得韵味悠远，令人心驰神往。再如：

(逃石)以其有灵运徙，又曰灵石。其杰处临江壁立，霞驳有若缋焉。水石惊濑，传响不绝，商舟淹留，聆翫不已。③

湍水又南，菊水注之。水出西北石涧山芳菊溪，亦言出析谷，盖溪涧之异名也。源旁悉生菊草，潭涧滋液，极成甘美。云此谷之水土，餐挹长年，司空王畅、太傅袁隗、太尉胡广，并汲饮此水，以自绥养，是以君子留心，甘其臭尚矣。④

---

① 《水经注》卷三十四江水注，《水经注校释》，第595页。

② 同上。

③ 《水经注》卷三十八溱水注，《水经注校释》，第670页。

④ 《水经注》卷二十九湍水注，《水经注校释》，第517页。

这两段写石之奇、草之异，笔下自令有人杰地灵之感。有时大自然天造地设，又偏多神异之处：

水出石城山，其山复涧重岭，攲迭若城，山顶泉流，瀑布悬泻，下有滥泉，东流泄注，边有数十石畦，畦有数野蔬，岩侧石窟数口，隐迹存焉，而不知谁所经始也。①

郦道元故意把本来平常的景致写得倘恍迷离，引发读者的好奇心。有时郦道元又把写景和记述史事相结合。如：

（广昌岭）岭高四十馀里，二十里中，委折五回，方得达其上岭，故岭有五回之名。下望层山，盛若蚁蛭，实兼孤山之称，亦峻竦也。徐水三源奇发，齐泻一涧，东流北转，迳东山下。水西有《御射碑》。徐水又北流，西屈迳南岩下。水阴又有一碑。徐水又随山南转，迳东岩下，水际又有一碑。凡此三铭，皆翼对层峦，严障深高，壁立霞峙。石文云：皇帝以太延元年十二月，车驾东巡，迳五回之险邃。览崇岸之竦峙，乃停驾路侧，援弓而射之，飞矢逾于岩山，刊石用赞元功。夹碑并有层台二所，即御射处也。碑阴皆列树碑官名。徐水屈东北迳郎山，又屈迳其山南，众岑竞举，若竖鸟翅，立石崭岩，亦如剑杪，极地险之崇峭。②

在这里，有“下望层山，盛若蚁蛭”、“众岑竞举，若竖鸟翅，立石崭岩，亦如剑杪”等传神的景物描写，也有北魏太武帝拓拔焘援弓射山耀武扬威的记述。《水经注》把山水特征的描写与历史人文内容结合在一起来写，以互为引证，相得益彰。

---

① 《水经注》卷五河水注，《水经注校释》，第 75 页。

② 《水经注》卷十一滱水注，《水经注校释》，第 210 页。

山水是自然物的客观存在，又是人类生活和活动的场所。追述历史故实往往可以产生单纯模山范水所达不到的效果。《水经注》善于引用史实、传说、神话、故事、谣谚入文，与山水景物描写相配合，既使山水景物增色，又让史实传说等更加动人，因而饶有兴味。

### 五　深婉情致的表露和渗入

明代钟惺《水经注钞》：“郦道元偏具山水笔资，其法则记，其才其趣则诗也。”清代刘熙载《艺概》卷一《文概》：“郦道元叙山水，峻洁层深，奄有《楚辞·山鬼》《招隐士》胜境；柳柳州游记，其先导也。”《水经注》由于受其撰著体例和内容的影响，本以客观写实为主要笔法。另外，《水经注》同时又不乏感情色彩。郦道元在描山绘水的同时，力争从感情上打动读者，而并不完全是说明式的介绍。这就使《水经注》具有了与诗、赋相似的表现效果，使其“叙山水”时具有了“峻洁层深”的特点。

郦道元有时在《水经注》中熔铸自己的感情。如：

> （冶泉祠）按《广雅》，金神谓之清明，斯地盖古冶官所在，故水取称焉。水色澄明，而清泠特异。渊无潜石，浅镂沙文，中有古坛，参差相对，后人微加功饰，以为嬉游之处。南北邃岸凌空，疏木交合。先公以太和中作镇海岱，余总角之年，侍节东州，至若炎夏火流，间居倦想，提琴命友，嬉娱永日。桂笋寻波，轻林委浪，琴歌既洽，欢情亦畅，是焉栖寄，实可凭衿。小东有一湖，佳饶鲜笋，匪直芳齐芍药，实亦洁并飞鳞。其水东北流入巨洋，谓之熏冶泉。[1]

---

① 《水经注》卷二十六巨洋水注，《水经注校释》，第467页。

三面积石，高深一匹有馀。长津激浪，瀑布而下，澎赑之音，惊川聒谷，漰渀之势，状同洪井，北流入阳水。余生长东齐，极游其下，于中阔绝，乃积绵载。后因王事，复出海岱。郭金紫惠同石井，赋诗言意。弥日嬉娱，尤慰羁心，但恨此水时有通塞耳。阳水东迳故七级寺禅房南。水北则长庑遍驾，回阁承阿，林际则绳坐疏班，锡钵间设，所谓修修释子，眇眇禅栖者也。①

郦道元在这里或回忆童年嬉娱往事，或追述故地重游之感，都表达了自己深深陶醉于美好的自然景致之中的切身感受。无论是"琴歌既洽，欢情亦畅，是焉栖寄，实可凭衿"、"弥日嬉娱，尤慰羁心"等的直接抒情，还是作者在景物描写的行文之中所流露出的情怀，都无不包孕着自然美景的体悟和眷恋。看来，郦道元在《水经注序》中所说"余少无寻山之趣，长违问津之性"全是自谦之词。再如：

夷水又径宜都北，东入大江，有泾、渭之比，亦谓之佷山北溪。水所经皆石山，略无土岸。其水虚映，俯视游鱼，如乘空也。浅处多五色石，冬夏激素飞清，傍多茂木。空岫静夜听之，恒有清响。百鸟翔禽，哀鸣相和，巡颓浪者，不觉疲而忘归矣。②

又有少许山田，引灌之踪尚存。出谷有平邱，面山傍水，土人悉以种麦，云此邱不宜殖稷黍而宜麦，齐人相承以殖之，意谓麦邱所栖愚公谷也，何其深沉幽翳，可以托业怡生如此也！余时迳此，为之踟蹰，为之屡眷矣。③

① 《水经注》卷二十六淄水注，《水经注校释》，第 473 页。
② 《水经注》卷三十七夷水注，《水经注校释》，第 646 页。
③ 《水经注》卷二十四汶水注，《水经注校释》，第 436 页。

郦道元在自然美景的诱导下，“为之踟蹰，为之屡眷”，“不觉疲而忘归”，足见郦道元是深于情者。他对山水自然的情感是真挚而深厚的。

《水经注》中更多的是郦道元结合景物描绘对游览者的感情和心境的抒发。面对不同的景色，人们往往会产生不同的心理反应。如：

> 耒水又西径华山之阴，亦曰华石山，孤峰特耸，枕带双流，东则黄溪耒水之交会也。耒水东流沿注，不得北过其县西也。两岸连山，石泉悬溜，行者辄徘徊留念，情不极已也。①
>
> 博水又东南径谷梁亭南，又东径阳城县，散为泽渚，渚水潴涨，方广数里，匪直蒲笋是丰，寔亦偏饶菱藕，至若娈婉丱童，及弱年崽子，或单舟采菱，或迭舸折芰，长歌阳春，爱深渌水，掇拾者不言疲，谣咏者自流响，于时行旅过瞩，亦有慰于羁望矣。世谓之为阳城淀也。②
>
> （淇水）水出朝歌西北大岭下，东流径骆驼谷，于中逶迤九十曲，故俗有美沟之目矣。历十二崿，崿流相承，泉响不断，返水捍注，卷复深隍，隍间积石千通，水穴万变，观者若思不周赏、情乏图状矣。③
>
> 沅水又东历临沅县西，为明月池，白壁湾。湾状半月，清潭镜澈，上则风籁空传，下则泉响不断。行者莫不拥楫嬉游，徘徊爱玩。沅水又东历三石涧，鼎足均跱，秀若削成，其侧茂行便娟，致可玩也。又东带绿萝山，颓岩临水，悬萝钓渚，渔咏幽谷，浮响若钟。沅水又东迳平山西，南临沅水，寒松上荫，清泉下注，

---

① 《水经注》卷三十九耒水注，《水经注校释》，第679页。

② 《水经注》卷十一滱水注，《水经注校释》，第209页。按：“绿”当作“渌”，今改。

③ 《水经注》卷九淇水注，《水经注校释》，第161页。

栖托者不能自绝于其侧。[①]

石泉悬溜，菱藕丰饶，绿水荡漾，曲水逶迤，泉响泠泠，清风明月，绿萝蒙羃，给予人们的是对山水自然的享受和对心灵的慰藉，它能够激发起人们对美好生活的希望和热爱。但是，对于一些羁旅游子来说，有些自然环境的恶劣又会引起他们的无限伤感：

（居庸关）南则绝谷，累石为关垣，崇墉峻壁，非轻功可举，山岫层深，侧道褊狭，林鄣邃险，路才容轨，晓禽暮兽，寒鸣相和，羁官游子，聆之者莫不伤思矣。[②]

（林邑城）其城，隍堑之外，林棘荒蔓，榛梗冥郁，藤盘筀秀，参错际天，其中香桂成林，气清烟澄。桂父，县人也，栖居此林，服桂得道。时禽异羽，翔集间关，兼比翼鸟，不比不飞，鸟名归飞，鸣声自呼。此恋乡之思孔悲，桑梓之敬成俗也。[③]

郦道元在《水经注》中为羁官游子的漂泊之苦、思乡之悲发出了同情的歌唱。写林邑异俗，景色自然也有幽静的特点，但充满异域情调，给人一种凄美的感受。

郦道元在叙事描写之中经常包孕微婉情致，生动地表现了他本人以及游人的真情实感，抒发了不同自然环境中审美者的不同心情和体验，使审美的客体和主体在一定程度上得到交融，甚至有的篇章可以达到融情入景、情与景偕的程度。这些手法对于唐宋以后的山水游记都有一定的影响。

此外，《水经注》以水道为纲、支流为目，并“因水以证地，即

---

① 《水经注》卷三十七沅水注，《水经注校释》，第650页。
② 《水经注》卷十四湿馀水注，《水经注校释》，第247页。
③ 《水经注》卷三十六温水注，《水经注校释》，第633页。

地以存古”的结构方式，也使之对山水的记述井然有序、繁而不紊。正如宋人王阮所说，“读郦道元《水经注》，名川支川，贯穿周匝，无有间断，咳唾皆成珠玑。”[①] 郦学专家段熙仲指出《水经注》“以水分篇，使读之者从源及流，眉目清晰”，尤其为《明》《清》二史所借鉴，二史以水为主的结构方式，其实就是对《水经注》的继承[②]。

## 第二节 《水经注》写景的语言艺术与修辞手法

### 一 峭丽峻洁的写景语言

《水经注》写景语言的文体特点是以散为主，骈散兼行，以散驭骈。今人李景华《中国散文通史》上卷说：“《水经注》的写景语言，既不同于辞赋，亦不同于骈文，郦道元综合了辞赋、骈文的语言特色，再斟酌山水诗的文字技巧，形成了流畅自然、清新精练的语言风格。”这个说法是合适的。其实，《水经注》文学性较强的部分大多引自晋宋时代各地的地记，而晋宋地记的写景语言则广泛地借鉴了辞赋、骈文、山水诗的语言特色及文字技巧，故李景华的看法不错。

《水经注》写景语言从形式上看，多用四字句。从这点可以看出《水经注》确是受到了辞赋和骈文的一些影响。如卷六《涑水》“又西南过安邑县西”注：“是以缁服思玄之士，鹿裘念一之夫，代往游焉。路出北巘，势多悬绝，来去者咸援萝腾崟，寻葛降深，于东则连木乃陟，百梯方降，岩侧縻锁之迹，仍今存焉，故亦曰百梯山也。”其中“缁服思玄之士，鹿裘念一之夫”、“援萝腾崟，寻葛降深”，都是辞赋语。明人朱之臣评此曰：“好赋手。”再如卷二十八《沔水》“又东过

① 见《宋史》卷三百九十五《王质传》，中华书局1977年版，第12055页。

② 参见《水经注疏》，第3396页。

荆城东”注：“杨水又北迳竟陵县西，又北纳巾吐柘。”明人钟惺评点“纳巾吐柘”四字，说：“四字简劲”，谭元春评曰：“四字是赋语。”卷二十六《淄水》“又东过利县东”注：“水北则长庑遍驾，回阁承阿，林际则绳坐疏班，锡钵间设，所谓修修释子，眇眇禅栖者也。”也是典型的赋笔。其他如“气萧萧以瑟瑟，风飕飕而飗飗”[①]、“仓庚怀春于其北，翡翠熙景乎其南”[②] 等句，都是辞赋的语言。至于《水经注》中的偶句骈文，已见诸上文，毋庸赘述。这说明，郦道元对汉、晋以来的以山水为题材的赋作和风靡于当时以写作技巧见长的骈文都进行了认真的学习。

但是，《水经注》偶尔采用辞赋或骈文，只是取其形式上的简劲和节奏上的和谐。《水经注》对山水自然的描写，并非像《楚辞》只作写人的陪衬，也不像汉代中描写山川形势的赋作如《山川颂》《水赋》等那样“假称珍怪，以为润色”、“侈言无验，虽丽非经”[③]，而是注重表情绘景的真切自然和情景之间的契合，即使有夸饰也不失真，纵有铺张却不是拼凑，也很少像汉赋那样使用奇字僻词。《水经注》描景状物，大体上还是以文从字顺的散句为主，虽多四字句，但只是取其文字整饬，形式优美，并无骈偶气，因此《水经注》之写景文字兼备骈散二体之长，既有形式美、音韵美，又不板滞枯燥，而是以流畅自然见胜。清代郦学家赵一清《水经注释自序》说郦道元“博览群书，故驰词洵发，以是江左诸公尚浮华、竟夸雕组，殆羞与绛灌为伍矣。”此说甚当。道元“驰词洵发”并不同于南朝作家之“竟夸雕组”，而是以博览群书为基础，对前代乃至当时的诗赋骈文的语言进行改造而成的。

《水经注》力求摈弃平淡浅俗的语言，而追求峭丽峻洁的语言风

① 《水经注》卷二十七沔水注，《水经注校释》，第 492 页。

② 《水经注》卷三十六温水注，《水经注校释》，第 630 页。

③ 左思：《三都赋序》。

格，十分注意从客观实景出发选词炼字进行锤炼。《水经注》之炼字以动词为多，也最见功力。如：

(悬水）出山原岫盘谷，轻湍濬下，分石飞悬，水一匹有馀，直灌山际，白波奋流，自成潭渚。其水东南流，扬湍注于滱。①

其水南流，径鲁阳关，左右连山插汉，秀木干云。②

营水出营阳泠道县南山，西流径九疑山下，蟠基苍梧之野，峰秀数郡之间。罗岩九举，各导一溪；岫壑负阻，异岭同势，游者疑焉，故曰九疑山。大舜窆其阳，商均葬其阴。③

写悬水，"原"、"盘"、"分"、"扬"、"注"，从水出于山穴，盘绕于山谷，直到合于滱水的全过程，都被这些凝练的动词点染得有声有色。"飞悬"、"濬下"、"直灌"、"奋流"，更把水势的变化写得活灵活现。写鲁阳关"连山插汉，秀木干云"，一个"插"字，一个"干"字，不但显现出山峰的高峻，而且给人以一种向上的气势和力量。写九疑山，"蟠基"写出了山势的绵远，"秀"字则凸现了山的秀美。"举"、"导"、"负阻"、"同势"一系列动词，把九疑山的山高水曲写得曲尽情致。

形容词和副词的恰切运用，在《水经注》中也不乏其例。如：

二馆之城，涧曲泉清，山高林茂，风烟披薄，触目怡情，方外之士，尚凭依旧居，取畅林木。④

东湖西浦，渊潭相接，水至清深。晨凫夕雁，泛滥其上；黛

① 《水经注》卷十一滱水注，《水经注校释》，第204页。

② 《水经注》卷三十一淯水注，《水经注校释》，第546页。

③ 《水经注》卷三十八湘水注，《水经注校释》，第660页。

④ 《水经注》卷十一易水注，《水经注校释》，第200页。

甲素鳞，潜跃其下。俯仰池潭，意深鱼鸟，所寡惟良木耳，俗谓之南池。①

又南出一里至天井，井裁容人。②

山上又有微涓细水，流入井中，亦不甚沾人。③

“曲”、“清”、“高”、“茂”、“披薄”通过诸多形容词的运用，《水经注》为我们描画出一个幽雅清远、风光旖旎的诗意般的意境。而“至”、“裁（才）”、“不甚”这些表示程度的副词，则保证了《水经注》状景体物的恰当确切。“至清深”之“深”，是具体意义，而“意深鱼鸟”之“深”，则包孕着郦道元对自然美景的深刻感悟。

《水经注》用词灵活多变。名词作状语而起比喻的作用，是《水经注》比较常见的语法。如：

凡此三铭，皆翼对层峦，岩障深高，壁立霞峙。④

三峰霞举，迭秀云天。⑤

其中水流交冲，素气云浮。⑥

其水尚崩浪万寻，悬流千丈，浑洪赑怒，鼓若山腾，浚波颓迭，迄于下口。⑦

入石门，又得钟乳穴，穴上素崖壁立，非人迹所及。⑧

其山岩层岫衍，涧曲崖深，巨石崇竦，壁立千仞，河流激荡，涛涌波襄，雷渀电泄，震天动地。昔吕梁未辟，河出孟门之上，

① 《水经注》卷十三漯水注，《水经注校释》，第230页。
② 《水经注》卷四河水注，《水经注校释》，第58页。
③ 《水经注》卷四河水注，《水经注校释》，第58页。
④ 《水经注》卷十一滱水注，《水经注校释》，第210页。
⑤ 《水经注》卷十七渭水注，《水经注校释》，第320页。
⑥ 《水经注》卷四河水注，《水经注校释》，第53页。
⑦ 同上。
⑧ 《水经注》卷三十一淯水注，《水经注校释》，第553页。

盖大禹所辟，以通河也。[①]

“霞举”、“云浮”、“赑怒”、“壁立”、“雷淬电泄”，都是以名词直接作状语，比喻生动，形象感极强。也有的是用来表示方位或趋向的如：

沅水又东径平山西，南临沅水，寒松上荫，清泉下注，栖托者不能自绝于其侧。[②]

“东径”、“南临”、“上荫”、“下注”，介绍起来，层次清晰，有条不紊。

《水经注》中也有许多使动句式。如“桑麻暗日”、“清风鸣条”、“山殚艮阻，地穷坎势”、“瞰之者惊神，临之者骇魄”、“惊川聒谷”等等，表情生动。

《水经注》常用叠词使景物描写更加形象化。如“气萧萧以瑟瑟，风飕飕而飗飗”、“连山隐隐”、“亭亭杰峙”、“石池吐泉，汤汤其下”、“苍苍隐天”、“亭亭桀竖”、“穴中肃肃，常有微风”、“修修释子、眇眇禅栖”、“菁菁实望”，等等，都切合情状，写貌传神。

《水经注》也常用联绵字来构成字句铿锵、节奏鲜明的音韵效果。如“蒙茏茂密”、“方塘石沼，错落其间”、“时禽异羽，翔集间关”、“其崖小水羃沥”、“风气萧瑟，习常不止”、“别调氛氲，不与佗同”、“晨凫夕雁，泛滥其上”、“又有琥珀、珊瑚”、“激浪崎岖”、“陆离眩目”等等，不一而足。有的一句之中就有两三个联绵字。如：

（淇水）水出朝歌西北大岭下，东流径骆驼谷，于中逶迤九

① 《水经注》卷三河水注，《水经注校释》，第46页。

② 《水经注》卷三十七沅水注，《水经注校释》，第650页。

十曲，故俗有美沟之目矣。[1]

左右百步，有二钓台，参差交峙，迢递相望，更为佳观矣。[2]

前句的“骆驼”、“逶迤”，后句的“参差”、“迢递”，都是联绵字。这些联绵字，或双声，或叠韵，有声有色，提高了文字的表现力。《水经注》卷四河水注：

民有姓刘名堕者，宿擅工酿，采挹河流，酝成芳酎，悬食同枯枝之年，排于桑落之辰，故酒得其名矣。然香醑之色，清白若滫浆焉。别调氛氲，不与佗同。兰薰麝越，自成馨逸。方土之贡选，最佳酌矣。自王公庶友，牵拂相招者，每云：索郎有顾，思同旅语。索郎，反语为桑落也。更为籍徵之隽句，中书之英谈。[3]

此段叙桑落酒得名之由。“索郎，反语为桑落也”，其“反语”系指颠倒相切：“索郎”合音为“桑”，“郎索”合音为“落”。[4] 由此可知，郦道元对联绵字颇为留心。

《水经注》中还有许多词义词类活用的情况。如“腾云冠峰，高霞翼岭”、“澄渟镜净，潭而不流”[5]，“冠”、“翼”、“潭”都是名词，《水经注》则把它们动词化了，峰之高、霞之广、水之静，其意自见。又如：

① 《水经注》卷九淇水注，《水经注校释》，第161页。
② 《水经注》卷十一易水注，《水经注校释》，第200页。
③ 《水经注疏》，第303页。
④ 谭家健：《读〈水经注〉札记》，《徐州师范学院学报》1985年第2期。
⑤ 《水经注》卷十三漯水注，《水经注校释》，第229页。

耆旧传言：昔有沙门释惠弥者，好精物隐，尝篝火寻之。[①]

凌高降深，兼惴栗之惧；危蹊断径，过悬度之艰。[②]

前句的“好精物隐”之“精”，本是形容词，这里作动词，意为“探求”。“篝火寻之”中的“篝火”是名词，这里作动词，意为“燃起篝火”。“凌高降深”中的“高”、“深”，本是形容词，这里用作名词，意为“高山深谷”。《水经注·江水注》中著名的《三峡》章，就很有些词语是活用的。如“高猿”的“高”指位置高；“乘奔御风”中的“奔”是动词用如名词，意为“流星”；“回清倒影”中的“清”是形容词用如名词，意为“清水”。

《水经注》中有一些语句，故意省略一些字句，或打破通常的词序，追求一种诗化的效果。如“云台风观”本是“云生于台，风起于观”的意思，《水经注》省略了动词，紧缩为一个短语。又如“清荣峻茂”，是指水清、木荣、山峻、草茂，《水经注》省略了主语，但人们从这四个形容词并不难看出其含义。“峰次青松，岩悬赪石”的正常语序应是“青松次于峰，赪石悬于岩”，“青崖翠发”的正常语序应是“翠发于青崖”。《水经注》还有时故意在文字上错综其语，互文见义。如：

春冬之时，则素湍绿潭，回清倒影，绝巘多生柽柏，悬泉瀑布，飞漱其间，清荣峻茂，良多趣味。[③]

重岩叠嶂，隐天蔽日，自非停午夜分，不见曦月。[④]

山堂水殿，烟寺相望，林渊锦镜，缀目新眺。[⑤]

---

① 《水经注》卷十二圣水注，《水经注校释》，第221页。
② 《水经注》卷二十四汶水注，《水经注校释》，第436页。
③ 《水经注》卷三十四江水注，《水经注校释》，第593页。
④ 同上。
⑤ 《水经注》卷十三漯水注，《水经注校释》，第234页。

此水（大明湖）便成净池也。池上有客亭，左右楸桐负日，俯仰目对鱼鸟，水木明瑟，可谓濠梁之性，物我无违矣。①

其山川明净，风泽清旷，气爽节和，土沃民逸。②

“素湍绿潭，回清倒影”是“素湍回清，绿潭倒影”的交错形式。“自非停午夜分，不见曦月”，即“非停午，不见曦；非夜分，不见月”之意。“林渊锦镜”是“林如锦，渊似镜”的意思，“水木明瑟”是“水明木瑟”句法的变换。同样，“风泽清旷”系指“风清泽旷”。这种修辞手法实际上是“错综其语”或“相错成文”。《水经注》通过这样的句式变换，使得文章变化多姿，错落有致。总之，《水经注》通过字句的锤炼，明显地表现出峻洁峭丽、辞约意丰的语言特色。

## 二　多种修辞手法的运用

为了提高语言的表现力，《水经注》尝试运用了多种修辞手法。兹举其要者略作分析：

### （一）比喻

比喻在《水经注》中随处可见，是《水经注》运用得最为广泛而且灵活的一种修辞方法。如：

穴中多钟乳，凝膏下垂，望齐冰雪，微津细液，滴沥不断。③

华不注山单椒秀泽，不连丘陵以自高，虎牙桀立，孤峰特拔

---

① 《水经注》卷八济水注，《水经注校释》，第139页。

② 《水经注》卷三十九庐江注，《水经注校释》，第686页。

③ 《水经注》卷三十一淯水注，《水经注校释》，第553页。

以刺天，青崖翠发，望同点黛。①

(女灵山) 其山平地介立，不连冈以成高；峻石孤峙，不托势以自远。四面壁绝，极能灵举，远望亭亭，状若单楹插霄矣。②

用冰雪比喻钟乳，于色于形，都称允切。把华不注山比作虎牙，也非常形象。而以“点黛”形容绿草生于青石之上，尤显得生动。把平地介立的女灵山比作“单楹插霄”，更使读者容易想象。有时，《水经注》用不同的喻体比喻不同形状的本体。如：

今滩上有石，或圆如箪，或方似笥，若此者甚众，皆崩崖所陨。③

徐水东北屈径郎山，又屈径其山南，众岑竞举，若竖鸟翅，立石崭岩，亦如剑杪，极地险之崇峭。④

湘川清照五六丈，下见底石如摴蒱矢，五色鲜明，白沙如霜雪，赤崖若朝霞，是纳潇湘之名矣。⑤

山上合下开，可减六七十步，巨石磥砢，交积隍涧，倾澜漭荡，势同雷转，激水散氛，暧若雾合。⑥

这样造成了多个比喻连用的效果，使得图景更加形象。也有用两个喻体来比喻同一本体的，如：

小东有一湖，佳饶鲜笋，匪直芳齐芍药，寔亦洁并飞鳞。⑦

---

① 《水经注》卷八济水注，《水经注校释》，第 139 页。
② 《水经注》卷三十一滍水注，《水经注校释》，第 544 页。
③ 《水经注》卷三十四江水注，《水经注校释》，第 593 页。
④ 《水经注》卷十一滱水注，《水经注校释》，第 210 页。
⑤ 《水经注》卷三十八湘水注，《水经注校释》，第 665 页。
⑥ 《水经注》卷九淇水注，《水经注校释》，第 159—160 页。
⑦ 《水经注》卷二十六巨洋水注，《水经注校释》，第 467 页。

用芍药比喻鲜笋之味香，用飞鳞比喻鲜笋之光滑，是从视觉和触觉两个方面对鲜笋进行说明。《水经注》中还有许多比喻是以作为状语的名词出现的：

发源岩穴，布濩漫汗，漭沆洋溢，总括急趣，箭驰风疾者也。①

凡此三铭，皆翼对层峦，岩障深高，壁立霞峙。②

"箭驰风疾"、"壁立霞峙"、"翼对"，这些紧凑的比喻产生了简洁生动、准确凝练的表达效果。有的比喻还需要读者充分发挥自己的想象力：

背山堂上，则石路崎岖，岩嶂峻险，云台风观，缨峦带阜，游观者升降阿阁，出入虹陛，望之状凫没鸾举矣。③

用"凫没鸾举"比喻游观者山峦台观中时隐时见，给读者留下想象联想的广阔空间。如果我们把上文与东汉马第伯《封禅仪记》比较一下，就可见二者的高下了。《封禅仪记》说："仰望天关，如从谷底仰视抗峰；其为高也，如视浮云；其峻也，石壁窈窕，如无道径。遥望其人，端如行朽兀，或为白石或雪，久之，白者移过树，乃知是人也。"同是比喻从远处看行者的移动，《封禅仪记》用"白石或雪"比喻之，缺乏动感，呆板凝滞；而《水经注》用"凫没鸾举"，动感极强，引人遐思，所以更加生动形象。

（二）拟人

由于郦道元在《水经注》中写景时注之以情，所以，他经常把自

① 《水经注》卷三十一湍水注，《水经注校释》，第 543 页。

② 《水经注》卷十一滱水注，《水经注校释》，第 210 页。

③ 《水经注》卷十六谷水注，《水经注校释》，第 290 页。

然山水赋予人格，以加强艺术表现。如：

汉水北，连山秀举，罗峰竞峙。[1]

水出绛山东，寒泉奋涌，扬波北注，悬流奔壑，一十许丈。[2]

北则漳山，与嵊山接，二山虽曰异县，而峰岭相连，其间倾涧怀烟，泉溪引雾，吹畦风馨，触岫延赏。[3]

“罗峰竞峙”的“竞”，“寒泉奋涌”的“奋”，“倾涧怀烟”的“怀”，“泉溪引雾”的“引”，“触岫延赏”的“延”，都是表示人的动作或感情的动词，《水经注》把它们加之于客观景物的描写之中，使景物立刻站立起来，具备了人的思想和意志。这一方面加强了作品的感染力，另一方面也促进了审美主体与客体的相互交融。

（三）夸张

《水经注》中的夸张真实而形象。如：

故道水又西南入秦冈山，尚婆水注之，山高入云，远望增状，若岭纡曦轩，峰枉月驾矣。[4]

其水澄渟，冬夏不减，其中洄湍电转，为隐沦之脉。当其澴流之上，飞禽奋翮于霄中者，无不坠于渊波矣。即河水之所潜，而出于积石也。[5]

前者言“岭纡曦轩，峰枉月驾”，正如李白《蜀道难》中“上有

① 《水经注》卷二十漾水注，《水经注校释》，第 363 页。
② 《水经注》卷六浍水注，《水经注校释》，第 105 页。
③ 《水经注》卷四十渐江水注，《水经注校释》，第 701 页。
④ 《水经注》卷二十漾水注，《水经注校释》，第 365 页。
⑤ 《水经注》卷二河水注，《水经注校释》，第 23 页。

六龙回日之高标”的描写，生动地描述了山高人云的景观。后句“飞禽奋翮于霄中者，无不坠于渊波”则似李白“下有冲波逆折之回川”之句，是极言水流之湍急。再如：

> 水出鹈鹕山，山有二峰，峻极于天，高崖云举，亢石无阶，猿徒丧其捷巧，鼯族谢其轻工。及其长霄冒岭，层霞冠峰，方乃就辨优劣耳。故有大小鹈鹕之名矣。①

“峻极于天”、“猿徒丧其捷巧，鼯族谢其轻工”两句，把峰高山陡的景物特征予以突出强调，给人以鲜明深刻的印象。

（四）对偶

南北朝时艺术地表现山水主题，主要采取诗和骈文的形式。而对诗和骈文来说，对偶是它们的基本形式之一。《水经注》既然产生于彼时，当然不能完全摆脱时代风气的影响。尤其在写景状物时，对偶形式和四字句法就更多见。如：“因阿结牖，连扃接闼”、“腾云冠峰，高霞翼岭”、（石门）“空岫阴深，邃涧暗密”、（熊耳峡）“连山竞险，接岭争高”、（居庸关）“侧道褊狭，林鄣邃险”、“曲池接筵，飞沼拂席”、“援萝腾崟，寻葛降深”，等等，俯拾皆是。《水经注》并不像赋体文学那样通篇繁复板滞地采用对仗形式，更多的是把对偶与散句有机结合起来，节奏铿锵，张弛有致：

> 林藿绵蒙，崖壁相望，或倾岑阻径，或回岩绝谷。②
>
> 大翮、小翮山南，高峦截云，层陵断雾，双阜共秀，竞举群

① 《水经注》卷十五洛水注，《水经注校释》，第267页。

② 《水经注》卷二十四汶水注，《水经注校释》，第436页。

峰之上。[①]

其中引水飞皋，倾澜瀑布，或枉渚声溜，潺潺不断，竹柏荫于层石，绣薄丛于泉侧，微飚暂拂，则芳溢于六空，寔为神居矣。[②]

武溪水武溪水又南入重山，山名蓝豪，广圆五百里，悉曲江县界，崖峻险阻，岩岭干天，交柯云蔚，霾天晦景，谓之泷中。悬湍回注，崩浪震山，名之泷水。[③]

有时，为了加强表达情感的效果，《水经注》也用大意略同的对偶构成反复，进行突出强调：

鲁阳关，左右连山插汉，秀木干云，瞰之者惊神，临之者骇魄矣。[④]

隍间积石千通，水穴万变，观者若思不周赏、情乏图状矣。[⑤]

是以缁服思元之士，鹿裘念一之夫，代往游焉。[⑥]

有时，《水经注》也采用扇面对的形式，不拘字数：

南峰北岭，多结禅栖之士；东岩西谷，又是刹灵之图。竹柏之怀，与神心妙远；仁智之性，共山水效深，更为胜处也。其水历涧飞流，清泠洞观，谓之清水矣。[⑦]

（女灵山）其山平地介立，不连冈以成高；峻石孤峙，不托

① 《水经注》卷十三漯水注，《水经注校释》，第 240 页。

② 《水经注》卷十六谷水注，《水经注校释》，第 290 页。

③ 《水经注》卷三十八溱注，《水经注校释》，第 668 页。

④ 《水经注》卷三十一淯水注，《水经注校释》，第 546 页。

⑤ 《水经注》卷九淇水注，《水经注校释》，第 161 页。

⑥ 《水经注》卷六涑水注，《水经注校释》，第 110 页。

⑦ 《水经注》卷九清水注，《水经注校释》，第 150 页。

势以自远。①

晨凫夕雁，泛滥其上；黛甲素鳞，潜跃其下。②

（白沙曲）司马德操宅洲之阳，望衡对宇，欢情自接，泛舟褰裳，率尔休畅，岂待还桂柁于千里，贡深心于永思哉。③

凌高降深，兼惴栗之惧；危蹊断径，过悬度之艰。④

总之，《水经注》中的对偶，整齐凝练，协调匀称，意脉连贯，在内容上起着互为补充、彼此彰明的作用。

（五）对比和类比

《水经注》为了突出景物形象，也往往采用对比和类比的修辞手法。如：

村有圆水，广圆可二百步，一边暖，一边冷，冷处极清绿，浅则见石，深则见底；暖处水白且浊，玄素既殊，凉暖亦异，厥名除泉，其犹江乘之半汤泉也。水盛则泻黄溪，水耗则津径辍流。⑤

溳水又会温水，温水出竟陵之新阳县东泽中，口径二丈五尺，垠岸重沙，端净可爱，靖以察之，则渊泉如镜，闻人声则扬汤奋发，无所复见矣。其热可以燖鸡，洪涮百余步，冷若寒泉。⑥

上面是《水经注》运用对比手法的例子。下面几段则用了类比手法：

① 《水经注》卷三十一滍水注，《水经注校释》，第544页。

② 《水经注》卷十三漯水注，《水经注校释》，第230页。

③ 《水经注》卷二十八沔水注，《水经注校释》，第501页。

④ 《水经注》卷二十四汶水注，《水经注校释》，第436页。

⑤ 《水经注》卷三十九耒水注，《水经注校释》，第678页。

⑥ 《水经注》卷三十一涢水注，《水经注校释》，第555页。

其颓岩所余，比之诸岭，尚为竦桀。其下十余里，有大巫山。非惟三峡所无，乃当抗峰岷、峨，偕岭衡、疑，其翼附群山，并概青云，更就霄汉，辨其优劣耳。[①]

滱水又屈而东合两岭溪水，水出恒山北阜，东北流历两岭间，北岭虽层陵云举，犹不若南峦峭秀，自水南步远峰，石蹬逶迤，沿途九曲，历睇诸山，咸为劣矣，抑亦羊肠邛崃之类者也。[②]

自西城涉黄金峭、寒泉岭、阳都坂，峻崿百重，绝壁万寻，既造其峰，谓已逾崧、岱，复瞻前岭，又倍过之。[③]

对比和类比都是作比较。通过比较，揭示所要描写的对象的突出特点。

（六）借代

《水经注》有时为了抓住景物最典型的特征，采取了借代的修辞形式。如：

浅处多五色石，冬夏激素飞清，傍多茂木。[④]

南溪导源东北流，山侧有甘泉，涌波飞清，下注平乐水。[⑤]

清风鸣条，山壑俱响。凌高降深，兼惴栗之惧；危蹊断径，过悬度之艰。[⑥]

上面几则，是以特征代本体。《水经注》用“清”代水，突出水

① 《水经注》卷三十四江水注，《水经注校释》，第593页。
② 《水经注》卷十一滱水注，《水经注校释》，第204页。
③ 《水经注》卷二十七沔水注，《水经注校释》，第491页。
④ 《水经注》卷三十七夷水注，《水经注校释》，第646页。
⑤ 《水经注》卷二十漾水注，《水经注校释》，第364页。
⑥ 《水经注》卷二十四汶水注，《水经注校释》，第436页。

的质感色泽，用“高”代山，用“深”代渊，也都使对象的特征凸显出来，同时又节省了文辞。再如：

至于燕锋代锷，魏铗齐铓，与今剑莫殊，以密模写，知人功所制矣。①

高山带江，重荫被水，江阅渔商，川交樵隐，故桂棹兰栧，望景争途。②

绿水平潭，清洁澄深，俯视游鱼，类若乘空矣，所谓渊无潜鳞也。③

这是用部分代整体。“锋”、“锷”、“铗”、“铓”，均代指古代剑器。“桂棹兰栧”，则代指制作精美的船只。“鳞”则指鱼。

(七) 排比

《水经注》中还有的地方用到了排比的修辞形式。如：

然六合之内，其苞远矣。幽致冲妙，难本以情，万像遐渊，思绝根寻，自不登两龙于云辙，骋八骏于龟途，等轩辕之访百灵，方大禹之集会计，儒、墨之说，孰使辨哉？④

今也，歌堂沦宇，律管埋音，孤基块立，无复曩日之望矣。⑤

前句“自不”以下，连用“登”、“骋”、“等”、“方”四词为引，排比而下，气势充沛，富有力量。后句用“歌堂沦宇，律管埋音，孤

① 《水经注》卷二十六淄水注，《水经注校释》，第472页。

② 《水经注》卷四十浙江水注，《水经注校释》，第702页。

③ 《水经注》卷二十二洧水注，《水经注校释》，第393页。

④ 《水经注》卷一河水注，《水经注校释》，第11页。

⑤ 《水经注》卷二十四睢水注，《水经注校释》，第427页。

基块立”来加重渲染梁王菟园昔盛今衰的沧桑之感。

（八）顶真

有时，《水经注》在介绍方位结构时，往往按一定顺序，或由外及内，或由上而下，或由高而低，或由远及近，依次介绍，这样，就常出现续续相生、连跗接萼的顶真句法。如：

城周围八里一百步，砖城二丈，上起砖墙一丈，开方隙孔。砖上倚板，板上层阁，阁上架屋，屋上构楼，高者六七丈，下者四五丈，飞观鸱尾迎风，拂云缘山瞰水。[①]

下洛城东南四十里有桥山，山下有温泉，泉上有祭堂，雕檐华宇。[②]

顶真句法的运用，承接有致，环环相扣，使得语句连贯，语意紧凑。

（九）引用

《水经注》中对诗、赋、谣谚、典故的引用是大量的。这里只讨论其在对山水风景进行描绘时采取间接引用的情况。如：

丹水涌其左，澧泉流其右。[③]

“丹水”、“澧泉”并非地名。《淮南子》卷四《坠形训》：“旁有九井，玉横维其西北之隅，北门开以内不周之风，倾宫、旋室、县圃、凉风、樊桐在昆仑阊阖之中，是其疏圃。疏圃之池，浸之黄水，黄水

① 《水经注》卷三十六温水注，《水经注校释》，第632页。
② 《水经注》卷十三漯水注，《水经注校释》，第237页。
③ 《水经注》卷三十八湘水注，《水经注校释》，第663页。

三周复其原，是谓丹水，饮之不死。”《礼记》卷九《礼运》：“故天降膏露，地出醴泉，山出器车，河出马图，凤凰麒麟皆在郊。”“醴泉”亦即“澧泉”。《水经注》化用“丹水”、“澧泉”，意在增加衡山的神奇色彩。又如：

> 滱水又东径倒马关，关山险隘，最为深峭，势均诗人高冈之病良马，傅险之困行轩，故关受其名焉。①

《诗经·周南·卷耳》：“陟彼高冈，我马玄黄。我姑酌彼兕觥，维以不永伤。”郦道元引之以证关山险隘。又如：

> （大明湖）此水便成净池也。池上有客亭，左右楸桐负日，俯仰目对鱼鸟，水木明瑟，可谓濠梁之性，物我无违矣。②

《庄子》外篇《秋水第十七》：“庄子与惠子游于濠梁之上。庄子曰：‘儵鱼出游从容，是鱼之乐也。’惠子曰：‘子非鱼，安知鱼之乐？’庄子曰：‘子非我，安知我不知鱼之乐？’惠子曰‘我非子，固不知子矣；子固非鱼也，子之不知鱼之乐，全矣！’庄子曰：‘请循其本。子曰‘汝安知鱼乐’云者，既已知吾知之而问我。我知之濠上也。’”郦道元以为大明湖景色怡人，省人心性，堪比庄周濠上之乐。《水经注》结合引用，使之与描写互相彰发，浓化了文章的诗情画意。

（十）双关

《水经注》还有时通过对典故的化用融合，使之契合于自己的山水描写之中，产生双关的艺术效果。如：

---

① 《水经注》卷十一滱水注，《水经注校释》，第204页。
② 《水经注》卷八济水注，《水经注校释》，第139页。

博水又东南径谷梁亭南，又东径阳城县，散为泽渚，渚水潴涨，方广数里，匪直蒲笋是丰，寔亦偏饶菱藕，至若娈婉丱童，及弱年崽子，或单舟采菱，或迭舸折芰，长歌阳春，爱深渌水，掇拾者不言疲，谣咏者自流响，于时行旅过瞩，亦有慰于羁望矣。世谓之为阳城淀也。[①]

该段中“长歌阳春，爱深渌水”一句，巧妙地运用了双关的修辞手法，把《长歌》《阳春》《渌水》几个乐曲名称组合在一起，如觉春暖，似见水清，而又与“或单舟采菱，或迭舸折芰”的欢乐气氛和谐地融合在一起。明人朱之臣《水经删》说：“郦氏每于景色，只一二字点缀，最工，其笔其韵，未易追也。”斯亦诚非虚誉。

## 第三节 《水经注》中的人物故事叙写

王先谦《合校水经注》自序说《水经注》“元魏以上故事旧闻，皆可考求而得实，其繁简虽异，精思实同”[②]。《水经注》中有许多反映现实世界生活的人物故事。这些故事来源很广，有的取材于一般的史书，如《左传》《史记》《汉书》《后汉书》《东观汉记》《三国志》《晋书》和《宋书》等[③]，其中也包括《汉武帝故事》《晋八王故事》《四王起事》等杂史；有的取材于传记，如《列士传》《文士传》《高

---

① 《水经注》卷十一滱水注，《水经注校释》，第209页。

② 王先谦：《合校水经注序》，见郑德坤《水经注研究史料汇编》（上），艺文印书馆1984年版，第164页。

③ 《水经注》取材于断代史书不主一家。如东汉史，取《东观汉记》、（三国吴）谢承《后汉书》、（晋）华乔《后汉书》、谢沈《后汉书》、张番《汉纪》、司马彪《续汉书》、（南朝宋）范晔《后汉书》等；魏史取陈寿《三国志》、孙盛《魏春秋》、鱼豢《魏略》；晋史取（晋）傅畅《晋书》、习凿齿《晋阳秋》、干宝《晋纪》、荀绰《晋后略》、（南朝宋）徐广《晋纪》、（南朝齐）臧荣绪《晋书》等；宋史取（南朝齐）王智深《宋纪》、（南朝梁）沈约《宋书》等；十六国史事则有车频《秦书》《秦纪》、范亨《燕书》《东燕录》等。

士传》《汝南先贤传》《长沙耆旧传》《英雄记》《献帝春秋》等，有的取材于地记作品如《三秦记》《荆州记》《林邑记》《北征记》《述征记》《西征记》等，还有的取材于子书，如《孔子家语》《阙子》《淮南子》《燕丹子》等。这些故事中不乏形象生动之作，具有很高的文学价值和史料价值。

郦道元在《水经注》中因地纪事时，往往叙写人物故事以证地理，来说明该地的人文历史。这些人物故事虽然多出于上述史书和地记、郡书及其他杂史著作，但许多都经过郦道元的剪裁和润色，所以详略得当，行文通畅。《水经注》在基本保存人物故事原貌的情况下，将其融入地理考证之中，使《水经注》的故事性和文学色彩更为浓郁。

## 一 《水经注》中的帝王故事

《水经注》人物故事中最多的是帝王故事。郦道元对历史上帝王的看法各有不同。这主要通过对故事的选择体现出来。如《水经注》写秦始皇，选择了几个故事：

> 燕太子丹质于秦，秦王遇之无礼，乃求归。秦王为机发之桥，欲以陷丹。丹过之，桥不为发。又一说，交龙扶轝而机不发。①
>
> 俗云，始皇与神女游而忤其旨，神女唾之生疮，始皇谢之，神女为出温水，后人因以浇洗疮。②
>
> 谷中有城，故由卷县治也，即吴之柴辟亭，故就李乡槜李之地，秦始皇恶其势王，令囚徒十馀万人污其土，表以污恶名，改

① 《水经注》卷十九渭水注，《水经注校释》，第335页。

② 同上书，第342页。

曰囚卷，亦曰由卷也。①

此外，《水经注》还写到秦始皇求鼎不得、大兴厚葬等事。通过这些故事，作者显示出的秦始皇，是一个阴险狠毒、好色贪婪、奢侈暴虐的暴君。这反映出作者对残虐害民的君主的反感和痛恨。

不但是秦始皇，对于一切残民以逞的帝王，作者都表现出了同样的痛恨。《水经注》卷五河水注：

> 赵建武中，造浮桥于津上，采石为中济，石无大小，下辄流去，用工百万，经年不就。石虎亲阅作工，沉璧于河。明日，璧流渚上，波荡上岸。遂斩匠而还。②

石虎"用工百万"造桥，不成则斩匠而还，其暴虐令人发指。对于这样的暴君，《水经注》就给他安排了一个剖棺鞭尸的可耻下场：

> 昔慕容儁梦石虎齿其臂，寤而恶之，购求其尸，而莫之知。后宫嬖妾言虎葬东明观下，于是掘焉，下度三泉，得其棺，剖棺出尸，尸僵不腐。儁骂之曰：死胡安敢梦生天子也！使御史中尉阳约数其罪而鞭之。③

《水经注》还有意把暴君与仁相的行为加以对照：

> 老人晨将渡水，而沉吟难济。纣问其故，左右曰：老者髓不

① 《水经注》卷二十九沔水注，《水经注校释》，第515页。
② 《水经注疏》，第409页。
③ 《水经注》卷九洹水注，《水经注校释》，第169页。

实，故畏寒也。纣乃于此斫胫而视髓也。[①]

田单为齐相。过淄水，有老人涉淄而出，不能行，坐沙中。单乃解裘于斯水之上也。[②]

虽然作者没有直接的评价，但通过对照，其感情倾向已经在叙述中表露出来了。

《水经注》帝王故事中写的最多的是汉朝皇帝，而其中尤以汉高祖刘邦、汉武帝刘彻和汉光武帝刘秀的逸事遗闻为多。如写刘邦，从他“以沛公为砀郡长”（卷二十四），送徒丽山在丰西泽斩蛇（卷二十五）、“起兵野战，丧皇妣于黄乡”（卷七），王关中置新丰（卷十九），楚汉相争鸿门宴（卷十九），到为帝后“立北畤，祀黑帝”（卷十八），宠幸戚夫人（卷二十七）、击韩信（卷十一），白登山为匈奴所围（卷十三）诸事，靡不言及。再如下面二则故事：

俗说高祖与项羽战于京、索，遁于薄中。羽追求之，时鸠止鸣其上，追之者以为必无人，遂得脱。及即位，异此鸠，故作鸠杖以扶老。[③]

汉高祖五年，项羽自垓下从数百骑，夜驰渡淮，至阴陵迷失道，左陷大泽，汉令骑将灌婴以五千骑追及之于斯县者也。[④]

这两个故事分别写刘邦和项羽失败被追，但刘邦得天之助而脱险，项羽则失道陷泽被追及。这是讲汉家之有天下，是顺乎天意的。郦道元远祖为刘邦功臣，佐汉定鼎，郦道元一直以汉王朝作为王朝正统的

① 《水经注》卷九洹水注，《水经注校释》，第160页。

② 《水经注》卷二十六淄水注，《水经注校释》，第472页。

③ 《水经注》卷七济水注，《水经注校释》，第124页。

④ 《水经注》卷三十淮水注，《水经注校释》，第533页。

楷模。他写其他几个汉朝皇帝事迹时，也大多是褒扬其功德。如卷十九写汉文帝纳忠言而打消厚葬念头，卷二十四写汉武帝亲自指挥塞瓠子决河，再如卷十：

> 更始三年秋，光武追铜马于馆陶，大破之，遂降之。贼不自安，世祖令其归营，乃轻骑行其垒，贼乃相谓曰：萧王推赤心置人腹中，安得不投死乎？遂将降人分配诸将，众数十万人，故关西号世祖曰铜马帝也，祠取名焉。①

故事虽然简短，但刘秀之英雄虎胆，已呼之欲出。郦道元对汉家皇帝寄有很深的感情。即使是历史上以刑罚严苛著称的汉武帝刘彻，《水经注》也写到了其细腻有情的一面：

> （李）夫人兄延年知音，尤善歌舞，帝爱之，每为新声变曲，闻者莫不感动，常侍上起舞，歌曰：北方有佳人，绝世而独立，一顾倾人城，再顾倾人国，宁不知倾城复倾国，佳人难再得。上曰：世岂有此人乎？平阳主曰：延年女弟。上召见之，妖丽善歌舞，得幸，早卒，上悯念之，以后礼葬，悲思不已，赋诗悼伤。②

这则故事录入了李延年的一首小诗，文学性较强。但后面说李夫人死后，汉武帝“悲思不已，赋诗悼伤”，则也说明汉武帝是位深于情感的皇帝。卷二十四写塞瓠子决河时，汉武帝“悼功之不成，乃作歌”，也可见此意。汉武帝的《瓠子歌》是《水经注》唯一全诗录入的一首西汉诗歌。

---

① 《水经注疏》，第962页。

② 《水经注》卷十九渭水下注，《水经注校释》，第340页。

## 二　《水经注》中的官吏故事

《水经注》还记载了许多推行德政，布施教化，造福一方的官吏。如：

> 南岸道东有文学，始，文翁为蜀守，立讲堂，作石室于南城。永初后，学堂遇火，后守更增二石室，后州夺郡学，移夷星桥南岸道东……蜀有回复水，江神尝溺杀人，文翁为守，祠之，劝酒不尽，拔剑击之，遂不为害……文翁又穿湔洩以溉灌，繁田千七百顷。①
>
> 今县城东门南侧，有汉密令卓茂祠。茂字子康，南阳宛人，温仁宽雅，恭而有礼。人有认其马者，茂与之曰：若非公马，幸至丞相府归我。遂挽车而去。后马主得马，谢而还之。任汉黄门郎，迁密令，举善而教，口无恶言，教化大行，道不拾遗，蝗不入境，百姓为之立祠，享祀不辍矣。②
>
> 郑产字景载，泉陵人也，为白土啬夫，汉末多事，国用不足，产子一岁，辄出口钱，民多不举。子产乃敕民勿得杀子，口钱当自代出。产言其郡县，为表上言，钱得除，更名白土为更生乡也。③

在为民造福的官吏中，《水经注》重点写了利及民众的治水者的事迹。写大禹治水，李冰开凿都江堰，西门豹引漳以溉邺，郑国为秦建渠；写汉代的治水者王尊、王景、王延世、张躬、马援、索劢、虞诩、王宠、邓晨等的事迹，也写了后世治水者如魏郑浑、刘靖，蜀马

① 《水经注》卷三十三江水注，《水经注校释》，第578—579页。
② 《水经注》卷二十二洧水注，《水经注校释》，第391页。
③ 《水经注》卷三十八湘水注，《水经注校释》，第661页。

良，晋杜预、谢玄和刘宋孔灵符等的事迹。《水经注》写他们治水的决心和勇气：

粤在汉世，河决金堤，涿郡王尊，自徐州刺史迁东郡太守，河水盛溢，泛浸瓠子，金堤决坏。尊躬率民吏，投沉白马，祈水神河伯，亲执圭璧，请身填堤，庐居其上，民吏皆走，尊立不动而水波齐足而止。公私壮其勇节。①

昔沫水自蒙山至南安西溷崖，水脉漂疾，破害舟船，历代为患。蜀郡太守李冰，发卒凿平溷崖，河神赑怒，冰乃操刀入水与神斗，遂平溷崖，通正水路，开处，即冰所穿也。②

前则故事写王尊在治理瓠子河时，为了稳定人心，在治水的关键时刻所表现出的镇静和勇敢。后则写秦蜀郡太守李冰在开凿平溷崖时显现的战天斗地的不屈精神，更有神话色彩。他们的精神和勇气是对后人有所激励的。《水经注》卷十六谷水注：

昔洛水泛泆，漂害者众，津阳城门校尉将筑以遏水，谏议大夫陈宣止之曰：王尊臣也，水绝其足，朝廷中兴，必不入矣。水乃造门而退。③

又卷二河书水注：

敦煌索劢，字彦义，有才略，刺史毛奕表行贰师将军，将酒泉、敦煌兵千人，至楼兰屯田。起白屋，召鄯善、焉耆、龟兹三

---

① 《水经注》卷五河水注，《水经注校释》，第84页。

② 《水经注》卷三十六沫水注，《水经注校释》，第624页。

③ 《水经注疏》，第1421页。

国兵各千，横断注滨河，河断之日，水奋势激，波陵冒堤。劢厉声曰：王尊建节，河堤不溢，王霸精诚，呼沱不流，水德神明，古今一也。劢躬祷祀，水犹未减，乃列阵被杖，鼓噪欢叫，且刺且射，大战三日，水乃回减，灌浸沃衍，胡人称神。大田三年，积粟百万，威服外国。

显然，王尊之可敬勇气，已成为后人学习效法的榜样。又卷三十三江水注写“李冰为蜀守，开成都两江，溉田万顷”，“蜀人慕其气决，凡壮健者，因名冰儿也”。可见为民造福者，人民也会把他们记在心里的。

《水经注》还记载了一些官吏祈雨故事。

祝良，字召卿，为洛阳令。岁时亢旱，天子祈雨不得。良乃曝身阶庭，告诫引罪，自晨至中，紫云水起，甘雨登降。人为歌曰：天久不雨，烝人失所，天王自出，祝令特苦，精符感应，滂沱下雨。①

临武张熹，字季智，为平舆令。时天大旱，熹躬祷雩，未获嘉应，乃积薪自焚，主簿侯崇、小吏张化从熹焚焉。火既燎，天灵感应，即澍雨。此熹自焚处也。②

汉济北戴封，字平仲，为西华令，遇天旱，慨治功无感，乃积柴坐其上以自焚，火起而大雨暴至，远近叹服，永元十三年征太常焉。③

地方久旱，官长自曝自焚以求雨，是当时的一种迷信做法，当然

① 《水经注》卷十五洛水注，《水经注校释》，第272页。

② 《水经注》卷二十一汝水注，《水经注校释》，第381页。

③ 《水经注》卷二十二颍水注，《水经注校释》，第388页。

不足取。但这能够体现他们舍身为民的自我牺牲精神。所以，郦道元书其事迹于《水经注》。

与褒扬行德政、布教化、为民造福祈福的官吏相对照，《水经注》也记载了一些荒政害民、滥用民力、损公肥私的昏君贪官，对他们的行径表示反感或进行斥责。如：

> 时有石言于魏榆，晋侯以问师旷。旷曰：石不能言，或凭焉。臣闻之作事不时，怨讟动于民，则有非言之物言也。今宫室崇侈，民力雕尽，石言不亦宜乎？叔向以为子野之言，君子矣。①
>
> 霸水又北径王莽九庙南。王莽地皇元年，博征天下工匠，坏撤西苑、建章诸宫馆十余所，取材瓦以起九庙，算及吏民，以义入钱谷，助成九庙。庙殿皆重屋，太初祖庙，东西南北各四十丈，高十七丈，余庙半之，为铜薄栌，饰以金银雕文，穷极百工之巧，褫高增下，功费数百巨万，卒死者万数。②
>
> 曹爽故宅，经始之日，于寺院西南隅得爽窟室，下入土可丈许，地壁悉累方石砌之，石作细密，都无所毁，其石悉入法用，自非曹爽，庸匠亦难复制此。桓氏有言，曹子丹生此豚犊，信矣！③

从《水经注》对这类人物及事件的叙述语气和后面的评论语言，自可看出郦道元对他们的痛恨、鄙夷和嘲讽。《水经注》所表现的儒家民本思想是相当浓厚的。

---

① 《水经注》卷六浍水注，《水经注校释》，第106页。
② 《水经注》卷十九渭水注，《水经注校释》，第339页。
③ 《水经注》卷十六谷水注，《水经注校释》，第294页。

## 三 《水经注》中的名贤操行故事

《水经注》还记载了一些谨持操守的人物。一是廉洁之士的故事。如：

议郎张奂为安定属国都尉治此。羌有献金马者，奂召主簿张祁入，于羌前以酒酹地曰：使马如羊，不以入厩；使金如粟，不以入怀！尽还不受，威化大行。[①]

县令王密，怀金谒东莱太守杨震，震不受，是其慎四知处也。[②]

卷三河水注，郦道元还记载了一则其本朝普通百姓的廉义之举：

皇魏桓帝十一年，西幸榆中，东行代地，洛阳大贾，赍金货随帝后行，夜迷失道，往投津长曰：子封送之。渡河，贾人卒死，津长埋之。其子寻求父丧，发冢举尸，资囊一无所损。其子悉以金与之，津长不受。事闻于帝。帝曰：君子也。即名其津为君子济。[③]

二是诚信之士的故事。如：

叔虞与成王居，王援桐叶为珪，以授之曰：吾以此封汝。虞以告周公。周公请曰：天子封虞乎？王曰：余戏耳。公曰：天子无戏言。时唐灭，乃封之于唐。[④]

今徐城外有徐君墓，昔延陵季子解剑于此。所谓不违心许也。[⑤]

① 《水经注》卷二河水注，《水经注校释》，第34页。
② 《水经注》卷八济水注，《水经注校释》，第143页，四知：天知、地知、你知、我知。
③ 《水经注疏》，第239页。
④ 《水经注》卷六晋水注，《水经注校释》，第112页。
⑤ 《水经注》卷八济水注，《水经注校释》，第146页。

再如卷三引述了郭伋信及小儿，不违小儿之约的故事。又如卷三十一说，楚人子常非常喜爱唐成公的马，向唐成公求取而未被获准，唐成公的手下人偷马献给子常，子常却把马归还给唐成公。

三是忠义梗直之士。如：

> 故渠又东北径刘更始冢西。更始二年，为赤眉所杀，故侍中刘恭夜往取而埋之，光武使司徒邓禹收葬于霸陵县。更始尚书仆射行大将军事鲍永，持节安集河东，闻更始死，归世祖，累迁司隶校尉，行县经更始墓，遂下拜哭，尽哀而去。帝问公卿，大中大夫张湛曰：仁不遗旧，忠不忘君，行之高者。帝乃释。①
>
> 臧洪为东郡太守，治此。曹操围张超于雍丘，洪以情义，请袁绍救之，不许，洪与绍绝。绍围洪城中，无食。洪呼吏士曰：洪于大义，不得不死，诸君无事，空与此祸！众泣曰：何忍舍明府也！男女八千余人相枕而死。洪不屈，绍杀洪。邑人陈容为丞，谓曰：宁与臧洪同日死，不与将军同日生。绍又杀之，士为伤叹。②
>
> 惠帝征成都王颖，战败，时举辇司马八人，辇犹在肩上，军人竞就杀举辇者，乘舆顿地，帝伤三矢。百僚奔散，唯侍中嵇绍扶帝，士将兵之，帝曰：吾吏也，勿害之。众曰：受太弟命，唯不犯陛下一人耳。遂斩之，血污帝袂，将洗之，帝曰：嵇侍中血，勿洗也。此则嵇延祖殒命之所。③

此外，如卷七写周苛为刘邦尽忠事，卷十七记阎伯俭就义事，卷二十记王捷为隗嚣尽忠事，卷二十二记王凌为魏尽忠事及田英褰裳赴

---

① 《水经注》卷十九渭水注，《水经注校释》，第340页。

② 《水经注》卷五河水注，《水经注校释》，第86页。

③ 《水经注》卷九荡水注引卢綝《四王起事》，《水经注校释》，第167页。

鼎事等，皆此类故事。卷五河水注记述汉安帝时，平原县令刘雄和其门下小吏所辅并为贼擒，所辅求代刘雄死的故事。郦道元就此事评论曰："所辅可谓孝尽爱敬，义极君臣矣。"《水经注》卷六记汉末赤眉之难，郡掾刘茂背负太守孙藏匿事，卷八引述《左传》齐晋鞌之战，逢丑父代齐顷公任患事，亦是同类故事。《水经注》也写到了一些耿直忠谏之士。如卷九淇水注：

> 清河之右有李云墓。云字行祖，甘陵人，好学，善阴阳，举孝廉，迁白马令。中常侍单超等，立掖庭民女亳氏为后，后家封者四人，赏赐巨万。云上书移副三府曰：孔子云：帝者，谛也。今尺一拜用，不经御省，是帝欲不谛乎？帝怒，下狱杀之。后冀州刺史贾琮使行部过祠云墓，刻石表之。今石柱尚存，俗犹谓之李氏石柱。[1]

从《水经注》的叙述语气及后面"今石柱尚存，俗犹谓之李氏石柱"的话语看，郦道元对李云的忠谏勇气是很佩服的。卷十九记汉文帝纵马袁盎揽辔事和卷二十一引述郑敬不肯阿谀上司高懿事，也是这类故事。

四是记述仁孝节烈的人物故事。如：

> 县有沈乡，去江七里，姜士游之所居。诗至孝，母好饮江水，嗜鱼脍，常以鸡鸣，溯流汲江。子坐取水溺死，妇恐姑知，称托游学，冬夏衣服，寔投江流。于是至孝上通，涌泉出其舍侧，而有江之甘焉。诗有田，滨江泽卤，泉流所溉，尽为沃野。又涌泉之中，旦旦常出鲤鱼一双，以膳焉。可谓孝悌发于方寸，徽美著

① 《水经注疏》，第870页。

于无穷者也。①

沔水西又有孝子墓。河南秦氏，性至孝，事亲无倦，亲没之后，负土成坟，常泣血墓侧。人有咏《蓼莪》者，氏为泣涕，悲不自胜。于墓所得病，不能食，虎常乳之，百余日卒。今林木幽茂，号曰孝子墓也。②

《水经注》中这类故事很多。仅卷四十就记述了孝子夏先负土成墓事，颜乌至孝感动慈乌助衔土块为坟的故事，曹娥投水寻父尸的故事，杨威遇虎的故事。如写杨威与母入山采薪为虎所逼，杨威抱母哭号，虎见其情不忍而去的故事，郦道元评论说："自非诚贯精微，孰能理感于英兽矣？"卷三十六写隗叔通"为母给江膂水，天为出平石至江膂中"，郦道元评论说："可谓至诚发中，而休应自天矣。"这些都表示了郦道元对孝义者的同情和尊重。《水经注》还有许多地方述及妇女的节烈之行。如：

齐人杞梁殖袭莒战死，其妻将赴之，道逢齐庄公，公将吊之。杞梁妻曰：如殖死有罪，君何辱命焉；如殖无罪，有先人之敝庐在，下妾不敢与郊吊。公旋车吊诸室，妻乃哭于城下，七日而城崩。故《琴操》云：殖死，妻援琴作歌曰：乐莫乐兮新相知，悲莫悲兮生别离。哀感皇天，城为之堕。即是城也。③

赵襄子杀代王于夏屋而并其土。襄子迎其姊于代，其姊，代之夫人也，至此，曰：代已亡矣，吾将何归乎？遂磨笄于山而自杀。代人怜之，为立祠焉，因名其山为磨笄山。每夜，有野鸡群鸣于祠屋上，故亦谓之为鸣鸡山。《魏土地记》云：代城东南二

① 《水经注》卷三十三江水注，《水经注校释》，第582页。

② 《水经注》卷二十八沔水注，《水经注校释》，第502页。

③ 《水经注》卷二十六沭水注引《列女传》，《水经注校释》，第464—465页。

> 十五里，有马头山，其侧有钟乳穴。赵襄子既害代王，迎姊姊代夫人。夫人曰：以弟慢夫，非仁也；以夫怨弟，非义也。磨笄自刺而死，使者自杀。民怜之，为立神屋于山侧，因名之为磨笄之山。未详孰是？①

此外，卷三十三记载女子先络沉渊求父兄之尸事，张真妻黄帛沉渊寻夫尸事，则类同曹娥。表彰孝义节烈，是魏晋南北朝地记作品以及《先贤传》《稽旧传》中的一个重点题材。而且还出现了许多《孝子传》《列女传》一类的专门记述孝行节烈的作品。如晋萧广济、徐广、虞盘，刘宋王韶之，师觉授、郑缉之，南齐宋躬等都作有《孝子传》。这些作品中的有关记述，自然会给"集六朝地记之大成"的《水经注》以很大影响。

### 四 《水经注》中的隐士故事

隐士故事也是《水经注》故事的一个重要题材。《水经注》写到了众多隐士，从先秦的吕望、傅说、卞随、伯夷、叔齐、郄缺、范蠡、介子推、荣启期，到秦汉以后的王次仲、邵平、窦少翁、严子陵、徐稺、逢萌、郭文、"竹林七贤"、孙登、葛洪、王方平、谢允舍、罗邑宰、刘凝之、范侪、陈业等，随篇可见。如卷七济水写范蠡：

> 战国之世，范蠡既雪会稽之耻，乃变姓名，寓于陶，为朱公。以陶天下之中，诸侯四通，货物之所交易也。治产致千金，富好行德，子孙修业，遂致巨万。故言富者，皆曰陶朱公也。②

---

① 《水经注》卷十三漯水注引，《水经注校释》，第 239 页。

② 《水经注疏》，第 695 页。

郦道元对于范蠡的隐居之举是很欣赏的，在卷二十五泗水注，郦道元评论说范增不如范蠡："增不慕范蠡之举，而自绝于斯可谓褊矣。"范蠡能够"治产致千金"，但一般的隐士却没有这般运气，他们多数是"恶衣麤食，萧散自得"[①]，如：

世祖尝宴于此台，得鼷鼠于台上。亦谏议大夫第五子陵之所居。伦少子也，以清正，洛阳无主人，乡里无田宅，寄止灵台，或十日不炊。司隶校尉南阳左雄、尚书庐江朱孟兴等，皆伦故孝廉功曹，各致礼饷，并辞不受，永建中卒。[②]

贫至"或十日不炊"而能不易其节，足可钦敬。《水经注》对隐士们的安贫精神很敬重，有的故事写到隐士自食其力：

县东二里有县人刘凝之故宅。凝之字志安，兄盛公高尚不仕。凝之慕老莱、严子陵之为人，立屋江湖，非力不食。妻梁州刺史郭诠女，亦能安贫。宋元嘉中，夫妻隐于衡山，终焉不返矣。[③]

《水经注》也写到了隐士萧散自得的精神境界：

琅邪王方平，性好山水，又爱宅兰风，垂钓于此，以永终朝。行者过之不识，问曰：卖鱼师，得鱼卖否？方平答曰：钓亦不得，得复不卖。[④]

孙登尝经宜阳山，作炭人见之与语，登不应，作炭者觉其情

① 见《水经注》卷三十四江水注叙范济事，《水经注校释》，第598页。
② 《水经注》卷十六谷水注，《水经注校释》，第296页。
③ 见《水经注》卷三十四江水注，《水经注校释》，第598页。
④ 《水经注》卷四十渐江水注，《水经注校释》，第702页。

神非常，咸共传说。太祖闻之，使阮籍往观，与语，亦不应。籍因大啸。登笑曰：复作向声。又为啸，求与俱出，登不肯，籍因别去。登上峰行且啸，如箫韶笙簧之音，声振山谷。籍怪而问作炭人，作炭人曰：故是向人声。籍更求之，不知所止，推问久之，乃知姓名。①

隐士安贫乐道，多以景色优美的山谷作为栖息之所。如《水经注》卷三十九："其山川明净，风泽清旷，气爽节和，土沃民逸，嘉遁之士，继响窟岩，龙潜凤采之贤，往者忘归矣。"又如卷二十八《沔水》中"又东北流，又屈东南，过武当县东北"注：

水导源县南武当山，一曰太和山，亦曰参上山，山形特秀，又曰仙室。《荆州图副记》曰：山形特秀，异于众岳，峰首状博山香炉，亭亭远出，药食延年者萃焉。晋咸和中，历阳谢允舍、罗邑宰隐遁斯山，故亦曰谢罗山焉。

由于隐士多居山林，又每多特立独行，所以经常被人以神仙目之。卷十三写隐士王次仲被秦始皇强征，次仲化为大鸟，落二翮而为大翮山和小翮山，大约就是人们因为王次仲隐居于此二山而杜撰出的故事。又如卷九写"所谓共北山也，仙者孙登之所处"，似乎孙登是仙人，但卷十六《谷水》"又东过河南县北，东南入于洛"注则说明了实际情况：

昔孙登不欲久居洛阳，知杨氏荣不保终，思欲遁迹林乡，隐沦妄死，杨骏埋之于此桥之东，骏后寻亡矣。

① 《水经注》卷十五洛水注引臧荣绪《晋书》，《水经注校释》，第269页。

## 五 《水经注》中文人和武士的故事

《水经注》中也记录了一些文学才辩之士的故迹或事迹。如齐稷下学士、屈原、宋玉、贾谊、“邹、枚、司马相如之徒”、曹植、刘桢、祢衡、嵇康、阮籍、陆机、潘岳、王羲之、谢安兄弟等人，在书中都曾述及。其中有些故事，如贾谊《吊屈原赋》，宋玉《高唐赋》，梁王与邹、枚、司马相如之徒菟园之游，王羲之、谢安兄弟兰亭之会等，铜雀台陈思王下笔成章，都是习见的典事。又如卷十六谷水注引《文士传》的一则小故事：

> 文帝之在东宫也，宴诸文学。酒酣，命甄后出拜。坐者咸伏，唯刘桢平视之。太祖以为不敬，送徒隶簿。后太祖乘步牵车乘城，降阅簿作，诸徒咸敬，而桢拒坐磨石不动。太祖曰：此非刘桢也？石如何性？桢曰：石出荆山玄岩之下，外炳五色之章，内秉坚贞之志，雕之不增文，磨之不加莹，禀气贞正，禀性自然。太祖曰：名岂虚哉！复为文学。①

刘桢傲岸不屈的形象被刻画得呼之欲出，真可以给他的诗句“岂不罹罗寒，松柏有本性”作一个注脚。其他如卷三十三写司马相如题长安门“不乘高车驷马，不过汝下也”，卷十六写王弼鬼会陆机等，也饶有兴味。

《水经注》中不但有文学才辩之士的逸事遗闻，也有许多刚猛武勇之士的英雄事迹。如：

---

① 《水经注疏》，第1392页。

齐景公渡于江、沅之河，鼋衔左骖，没之，众皆惕。古冶子于是拔剑从之，邪行五里，逆行三里，至于砥柱之下，乃鼋也。左手持鼋头，右手挟左骖，燕跃鹄踊而出，仰天大呼，水为逆流三百步，观者皆以为河伯也。①

天子射鸟猎兽于郑圃，命虞人掠林，有虎在于葭中，天子将至，七萃之士高奔戎生捕虎而献之，天子命之为柙，畜之东虢，是曰虎牢矣。②

勇士斩蛟、刺虎的故事还有很多，如卷五有澹台子羽斩蛟毁璧事；卷十五有孙礼刺虎救魏文帝；卷十六有王戎见虎薄栏而吼并不动容事；卷十九有朱亥虎圈瞋目视虎虎不敢动事；卷二十八有邓遐沔水斩蛟除患事；卷三十五有荆佽飞斩蛟于杨子洲事。此外，卷七写李同赴死秦军，卷十一写荆轲刺秦王祖道于易水，卷二十八写庞德临危授命，卷二十五记华元夜入楚师逼盟，也都寄予着对勇武之士的礼赞之情。与此对比，《水经注》还写了一个怯懦之人的表现：

昔刘表之攻杜子绪于西鄂也，功曹柏孝长闻战鼓之音，惧而闭户，蒙被自覆，渐登城而观，言勇可习也。③

## 六 《水经注》中的将帅故事

将帅故事大都与战争相关。结合山岳、关隘、河川、渡口、桥梁、道路、聚落、仓储等兵要地理内容的介绍，《水经注》中记载了历史

① 《水经注》卷四河水注引《搜神记》，《水经注校释》，第65页。
② 《水经注》卷五河水注引《穆天子传》，《水经注校释》，第75页。
③ 《水经注》卷三十一淯水注，《水经注校释》，第546页。

上曾经发生的各种战争。据陈桥驿统计，《水经注》记载了从秦庄公元年（前821）到梁武帝天监四年（505）之间的战争，共达五百八十七条[①]。《水经注》中的战争有争霸战争、统一战争、平叛战争、安边战争等。这些战争的性质各有不同，郦道元对战争双方的看法和倾向也有差别。《水经注》所记战争中有一部分是自具情节的小故事。

秦末的楚汉相争，是典型的争霸战争。《水经注》中记述了其中的一些细节场面。如：

> 荥阳县有广武城，城在山上，汉所城也。高祖与项羽临绝涧对语，责羽十罪，羽射汉祖中胸处也。山下有水，北流入济，世谓之柳泉也。济水又东径东广武城北，楚项羽城之。汉破曹咎，羽还广武，为高坛，置太公其上，曰：汉不下，吾烹之。高祖不听，将害之。项伯曰：为天下者不顾家，但益怨耳。羽从之。今名其坛曰项羽堆。夹城之间，有绝涧断山，谓之广武涧，项羽叱娄烦于其上，娄烦精魄丧归矣。[②]

《水经注》以汉家为正统，所以称刘邦为“汉祖”，称刘父为“太公”，称刘邦“责羽十罪”，说项羽欲烹刘父为“将害之”。《史记·项羽本记》载：“当此时，彭越数反梁地，绝楚粮食，项王患之。为高俎，置太公其上，告汉王曰：‘今不急下，吾烹太公。’汉王曰‘吾与项羽俱北面受命怀王，曰约为兄弟，吾翁即若翁，必欲烹而翁，则幸分我一桮羹。’”郦道元在记述这则故事时，故意略去了刘邦的“分我杯羹”的无赖话语，还借项伯之口说刘邦是“为天下者不顾家”，这样的笔法，显然是为尊者讳。但郦道元也写项羽的英武，如上文写项羽叱娄烦即可为例。再如卷三十写“汉以数千骑追羽，羽率二十八骑

---

① 陈桥驿：《郦道元评传》，南京大学出版社1994年版，第99页。

② 《水经注》卷七济水注，《水经注校释》，第122页。

引东城，因四隤山，斩将而去”等，也是继承了司马迁的笔法，把项羽写成了一个失败的英雄。

汉末群雄逐鹿，《水经注》亦多述及。《水经注》以曹魏为正统，故每称曹操为“太祖”。如卷二十二渠水注：

> 建安五年，太祖营官渡，袁绍保阳武，绍连营稍前，依沙堆为屯，东西数十里，公亦分营相御，合战不利，绍进临官渡起土山地道以逼垒，公亦起高台以捍之，即中牟台也。①

这是写历史上著名的官渡之战的故事。曹操面对袁绍气势汹汹的进逼，在“合战不利”的情况下毫不退缩，果敢迎敌，英雄豪气，见于记述。郦道元“即地以存古”，在记述中牟台来由的时候，顺笔叙写了曹操的英武。而对袁绍，《水经注》则多贬之，如写其杀义士臧洪，戮谋臣田丰等事。叙戮田丰事时，《水经注》说：“袁本初惭不纳其言，害之。时人嘉其诚谋，无辜见戮，故立祠于是，用表袁氏覆灭之宜矣。”

对于曹操，《水经注》时有褒扬之笔。如卷九清水注：

> 汉建安四年，魏太祖斩之（指眭固）于此，以魏种为河内太守，守之。沇州叛，太祖曰：惟种不弃孤。及走，太祖怒曰：种不南走越，北走胡，不汝置也。射犬平，禽之。公曰：惟其才也。释而用之。②

即叛臣而能用，曹操之爱才如此，与袁绍之忌才可为鲜明对照。《水经注》中写曹操逸事甚多，如写他背董卓、战徐荣、马上格狮、

① 《水经注疏》，第1882页。
② 同上书，第802页。

征张绣、归乡里等，大都表现其英豪气魄。卷二十四记其与桥玄戏言车过腹痛之事，也很有趣，苏轼《文与可画员当谷偃竹记》也曾以之为典事。郦道元只是对他屠徐州甚为反感，卷二十五泗水注：

初平四年，曹操攻徐州，破之，拔取虑睢、陵夏、丘等县，以其父避难被害于此，屠其男女十万，泗水为之不流，自是数县人无行迹，亦为暴矣！①

郦道元在此处直呼曹操之名而数之“亦为暴矣”，表明了他对无辜民众受害的同情。

除写曹操逸事外，《水经注》还写到许多三国故事，如吕布辕门射戟，刘备乘的颅马，关羽斩颜良，张飞长坂横矛，诸葛亮创《八阵图》，孙权钓台纳谏，关云长守麦城，庞士元中流矢，陆逊破刘备，邓艾袭阴平，姜维入陇右，等等，都很精彩，对后来罗贯中创作《三国演义》时对于三国故事的取舍或有助益。但《水经注》的基本倾向是“拥曹反刘”的。如卷十七渭水注：

青龙二年，诸葛亮出斜谷，司马懿屯渭南，雍州刺史郭淮策亮必争北原而屯，遂先据之，亮至果不得上。《魏氏春秋》曰：诸葛亮据渭水南原，司马懿谓诸将曰：亮若出武功，依山东转者，是其勇也；若西上五丈原，诸君无事矣。亮果屯此原，与懿相御。渭水又东径郿县故城南。《地理志》曰：右辅都尉治，《魏春秋》：诸葛亮寇郿，司马懿据郿拒亮，即此县也。②

《水经注》写足智多谋的诸葛亮屡屡在魏将面前失算，说诸葛亮

① 《水经注疏》，第 2154 页。

② 同上书，第 1517 页。

“寇”郿，说司马懿“拒”亮，容易看出郦道元的倾向。

《水经注》中叙述的统一战争，除了秦灭六国事外，以汉光武帝扫平隗嚣、公孙述割据势力的故事为多。如：

> 建武八年，世祖至阿阳，窦融等悉会，天水震动。隗嚣将妻子奔西城从杨广。广死，嚣愁穷城守。时颍川贼起，车驾东归，留吴汉、岑彭围嚣，岑等壅西谷水，以缣幔盛土为堤灌城，城未没丈余，水穿壅不行，地中数丈涌出，故城不坏。①
>
> 汉建武十一年，公孙述遣其大司徒任满、翼江王田戎，将兵数万，据险为浮桥，横江以绝水路，营垒跨山，以塞陆道。光武遣吴汉、岑彭将六万人，击荆门。汉等率舟师攻之，直冲浮桥，因风纵火，遂斩满等矣。②

在上述两个故事中，郦道元写出了汉将吴汉、岑彭的勇武和谋略，流露出其向往统一、反对割据分裂的思想意识。郦道元对中兴汉室的刘秀颇为敬重，除写他昆阳之战及平定诸部的勇武外，《水经注》还说明他的名字的由来：“光武以建平元年生于济阳县，是岁有嘉禾生，一茎九穗，大于凡禾，县界大熟，因名曰秀”③。

《水经注》也写了一些平叛战争，如卷十记汉景帝时七国叛乱，郦寄攻赵；卷十四写汉中平四年平定渔阳张纯叛乱；卷三十一记晋太安二年平定张昌叛乱；卷三十七记晋末平定卢循叛乱等。卷三十四江水注写桓玄之败比较有故事性：

> 元兴之末，桓玄西奔，毛佑之与参军费恬射玄于此洲。玄子

① 《水经注》卷二十漾水注，《水经注校释》，第 362 页。
② 《水经注》卷三十四江水注，《水经注校释》，第 597 页。
③ 《水经注》卷七济水注引《东观汉记》，《水经注校释》，第 127 页。

升年六岁，辄拔去之。王韶之云：玄之初奔也，经日不得食，左右进麤粥，咽不下，升抱玄胸抚之，玄悲不自胜。至此，益州都护冯迁斩玄于此洲，斩升于江陵矣。[1]

桓玄叛乱失败，他的六岁儿子竟对他进行安慰，而最后父子不免被杀，亦足悲矣。其情可悯，其事可鉴。

《水经注》中还有了一些安边战争故事。写得较精彩的如卷二河水注：

汉永平十八年，耿恭以戊己校尉，为匈奴左鹿蠡王所逼，恭以此城侧涧傍水，自金蒲迁居此城，匈奴又来攻之，壅绝涧水。恭于城中穿井，深一十五丈，不得水。吏士渴乏，笮马粪汁饮之。恭乃仰天叹曰：昔贰师拔佩刀刺山，飞泉涌出，今汉德神明，岂有穷哉！整衣服向井再拜，为吏士祷之。有顷，水泉奔出。众称万岁，乃扬水以示之，虏以为神，遂即引去。后车师叛，与匈奴攻恭，食尽穷困，乃煮铠弩，食其筋革。恭与士卒同生死，咸无二心。围恭不能下，关宠上书求救。建初元年，章帝纳司徒鲍昱之言，遣兵救之。至柳中，以校尉关宠分兵入高昌壁，攻交河城，车师降，遣恭军吏范羌，将兵二千人迎恭。遇大雪丈余，仅能至，城中夜闻兵马，大恐，羌遥呼曰：我范羌也！城中皆称万岁，开门相持涕泣。尚有二十六人，衣屦穿决，形容枯槁，相依而还。[2]

这则故事写汉军与匈奴的一场惊心动魄的战争，尤其表现了战争的艰苦卓绝，特别塑造了勇将耿恭的英武形象。耿恭，字伯宗，是东汉开国猛将耿弇之侄，“慷慨多大略，有将帅才”，于汉明帝永平十八

① 《水经注疏》，第2859页。
② 同上书，第102—104页。

年（75）任西域戊己校尉，屯驻后车师[①]金蒲城（今新疆奇台西北）。北匈奴的军队进攻车师，耿恭救援车师，但因为兵少被迫迁往疏勒城（今新疆喀什）屯驻，因为耿恭知道疏勒城的周围得有护城河，能缓冲敌军的冲击。可是北匈奴“壅绝涧水”，耿恭无奈在城中打井，可没料想“深一十五丈，不得水”，将士“渴乏，笮马粪汁饮之”。在这样艰苦的时候，硬汉耿恭不屈服、不畏惧，以坚定的信念激励将士，终于井中出水，使敌人的围困计划落空。可更不幸的还在后头：永平十八年八月，汉明帝去世，朝廷正是大丧之机，没有派出救兵。于是车师再度反叛，和北匈奴一道进攻耿恭。耿恭与将士在“食尽穷困，乃煮铠弩，食其筋革”情况下，誓“同生死，咸无二心”。汉章帝采纳司徒鲍昱的建议，派兵救援。援军打败北匈奴后，即欲撤军。耿恭原来的部下范羌力劝援军首领去救耿恭，援军首领即分兵二千给范羌，让他独自救援耿恭。范羌艰难行军到达城下时，城中大汉守军仅仅剩下 26 人，且“衣履穿决，形容枯槁”，到达玉门关时仅剩 13 人。“十三将士归玉门”的故事，显示了汉军将士“同生死，咸无二心”的战斗气概，很有声色。《水经注》中写的安边战争故事还有很多。如卷三十六就写了檀和之讨伐林邑，杜慧度大战林邑王范胡达，阮弥之征林邑阳迈等战争故事。这些故事的共同特点是极力渲染汉军的如摧枯拉朽般所向披靡，表现了郦道元的以汉民族为本位的民族意识。

总之，《水经注》是人物的大观园。书中记载的人物形形色色，琳琅满目。郦道元也通过对人物的选择、叙述和评判，直接或间接表达了自己对于所记人物的看法和感情倾向。

① 车师国有后王、前王，二王是父子关系，后王是父，前王是子，二王的辖区相距五百余里。

## 第四节 《水经注》的神怪传说记述

《水经注》中记载有很多神怪传说。鲁迅《中国小说史略·六朝之鬼神志怪书上》:“中国本信巫,秦汉以来,神仙之说盛行,汉末又大畅玄风,而鬼道愈炽;会小乘佛教亦入中土,渐见流传。凡此,皆张皇鬼神,称道灵异,故自晋迄隋,特多鬼神志怪之书。”《水经注》记载的神话传说,就有许多转录自这些鬼神志怪之书,如先秦《穆天子传》、西汉东方朔《十洲记》和《神异经》《玄中记》、刘向《列仙传》、刘安《淮南子》、魏文帝《列异传》、魏管辰《管辂别传》、晋干宝《搜神记》、葛洪《神仙传》和《抱朴子》、南朝刘宋刘敬叔《异苑》《桂阳列仙传》,等等。郦道元又兼采汉赵晔《吴越春秋》《汉武帝故事》、晋乐资《春秋后传》《晋中州记》、南朝宋车频《秦书》《耆旧传》等杂史传记,连同先秦《山海经》、汉《地理志》、辛氏《三秦记》、三国蜀来敏《本蜀论》、晋伏琛《三齐略记》《寻阳记》、南朝宋郭缘生《述征记》、邓德明《南康记》、后魏《魏土地记》等古代地记中的一些神话传说,以及郦道元自己“访之耆旧”而得来的奇闻异事,统萃之于《水经注》中,是以《水经注》中的神怪传说特为繁复。

### 一 具有道教文化色彩的神仙故事

明人胡应麟《少室山房笔丛·九流绪论下》:“魏晋好长生,故多灵变之说;齐、梁弘释典,故多因果之谈。”魏晋南北朝时道教和佛教都很盛行,取材于彼时的《水经注》神话传说,不可能不受时风的熏染,而在内容上表现为在一定程度上的宗教意味。郑德坤在《水经注引得·序》中说:“郦氏因地致详,凡魏以前故事旧文及各地传说异闻，皆可考求而得，仿佛《搜神记》之异本，《太平广记》之原形。所载故事，以神仙鬼怪为最多。神仙思想，由来甚古，盖有时君世主之好奇，而后策士逞迂诞之说；有海市蜃楼之倒景，而后山东多方士。秦汉之际，其风极炽，当时小说如《海内十州记》《神异经》《洞冥记》《汉武内传》以至《西京杂记》《汉武故事》，无不以此为题材。及至魏晋，佛说已入，而神仙之说尤未退，《神仙传》《搜神记》之作，未始非应此要求而来。神仙之说，至唐稍衰，《水经注》之作，正在其说盛行之时，所引多出《列仙传》《搜神记》诸书，实富有时代性焉。”①

《水经注》中的神话传说有一部分是写成仙故事的，如卷四写黄帝铸鼎登仙，卷六写项宁都学道升仙，卷十五写王子晋成仙，卷十八写谷春仙化和箫史、弄玉吹箫引凤的故事，卷十九写卫叔卿成仙，卷二十六写鹿皮公升阁成仙，卷二十七写唐公房学道得仙，卷二十九写阳子明钓白龙成仙，卷三十二记载刘安与八公升天的传闻，卷三十九写苏眈受性应仙，卷四十写赤松羽化等。这部分故事道教色彩较浓。

晋代葛洪对原始道教②进行改造，创立金丹道教，讲求服食，追求长生不老。《水经注》中所记述的神仙仙术，也主要是长生或不死，有很强的道教意味。这些神仙故事具有一些相似的基本情节模式。如写长生的：

> 魏明帝景初元年徙长安，金狄重不可致，因留霸城南。人有见蓟子训与父老共摩铜人曰：正见铸此，时计尔日，已近五百年矣。③
>
> 《神仙传》曰：封君达，陇西人，服炼水银，年百岁视之如

① 郑德坤：《水经注引得·序》，哈佛燕京学社 1934 年版，第 4 页。

② 原始道教，指太平教、五斗米教等。

③ 《水经注》卷十九渭水下注，《水经注校释》，第 340 页。

年三十许，骑青牛，故号青牛道士。[①]

啸父，冀州人，在县市补履数十年，人奇其不老，求其术而不能也。[②]

《列仙传》曰：仙人文宾，邑人，卖靴履为业，以正月朔日，会故妪于乡亭西社，教令服食不老，即此处矣。[③]

魏明帝徙长安铜人承露盘往洛阳之事，亦见于《三国志·魏书·明帝纪》裴松之注引《汉晋春秋》："帝徙盘，盘折，声闻数十里，金狄（即铜人）或泣，因留于霸城。"后来唐代诗人李贺还因此触发创作了《金铜仙人辞汉歌》。《水经注》中假借汉代建安年间名士蓟子训之口，讲了金狄的铸造来历。表面上蓟子训是在夸耀自己的长生之术，实际也流露着世事盛衰之慨叹。封君达因为服炼水银而驻颜有术。啸父、文宾本是市井人物，补履卖靴为业，也得长生不老，由此折射出当时民间神仙信仰的一般情况。又写不死的故事，如：

太白山南连武功山，于诸山最为秀杰，冬夏积雪，望之皓然。山上有谷春祠。春，栎阳人，成帝时病死，而尸不寒，后忽出栎南门及光门，上而入太白山，民为立祠于山岭，春秋来祠中上宿焉。山下有太白祠，民所祀也。[④]

《神仙传》称：灵寿光，扶风人，死于江陵胡罔家，罔殡埋之。后百余日，人有见光于此县，寄书与罔，罔发视之，惟有履存。[⑤]

城西门即寇先鼓琴处也。先好钓，居睢水旁，宋景公问道不

---

① 《水经注》卷二河水注，《水经注校释》，第 28 页。
② 《水经注》卷十浊漳水注，《水经注校释》，第 183 页。
③ 《水经注》卷二十四睢水注，《水经注校释》，第 428 页。
④ 《水经注》卷十八渭水注，《水经注校释》，第 324—325 页。
⑤ 《水经注》卷二十三汳水注，《水经注校释》，第 416 页。

告，杀之。后十年，止此门，鼓琴而去。宋人家家奉事之。①

《魏土地记》曰：大甯城西二十里有小甯城。昔邑人班邱仲，居水侧，卖药于甯，百余年，人以为寿，后地动宅坏，仲与里中数十家皆死，民人取仲尸弃于延水中，收其药卖之。仲被裘从而诘之，此人失怖，叩头求哀。仲曰：不恨汝，故使人知我耳。去矣。后为夫余王驿使来宁，北方人谓之谪仙也。②

这几则故事的共同特点是：人死而能复生。

我们如果透过道教的长生羽化之说的影响，从更深一层来看，《水经注》所记的神仙故事又与当时的社会心理和时代风气相关。神仙故事之写长生或不死，其实是当时的社会心理的一种反映。魏晋南北朝时期，社会动荡不安，战乱连年不断，人民大量死亡，故多有年命不久之虞。在这种情况下，对长生永年的希望，就成了当时社会的人们普遍心理。神仙故事中的成仙者在成仙时，往往借助某种手段遨游于天空。如黄帝乘龙，王子晋控鹄，箫史、弄玉骑凤，赤松子生羽，卫叔卿乘云车、驾白鹿等。仙人王乔能把鞋子变化成双凫在天上飞行。这些都隐约透露着当时人们对于自由自在、无拘无束的生活的向往。

《水经注》神仙故事也和当时推重隐逸的时代风气相关。《水经注》写成仙者成仙的处所，有许多是在山中。如谷春入太白山，赤松羽化于长山，卫叔卿仙居华山，苏耽在马岭山，龙迎阳子明上陵阳山，等等。这与魏晋南北朝时期的隐逸之风有关。汉末的社会动乱，把士人纷纷赶向山林。《后汉书》卷八十三《逸民传》："汉室中微，王莽篡位，士之蕴藉义愤甚矣。是时裂冠毁冕，相携持而去之者，盖不可胜数。"范晔赞曰："江海冥灭，山林长往。远性风疏，逸情云上。道就虚全，事违尘枉。"不得"影静千官里"的士人，就向环境幽深、

① 《水经注》卷二十四睢水注，《水经注校释》，第426页。

② 《水经注》卷十三漯水注，《水经注校释》，第239页。

形状奇特、氛围深邃、草木丰润的山林去寻找神踪仙迹，寄托自己的精神和情感。《水经注》有的成仙故事其实是把神仙和隐士沟通起来：

西迳大翮、小翮山南，高峦截云，层陵断雾，双阜共秀，竞举群峰之上。郡人王次仲，少有异志，年及弱冠，变苍颉旧文为今隶书。秦始皇时，官务烦多，以次仲所易文简，便于事要，奇而召之，三征而辄不至。次仲履真怀道，穷数术之美。始皇怒其不恭，令槛车送之，次仲首发于道，化为大鸟，出在车外，翻飞而去。落二翮于斯山，故其峰峦有大翮、小翮之名矣。[①]

《搜神记》曰：祝鸡翁者，洛阳人也，居尸乡北山下，养鸡百年余，鸡至千余头，皆有名字，欲取，呼之名，则种别而至。后之吴山，莫知所去矣。[②]

赣水又北迳南昌左尉廨西，汉成帝时，九江梅福为南昌尉居此，后福一旦舍妻子，去九江，传云得仙。[③]

在这些故事中，神仙就是隐士，隐士就是神仙，亦仙亦隐，已经难分彼此了。通过这些故事的表述，使得隐士生活蒙上了某种神秘色彩。

《水经注》中的神仙故事，有两个特点值得注意。

一是世俗化、平民化色彩很重。先秦两汉神话故事，主人公或为神灵精怪，或为帝王将相，而且对他们的相貌作出异于常人的设计，如豹齿虎尾的西王母、嘴如马口面如削瓜的皋陶、眉分八彩的尧、重瞳的舜和项羽、隆准而龙颜的刘邦，等等，面目狰狞可畏，令人难以亲近。《水经注》中的神仙故事，主人公大都是世俗世界中的平民，

① 《水经注》卷十三漯水注，《水经注校释》，第240—241页。

② 《水经注》卷十六谷水注，《水经注校释》，第299页。

③ 《水经注》卷三十九赣水注，《水经注校释》，第684页。

他们的身份与世俗之人没有明显的不同，如费长房为市吏，苏耽是牧牛童，阳子明是渔人，闵仲叔“隐遁市邑”等。他们成仙后，也往往混迹于民众之间，如《水经注》说“项宁都，学道升仙，忽复还此”，说谷春“后忽出栎南门及光门”，说鹿皮公“后百余年下，卖药齐市”，等等。而且，不但他们可以成仙，其他人也能够做到，如赤松羽化，“炎帝少女追之，亦俱仙矣”。甚至动物也有机会，如刘安升天时“余药在器，鸡犬舐之者，俱得上升”。又如：

唐君字公房，成固人也，学道得仙，入云台山，合丹服之，白日升天，鸡鸣天上，狗吠云中，惟以鼠恶留之，鼠乃感激，以月晦日，吐肠胃更生，故时人谓之唐鼠也。公房升仙之日，壻行未还，不获同阶云路，约以此川为居，言无繁霜蛟虎之患，其俗以为信然，因号为壻乡，故水亦即名焉。百姓为之立庙于其处也。①

仙可及于鸡犬，可见成仙已不是帝王王子的特权，是人们都可以具有的幻想和希望。这就使《水经注》记载的神仙故事具有很强的平民化色彩。

二是崇尚人性美和人情美。这些神仙故事，秉承“生物是好，死物是恶”② 中国传统思想，以承认人的价值和主体地位为前提，通过对人间世界的关注冲淡了宗教色彩，所以，传说中的许多神仙都富有人性人情。如：

黄溪东有马岭山，高六百余丈，广圆四十许里。汉末有郡民苏耽栖游此山。《桂阳列仙传》云：耽，郴县人，少孤，养母至

① 《水经注疏》，第 2318—2320 页。

② 《逸周书·度训解》：“凡民之所好恶，生物是好，死物是恶。”

孝，言语虚无，时人谓之痴。常与众儿共牧牛，更直为帅，录牛无散。每至眈为帅，牛辄徘徊左右，不逐自还。众儿曰：汝直，牛何道不走耶？眈曰：非汝曹所知。即面辞母，云受性应仙，当违供养。涕泗又说，年将大疫，死者略半，穿一井饮水，可得无恙。如是有哭声甚哀。后见眈乘白马还此山中，百姓为立坛祠，民安岁登，民因名为马岭山。[①]

仁孝本是世俗世界的道德伦理观念，但这则故事把它赋予神仙苏眈，可见神仙具有人性。又如：

昔吴郡太守张公直，自守征还，道由庐山，子女观祠，婢指女戏妃像人，其妻夜梦致聘，怖而遽发，明引中流，而船不行。合船惊惧，曰：爱一女而合门受祸也。公直不忍，遂令妻下女于江。其妻布席水上，以其亡兄女代之，而船得进。公直方知兄女，怒妻曰：吾何面目于当世也！复下己女于水中。将渡，遥见二女于岸侧，傍有一吏，立曰：吾庐君主簿，敬君之义，悉还二女。[②]

庐山神仙能感义还女，可见神仙具有人情。《水经注》中这类神话传说，以人类社会的道德情感为关怀，充满了人性美和人情味，具有突出的审美意义。

## 二 具有佛教意味的精变故事和幻化故事

《水经注》中除了比较集中于《河水注》的佛经故事外，还有一些具有佛教意味的精变故事和幻化故事。郑德坤在《水经注引得·

① 《水经注》卷三十九耒水注，《水经注校释》，第678页。
② 《水经注》卷三十九庐江水注，《水经注校释》，第686页。

序》云："南北朝为佛教昌盛时代，文学作品，常含有佛教意味，专门著述如《魏书》之《释老志》，杨衒之《洛阳伽蓝记》，皆合时代之潮流。道元作注，历引《西域记》《扶南传》《法显传》，连篇累牍，词致恢诡；又博采《大华岩经》《大善权经》《因果经》以立说。所叙佛陀灵迹，虽为外族传说，然凿凿如实事，最可表现南北朝时，汉人对于西域及天竺诸国之知识。近人蔡玑谓郦注富有时代之色彩，甚是。"[①]

佛教传入中土，依附于从中国本土产生的道教以保持其发展势头，另外，"神仙家著书，亦喜借浮屠以自重"[②]。魏晋南北朝的志怪故事也深受这种宗教背景的影响。佛经中有许多譬喻经，如《百句譬喻经》《法句譬喻经》《杂譬喻经》，等等，都是借助宗教托喻来宣传佛理的。这些佛教譬喻故事很多都是借助动物展开，如九色鹿的故事、鹦鹉救火的故事[③]等。志怪故事中的精变故事，大抵是受到了佛教中的这些譬喻故事及其典事的影响。《列异传》《玄中记》《搜神记》等书中都记载有梓精、龟精、蛇精、鼠精、狐狸精等精变故事，就是在佛教的譬喻故事的启发下产生的。《水经注》的传说故事，也有部分类似的内容。如：

> 《列异传》曰：武都故道县有怒特祠，云神本南山大梓也。昔秦文公二十七年伐之，树疮随合。秦文公乃遣四十人，持斧斫之，犹不断。疲士一人伤足，不能去，卧树下，闻鬼相与言曰：劳攻战乎？其一曰：足为劳矣。又曰：秦公必持不休。答曰：其如我何！又曰：赤灰跋于子，何如？乃默无言。卧者以告。令士皆赤衣，随所斫以灰跋树断，化为牛，入水，故秦为立祠。[④]

① 郑德坤：《水经注引得·序》，哈佛燕京学社1934年版，第4页。
② 余嘉锡：《四库提要辨证·神异经》。
③ 见三国僧康会译《旧杂譬喻经》卷三十三。
④ 《水经注》卷十七渭水注，《水经注校释》，第319页。

刘敬叔《异苑》曰：孙权时，永康县有人入山，遇一大龟，即束之以归。龟便言曰：游不量时，为君所得。担者怪之，载出欲上吴王，夜宿越里，揽船于大桑树。宵中，树忽呼龟曰：元绪奚事尔也？龟曰：行不择日，今方见烹。虽尽南山之樵，不能溃我。树曰：诸葛元逊识性渊长，必致相困，令求如我之徒，计将安治？龟曰：子明，无多辞。既至建业，权将煮之，烧柴万车，龟犹如故。诸葛恪曰：燃以老桑乃熟。献人仍说龟言，权使伐桑取煮之即烂，故野人呼龟曰元绪。①

透过这些故事本身的具体内容去看，其内核不过是讲述应验之说。应验之说正是佛教宣传的主要内容。《水经注》卷二十丹水注："（南乡故城）城南外，旧有郡社柏树，大三十围。萧欣为郡，伐之，言有大蛇从树腹中坠下，大数围，长三丈，群小蛇数十，随入南山，声如风雨。伐树之前，见梦于欣，欣不以厝意，及伐之，更少日，果死。"更是明显的因果报应之论。②

后来传入中土的大乘佛教讲"空"和"幻"，以现实世界的一切为虚妄不实的假象，要求人们透过假象寂灭烦恼业因，完性成佛。这样，那些转瞬即逝的物象如雷、电、泡、沫、影、响等，就成了最宜表现这种虚幻理念的素材。《水经注》中有的传说，也有这种意味：

耆旧云，邑人有行于途者，见一小蛇，疑其有灵，持而养之，名曰担生，长而吞噬人，里中患之，遂捕系狱。担生负而奔，邑沦为湖，县长及吏咸为鱼矣。③

《神异传》曰：由卷县，秦时长水县也。始皇时，县有童谣

① 《水经注》卷四十渐江水注，《水经注校释》，第694页。

② 此故事不见于他书，或道元径自闻之？《太平御览》卷九百三十三辑录。

③ 《水经注》卷十浊漳水注，《水经注校释》，第188页。

曰：城门当有血，城陷没为湖。有老妪闻之，忧惧，旦往窥城门，门侍欲缚之，妪言其故。妪去后，门侍煞犬，以血涂门。妪又往，见血，走去不敢顾。忽有大水长，欲没县。主簿令干入白令，令见幹，曰：何忽作鱼？幹又曰：明府亦作鱼。遂乃沦陷为谷矣。[①]

倏忽之间，县邑沦为湖谷，人化为鱼，可见现实世界是多么的虚妄不实。佛教视现实世界为虚幻的存在，认为“诸法无我，诸行无常，一切皆空”，所以佛典中有许多以幻喻空、以虚排实的故事。《水经注》中上述故事，正是佛教影响下的产物。

### 三　受谶纬经学影响的预言故事

西汉董仲舒创建阴阳五行化的公羊学，往往借天变灾异穿凿附会，使儒学蒙上了神秘的色彩，为儒生造谶开了先路。哀帝平帝后乃至东汉，谶纬之说都很盛行，魏晋玄学兴起，其势方衰。但直到南北朝，谶纬之说余波犹存。《水经注》中有许多传说涉及符命、祥瑞、灾异、禁忌、谶语、预言、梦兆、感应的内容，就反映了谶纬之说的影响。其中写谶语预言的，如：

《晋中州记》曰：惠帝为太子，出闻虾蟆声，问人，为是官虾蟆、私虾蟆？侍臣贾胤对曰：在官地为官虾蟆，在私地为私虾蟆。令曰：若官虾蟆，可给廪。先是有谶云，虾蟆当贵。昔晋朝收愍怀太子于后池，即是池也。[②]

及晋永嘉元年，洛阳东北步广里地陷，有二鹅出，苍色者飞翔冲天，白色者止焉。陈留孝廉董养曰：步广，周之狄泉，盟会

① 《水经注》卷二十九沔水注，《水经注校释》，第515页。
② 《水经注》卷十六谷水注，《水经注校释》，第291页。

之地，今色苍，胡象矣，其可尽言乎？后五年，刘曜、王弥入洛，帝居平阳。①

刘曜之世，是山崩，长安人刘终于崩所得白玉，方一尺，有文字，曰：皇亡皇亡败赵昌，井水竭，构五梁，咢酉小衰困嚣丧。呜呼！呜呼！赤牛奋鞞其尽乎！时群官毕贺。中书监刘均进曰：此国灭之象，其可贺乎？终如言矣。②

江有琵琶圻，圻有古冢堕水，甓有隐起字云：筮吉龟凶，八百年，落江中。谢灵运取甓诣京，咸传观焉。乃如龟繇，故知冢已八百年矣。③

写感应、梦兆的，如：

昔汝南步游张少失其母，及为县令，遇母于此，乃使良马踟蹰，轻轩罔进，顾访病姬，乃其母也。诚愿宿凭，而冥感昭征矣。④

昔泰山吴伯武，少孤，与弟文章相失二十余年，遇于县市，文章欲殴伯武，心神悲恸，因相寻问，乃兄弟也。⑤

昔南阳文叔良，以建安中为甘陵丞，夜宿水侧，赵人兰襄梦求改葬，叔良明循水求棺，果于水侧得棺，半许落水，叔良顾亲旧曰：若闻人传此，吾必以为不然。遂为移殡，醊而去之。⑥

其他像卷二十八写蜀使在建业看见其父所乘马，卷二十九写黄昌在蜀遇见失散的妻子等，也都是此类故事。此外，《水经注》中还有

① 《水经注》卷十六谷水注，《水经注校释》，第291页。
② 《水经注》卷十八渭水注，《水经注校释》，第325页。
③ 《水经注》卷四十渐江水注，《水经注校释》，第701页。
④ 《水经注》卷二十四睢水注，《水经注校释》，第430页。
⑤ 《水经注》卷二十五泗水注，《水经注校释》，第455页。
⑥ 《水经注》卷五河水注，《水经注校释》，第81页。

许多写符命祥瑞的传说，如写黄帝巡河过洛，“受《龙图》于河、《龟书》于洛”；尧登首山见五老告《河图》将来；禹治洪水，得《河图》及《金简玉字之书》；“禹南济江，黄龙夹舟”；周穆王西征会河伯；汉武帝汾阴获宝鼎，等等。

这些传说故事的产生，与今文谶纬经学至有关系。董仲舒《春秋繁露》卷十二《阴阳义第四十九》：“天亦有喜怒之气，哀乐之心，与人相副”，“与天同者大治，与天异者大乱”。董说已肇谶纬之端，到了东汉，造谶更是儒生的专业。其流风对以传统中原文化为传承的北朝士人，影响还是很大的。《水经注》中的这些预言传说，多源自北朝诸书，即是证明。

### 四　生动形象的地理传说和风俗故事

《水经注》中的神话传说并非都带有某种宗教色彩。郦道元在《水经注》中记载神话传说，大多是为了加重《水经注》的文学意味，以此增强读者的阅读兴趣，引发读者对所记载的山林皋壤、城郭村邑产生向往之情。在说明地势特点、地名由来的时候，郦道元经常借用神话传说以增加神异色彩，这部分神话传说并无任何宗教背景。如：

> 左丘明《国语》云：华岳本一山当河，河水过而曲行。河神巨灵，手荡脚蹋，开而为两，今掌足之迹仍存。①
>
> 来敏《本蜀论》云：秦惠王欲伐蜀而不知道，作五石牛，以金置尾下，言能屎金。蜀王负力，令五丁引之成道。秦使张仪、司马错寻路灭蜀，因曰石牛道。②
>
> 县有五女，蜀王遣五丁迎之，至此见大蛇入山穴，五丁引之，

① 《水经注》卷四河水注，《水经注校释》，第58页。

② 《水经注》卷二十七沔水注，《水经注校释》，第488页。

山崩，压五丁及五女，因氏山为五妇山，又曰五妇候。①

《水经注》通过这些生动的记述，在说明地理形势的同时，又给予描写对象以深厚的文化色彩和人文内涵。生动形象的传说使得山水自然平添了灵性神韵，引导人们产生遐想，获得由衷的愉悦，感受浓郁的审美快感。

《水经注》对乡国灵怪的记述，多源于晋宋地记。由于具有相似的时代背景、文化背景和表述形式，使得故事内容也在某种程度上趋同或一致，从而产生一些情节模式。如：

其间远望，势交岭表，有五六峰参差互出，上有奇石，如二人像攘袂相对。俗传两郡督邮争界于此，宜都督邮厥势小东倾，议者以为不如也。②

澧水自县东径临澧、零阳二县故界，水之南岸，白石双立，厥状类人，高各三十丈，周四十丈。古老传言，昔充县尉与零阳尉共论封境，因相伤害，化而为石，东标零阳，西揭充县。③

峡西岸高岩名贞女山，山下际有石如人形，高七尺，状如女子，故名贞女峡。古来相传，有数女取螺于此，遇风雨昼晦，忽化为石。④

这几则传说的故事内容都是人化为石。其实它们都是人们因石之形象杜撰而成的。郦道元也不全相信，他说："斯诚巨异，难以闻信，但启生石中，挚呱空桑，抑斯类矣。物之变化，宁以理求乎？"再如：

---

① 《水经注》卷三十二梓潼水注，《水经注校释》，第568页。

② 《水经注》卷三十四江水注，《水经注校释》，第595页。

③ 《水经注》卷三十七澧水注，《水经注校释》，第646—647页。

④ 《水经注》卷三十九洭水注，《水经注校释》，第675页。

《汉官》曰：开阳门始成，未有名，宿昔有一柱来在楼上。琅琊开阳县上言，南城门一柱飞去。光武皇帝使来识视，良是，遂坚缚之，因刻记年月日以名焉。①

利水又南径灵石下，灵石一名逃石，高三十丈，广圆五百丈。耆旧传言，石本桂林武城县，因夜迅雷之变，忽然迁此，彼人来见叹曰：石乃逃来。因名逃石。以其有灵运徙，又曰灵石。②

浙江又北径山阴县西，西门外百余步有怪山，本琅邪郡之东武县山也，飞来徙此，压杀数百家。③

这几则传说都写木石静物“有灵运徙”，具有相似的情节内容。人能化而为静立之石，石也能飞可走，人杰地灵两相关照，是《水经注》及晋宋地记等书的共同特点。虽然情节相似，但《水经注》能变换笔法、改换角度，所以我们读了以后并无重复生厌的感觉。

《水经注》还有一部分神话传说讲到少数民族的起源及其首领的异事奇闻。如：

盘瓠者，高辛氏之畜狗也，其毛五色，高辛氏患犬戎之暴，乃募天下有能得犬戎之将吴将军头者，妻以少女。下令之后，盘瓠遂衔吴将军之首于阙下，帝大喜，未知所报。女闻之以为信不可违，请行，乃以配之，盘瓠负女入南山，上石室中。所处险绝，人迹不至。帝悲思之，遣使不得进，经二年，生六男六女。盘瓠死，因自相夫妻。织绩木皮，染以草实，好五色衣，裁制皆有尾。其母白帝，赐以名山。其后滋蔓，号曰蛮夷。今武陵郡夷，即盘

① 《水经注》卷十六谷水注，《水经注校释》，第296页。
② 《水经注》卷三十八溱水注，《水经注校释》，第670页。
③ 《水经注》卷四十浙江水注，《水经注校释》，第699页。

瓠之种落也。其狗皮毛，嫡孙世宝录之。①

昔巴蛮有五姓，未有君长，俱事鬼神，乃共掷剑于石穴，约能中者奉以为君。巴氏子务相乃中之。又令各乘土舟，约浮者当以为君，惟务相独浮，因共立之，是为廪君。乃乘土舟，从夷水下，至盐阳。盐水有神女，谓廪君曰：此地广大，鱼盐所出，原留共居。廪君不许，盐神暮辄来宿，旦化为虫，群飞蔽日，天地晦暝。积十馀日，廪君因伺便射杀之，天乃开明。廪君乘土舟，下及夷城。夷城石岸险曲，其水亦曲，廪君望之而叹，山崖为崩。廪君登之。上有平石，方二丈五尺，因立城其傍而居之，四姓臣之。死，精魂化而为白虎，故巴氏以虎饮人血，遂以人祀。②

南越王尉佗举众攻安阳王。安阳王有神人，名皋通，下辅佐，为安阳王治神弩一张，一发杀三百人。南越王知不可战，却军住武宁县。按《晋太康记》县属交趾。越遣太子名始，降服安阳王，称臣事之。安阳王不知通神人，遇之无道，通便去，语王曰：能持此弩王天下，不能持此弩者亡天下。通去，安阳王有女名曰眉珠，见始端正，珠与始交通。始问珠，令取父弩视之。始见弩，便盗以锯截弩讫，便逃归报越王。南越进兵攻之，安阳王发弩，弩折，遂败。安阳王下船，迳出于海。今平道县后王宫城见有故处。③

有范文，日南西卷县夷帅范椎奴也。文为奴时，山涧牧牛，于涧水中，得两鲤鱼，隐藏挟归，规欲私食。郎知检求，文大惭惧，起托云：将砺石还，非为鱼也。郎至鱼所，见是两石，信之而去。文始异之。石有铁，文入山中，就石冶铁，锻作两刀。举刀向鄣，因祝曰：鳢鱼变化，冶石成刀，斫石鄣破者，是有神灵，

① 《水经注》卷三十七沅水注，《水经注校释》，第649页。

② 《水经注》卷三十七夷水注，《水经注校释》，第644页。

③ 《水经注》卷三十七叶榆河注，《水经注校释》，第642页。

文当治此，为国君王。斫不入者，是刀无神灵。进斫石鄣，如龙渊、干将之斩芦藁。由是人情渐附。今斫石尚在，鱼刀犹存，传国子孙，如斩蛇之剑也。①

此外，卷六叙刘曜得宝剑；卷八叙徐偃王出生之异；卷三十六叙竹王传说；卷三十七讲九隆哀牢之国的立国奇闻等，都是同类故事。这些传说，一般篇幅较长，叙事生动，充满了奇异色彩。在这些故事中，狗能娶人为妻，土能为舟，鱼可变石，一弩能当百万师，情节离奇，简直匪夷所思。

关于土风民情的传说，在《水经注》中也每每可见。这些传说，把乡国风情装点得有声有色，令人心驰神往。如：

谷中有石穴，清泉溃流三十许步，复入穴，即长杨之源也。水中有神鱼，大者二尺，小者一尺，居民钓鱼，先陈所须多少，拜而请之。拜讫投钩饵，得鱼过数者，水辄波涌，暴风卒起，树木摧折。水侧生异花，路人欲摘者，皆当先请，不得辄取……县北十余里有神穴，平居无水，时有渴者，诚启请乞，辄得水，或戏求者，水终不出。县东十许里至平乐村，又有石穴出清泉中，有潜龙。每至大旱，平乐左近村居，辇草秽着穴中，龙怒，须臾水出，荡其草秽，傍侧之田皆得浇灌。从平乐顺流五六里，东亭村北山甚高峻，上合下空，空窍东西广二丈许，起高如屋，中有石床甚整顿，傍生野韭，人往乞者，神许则风吹别分，随偃而输，不得过越；不偃而输辄凶，往观者去时特平，暨处自然恭肃矣。②

朱吾以南有文狼人，野居无室宅，依树止宿，食生鱼肉，采

---

① 《水经注》卷三十六温水注，《水经注校释》，第631—632页。
② 《水经注》卷三十七夷水注，《水经注校释》，第645页。

香为业，与人交市，若上皇之民矣。[①]

《水经注》中还有许多地方写到土俗禁忌。如卷二十六写石膏山上有石鼓，“鸣则年凶”；卷二十九写夏架山上有石鼓，“鸣则有兵”；卷三十八写县有石鼓“鼓鸣则土有兵革之事”，卷四十写县“不得开南门，开南门则有贼盗”等。这些传说中的土俗禁忌，在其蕴有的乡俗风味的背后，我们可以看出：它们正是饱经战乱之扰的百姓苦厌兵戈的心理反应。

## 五　《水经注》神话传说对后世传奇小说的影响

《水经注》中记载的神话传说，是郦道元博采群书，撮录缀集，加工整理而成的。其中，有许多故事，不见他书，或所引之书早已亡佚，仅赖《水经注》保存。但其中一些生动优美的神话传说，以其种种奇妙的形象和幻想情节，给予后世文言小说、白话小说很大的启发和影响。

《水经注》卷十九渭水注引《春秋后传》：

> 使者郑容入柏谷关，至平舒置，见华山有素车白马，问郑容：安之？答曰：之咸阳。车上人曰：吾华山君使，愿托书致鄗池君。子之咸阳，过鄗池，见大梓下有文石，取以款列梓，当有应者，以书与之，勿妄发，致之得所欲。郑容行至鄗池，见一梓下果有文石，取以款梓，应曰：诺。郑容如睡觉而见宫阙，若王者之居焉。谒者出，受书入。有顷，闻语声言祖龙死。神道茫昧，理难辨测，故无以精其幽致矣。[②]

---

① 《水经注》卷三十六温水注，《水经注校释》，第631页。

② 《水经注疏》，第1564—1565页。

又《水经注》卷三十八溱水注：

晋中朝时，县人有使者至洛，事讫将还，忽有一人寄其书云：吾家在观岐前，石间悬藤，即其处也，但叩藤，自当有人取之。使者谨依其言，果有二人出外，取书并延入水府，衣不沾濡。言此似不近情，然造化之中，无所不有，穆满西游，与河宗论宝，以此推之，亦为类矣。①

对比一下唐传奇，李朝威《柳毅传》写柳毅为洞庭龙女传书：

女曰：洞庭之阴，有大橘树焉，乡人谓之社橘。君当解去兹带，束以他物。然后扣树三发，当有应者。……其夕，至邑而别其友。月余到乡，还家，乃访于洞庭。洞庭之阴，果有社橘。遂易带向树，三击而止。俄有武夫出于波间，再拜请曰：贵客将自何所至也？毅不告其实，曰：走谒大王耳。武夫揭水指路，引毅以进。谓毅曰：当闭目，数息可达矣。毅如其言，遂至其宫。始见台阁相向，门户千万，奇草珍木，无奇不有。

不难看出，《柳毅传》与《水经注》在情节内容上非常相似。二书都写托书水府，都交代“当有应者”。《水经注》中的击梓、扣藤，《柳毅传》换作了击橘。《水经注》写“郑容如睡觉而见宫阙”，《柳毅传》写“闭目，数息可达”，《水经注》写水府“若王者之居焉”，《柳毅传》描述为“台阁相向，门户千万，奇草珍木，无奇不有”。总之，《柳毅传》在情节结构上对《水经注》的借鉴是清晰可见的。

上所引《水经注》故事，《溱水》条《水经注》未标出处，《渭

① 《水经注疏》，第3188页。

水》条引自《春秋后传》。《春秋后传》不见隋唐诸志著录，想早已亡佚。李朝威《柳毅传》对有关情节的借鉴应得益于《水经注》，《水经注》有保存传说之功。

明梅鼎祚撰《才鬼记》十六卷①，其一才鬼就是《水经注》中为己辩枉的鲜于冀②。明夏允彝撰《禹贡合注》五卷，也是“杂取《水经注》及诸家小说，旁载山水形状及诸奇异”③。可见明人对《水经注》的神话传说也是很重视的。

清人也有仿照《水经注》而记述奇闻异见者，如《四库全书总目》卷七十七《史部》地理类存目六有清钱以垲撰《岭海见闻》四卷。《提要》言，“此编又其杂录见闻之书也。大致欲仿《水经注》《洛阳伽蓝记》，而才不逮古人。又采录冗杂，无所限断。”尽管钱氏“才不逮古人”，但他欲仿《水经注》为书，就说明清人也有对《水经注》中的故事逸闻十分青睐者。

## 第五节 《水经注》所引用的诗赋谣谚

《水经注》引用了大量的诗赋谣谚。这些诗赋谣谚不但可以帮助《水经注》对水道源流进行叙述或考辨，而且可以对山情水貌作出生动的概括，对所写景物进行烘托渲染，对所记述的传说故事进行印证。所以，它们也是《水经注》文学性内容的有机组成部分，也是使《水

① 《四库全书总目提要》卷一百四十四子部《小说家类存目二》，中华书局1965年版，第1231页。

② 见《水经注》卷九淇水注：“汉光武建武二年，西河鲜于冀为清河太守，作公廨未就而亡，后守赵高计功用二百万，五官黄秉、功曹刘适言四百万钱。于是冀乃鬼见白日，道从入府，与高及秉等对共计校，定为适秉所割匿，冀乃书表自理其略，言高贵不尚节，畮垄之夫，而箕踞遗类，研密失机，婢妾其性，媚世求显，偷窃很鄙，有辱天官，易讥负乘，诚高之谓，臣不胜鬼言。谨因千里驿闻，付高上之。便西北去三十里，车马皆灭不复见，秉等皆伏地物故。高以状闻，诏下，还冀西河田宅妻子焉。兼为差代，以弭幽中之讼。”《水经注校释》，第164页。

③ 《四库全书总目提要》卷十四经部《书类存目二》，中华书局1965年版，第113页。

经注》文采焕然的重要因素。

## 一　《水经注》所引用的诗和赋

《水经注》引诗，尤以《诗经》为最多。其中选自《大雅》的有《大明》《韩奕》《绵》、《嵩高》《下武》。选自《小雅》的有《车攻》一篇。选自《国风》的有《十亩之间》《七月》《式微》《新台》《下泉》《泉水》《定之方中》《桑中》《淇澳》、《太叔于田》《小戎》《溱洧》《凯风》《南山》《简兮》。选自《鲁颂》的有《泮水》《閟宫》。以上可见今人陈桥驿《水经注研究二集·文献录》。

除引《诗经》外，《水经注》还引用了屈原《离骚》《天问》，《史记》记载《夷齐之歌》《麦秀歌》，汉武帝《秋风辞》《天马之歌》和《瓠子歌》，张衡《四愁诗》，王粲《七哀诗》和《赠士孙文始诗》，阮籍《咏怀诗》、刘琨《扶风歌》，以及张协、刘程之、成公绥、谢庄、吴均等人的诗作。

《水经注》所引赋作五十多篇。其中有：西汉刘歆的《遂初赋》；东汉扬雄（子云）的《河东赋》《河水赋》《蜀都赋》，张衡（平子）的《温泉赋序》《西京赋》《东京赋》《南都赋》，班彪（叔皮）的《游居赋》，曹大家（班昭）的《东征赋》，李尤（伯仁）的《鸿池陂铭》《盟津铭》《平乐观赋》，蔡邕（伯喈）的《述征赋》，马融的《广成颂》，傅毅的《反都赋》，王延寿的《梦赋》，冯衍（敬通）的《显志赋》；曹魏魏武帝的《登台赋》，魏文帝的《述征赋》，曹植的《铜雀台赋》，王粲（仲宣）的《赋登楼》，徐干（伟长）的《齐都赋》，应玚（德琏）的《灵河赋》《西征赋》，刘桢（公干）的《黎阳山赋》《鲁都赋》，繁钦（休伯）的《避地赋》《建章凤阙赋》，刘劭的《赵都赋》，崔琰（季珪）的《述初赋》；西晋张协（景阳）的《玄武观赋》，陆机（士衡）的《行思赋》，潘岳（安仁）的《都乡碑》《西征赋》，左思（太冲）的《三都赋》（即《齐都赋》《蜀都赋》《吴都赋》）、《魏都赋》，郭璞（景纯）的《南郊赋》《江赋》，孙楚（子荆）的《故台赋》，袁宏（彦伯）的《北征赋》；东晋卢谌的《征艰赋》，杨泉的《五湖赋》，庾阐（仲初）的《扬都赋》，孙放的《庐山赋》，成公绥（子安）的《大河赋》；南朝刘宋谢惠连的《雪赋》，刘晃的《通津赋》，王彪之的《庐山赋叙》；南朝齐庾杲之注《扬都赋》；北魏崔浩注《西征赋》等作品。

《水经注》所引的诗赋，很多是首见于《水经注》，后被各类古书引用，遂得以流传于今世。例如《水经注》卷十九渭水注："故《渔文歌》曰：沧浪之水清兮，可以濯我缨；沧浪之水浊兮，可以濯我足。"①《水经》卷十六谷水注："石季伦《金谷诗集叙》曰：余以元康七年，从太仆出为征虏将军，有别庐在河南界金谷涧中，有清泉茂树，众果、竹、柏、药草备具。"② 卷十六谷水注："李尤《平乐观赋》曰：乃设平乐之显观，章秘伟之奇珍。"③ 卷五河水注："刘桢《黎阳山赋》曰：南荫黄河，左覆金城，青坛承祀，高碑颂灵。"④ 卷二十五泗水注："刘公干《鲁都赋》曰：戢武器于有炎之库，放戎马于巨野之垧。"⑤ 卷五河水注："应玚《灵河赋》曰：资灵川之遐源，出昆仑之神丘，涉津洛之阪泉，播九道于中州者也。"⑥ 卷五河水注："张景阳《玄武观赋》所谓高楼特起，竦跱岧峣，直亭亭以孤立，延千里之清飙也。"⑦ 卷一《河水》注："成公子安《大河赋》曰：览百川之宏

① 此歌虽见之于《楚辞·渔父》，但《水经注》首记其诗名为《渔文歌》，《水经注疏》，第1620—1621页。

② 石崇，字季伦，《水经注疏》，第1384—1385页。

③ 李尤，字伯仁，东汉人，《水经注疏》，第1419页。

④ 刘桢，字公干，为建安七子之一，《水经注疏》，第416页。

⑤ 《水经注疏》，第2105页。

⑥ 应玚，字德琏，为建安七子之一，《水经注疏》，第393页。

⑦ 张协，字景阳，西晋人，《水经注疏》，第387页。

壮，莫尚美于黄河，潜昆仑之峻极，出积石之嵯峨。”① 卷八济水注：“袁宏《北征赋》曰背梁山，截汉波，即此处也。”② 这些诗赋，幸赖《水经注》留存，后为唐宋以后的类书或文选辑录，得以流传至今。这也是《水经注》文学文献价值的突出表现之一。

《水经注》引用诗赋，有时是为了辅助其对水道源流、地理沿革、名物故实等进行叙述或考辨的。尤其引《诗经》，大抵是这个目的。如：

> 河水又迳郃阳城东，周威烈王之十八年，魏文侯伐秦，至郑，还筑雒阴、郃阳，即此城也。故有莘邑矣，为太姒之国。《诗》云：在郃之阳，在渭之涘。又曰：缵女维莘，长子维行。谓此也。③
>
> 黎，侯国也。《诗·式微》黎侯寓于卫是也。④
>
> 涑水又西，径郇城。《诗》云郇伯劳之，盖其故国也。⑤
>
> 秦始皇观礼于鲁，登于峄山之上，命丞相李斯以大篆勒铭山岭，名曰昼门，《诗》所谓保有凫峄者也。⑥

《水经注》引用诗赋，也有许多是对山情水貌作出生动的概括，对所写景物进行烘托渲染的。这时，《水经注》本身的山水描写，与诗赋中的对山水自然的状绘融合起来，互相印证、互相彰明、互相生发，使得《水经注》对山水的表现更加完整和可信。因此在这种情况下《水经注》引用的诗赋也就成了山水描写的有机组成部分。如：

---

① 成公绥，字子安，晋人，《水经注疏》，第 67 页。
② 袁宏，字彦伯，东晋人，《水经注疏》，第 724 页。
③ 《水经注》卷四河水注，《水经注校释》，第 56 页。
④ 《水经注》卷五河水注，《水经注校释》，第 78 页。
⑤ 《水经注》卷六涑水注，《水经注校释》，第 109 页。
⑥ 《水经注》卷二十五泗水注，《水经注校释》，第 449 页。

小陇山，岩嶂高险，不通轨辙。故张衡《四愁诗》曰：我所思兮在汉阳，欲往从之陇坂长。①

其水南流迳鲁阳关，左右连山插汉，秀木干云，是以张景阳《诗》云：朝登鲁阳关，峡路峭且深。②

江水东历荆门、虎牙之间。荆门在南，上合下开，阁彻山南，有门像，虎牙在北，石壁色红，间有白文类牙形，并以物像受名此二山，楚之西塞也。水势急峻，故郭景纯《江赋》曰虎牙桀竖以屹崒，荆门阙竦而盘薄，圆渊九回以悬腾，湓流雷呴而电激者也。③

西北行上高山，羊肠绳屈八十余里，或攀木而升，或绳索相牵而上，缘陟者若将阶天。故袁休明《巴蜀志》云：高山嵯峨，岩石磊落，倾侧萦回，下临峭壑，行者扳缘，牵援绳索。④

前二段引诗，后二段引赋，或写山高路险，或写水急渊回，都是对《水经注》写景部分进行的绝妙补充和印证。有时，诗赋本身就是描述景观的佳笔，《水经注》也就省去自己的描述，而完全借助诗赋来表现。如《水经注》卷一《河水》注引徐干《齐都赋》："川渎则洪河洋洋，发源昆仑，九流分逝，北朝沧渊，惊波沛厉，浮沫扬奔。"气势充沛，精神饱满，笔力刚劲，绘黄河波涛汹涌之状如在眼前。《水经注》也就无须另作描写，而让读者完全由赋中所描写的内容去感受。

《水经注》引用诗赋，有时是在叙述完故事以后，作为前面所引述的史实、逸事、神话、传说的印证而设置的。生动的故事与诗赋的

① 《水经注》卷十七渭水上注，《水经注校释》，第 320 页。
② 《水经注》卷三十一淯水注，《水经注校释》，第 546 页。
③ 《水经注》卷三十四江水注，《水经注校释》，第 596—597 页。
④ 《水经注》卷三十六若水注，《水经注校释》，第 622 页。

整句或韵语相结合，更显得饶有情趣，无疑加浓了《水经注》的文学意味。如：

> 汉王之困荥阳也，纪信曰：臣诈降楚，王宜间出。信乃乘王车，出东门，称汉降楚。楚军称万岁，震动天地。王与数十骑出西门，得免楚围。羽见信，大怒，遂烹之。信冢在城西北三里。故蔡伯喈《述征赋》曰：过汉祖之所隘，吊纪信于荥阳。[①]

这一段是《水经注》抄变《史记》而成的历史故事[②]，事在汉高祖三年。《水经注》在叙述完故事后又引蔡邕《述征赋》，既是对史实的印证，也是对蔡《赋》的注解。再如：

> 说者咸云：汉武微行柏谷，遇辱窦门，又感其妻深识之馈，既返玉阶，厚赏赉焉，赐以河津，令其鬻渡，今窦津是也。故潘岳《西征赋》云：酬匹妇其已泰，胡厥夫之谬官？[③]
>
> （青）门外旧出好瓜。昔广陵人邵平为秦东陵侯，秦破，为布衣，种瓜此门，瓜美，故世谓之东陵瓜。是以阮籍《咏怀诗》云：昔闻东陵瓜，近在青门外，连畛拒阡陌，子母相钩带。指谓此门也。[④]

这两段是逸事，一叙帝王，一叙隐士，前者最早见于《汉武帝故事》，后者最早见于《史记·萧相国世家》，都是后世文咏习用的典故。如唐代王维《老将行》“路旁时卖故侯瓜”，即指此。再如：

---

① 《水经注》卷七济水注，《水经注校释》，第125页。
② 详见《史记》卷七《项羽本纪》。（《史记》，中华书局1959年版，第326页。）
③ 《水经注》卷四河水注，《水经注校释》，第62页。
④ 《水经注》卷十九渭水注，《水经注校释》，第335页。

杜伯与其友左儒仕宣王。儒无罪见害，杜伯死之，终能报恨于宣王。故成公子安《五言诗》曰：谁谓鬼无知，杜伯射宣王。[①]

山庙甚神，能分风擘流，住舟遣使，行旅之人，过必敬祀而后得去。故曹毗咏云：分风为贰，擘流为两。[②]

晋武时，吴郡临平岸崩，出一石鼓，打之无声，以问张华。华云：可取蜀中桐材，刻作鱼形，扣之则鸣矣。于是如言，声闻数十里。刘道民《诗》曰：事有远而合，蜀桐鸣吴石。[③]

前面所引的三个故事还有一定的事实根据，所配诗赋有印证故事的作用，但上述三个故事就是富于神异色彩的传说了。在这里《水经注》引事引诗，目的就不再是印证，而只是为了给所要描写的山川风物增添神奇色彩和人文内涵，以此增加读者的阅读兴趣。这正是《水经注》文学性的突出表现。

## 二　《水经注》中记载的歌谣和谚语

《水经注》还常常引用歌谣和谚语，用来辅助描绘江河峰峦的特色，配合传说故事的介绍，表达作者的思想感情，使得《水经注》的文学色彩更浓更重。如果说《水经注》是一江绮丽的春水，那么，书中所引的歌谣和谚语，就像映入江水中的点点璀璨的明星，更增添了江水的风采和魅力。

《水经注》在写景时比较注意引用歌谣和谚语。如：

太白山，在武功县南，去长安二百里，不知其高几何。俗云：

① 《水经注》卷十九渭水注，《水经注校释》，第333页。
② 《水经注》卷三十九庐江水注，《水经注校释》，第686页。
③ 《水经注》卷四十渐江水注，《水经注校释》，第696页。

武功太白，去天三百。山下军行，不得鼓角，鼓角则疾风雨至。杜彦达曰：太白山，南连武功山，于诸山最为秀杰，冬夏积雪，望之皓然。①

江水又东迳黄牛山，下有滩，名曰黄牛滩。南岸重岭叠起，最外高崖间有石色如人负刀牵牛，人黑牛黄，成就分明，既人迹所绝，莫能究焉。此岩既高，加以江湍纡回，虽途径信宿，犹望见此物，故行者谣曰：朝发黄牛，暮宿黄牛，三朝三暮，黄牛如故。言水路纡深，回望如一矣。②

衡山东南二面，临映湘川，自长沙至此，江湘七百里中，有九向九背，故渔者歌曰：帆随湘转，望衡九面。山上有飞泉下注，下映青林，直注山下，望之若幅练在山矣。③

这三首歌谣分别写今陕西省境内的武功山和太白山、湖北宜昌县西黄牛山下的黄牛滩和湖南境内的南岳衡山。这些歌谣本身就是优美隽永的诗歌。如第一首“武功太白，去天三百”，夸张地写出太白山之高峻，李白《蜀道难》“连峰去天不盈尺”，或受其启发。第二首“朝发黄牛，暮宿黄牛，三朝三暮，黄牛如故”。把山高、江曲、景奇诸特点全都表露出来，两个“朝”字，两个“暮”字，三个“黄牛”，有意重复词语，造成一种回环之美。李白《上三峡》“三朝上黄牛，三暮行太迟。三朝又三暮，不觉鬓成丝”，显然系化用此条歌谣而成。第三首“帆随湘转，望衡九面”，是说船随湘水而转，能从许多角度领略衡山的奇异景色。三首歌谣，与《水经注》中优美的景物描写相配合，构造了神奇秀美的意境，彰显了山水胜境的情致，也渗透着作者陶醉于山水的情怀。

---

① 《水经注》卷十八渭水注，《水经注校释》，第324页。

② 《水经注》卷三十四江水注，《水经注校释》，第595页。

③ 《水经注》卷三十八湘水注，《水经注校释》，第663页。

但是对于长途跋涉的旅人，辛苦劳作的百姓、渔人，有时也会因为自然条件的恶劣而蒙受灾难。《水经注》中的一部分歌谣谚语就是反映这些情况的：

> 又东为净滩，夏水急盛，川多湍洑，行旅苦之。故谚曰：冬涝夏净，断官使命。言二滩阻碍也。[①]
>
> 江水又东径流头滩。其水并峻激奔暴，鱼鳖所不能游，行者常苦之，其歌曰：滩头白勃坚相持，倏忽沦没别无期。袁山松曰：自蜀至此，五千馀里，下水五日，上水百日也。[②]
>
> 汉武帝时，通博南山道，渡兰仓津，土地绝远，行者苦之。歌曰：汉德广，开不宾，渡博南，越仓津，渡兰仓，为作人。[③]
>
> 每至晴初霜旦，林寒涧肃，常有高猿长啸，属引凄异，空谷传响，哀转久绝。故渔者歌曰：巴东三峡巫峡长，猿鸣三声泪沾裳。[④]

“劳者歌其事”，《水经注》中这部分歌谣谚语，有着最浓重的平民色彩，是劳动者、跋涉者勇敢地与自然斗争，不屈地征服自然的见证。

人们要征服恶劣的自然，更要面对残酷的社会。封建统治者的穷奢极欲往往是建立在对平民百姓的残酷奴役上的。《水经注》中有一部分歌谣反映了这方面的社会问题。如：

> 秦始皇使蒙恬筑长城，死者相属，民歌曰：生男慎勿举，生女

① 《水经注》卷二十八沔水注，《水经注校释》，第 497 页。
② 《水经注》卷三十四江水注，《水经注校释》，第 595 页。
③ 《水经注》卷三十六若水注，《水经注校释》，第 622 页。
④ 《水经注》卷三十四江水注，《水经注校释》，第 593 页。

哺用餔。不见长城下，尸骸相支拄。其冤痛如此矣。蒙恬临死曰：夫起临洮，属辽东，城堑万余里，不能不绝地脉，此固当死也。[①]

前汉之末，王氏五侯大治池宅，引高都水入长安城，故百姓歌之曰：五侯初起，曲阳最怒。坏决高都，竟连五杜，土山渐台，像西白虎。[②]

前首歌谣写劳动者在暴秦的残酷奴役下“信知生男恶，反是生女好”的反常心理，沉痛地表达了他们不堪忍受的苦痛。郦道元特地加上一句评语“其冤痛如此矣”，以表现他对百姓苦难的同情，最后又以蒙恬临死之语再次说明修筑长城之非。后首，揭露了西汉末，王氏五侯大治池宅，奢侈腐化，滥用民力的卑劣行径。《汉书》卷九十八《元后传》：“河平二年，上悉封舅谭为平阿侯，商成都侯，立红阳侯，根曲阳侯，逢时高平侯。五人同日封，故世谓之‘五侯’。”“曲阳最怒”，是说曲阳侯王根最为嚣张。“坏决高都，竟连五杜，土山渐台，像西白虎”，是说王根决高都水（在长安西）入城东杜门，高筑台阁，以供享乐。

《水经注》中也有一些歌谣是褒扬善行德政的。如：

渭水又东得白渠口，大始二年，赵国中大夫白公奏穿渠引泾水，首起谷口，出于郑渠南，名曰白渠。民歌之曰：田于何所，池阳谷口，郑国在前，白渠起后。即水所始也。[③]

渔阳太守张堪，于县开稻田，教民种殖，百姓得以殷富。童谣歌曰：桑无附枝，麦秀两岐，张君为政，乐不可支。视事八年，

---

① 《水经注》卷三河水注，《水经注校释》，第 42 页。
② 《水经注》卷十九渭水注，《水经注校释》，第 334 页。
③ 同上书，第 344 页。

匈奴不敢犯塞。[1]

颍阴刘陶为县长，政化大行，道不拾遗，以病去官，童谣歌曰：悒然不乐，思我刘君，何时复来，安此下民。见思如此。[2]

第一首歌谣表彰穿渠造陂，施福于民的行为，后两首歌谣褒扬施行德政的官员。《水经注》通过这些歌谣，反映了对于利民者、富民者和化民者的拥护，及对于那些虐民者截然相反的态度。

《水经注》还引了一些与历史传说有关的有趣的谚语、童谣。如：

樊氏既灭，庾氏取其陂。故谚曰：陂汪汪，下田良，樊子失业庾公昌。[3]

又南径麦城西，昔关云长诈降处，自此遂叛。《传》云，子胥造驴、磨二城以攻麦邑，即谚所云：东驴西磨，麦城自破者也。[4]

由卷县，秦时长水县也。始皇时，县有童谣曰：城门当有血，城陷没为湖。有老妪闻之忧惧，旦往窥城门，门侍欲缚之，妪言其故。妪去后，门侍杀犬，以血涂门，妪又往见血，走去不敢顾。忽有大水长欲没县。主簿令干入白令，令见干曰：何忽作鱼？干又曰：明府亦作鱼。遂乃沦陷为谷矣，因目长水城水曰谷水也。[5]

这些谚语、童谣与《水经注》中的故事相结合，饶有情趣，使得《水经注》文学色彩更加浓郁。

《水经注》中还有一些其他方面的谚语歌谣。如《水经注》卷十

---

① 《水经注》卷十四沽河注，《水经注校释》，第 249 页。
② 《水经注》卷三十淮水注，《水经注校释》，第 529 页。
③ 《水经注》卷三十一淯水注，《水经注校释》，第 549 页。
④ 《水经注》卷三十二沮水注，《水经注校释》，第 565 页。
⑤ 《水经注》卷二十九沔水注，《水经注校释》，第 515 页。

一易水注："汉末公孙瓒害刘虞于蓟下。时童谣云：燕南垂，赵北际，惟有此中可避世。"这则童谣反映了在战乱频仍的年代人民迫切需要有一个安定和平的生活环境的普遍心理。再如卷四十渐江水注："射的之西有石室，名之为射堂，年登否，常占射的以为贵贱之准，的明则米贱，的阇则米贵。故谚云：射的白，斛米百；射的玄，斛米千。"这则谚语实际上反映了人民对于丰收的期盼心理。还有一些谚语歌谣，是人民生活智慧和实践经验的凝练概括。如卷十三漯水注："故俗谚云：高梁无上源，清泉无下尾。盖以高梁微涓浅薄，裁足津通，凭藉涓流，方成川甽；清泉至潞，所在枝分，更为微津，散漫难寻故也。"卷二十五泗水注："周谚有之曰：山有木，工则度之；宾有礼，主则择之。"《水经注》所引的歌谣和谚语，很多是首见于《水经注》，后被各类古书引用，遂得以流传于今世。

总之，《水经注》中的歌谣谚语，贴近平民百姓的生活，反映了平民百姓的心理和愿望，语言通俗而又凝练自然。一方面，它们在《水经注》中出现，增强了《水经注》的文学表现力度，另一方面，这些生动有趣的先唐歌谣谚语，也依赖《水经注》得以保存，使我们今天还可以通过它们去了解当时的社会情况和人民的愿望、心理。

# 结　语

《水经注》是成书于公元6世纪初的一部综合性地理著作，同时也是北朝最杰出的散文著作。清刘献廷《广阳杂记》卷四用比较精当的话语概括了《水经注》的学术成就和文学成就："郦道元博极群书，识周天壤，其注《水经》也，于四渎百川之原委支派，出入分合，莫不定其方向，记其道里。数千年之往迹故渎，如观掌纹而数家宝，更有余力铺写景物，片语只字，妙绝千古。"郦道元撰写这样一部作品，既与其所处时代特点相关，也与其本人的学术追求相关。魏晋南北朝时期，书籍的撰著和编纂蔚成风气。时人崇尚博学多闻，史学和史注的著述日益繁盛。郦道元不满于前代地理文献关于山川地理记载的粗疏漏缺，立志"布广前文"，从而确定了为汉魏佚名《水经》作注的这一学术选题。郦道元立意著书，与北魏孝文帝大力推行政治文化改革的背景密切相关。郦道元《水经注》尤其关注经济和军事，具有很强的实用性目的，有为北魏完成统一以及促进其由游牧民族的生活方式向农耕社会的生产生活方式转变而献力的用意。当然，从个人角度着眼，受孝文帝分定姓族的汉化改革的影响，郦道元倾力著述，也未尝不有提高家族的学术声望，为家族争得政治地位和文化影响的用意。

郦道元"博极群书，识周天壤"，举凡除儒学、佛教、道教、天文、地理、历史、谶纬、兵法、医学、礼制、文字音韵训诂等无不赅览，具有渊博的知识基础。《水经注》引书广博，其内在根源正在于此。但两晋之际，五胡乱华，衣冠南渡。南渡的世家大族也带走大量典籍，北方文献流失严重。由于文籍匮乏，孝文帝甚至想到了向萧齐求书。借书失败，孝文帝只好下诏在国内广泛搜求典籍，但成效不大。既然如此，那么郦道元这么深厚的学术内功又何所从来？首先，郦道元丰富的地理知识、军事知识、文学素质，都得益于其所在家族的传授和影响。郦氏家族是一个注重学术文化的家族，而且富有政治经验和军事智慧，尤其熟谙历史地理知识。其次，郦道元的知识视野的拓展，也得益于其所交游。李彪对郦道元影响最大，李彪"文学优赡"又兼通儒学，在孝文帝太和年间，曾经六次奉命出使南齐。李彪又热衷于读书和藏书，也乐于借书予人。郦道元与李彪谊在师友之间，两人同署为官，公务之余，畅谈学术、交流知识当很方便。郦道元还与常景、温子升、袁翻、高谦之为友，此辈皆北魏文学、学术俊彦，堪称一时之选。如常景和袁翻都是孝文帝时推动是北魏文化风气转变的关键人物，常景还做过秘书监，袁翻兼著作佐郎，都曾参与史书修纂。温子升是所谓"北地三才"之一，"博览百家，文章清婉"。高谦之非常博学，堪与道元比肩，其撰著《凉书》大致与郦道元撰著《水经注》同时。高谦之"父舅氏沮渠蒙逊曾据凉土"，史载北凉通过与刘宋进行过图书交流，得到了很多南方文献。高谦之撰《凉书》，不能不搜求文献资料。这些文献资料，郦道元或许能够通过高谦之借阅到。另外，郦道元撰著《水经注》所需要的文献，主要还可以通过其他渠道得来。因为南北朝期间南北交流，除了南北聘使往来以外，战争中人员的流动、政治逃亡、民间商贸以及僧人在南北间流转往来等。更多南方文献的北入，当与南方士人的北迁相关。郦道元的父亲郦范，曾随慕容白曜南征青齐，立有大功，慕容白曜"遂表范为青州刺史以抚新民"。郦范在青州刺史任上几年，必与其地大族士人多有交往。联系到郦道元与袁翻、温子升这些青齐士望之后人的交游情况来看，郦氏家族与青齐士人应是建立起了较为深厚的情谊。青齐士人中不乏学问渊博的儒者，对北魏文化制度的改革贡献巨大。

但他们初来北地时，迫于生计，很多人佣书自给。其所抄之书的原本，或系本家族之藏书，这说明青齐士人北徙之时，或有大量的典籍随身，其中应该不乏南方文献。这样看来，郦道元若请这些“平齐民”代为抄写家藏典籍以及南方地记郡书等文献，也非常可能。以上，即是郦道元著述《水经注》的知识基础和文献条件。

《水经注》征引文献多达几百种，但助益最大的，还是其中一百多种地理文献，尤其是其中几十种颇具文采的地理文学文献。这些地理文学文献，大都是专记一方地理人物的地记和郡书。魏晋时期，郡书兴盛；晋宋之际，地记繁荣。地记和郡书记载有很多地方人物故事，或颂扬官员惠政，或彰显乡贤德行，或表彰节义之士，或宣传孝悌观念，或赞赏学识才能，或反映社会风尚，其要在“各志其本国，足以明此一方”、“矜其乡贤，美其邦族”，表现出浓郁的地域文化色彩。魏晋南北朝时期的郡书地记，在叙写人物方面已经显现出相当浓郁的文学色彩了。从题材的选择、情节内容的安排设置、人物形象的刻画，到富有文学意味的语言，其文学性均有体现。地记和郡书记载有很多神怪故事，内容丰富，光怪陆离，多姿多彩：有山水传说，有祈雨故事，有宗教故事，有神仙故事，有鬼怪故事，有讽世故事，有历史传说，有动物、植物异闻，还有一些卜筮、占梦、命相、应验一类的故事。虽然杜佑在《通典·州郡》中责之“诞而不经，偏记杂说”，但唯其如此，才大大强化了地记郡书的文学意味，在很大程度上激发了读者的阅读兴趣。其在以神怪论人世的笔法趋向、叙事空间的构建与拓展、叙事的视角选取、奇幻怪诞的意境传达几方面，都堪与同时代的志怪小说相伯仲。

尤其使《水经注》深受沾溉的，还是魏晋南北朝地记中的山水景物描写。此时的地记作品中，山水景物往往成为作者描写的兴趣点。

究其原因，则与在魏晋玄学影响下，时人的山水审美观念的形成相关。山水审美观念在晋宋之际开始形成。东晋的地记作家袁山松在其《宜都记》中，提出了山水“知己观”。这种山水审美观念以纯粹的、以怡情畅神为目的，特别强调山水审美的经验特质，其观赏山水景物，不再是去寻找己心与道蕴的契合，而是把自己的感情直接向山水，以感性的形式来欣赏山水之美，以纯审美方式把握山水。这标志着由借山水以证道的传统山水观念的结束，标志着山水意识的新发展。郦道元《水经注》中的山水描写，与袁山松等晋宋地记作家的审美趣味非常契合。

魏晋南北朝地记中的山水景物描写，大都篇幅短小而精炼，但对山水景物的刻画已经能够显现出浓郁的文学气息。地记作家们运用多种文学手段描摹刻画山水景物，勾画出很多真切优美的山水形象。有些优秀的晋宋地记作品，通过将自己的审美体验融于山水记述，构造出幽美的山水意境。地记中的景物描写又往往与人文事迹结合起来，写景叙事，相得益彰。有时还穿插诗赋歌谣，以为援引证说。一些优秀的晋宋地记作家，记述语言体现出骈散结合的语言风格，既有形象性，又有节奏感；还兼妙用修辞，比喻生动，从而增强了文字可感性和可读性。通过对魏晋南北朝地记的比较分析，可以大致梳理出其山水化文学化演进线索。中国山水散文经过汉代辛氏《三秦记》所代表的萌芽阶段，东晋罗含《湘中记》和袁山松《宜都记》所代表的创立阶段，刘宋盛弘之《荆州记》所代表的成熟阶段，到北魏郦道元的《水经注》，已走向高度发展阶段。《水经注》正是因为吸收了大量南朝地记的优秀成果，博采众家山水描写之所长，才成为中国山水散文早期的典范之作。《水经注》征引了众多的汉魏晋宋地记，除了明确标注所引文字的出处的段落之外，暗引或抄变的情况也非常多，特别在记述南方山水时这种情况就更多。《水经注》暗引、抄变的地记作品，大多文采较强，如袁山松《宜都记》、盛弘之《荆州记》、雷次宗

《豫章记》、孔灵符《会稽记》、刘道真《钱唐记》、王韶之《始兴记》等。试想如果没有在这一时期大量涌现出来的、富有文学意味的地记作品，《水经注》也就无法获得如此卓越的成就。陈运溶说“郦注精博，集六朝地志之大成”，确乎其言！

由于年代久远，《水经注》所引的这些地理文学文献，如今绝大部分已经亡佚。只有残篇散见于各种类书，有的文献虽有辑本但遗漏、舛误者甚多，有的至今还没有辑本。唯其吉光片羽，方才弥足珍贵。笔者不揣浅陋，选取《水经注》征引文献中文学性较强的几十种地记和郡书文献进行梳理和考证，及对亡佚文献进行尽可能完整的辑补，希望通过爬罗剔抉、补苴罅漏的努力，为学界研究提供资料方面的便利。

《水经注》是在大量征引和借鉴“六朝地志”的基础上的“抄撰”之作，也是有着严谨的编纂体系和实践品格的创新发展之作。明人钟惺《三注钞序》说“注者，述之一端也”，并认为裴松之《三国志注》、刘孝标《世说新语注》、郦道元《水经注》都是“离乎其所注者而犹能为书，盖注者之精神，有能自立于所注者之中，而又游乎其外”的典范之作。钟惺的评价不错。《水经注》虽然也可以归入抄撰之作这个类型，但实际上是“以书之力为注”，是以“撰”为体、以“抄”为用、撰胜于抄的作品。《水经注》“因水以证地，即地以存古”，体系严谨，记述时先编排主流，后排支流，又以支流衔接主流，系统周密，有条不紊。骨架既立，复以地记、郡书等文献贯穿其中，稽核群说，引证广博。对所征引的文献，《水经注》不但有补阙、有备异、有惩妄、有论辨，有时还兼以实地考证。因此，《水经注》是一部富有实践品格的实学巨著。

殊为难得的是，《水经注》“更有余力铺写景物，片语只字，妙绝千古”。《水经注》以极富个性的山水形貌刻画、境界各异的山水性格概括、景物特征的多视角描写展示、历史人文内容的丰富蕴含以及深婉情致的表露和渗入，比之晋宋地记的山水描写更胜一筹。《水经注》写景语言的文体特点是以散为主，骈散兼行，以散驭骈。《水经注》十分注意从客观实景出发选词炼字进行锤炼，呈现了峭丽峻洁的语言风格。为了提高语言的表现力，《水经注》尝试运用了比喻、拟人、夸张、对偶、对比、类比、借代、排比、顶真、双关等多种修辞手法，特别是在进行景物描写时还经常穿插诗赋谣谚，对山情水貌作出生动的概括，对所写景物进行烘托渲染，对所记述的传说故事进行印证。所有这些，都使《水经注》文采焕然。

使《水经注》富有文采的还有其中的人物故事叙写和神话传说记述。《水经注》穿插记述了很多帝王故事、将帅故事、官吏故事、隐士故事、名贤操行故事、文人和武士的故事等人物故事，形形色色，琳琅满目。一些人物故事虽然多出于史书和地记、郡书等文献著作，但许多都经过郦道元的剪裁和润色，所以详略得当，行文通畅。《水经注》中还记载有很多神怪传说，其中有具有道教文化色彩的神仙故事，有具有佛教意味的精变故事和幻化故事，有受谶纬经学影响的预言故事，有生动形象的地理传说和风俗故事。《水经注》中的神话传说，多数都是郦道元转引或改造他书而来的，其中一些生动优美的神话传说，以其种种奇妙的形象和幻想情节，给予后世文言小说、白话小说很大的启发和影响。在记述地理的同时穿插叙写人物故事和神话传说，也是六朝地记的既有传统，郦道元在继承这个传统的同时又有所拓展和超越，记述更生动、更细致、更形象，又通过对故事的选择、叙述和评判，直接或间接表达了自己对于故事的看法和感情倾向。

《水经注》沿着汉魏晋宋地记郡书的山水化、文学化之路，进一步开拓前进，将千山万水，包举一编；将百千人物，囊括一作；将异闻传说，荟萃一书。从这个意义上讲，《水经注》是大地记，是总地记，是魏晋南北朝最为优秀的地理文学文献。

# 参考文献

（北魏）郦道元：《水经注疏》，（民国）杨守敬、熊会贞疏，段熙仲点校，江苏古籍出版社 1989 年版。

（北魏）郦道元：《水经注校释》，陈桥驿校释，杭州大学出版社 1999 年版。

（明）朱之臣：《水经注删》，北京图书馆藏万历刊本。

（清）赵一清释：《水经注释》，文渊阁《四库全书》本，上海古籍出版社 1987 年版。

王国维点校，袁英光、刘寅生整理：《水经注校》，上海人民出版社 1984 年版。

郑德坤：《水经注引得》，哈佛燕京学社 1934 年版。

陈桥驿：《水经注研究》，天津古籍出版社 1985 年版。

陈桥驿：《水经注研究二集》，山西人民出版社 1987 年版。

（北魏）郦道元：《水经注校证》，陈桥驿校证，中华书局 2007 年版。

谭家健、李知文选注：《水经注选注》，中国社会科学出版社 1989 年版。

陈桥驿：《郦道元评传》，南京大学出版社 1994 年版。

陈桥驿：《郦道元》，花山文艺出版社 2000 年版。

《浣江郦氏宗谱》，北京图书馆分馆方志家谱阅览室藏民国戊子年

（1948）辑。
《重修涿县志》，北京图书馆分馆方志家谱阅览室藏，同治十一年修。
（隋）杜公瞻：《编珠》，附《补遗》、《续编珠》，（清）高士奇撰，文渊阁《四库全书》本。
（唐）虞世南：《北堂书钞》，天津古籍出版社1988年版。
（唐）徐坚等：《初学记》，司义祖点校，中华书局1962年版。
（唐）欧阳询等：《艺文类聚》，汪绍楹校，中华书局1982年版。
（唐）李吉甫：《元和郡县图志》，中华书局1983年版。
（唐）白居易原本，（宋）孔传续撰：《白孔六帖》，文渊阁《四库全书》本。
（唐）封演：《封氏闻见记》，文渊阁《四库全书》本。
（宋）李昉：《太平御览》，中华书局1960年版。
（宋）乐史：《太平寰宇记》，王文楚等点校，中华书局2007年版。
（宋）李昉：《太平广记》，人民文学出版社1959年版。
（北宋）宋敏求：《长安志》，文渊阁《四库全书》本。
（宋）王应麟：《玉海》，文渊阁《四库全书》本。
（宋）罗泌：《路史》，文渊阁《四库全书》本。
（宋）叶廷珪：《海录碎事》，文渊阁《四库全书》本。
（宋）吴淑并注：《事类赋》，文渊阁《四库全书》本。
祝穆撰，祝洙增订，施金和点校：《方舆胜览》，中华书局2003年版。
（明）杨慎：《丹铅总录》，文渊阁《四库全书》本。
（南朝宋）刘义庆撰，（梁）刘孝标注：《世说新语》，上海古籍出版社1982年版。
余嘉锡撰，周祖谟整理：《世说新语笺疏》，中华书局2007年版。
（元）陶宗仪辑，张宗祥校：《说郛》，民国十六年商务印书馆排印。
（元）陶宗仪辑，宛委山堂本：《说郛》，北京图书馆普通古籍阅览室藏。
张元济编：《续古逸丛书》，1922年至1957年商务印书馆影印本。

（清）马国翰辑：《玉函山房辑佚书》，上海古籍出版社 1990 年版。
（清）王仁俊辑：《玉函山房辑佚书续编三种》，上海古籍出版社 1989 年版。
刘纬毅编：《汉唐方志辑佚》，北京图书馆出版社 1997 年版。
《鲁迅辑录古籍丛编》，人民文学出版社 1999 年版。
（清）王谟辑：《汉唐地理书钞》，北京图书馆普通古籍阅览室藏。
（清）毕沅辑：《晋书地理志新补正》，北京图书馆藏。（《丛书集成初编》本）
《五朝小说大观》，中州古籍出版社，据 1926 年上海扫叶山房印本影印。
《十笏园丛刊·伏氏佚书》，北京图书馆普通古籍阅览室藏。
（清）杜文澜辑：《古谣谚》，《曼陀罗华阁丛书》本，北京图书馆普通古籍阅览室藏。
（清）黄奭辑：《黄氏逸书考·子史钩沉》，北京图书馆普通古籍阅览室藏。
（清）黄奭辑：《汉学堂知足斋丛书·子史钩沉·史部地理类》，北京图书馆普通古籍阅览室藏。
胡应麟辑：《少室山房笔丛·二酉缀遗中》，上海书店出版社 2001 年版。
（清）张澍辑：《二酉堂丛书》，北京图书馆普通古籍阅览室藏。
（清）劳格辑：《月河精舍丛钞·读书杂识》，北京图书馆普通古籍阅览室藏。
（清）陈运溶辑：《麓山精舍丛书第一辑·荆湘地记二十九种》，北京图书馆普通古籍阅览室藏。
《鲁迅辑录古籍丛编》第一卷《古小说钩沉》，人民文学出版社 1999 年版。
（晋）常璩撰，刘琳校注：《华阳国志校注》，巴蜀书社 1984 年版。
（清）嘉庆敕撰：《嘉庆重修一统志》，上海书店 1984 年版。
林天蔚：《方志学与地方史研究》，南天书局有限公司 1995 年版。

巴兆祥：《方志学新论》，学林出版社 2004 年版。
黄苇主编：《中国地方志词典》，黄山书社 1986 年版。
赵超编：《汉魏南北朝墓志汇编》，天津古籍出版社 2008 年版。
《十三经注疏》，中华书局 1982 年影印本。
（宋）王应麟：《诗地理考》，文渊阁《四库全书》本。
（清）胡渭：《禹贡锥指》，文渊阁《四库全书》本。
（清）孙希旦撰，沈啸寰、王星贤点校：《礼记集解》，中华书局 1989 年版。
杨伯峻编注：《春秋左传注》，中华书局 1990 年版。
（汉）董仲舒：《春秋繁露》，上海古籍出版社 1989 年版。
（清）刘宝楠撰，高流水点校：《论语正义》，中华书局 1982 年版。
焦循撰，沈从倬点校：《孟子正义》，中华书局 1987 年版。
朱熹：《四书章句集注》，中华书局 1983 年版。
二十五史刊行委员会编辑：《二十五史补编》，中华书局 1955 年版。
（清）王鸣盛：《十七史商榷》，中国书店 1987 年版。
（汉）司马迁：《史记》，中华书局 1959 年版。
（汉）司马迁：《史记》，（南朝宋）裴骃《集解》，（唐）司马贞《索隐》，（唐）张守节《正义》，文渊阁《四库全书》本。
（汉）班固撰，（唐）颜师古注：《汉书》，中华书局 1962 年版。
（南朝宋）范晔撰，（唐）李贤等注：《后汉书》，中华书局 1965 年版。
（晋）袁宏撰，周天游校注：《后汉纪》，天津古籍出版社 1987 年版。
（清）王先谦：《后汉书集解》，中华书局 1984 年版。
（晋）陈寿撰，（南朝宋）裴松之注：《三国志》，中华书局 1959 年版。
伍野春：《裴松之评传》，南京大学出版社 1998 年版。
（唐）房玄龄等：《晋书》，中华书局 1974 年版。
（北齐）魏收：《魏书》，中华书局 1974 年版。
（唐）李延寿：《北史》，中华书局 1974 年版。

（唐）李延寿：《南史》，中华书局 1974 年版。
（梁）沈约：《宋书》，中华书局 1974 年版。
（梁）萧子显：《南齐书》，中华书局 1972 年版。
（唐）姚思廉：《梁书》，中华书局 1974 年版。
（唐）姚思廉：《陈书》，中华书局 1974 年版。
（唐）魏征：《隋书·经籍志》，中华书局 1973 年版。
（唐）令狐德棻：《周书》，中华书局 1971 年版。
（宋）刘昫：《旧唐书·经籍志》，中华书局 1988 年版。
（元）脱脱等：《宋史·艺文志》，中华书局 1977 年版。
（宋）欧阳修：《新唐书·艺文志》，中华书局 1975 年版。
（清）赵翼撰，王树民校证：《廿二史札记校证》，中华书局 1984 年版。
（宋）司马光撰，（元）胡三省注：《资治通鉴》，上海古籍出版社 1987 年版。
（清）王夫之：《读通鉴论》，中华书局 1975 年版。
（宋）王应麟：《通鉴地理通释》，文渊阁《四库全书》本。
（唐）杜佑：《通典》，中华书局 1988 年版。
（宋）郑樵：《通志》，中华书局 1987 年版。
（元）马端临：《文献通考·经籍考》，华东师大古籍研究所标校，上海华东师范大学出版社 1985 年版。
（清）顾祖禹：《读史方舆纪要》，商务《国学基本丛书》本。
（清）章学诚撰，仓修良编注：《文史通义新编校注》，上海古籍出版社 2005 年版。
孙启治、陈建华：《古佚书辑本目录》，中华书局 1999 年版。
（宋）王钦若等编：《册府元龟》，中华书局 1960 年版。
（宋）王尧臣、王洙、欧阳修等奉敕编纂：《崇文总目》，文渊阁《四库全书》本。
（宋）晁公武撰，孙猛校正：《郡斋读书志校正》，上海古籍出版社 1990

年版。
（宋）陈振孙撰，徐小蛮、顾美华点校：《直斋书录解题》，上海古籍出版社 1987 年版。
（宋）尤袤：《遂初堂书目》，文渊阁《四库全书》本。
（明）杨士奇：《文渊阁书目》，文渊阁《四库全书》本。
（明）高儒等：《百川书志古今书刻》，古典文学出版社 1957 年版。
（清）永瑢等：《四库全书总目提要》，中华书局 1965 年版。
《四库全书目录索引》，上海古籍出版社 1989 年版。
邵懿臣撰，邵章续录：《增订四库全书简明目录标注》，上海古籍出版社 1979 年版。
余嘉锡：《四库提要辨正》，中华书局 1980 年版。
（清）傅增湘：《藏园群书经眼录》，中华书局 1983 年版。
（清）黄虞稷撰，瞿凤起、潘景郑整理：《千顷堂书目》，上海古籍出版社 1990 年版。
（东汉）许慎：《说文解字》，中华书局 1963 年版。
陈传万：《魏晋南北朝图书业与文学》，合肥工业大学出版社 2008 年版。
张舜徽：《中国文献学》，中州书画社 1982 年版。
陈寅恪：《唐代政治史述论稿》，上海古籍出版社 1980 年版。
陈寅恪：《金明馆丛稿初编》，上海古籍出版社 1980 年版。
陈寅恪：《隋唐制度渊源略论稿》，中华书局 1963 年版。
王仲荦：《魏晋南北朝史》，上海人民出版社 1979 年版。
周一良：《魏晋南北朝史论集》，北京大学出版社 1997 年版。
唐长孺：《魏晋南北朝史论拾遗》，中华书局 1983 年版。
景蜀慧：《魏晋诗人与政治》，中华书局 2007 年版。
陶新华：《北魏孝文帝以后北朝官僚管理制度研究》，巴蜀书社 2004 年版。
《南北朝文学》，人民文学出版社 1991 年版。

周建江：《北朝文学史》，中国社会科学出版社 1997 年版。
罗宗强：《魏晋南北朝文学思想史》，中华书局 1996 年版。
周一良：《魏晋南北朝史札记》，中华书局 1985 年版。
唐长孺：《魏晋南北朝史拾遗》，中华书局 1983 年版。
费孝通等：《中华民族多元一体格局》，中央民族学院出版社 1989 年版。
钱穆：《中国学术思想史论丛》，台湾东大图书公司 1977 年版。
汤用彤：《魏晋玄学论稿》，人民出版社 1957 年版。
逯耀东：《魏晋史学的思想与社会基础》，中华书局 2006 年版。
柳治微：《中国文化史》，上海科学技术文献出版社 2008 年版。
万绳楠：《魏晋南北朝文化史》，东方出版中心 2007 年版。
（清）郭庆藩撰，王孝鱼整理：《庄子集释》，中华书局 1961 年版。
（梁）刘勰撰，范文澜注：《文心雕龙》，人民文学出版社 2011 年版。
（清）严可均编著：《全上古三代秦汉三国六朝文》，中华书局 1958 年版。
（梁）萧统撰，（唐）李善等注：《文选》，中华书局 1987 年版。
（清）董浩等：《全唐文》，上海古籍出版社 1990 年版。
逯钦立辑校：《先秦汉魏晋南北朝诗》，中华书局 1983 年版。
（北魏）杨衒之撰，范祥雍校注：《洛阳伽蓝记校注》，上海古籍出版社 1958 年版。
（北齐）颜之推撰，王利器集解：《颜氏家训集解》，上海古籍出版社 1980 年版。
朱东润：《八代传叙文学述论》，复旦大学出版社 2006 年版。
程千帆：《闲堂文薮》之第二辑《汉魏六朝文学散论》，齐鲁书社 1984 年版。
曹道衡：《南朝文学与北朝文学研究》，江苏古籍出版社 1998 年版。
葛晓音：《汉唐文学的嬗变》，北京大学出版社 1990 年版。
汤用彤：《汉魏两晋南北朝佛教史》，北京大学出版社 1997 年版。

吴先宁：《北朝文化特质与文学进程》，东方出版社 1997 年版。
朱大渭等：《魏晋南北朝社会生活史》，中国社会科学出版社 1998 年版。
刘跃进：《中古文学文献学》，江苏古籍出版社 1997 年版。
程章灿：《士族与六朝文学》，黑龙江教育出版社 1998 年版。
穆克宏：《魏晋南北朝史料述略》，中华书局 1997 年版。
丁福保：《历代诗话续编》，中华书局 1983 年版。
王立群：《中国古代山水游记研究》，中国社会科学出版社 2008 年版。
杨义：《中国古典小说史论》，中国社会科学出版社 1995 年版。
王根林、黄益元、曹光甫：《汉魏六朝笔记小说大观》，上海古籍出版社 1999 年版。
李剑国：《唐前志怪小说史》，南开大学出版社 1989 年版。
《中国小说史略》，《鲁迅全集》第四卷，人民文学出版社 1992 年版。
程毅中：《唐代小说史话》，文化艺术出版社 1990 年版。
钱钟书：《管锥编》，中华书局 1984 年版。
宗白华：《美学散步》，上海人民出版社 1981 年版。
（唐）张彦远：《历代名画记》，人民美术出版社 1964 年版。
李泽厚：《美的历程》，中国社会科学出版社 1989 年版。
钱谷融：《文学心理学教程》，华东师范大学出版社 1987 年版。
王立群：《晋宋地记与山水散文》，《文学遗产》1990 年第 1 期。
莫砺锋：《南朝山水文初探》，《中国文学研究》1996 年第 1 期。
曹之：《魏晋南北朝类书成因初探》，《古籍整理研究学刊》2001 年第 3 期。
仓修良：《再论方志的起源》，《杭州大学学报》1986 年第 3 期。
王毓蔺：《魏晋南北朝方志初探》，《中国历史地理论丛》2007 年第 10 期。